高等教育创新融合系列教材

民航旅客运输

MINHANG LÜKE YUNSHU

卢 竹 / 主 编

张 君 唐小闲 龙海燕 黄华勇 / 副主编

化学工业出版社

· 北 京 ·

内容简介

本书以民航客运员（值机员、售票员、贵宾接待员等）真实的工作内容和工作场景为主线，整合真实的工作任务和工作过程，将教学内容分为基础知识、服务实操和管理技能三部分。第一个部分是民航运输基础知识，包括民航运输认知和旅客运价认知两个模块；第二个部分是服务实操，包括问询与引导、值机服务、特殊旅客服务、行李服务、民航客票实操等五个模块；第三个部分是管理技能，包括民航客运收益管理和国际航空运价管理两个模块。书中设置有典型案例分析、思政小课堂、知识链接、课后思考等栏目，并配套丰富的数字资源，便于学习理解。

本书可作为大学本科航空服务艺术与管理专业，高职高专交通运输类空中乘务、机场运行等专业学生的教材；也适合作为民航业从业人员、经营管理人员的培训参考书。

图书在版编目（CIP）数据

民航旅客运输 / 卢竹主编. -- 北京：化学工业出版社，2026. 1. --（高等教育创新融合系列教材）.

ISBN 978-7-122-49324-8

Ⅰ. F560.83

中国国家版本馆 CIP 数据核字第 20251KD097 号

责任编辑：韩庆利　　文字编辑：袁　宁

责任校对：边　涛　　装帧设计：刘丽华

出版发行：化学工业出版社

（北京市东城区青年湖南街 13 号　邮政编码 100011）

印　　装：三河市航远印刷有限公司

787mm × 1092mm　1/16　印张 $19^3/_4$ 字数　526 千字

2026 年 1 月北京第 1 版第 1 次印刷

购书咨询：010-64518888　　售后服务：010-64518899

网　　址：http：//www.cip.com.cn

凡购买本书，如有缺损质量问题，本社销售中心负责调换。

定　　价：59.80 元

前言

党的二十大报告提出，加快建设航天强国、交通强国等现代化产业体系，是全面推进中华民族伟大复兴的重要保障。近年来，我国民航科学把握经济全球化时代区域经济发展的新态势和航空运输业发展的新趋势，着力实现世界级城市群与机场群联动发展。民航强化国家战略产业定位，主动服务地方经济社会发展，以推进民航供给侧结构性改革为主线，以服务国家战略和满足人民需要为目标，构建运输航空和通用航空一体两翼、覆盖广泛、多元高效的航空服务体系。民航运输规模快速增长，服务体系更加健全，民航服务水平提质增效，人民享受航空服务的安全感、幸福感和获得感进一步提升，货运网络更加完善，航空服务丰富多元。

本教材具有以下特色：

1. 思政明确。遵循“思政”“专业”相长原则，实现专业教学与思政教学“软着陆”式融合。本教材遵循专业教学与思政教学同向同行的原则，以润物无声的方式将立德树人根本任务贯穿始终，在素材中融入思政元素，将思想政治教育有机融入课程学习中，使学生内化于心，外化于行，实现价值塑造、知识传授和能力培养三方面的有机融合。

2. 内容新颖。注重学科和专业发展的新理论、新成果，面向民航企业实际，结合民航业发展需要，及时反映相关行业企业发展的新技术、新流程、新规范，及时反映民航产业发展、市场需求及人才需要，深化产教融合、校企合作，强化行业指导、企业参与，突出理论和实践相结合，体现教材的针对性、实效性和实践性。

3. 资源丰富。坚持媒体融合的发展思路，将纸质教材设计、数字资源开发与在线教育平台相互融通，将相应数字资源图标和链接嵌入纸质教材，结合数字课程网站配套学习方式，将知识点通过微课程、动画、音频等多种方式呈现，便于教师开展线上线下混合式、翻转课堂式、研讨式教学改革，便于学生开展富有个性的自主学习。

4. 针对性强。本教材具有较强的可读性和针对性，除可作为航空服务艺术与管理专业、空中乘务专业的教材外，还可供民航业在职人员学习、参考。本书作为教材，为帮助学生学习，在每一模块的开始，明确列出该模块的学习目标；每模块结尾都提出了供学生讨论的问题，旨在帮助学生检查是否已经理解民航旅客运输最重要的理论知识和操作程序。

本教材由湖南女子学院卢竹老师负责统稿和整理工作，以及模块一、二、八、九的编写工作，长沙航空职业技术学院张君老师负责模块五、七的编写工作，湖南女子学院唐小闲老师负责模块四的编写工作，长沙航空职业技术学院龙海燕老师负责模块六的编写工作，湖南科技学院黄华勇老师负责模块三的编写工作。此外，厦门航空有限公司湖南分公司华夏、中国国际航空股份有限公司张孛为本教材提供素材，并对服务实操篇、管理技能篇的内容作了修订和补充。

由于编者水平有限，本教材中若有疏忽之处，敬请广大读者批评指正！

编者

目录

管理技能篇

二维码资源目录

续表

资源名称	类型	页码	二维码	资源名称	类型	页码	二维码
重要旅客服务流程	视频	161		模块六复习题	文件	219	
东航：无成人陪伴儿童	视频	164		电子套票行程单的解读	视频	224	
值机服务礼仪——特殊旅客	视频	176		自愿退票的处理	视频	238	
模块五复习题	文件	177		团体旅客退票	视频	243	
逾重行李费计算	视频	183		模块七复习题	文件	244	
行李服务礼仪——行李破损	视频	190		差别定价限制条件	视频	255	
托运的特殊行李	视频	194		模块八复习题	文件	271	
行李查询电报	视频	211		模块九复习题	文件	305	

基础知识篇

模块一
民航运输认知

课题一　民航运输的基本概念及生产指标

学习目标

理解民航运输的基本概念；
掌握航班、航线的定义及分类；
掌握转机点的含义；
理解民航运输常见生产指标的表述方式。

素养目标

增强文化自信，提高民族自豪感和民族自信心。

思政小课堂

民航行业发展统计公报解读

2025 年 5 月 15 日，民航局发布《2024 年民航行业发展统计公报》。公报显示，2024 年，民航全行业实现高质量发展。2024 年，全行业完成运输总周转量 1485.17 亿吨公里（旅客周转量 12914.72 亿人公里，货邮周转量 353.89 亿吨公里），比上年增长 25.0%。全行业完成旅客运输量 73021.33 万人次，比上年增长 17.9%，其中，国内航线完成旅客运输量 66465.78 万人次，国际航线完成旅客运输量 6555.55 万人次。完成货邮周转量 353.89 亿吨公里，比上年增长 24.8%；货邮运输量 898.16 万吨，比上年增长 22.1%。

截至 2024 年底，我国共有运输航空公司 66 家，与上年持平；民航全行业运输飞机期末在册架数 4394 架，比上年底增加 124 架。我国共有定期航班航线 5334 条，国内航线 4513 条，其中，港澳台地区航线 73 条，国际航线 821 条。定期航班国内通航城市（或地区）258 个（不含香港、澳门和台湾地区），国际定期航班通航 62 个国家的 141 个城市。境内运输机场（不含香港、澳门和台湾地区）263 个，比上年底净增 4 个。民航运输机场完成旅客吞吐量 14.60 亿人次，比上年增长 15.9%。年旅客吞吐量 1000 万人次（含）以上的运输机场有40个，其中，北京、上海和广州三大城市机场旅客吞吐量占全部境内机场旅客吞吐量的21.8%。

一、民航运输的基本概念

1. 飞行方式

航空运输飞行包括定期飞行和不定期飞行。定期飞行包括班期飞行、加班飞行，不定期飞行指的是包机、专机飞行。其中，班期飞行是民航运输的基本形式，其每年完成的任务量占全部运输飞行任务量的90%左右。

① 班期飞行是根据班期时刻表，按照规定的航线定机型、定日期、定时刻的飞行。

② 加班飞行是根据临时性的需要，在班期飞行以外增加的飞行，是班期飞行的补充，如春运期间加班、暑运期间加班等。

③ 包机飞行是包用民航飞机，用于载运旅客、货物或客货兼载的飞行。

④ 专机飞行是指运送我国党政领导人和外国国家元首或重要外宾的包机飞行。

定期飞行和不定期飞行在法律上的最大区别是定期飞行对外公布运价及班期，向公众提供运输服务，对公众承担义务；不定期飞行是按包机合同飞行，个别申请、个别经营，不对公众承担义务。

2. 承运人

航空承运人是指使用民用飞机，为取得报酬而从事航空服务的企业。航空承运人可以通过其经营方式加以识别。

（1）按照航班运营的形式分类：

① 定期航空承运人（航空公司），主要从事定期航班的经营，也从事不定期航班的经营。

② 不定期航空承运人，从事的主要活动是不定期航班的经营，不能从事定期航班的经营。

③ 包机承运人是只经营包机航班的不定期航空承运人。

（2）按照承运人经营的航线是否超越一国国界，又可以划分为国际、国内承运人两种：

① 国际承运人是主要经营一国以上航线以及国内航班的承运人。

② 国内承运人是获准主要从事本国国内航线经营的承运人。

3. 航班

按照民航管理当局批准的民航运输班期时刻表，使用指定的航空器，沿规定的航线在指定的起讫点停靠的客货邮运输飞行服务，称为航班。

航班通常用航班号来表示具体的飞行班次。航班号由字母和数字组成。我国的民航航班号一般由两个字母的航空公司代码加四位数字组成。

航班按不同的性质有多种分类方法：

（1）按经营区域可以分为国际航班、国内航班和地区航班。

始发站、经停站和终点站中有一站以上在本国国外的航班称为国际航班。

始发站、经停站和终点站全部在一国境内的航班称为国内航班。

始发站、经停站或终点站有一站在一国内有特殊安排的地区的航班称为地区航班，如中国内地（大陆）连接中国香港特别行政区、中国澳门特别行政区和中国台湾地区的航班。

（2）按照民航运输飞行的时间规律，航班可分为定期航班、不定期航班。

① 定期航班。航空公司在一段时间内安排的运输飞行，若具有规则性的飞行周期或者飞行时刻，则这类航班称为班期飞行航班。它向一般公众开放使用，并按照公布的班期时刻或固定频率经营。

在运输繁忙时期，在班期飞行航班班次之外，沿着班期飞行的航线增加的航班，称为加班飞行航班。

班期飞行航班和同类性质的加班飞行航班统称为定期航班。定期航班是民航运输的主要运输形式，是航空公司赖以生存的主要生产方式。因此，衡量航空公司的生产水平时，总是以定期航班的运输周转量为主要生产指标。

② 不定期航班。不定期航班服务通常是指航空公司根据运输需要提供的非规则性飞行服务，如包机运输飞行和某些加班运输飞行等。这类航班没有固定的航班飞行时刻表，也没有固定的飞行航线，通常是根据运输需要和合同需求，安排机型、飞行时刻、飞行航线和运价。不定期航班运输是航空公司的辅助生产方式。

一个航空公司的主要业务和信誉建立在定期航班的基础上，因而空管部门和签派部门在航班安排发生矛盾时，应优先安排长期定期航班、季节性定期航班，最后是不定期航班。

（3）按照运输飞行的去向，航班又可分为去程航班和回程航班。

① 去程航班，是指从航空公司机队所在基地出发的飞行航班。

② 回程航班，是指返回航空公司机队所在基地的飞行航班。

4. 航路

在提供民航运输服务时，航空器需跨越天空在两个或多个机场之间飞行。为了保障飞行安全，必须在机场之间的空中为这种飞行提供相对固定的飞行线路，使之具有一定的方位、高度和宽度，并且在沿线的地面设有无线电导航设施。这种经政府有关部门批准的，飞机能够在地面无线电导航设施指导下在空中做航载飞行的，具有一定高度、宽度和方向的空域，称为航路。

5. 航段

一条航线经过的站点至少有两个，即飞行起点（或称始发点）和飞行终点。在起点和终点之间可以有多个经停点。

在航空运输生产过程中，航段概念通常分为旅客航段（segment，通常称为航段）和飞行航段（leg，通常称为航节）。旅客航段通常是指能够构成旅客航程的航段，如太原—北京—纽约航线。旅客航程有 3 种可能：太原—北京、北京—纽约和太原—纽约。飞行航段是指航班飞机实际飞经的航段，如太原—北京—纽约航线，飞行航段为太原—北京和北京—纽约。

6. 经停点

旅客在航程中某点暂时中断行程，停留一段时间后，搭乘同一航班离开前往下一地点，这个暂停地点就是经停点。如：某旅客乘坐 CA991 航班从北京到温哥华，中途经停上海，短暂停留后，继续乘坐该航班前往目的地温哥华。上海则被视为经停点。

7. 转机点

旅客在航程中某点暂时中断行程，停留一段时间后，搭乘另一航班离开，这个暂停地点就是转机点。显然，转机点要在客票上显示出来。

转机点还可以根据停留时间的长短分为中途分程点和非中途分程点。

① 中途分程点（stopover point）。旅客在航程中某点暂时中断行程，停留 24 小时以上，然后搭乘另一航班离开，这个暂停地点就是中途分程点。

② 非中途分程点（no stopover point）。旅客在航程中某点暂时中断行程，停留 24 小时以内，然后搭乘另一航班离开，这个暂停地点就是非中途分程点。

转机还可以分为跨航转机（interline transfer）和同航转机（online transfer），前者是在两个不同承运人之间的转机，后者是在同一承运人的不同航班之间的转机。

例如：旅客的航程为 BJS-SHA-YVR，到达 SHA 的时间为 3 月 12 日 10 点，当天 20 点 30 分搭乘另一航班离开，则 SHA 为非中途分程点；如果于 3 月 15 日 8 点 10 分搭乘另一航班离开，则 SHA 为中途分程点；旅客在 SHA 的停留称为转机。

8. 航线

航线即飞行航段。从事民航运输业务的承运人在获得经营许可证之后，可以在允许的一系列站点（即城市）范围内提供航空客货邮运输服务。由这些站点形成的航空运输路线称为航线。

航线由飞行的起点、经停点、终点、航路等要素组成。

航线不同于航路，它与实际飞行线路的具体空间位置没有直接关系。航线是航空运输承运人授权经营航空运输业务的地理范围，是航空公司的客货运输市场，是航空公司赖以生存的必要条件。因此，对航空公司来说，运营航线的优劣与多少，对其本身的发展十分重要。

航线有多种，按飞行的区域可以划分为：

（1）国内航线。对应国内航班，是指飞行起点、经停点和终点都在同一国家境内的航线。根据飞行起点、经停点和终点所在城市的政治、文化和经济地位，国内航线又分为干线、支线和地方航线。

① 干线，我国的骨干航线是指首都北京至全国各省会城市和其他大城市的航线，形成省际或大城市之间的空中交通干道。例如北京—上海、北京—广州等。一般来说，干线上的客货流量大，使用的机型运载能力强。

② 支线，是指大城市（一般指省会）至中小城市的航线，主要目的是汇集或疏散客货流，辅助干线运输，例如武汉—大同、西安—黄山等。

③ 地方航线，是指省内的航线，例如成都—九寨沟。地方航线主要用于地方地面交通不便的城市之间的客货邮运输。

（2）国际航线。对应国际航班，是指飞行起点、经停点或终点不在同一个国家内的航线，例如上海—纽约。

（3）地区航线。地区航线曾经特指在中国内地（大陆）城市与香港、澳门和台湾之间的飞行航线，例如三亚—香港、上海—澳门。此概念现在是一个历史范畴，香港和澳门连接内地城市的航线目前都被纳入中国的国内航线范围。

航班时刻表

9. 班次

班次是指单位时间内航班飞行的次数，单位时间通常指一周。例如：航班每周一和周四执行飞行任务，则飞行班次为 2 班。

10. 班期时刻表

班期时刻表，是民航运输企业组织日常生产工作的依据，也是旅客、货主了解民航运输企业产品的主要方式。每年两期，具体为冬春和夏秋。冬春班期时刻表执行时间为从每年 10 月的最后一个星期天开始执行，到第二年 3 月的最后一个星期六截止。夏秋班期时刻表执行时间为从每年 3 月的最后一个星期天开始执行，到 10 月的最后一个星期六截止。

航程可以是直达的，也可以是非直达的。客票点（ticketing point 或 ticketed point）是指在客票上列明的所有的点，包括始发地、目的地和转机点。

二、民航运输生产指标

民航运输是一个具有技术指标和质量要求管理规范的集体性生产过程。整个生产过程的每一个环节，将通过民航运输生产指标体系来进行衡量和评价。生产指标是企业在一定时期内预期要达到的目标和水平。航空运输企业的生产指标可以较为全面地反映企业经营活动的效率和经济效益水平的高低，并按性质分为数量指标和质量指标。

（一）数量指标

数量指标表示一定时间内民航运输生产经营活动在数量方面应达到的要求，它通常采用绝对数值表示。

1. 飞行班次

飞行班次，指一定时期内航班从始发站到终点站的飞行次数。一般是根据班期时刻表中的每周班次按单程计算的。飞行班次是计算飞行小时、运输量和周转量的重要基础，是确定航站工作量大小的主要依据，也在一定程度上反映航空运输生产任务量的大小。

2. 飞行万公里

飞行万公里，指一定时期内（通常为一年）空运企业运输生产飞行的总里程，反映空运企业航线网的扩展情况。其计算公式为：

$$飞行万公里=\frac{航线飞行班次数 \times 平均飞行距离（公里）}{10000}$$

3. 飞行小时

飞行小时，指空运企业运输生产的空中飞行时间。

飞行小时在一定程度上反映了航空运输生产规模的大小，同时也是空运企业进行人、财、物平衡的重要依据，空运企业的许多指标都依据飞行小时计算确认。其计算公式为：

$$飞行小时=\frac{总飞行公里}{平均航速}$$

4. 航空运输量

航空运输量是指一定时间内空运企业使用航空器承运的旅客、行李、邮件和货物的数量，是反映空运企业运输生产的任务量和空运企业生产规模的主要指标之一。

航空运输量的分类如图 1-1 所示。

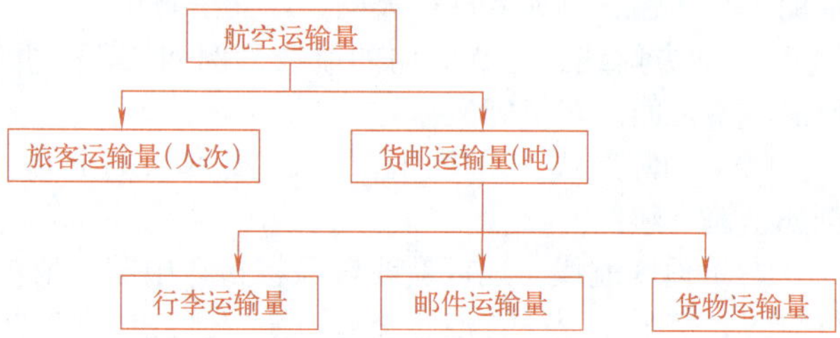

图 1-1　航空运输量的分类

5. 航空运输总周转量

航空运输总周转量的计算公式为：

$$航空运输总周转量=\sum（航空运输量 \times 平均运输距离）$$

同航空运输量一样，航空运输总周转量分为旅客周转量和货邮周转量。根据国际民航组织的最新统计，2005 年起至今，我国航空公司定期航班完成总周转量在世界的排名由第三位上升至第二位，超过德国，成为仅次于美国的世界第二航空运输大国。

6. 机场客货吞吐量

机场客货吞吐量是指一定时间内空运企业承运的进出某机场的旅客、行李、邮件和货物的数量。同样，机场客货吞吐量分为旅客吞吐量和货邮吞吐量，也是考核机场运营状况的重要指标之一。

（二）质量指标

质量指标是指在民航运输计划和统计工作中，反映生产效果或工作质量的各种指标，如劳动生产效率、单位面积产量、单位产品成本、设备利用率等。质量指标的计算和分析对挖掘各部门、各单位工作中的内部潜力具有重要作用。

质量指标是总量指标的派生指标，用相对数或平均数表示，以反映现象之间的内在联系和对比关系。

1. 航班客座率

航班客座率是指执行某具体航班任务的航空器实际承运的旅客人数与航空器可提供的座位数之比，反映航空器座位的利用程度。其计算公式为：

$$航班客座率=\frac{航班实际旅客人数}{航班可提供座位数}\times 100\%$$

2. 航班载运率

航班载运率是指执行某具体航班任务的航空器实际业务载重与可提供的最大业务载运能力（简称最大业载或商载）之比，反映了飞机综合载运能力的利用程度，其计算公式为：

$$航班载运率=\frac{航班实际业载}{航班最大业载}\times 100\%$$

3. 飞机利用率

飞机利用率是指一定时间内空运企业平均每架飞机所提供的运输生产飞行小时，通常以报告期内在册飞机的平均日生产飞行小时（即在册飞机平均日利用率）表示为：

$$在册飞机平均日利用率=\frac{报告期生产飞行小时}{平均在册飞机架数\times 报告期日历天数}$$

4. 飞机生产率

飞机生产率是指一定时间内某型飞机每一飞行小时所完成的周转量，计算公式为：

$$某型飞机生产率=\frac{该型飞机运输周转量}{该型飞机运输飞行小时}=该机型业务载重\times 该机型航速$$

该数据是反映航空运输生产效率和技术经济性能的重要指标。飞机生产率提高，则表明在不增加运力投入的情况下，运输总周转量增加。

5. 航班正常率

航班正常率是指按照班期时刻表正常运行的航班数与计划航班数的百分比。该数值的高低体现了空运企业的生产组织与管理水平，是考核空运企业运输质量的重要指标之一。

案例分析

阅读表 1-1，解读表中相关生产指标的含义。

表 1-1　中国民航主要生产指标统计表示例

统计指标	计算单位	本月		当年累计	
		实际完成数	比上年同月增长 /%	实际完成数	比上年同期增长 /%
一、运输完成情况					
运输总周转量	亿吨公里	108.1	4.7	1293.2	7.2
国内航线	亿吨公里	67.8	4.6	829.5	7.5
国际航线	亿吨公里	40.4	4.9	463.7	6.6
旅客运输量	万人次	5276.0	5.1	65993.0	7.9
国内航线	万人次	4643.6	4.1	58567.9	6.9
国际航线	万人次	632.4	12.9	7425.1	16.6
货邮运输量	万吨	71.3	6.3	753.2	2.0
旅客周转量	亿人公里	946.4	5.5	11705.1	9.3
货邮周转量	亿吨公里	24.1	2.1	263.2	0.3
二、机场完成情况					
旅客吞吐量	万人次	10770.1	4.6	135164.9	6.9
货邮吞吐量	万吨	161.5	6.5	1709.6	2.1
飞机起降架次	万架次	96.9	4.1	1165.4	5.1
三、航班效率					
正班客座率	%	80.8	−0.3	83.2	0.0
正班载运率	%	70.7	−1.5	71.6	−1.6

课后思考

1. 简析航线、航段和航路的概念和相互关系。
2. 国际航班、国内航班和地区航班如何划分？
3. 什么是去程/回程航班？举例说明。
4. 如何区分转机点和经停点？如何区分中途分程点和非中途分程点？
5. 航空运输企业常用的生产指标有哪些？

课题二　航班时刻表和航班号认知

学习目标

理解影响航班时刻表编制的因素；
熟练读取航班时刻表的信息；
掌握航班号编制的原则与规律。

素养目标

培养爱国爱岗精神，树立安全意识。

思政小课堂

机场“红线”——航班容量

每个机场的高峰小时航班量都设有一条“红线”，即高峰小时最大容量，航班量过了“红线”就会威胁飞行安全，但预留太多又会浪费资源。所以，只有在安全、合理的航班容量设置下，每个机场才能最大限度发挥运力。由于近年来航班数量迅猛增长，而机场容量、空域容量却没有实质性扩大，许多机场已经在超负荷运行，机场航班时刻资源紧张的局面日益突出。

在我国，长期以来，民航主管部门对所有机场的航班时刻资源采取行政性分配的方式，即以国际航协的航班时刻分配程序指南为基础进行分配。航空公司对其上一航季持有的航班时刻享有优先使用的权利，而且时刻的分配是遵循“先到先服务”的原则。国际航空多年以来的惯例是保护在位航企。这意味着，其他承运人能够得到的时刻数量较为有限，基地航企在各自枢纽机场中的地位也难以撼动，传统大型航企长期拥有优质航班时刻资源，而新加入的航空公司不得不面对时刻不佳甚至无法进入市场参与竞争的窘境。

近年来，为进一步推动航班时刻资源配置公平、高效，促进航班运行正常有序，深入推进民航供给侧结构性改革，民航主管部门不断调整民航航班时刻管理办法，优化航班时刻分配方法，提升时刻分配的透明度和可操作性，比如引入时刻优先级评分机制，时刻执行利用率高、运行效率高、安全性高、守规矩的航空公司得分会高；国际时刻分配鼓励完善机场航线网，多开新航线，大飞机远程航线优先；国内时刻分配则鼓励服务老少边穷支线、减少过度竞争。民航局还分别在广州白云机场和上海浦东机场试点了航班时刻拍卖和“时刻抽签+使用费”模式，将航班时刻资源配置方式从行政性分配转为市场化配置。

航班时刻表是航空运输企业安排生产活动流程的依据，对于企业内部，它是运输企业每日生产活动安排和组织的依据，企业围绕着它来调配运力，安排人员，进行协调和管理；对于社会，航班时刻表则是向用户（单位和个人）提供服务信息和参与销售竞争的手段。乘客根据航班时刻表提供的航班时刻、机型、服务内容来选择要乘坐的航空公司的飞机和航班。

为适应空运市场的季节性变化，依据飞行季节的不同和客货流量、流向的客观规律，各航空公司的有关业务部门每年制定两次航班计划，一次为夏秋班期时刻表，另一次为冬春班期时刻表。

一、航班时刻表编制的影响因素

航班时刻表的编制是一项复杂而细致的工作，既要综合考虑各方面的因素，又要协调各种矛盾，权衡利弊，制定出既适应市场又充分发挥企业能力的航班运行计划。

航班时刻表的制定涉及很多因素，其中最主要的有下列几项：

1. 民航运力状况

航班时刻表制定的基础是运力，即航空公司的飞机数量及运行状况，在掌握了飞机数量及飞行的增减计划的基础上，才能制定航班时刻表。

2. 市场调查

航班时刻表制定的依据是市场调查，在市场调查的基础上才能对航班运行期（半年或两年）内的市场做出预测，而后根据预测和以往实践的经验，制定出切合实际情况的时刻表。

3. 航线关系

航班时刻表是一个航空公司整体的行动计划，因而必须从整个航线网来考虑航班的安排，如国内航线之间的衔接，国内和国际航线的衔接以及和地面、水路交通的衔接，这样才能发挥整个航线的效益。

4. 时间因素

航空运输对时间极为敏感，因而在班期和时刻的安排上要尽量做到与乘客的需求相适应。季节、周末对乘客人数都有影响，航班的起飞时间和到达时间是国内旅客选择航班的重要因素。由于航线上有其他航空公司的竞争和机场容量的限制，不可能把所有的航班都安排在最佳时间。因此必须综合考虑，有时还要做出妥协和让步。

5. 各种相关部门

组织航班涉及飞行、维修、供应等各个部门，因而制定航班时刻表要有这些部门的参与，以保证各个部门之间的工作周期和能力的协调。

6. 预留计划

在实际运行时不可避免地会出现一些与原本设想不同的情况，如需求的变化、气象条件影响航班的正常运行等，在制定航班时刻表时要尽可能考虑到这些变化，并留有一定的备用运力，以保证航班计划执行的灵活性。

7. 航班正点率

航班正点率是衡量一个航空运输企业服务质量的主要标准之一，因而在遇到特殊情况导致航班延迟或取消时，应尽量予以补救。

二、航班时刻表的解读

航班时刻表是航空运输企业向社会各界和世界各地用户介绍航班飞行情况的一种业务宣传资料。航班时刻表的内容包括：始发站名称、航班号、终点站名称、出发时刻、到达时刻、机型、座舱等级、是否经停、服务内容等。它是按始发站的第一个字母的英文顺序编制的，时间的表示采用 24 小时制，以当地时间为准。

1. 航班时刻表的内容

班期（DAYS）：航班在一周中某一（几）天运营。航班以周为周期，班期中的数字表示星期。

出发（DEP）和到达（ARR）：出发和到达时间均采用 24 小时制，用四位阿拉伯数字表示，小时和分之间不用"："分隔。如上午 8:30 表示为 0830，下午 6:15 表示为 1815。

航班号（FLIGHT）：执行该航班的编号。

机型（A/C）：飞机型号。

经停（VIA）：航班在飞行途中经停次数。

2. 查询航班时刻表的步骤

第一步：根据始发城市的英文名称的第一个字母按字母表中的顺序查找始发城市。

第二步：在查到的始发城市下面查找到达城市，到达城市也是按它的英文名称首字母顺序排列。

第三步：在找到始发城市和到达城市之后，自然就看到两个城市之间的航班时刻了。

课堂练习 1-1

请说出航班时刻表（表 1-2）中各数字代表的含义。

表 1-2　某机场航班时刻表

始发城市	离港	到达城市	到达	经停 / 衔接站	班期	航班号	机型
广州	0020	阿姆斯特丹	1400	北京	.2..5..	CZ345	777
重庆	0130	罗马	0750^{+1}		1...5..	HU7991	757
杭州	1930	西安	2155		1234567	JD5302	320
广州	2310	北海	0035		.2...6.	CZ3353	310

三、航班号编制的原则

按照一定的方式给每一个航班一个编号，便于乘客区分和工作人员管理，这个号码叫做航班号。

1. 国内航班号编制的基本原则

国内航班号由航空公司的两字代码加四位数字组成。航空公司代码由民航局按规定公布，后面的四位数字中，第一位数字代表航空公司的飞机基地所在地区的代号，第二位数字表示航班目的地所在的地区（1 为华北，2 为西北，3 为中南，4 为西南，5 为华东，6 为东北，7 为原来的通用航空公司，后来被东航兼并，8 为厦门，9 为新疆），第三、第四位数字表示航班的序号，单数表示由基地发出的去程航班，双数表示回程航班。

例 1-1

CZ3101/02，广州—北京的航班，CZ 是中国南方航空集团有限公司的代码，第一位数字 3 表示执行该航班的飞机基地在广州，属中南地区管理局管辖；第二位数字 1 表示航班的目的地北京，属华北地区管理局管辖；01/02 表示航班的序号，01 为去程航班，02 为回程航班。

目前，随着航空公司的重组，地方航空公司和民营航空公司的相继出现，新增加航班的航班号的编制与本基本原则有一定的出入，但是后两位数字表示的含义不变。

例 1-2

HU7281/82，海口—北京的航班，HU 表示海南航空公司，该航班号的第一、第二位数字

7和2代表的含义与航班号编制的基本原则并不相符，但是后面的数字81/82依然表示该航班的序号，81为去程航班，82为回程航班。

根据航班号可以很快地了解航班的信息，如承运航空公司、出发地点以及飞往地点，这对航班管理和乘客使用都非常方便。

2. 国际航班号编制的基本原则

国际航班号由航空公司的代码加三位数字组成，第一位数字代表航空公司，后两位数字为航班的序号，单数为去程，双数为回程。同样道理，由于航线以及航空公司的增加，国际航班也出现了四位数字的航班号。无论如何，后两位数字表示的航班序号的含义不变。

例 1-3

CA981/82，北京—纽约的航班，第一位数字9表示由中国国际航空公司承运的国际航班，81表示去程航班，82表示回程航班。

MF8015/16和MF859/60都表示厦门—香港的航班，由厦门航空承运。

知识链接

我国地方民航管理单位

对民航事务的管理，除了民航局外，其下设有地方管理局对民航事务进行管理。目前我国有七大地区管理局：华北地区管理局、华东地区管理局、西北地区管理局、西南地区管理局、中南地区管理局、东北地区管理局、新疆管理局。

华北地区管理局管辖范围：北京市、天津市、河北省、内蒙古自治区、山西省（编码1）。

华东地区管理局管辖范围：上海市、山东省、江苏省、安徽省、浙江省、江西省、福建省（编码5）。

西北地区管理局管辖范围：陕西省、甘肃省、青海省、宁夏回族自治区（编码2）。

西南地区管理局管辖范围：重庆市、四川省、贵州省、云南省、西藏自治区（编码4）。

中南地区管理局管辖范围：广东省、广西壮族自治区、湖北省、湖南省、河南省、海南省（编码3）。

东北地区管理局管辖范围：黑龙江省、吉林省、辽宁省（编码6）。

新疆管理局管辖范围：新疆维吾尔自治区（编码9）。

各省级民用航空安全监督管理局（天津、河北、山西、内蒙古、大连、吉林、黑龙江、江苏、浙江、安徽、福建、江西、山东、青岛、河南、湖北、湖南、海南、广西、深圳、重庆、贵州、云南、甘肃、青海、宁夏等），对民航事务实施监管。

案例分析

在北上广等地的繁忙机场，每隔1～2分钟就会有一架飞机起飞或降落，旅客经常会看到飞机在滑行道上排着队等待起飞的场景。航班如此紧密衔接，离不开民航系统各保障单位的密切协作。

在互联网大数据时代到来之前，旅客要查询出行航班，必须打电话询问航空公司售票点或者票务代理公司。如今，旅客拿起手机，在航空公司App、航班管家、航旅纵横、飞常准等航班信息服务平台上，就可以获得全球的航班时刻信息，非常便利。

航班时刻表是航空公司、机场、空管三大运营主体日常运行的核心要素，是航班运行活动全流程的系统性安排和规划。对于航企而言，它是每日生产活动组织和安排的依据，企业围绕着它来调配运力，安排人员，进行协调和管理。旅客根据航班时刻表提供的航班时刻、机型、服务内容来选择要乘坐的航班。

我国民航成立初期，只有10余架小飞机，几条短航线，机场小且设施简陋，主要执行一些临时性的专包机任务。随着民航业的发展，飞机、航线、航班需求量都相应激增，大机场的航班时刻就越来越紧张。根据民航局数据，北京首都机场、上海浦东机场等的日均航班量达2000多班，如何合理进行航班编排就显得尤为重要。

分析：为什么说航班时刻表决定民航生产运行秩序?

课后思考

1. 什么是航班时刻表？编制航班时刻表应注意什么问题?
2. 国内航班号编制的基本原则有哪些?
3. 国际航班号编制的基本原则有哪些?
4. 我国七大地区管理局的地区代码分别是什么?

课题三　航线和航空运输凭证认知

学习目标

理解我国航线网的形式，掌握国内和国际航线的特点；
掌握运输凭证的基本知识；
熟记国内客票及国际客票的基本内容；
了解航空运输凭证的管理。

素养目标

培养爱国爱岗精神，树立安全意识。

思政小课堂

驼峰航线

第二次世界大战的太平洋战争爆发后，日军切断了滇缅公路，使大量的援华物资无法运进中国。面对如此严峻的局势，为保障第二次世界大战亚洲战场上对日作战的军备物资，中美两国决定联合开辟新的国际运输线。于是诞生了举世闻名的“驼峰”航线。

“驼峰”位于喜马拉雅山脉南麓一个形似骆驼背脊凹处的山口，它的海拔高度高于当时美国主要装备机型（DC-3、C-46、C-47）最大爬升高度，这里是中国至印度航线的必经之处。通过这条运输航线，中国向印度运送派往境外对日作战的远征军士兵，再从印度运回汽油、器械等战争物资。“驼峰”航线西起印度阿萨姆邦，进入中国的云南省和四川省。航线全长500英里（1英里=1609.34米），海拔均在

4500 ～ 5500 米，最高海拔达 7000 米，山峰起伏连绵，犹如骆驼的峰背，故而得名“驼峰”航线。

一、航线的开辟和设立

飞机在任何两个地点之间确定的飞行线路就是航线。一条航线经过的站点至少有两个，即起点和终点。在起点和终点之间可以有多个经停点，任意两个经停点之间的飞行距离称为航段，航线可以包含多个航段。

航线不同于航路，航路是由民航主管部门批准建立并依据导航设施划定的空域，交通管理机构要提供必要的空中交通管制和航行情报服务。

民航飞机的航线除了在未建立航路的地区外，都是沿着航路进行飞行的。

1. 航线的开辟

航线的开辟是指在原来没有航线的情况下，建立各种基础设施和服务系统，使航空器得以运行，这项工作主要由民航主管部门统一规划并协调工作的进程。如修建机场、建立导航台和空管服务系统等都需要前期的大量研究，内容涉及经济发展、政治与军事需要、开辟的可能性（包括政治上的和技术上的），以及运行后的使用量等。建立机场和航路设施都需要大量投资，如果和国外通航，还要和外国政府协商并签订相应的通航协议。因此开辟新航线主要由民航主管部门确定，但航空运输的需求是开辟航线时要考虑的主要因素。

2. 航线的设立

一个航空公司是否设立一条航线首先应考虑这条航线的市场状况，包括市场的大小、市场的预测、市场的竞争情况及可能占据的市场份额。其次是技术要求，包括所需机队标准、机型选择、相应的维修训练等配套设备配置，以及各类专业人员的资质水平要求。最后，在前两项要求都满足后应制定合理的班次计划，测算收入及利润水平。在决定投入航线后，向主管部门申请，经审查批准后，就可以开航。

二、航线网的形式与特点

把航线相互连接成为一个网络来最大限度地利用航路，既能方便旅客，又能扩大市场。从航空运输企业方面考虑，要满足市场需求，建立自己的航线网；而从政府方面考虑，要利用调控手段使航线网布局合理，既要考虑到政治和社会上的需求，又要避免热线上的恶性竞争和垄断。

（一）航线网的形式

航线网主要有城市对式（city pair）和中心辐射式（hub-spoke）两种。

1. 城市对式

城市对式是最早的航线网形式，即在两个城市间开通往返航班，把城市两两连接起来组成航线网。这种形式在世界上广泛使用。中国的航线网主要是这种形式。它的优点是操作简单，航线之间互不相关，控制容易，特别是在航线的准入和退出上政府的控制容易实行。缺点是对航路资源和乘客资源不能有效地组织和利用。

2. 中心辐射式

中心辐射式航线首先出现在美国政府放松航线准入以后，航空公司选择几个大的交通中心作为中心枢纽航站，由这些中心构成航线的骨架，其他中小城市和相距最近的枢纽航站开辟支线，这些支线上的航班和干线航班在时间上紧密相连，这样就构成了中心辐射式的航线网。其优点是提高了载运率，增大了航线网的覆盖面，提高了公司的竞争力，有利于中小城市的长途旅客，充分利用了航路和乘客资源；其缺点是加重了机场高峰时期的负荷，增加了大城市间的乘客转机的次数，使得小航空公司在干线上的竞争力减弱，政府的调控也变得困难。

民航旅客运输

（二）我国的航线网特点

1. 我国国内航线网的特点

① 我国国内航线集中分布在哈尔滨—北京—西安—成都—昆明以东的地区，其中以北京、上海、广州的三角地带最密集。从整体上看，航线密度由东向西逐渐减小。

② 航线多以公司飞行基地城市为中心向外辐射。

③ 主要航线多呈南北向分布，也有部分航线从沿海向内陆延伸，呈东西向分布。

以北京、上海、广州 3 个市为中心的辐射航线，基本构成了我国国内航线的布局，再加上以西安、成都、沈阳、乌鲁木齐为中心形成的几个辐射单元，共同组成了国内的主要航线网。此外，以香港为中心的辐射航线在我国的航空运输网中也占有重要地位。

2. 我国国际航线网的特点

① 我国国际航线网以北京为中心，通过上海、广州、乌鲁木齐、大连、昆明、厦门等航空口岸向东、西、南三面辐射。

② 国际航线的主流是东西向，向东连接日本、北美，向西连接中东、欧洲，是北半球航空圈带的重要组成部分。

③ 我国的国际航线是亚太地区航空运输网的重要组成部分，与南亚、东南亚、澳大利亚等地有密切的关系。

我国的国际航线基本可以分为东线、西线和南线 3 个部分。此外，还有昆明—仰光、厦门—马尼拉、厦门—新加坡、北京—平壤等短途国际航线。

航线网络的形式与特点

三、航空运输凭证认知

航空运输凭证是指与从事民用航空运输活动有关的凭证，包括客票及行李票、航空货运单、逾重行李票、航空邮运结算单，以及退票、误机、变更收费单和旅费证等用于航空运输的凭证。客票及行李票、航空货运单必须采取有效的防伪措施。

1. 航空客票的定义

航空客票及行李票简称客票，是由承运人或其代理人填开的，是旅客乘机或交运行李的证据。狭义的客票也称为机票（flight ticket）或飞机票。

航空客票是一种有价票证，是旅客与承运人之间的运输契约，是承运人之间及承运人与代理人之间进行业务处理和财务结算的凭证，也是旅客乘机、交运行李和报销的凭证。航空客票全部采用实名制。

知识链接

缔约承运人是指以本人名义与旅客及托运人，或者旅客及托运人的代理人订立航空运输合同的人。不管是承运人还是非承运人，只要以本人名义与旅客及托运人，或者旅客及托运人的代理人订立航空运输合同，成为航空运输合同当事人一方的，就是缔约承运人。

实际承运人是指根据缔约承运人的授权，履行航空运输合同所规定的全部或部分运输义务的人。在没有相反证明时，此种授权被认为是存在的。实际履行航空运输合同的人是实际承运人，实际承运人经过缔约承运人的授权履行航空运输合同。必须注意的是，实际承运人不是《中华人民共和国民用航空法》中所规定的连续承运人。

2. 航空客票的主要内容

航空客票应当至少包括以下内容：

（1）承运人名称；

（2）出票人名称、时间、地点；

（3）旅客姓名；

（4）航班始发地点、经停地点和到达地点；

（5）航班号、舱位等级、日期和离港时间；

（6）票价和付款方式；

（7）客票号；

（8）运输说明事项。

3. 航空客票的分类

（1）从来源上分，可分为航空公司本票、BSP 中性客票、电子客票。

① 航空公司本票。航空公司本票的封面上印有该票所属航空公司的名称，并有其航徽及代码。航空公司本票从联数上分，有一联客票、二联客票、四联客票；从书写方式上分，有手工客票和计算机自动打印客票。

② BSP 中性客票。BSP 中性客票在其封面上印有国际航空运输协会（IATA）的标志及专门设计的图案：国际客票是以蓝底红色世界地图为封面，国内客票是以白底红色中国地图为封面。目前，BSP 中性纸质客票已停止使用。国际上统一采用的是国际航空运输协会规定的 BSP 中性电子客票。

③ 电子客票。电子客票（electronic ticket，简称 ET），是除纸质客票以外的一种新型的客票类型，是一种虚拟客票，可以通过电话或电脑网络完成。它实际上是一个电子文件，上面的数据来自有效航空公司的数据库。相对电子客票，大多数航空公司仍发放纸质的登机牌。

（2）从客票的时间上分，可分为定期客票和不定期客票。

① 定期客票，又称 OK 票，是指由航空公司或代理人填开给旅客的列明航班、乘机日期、时间和订妥座位的客票。定期客票原则上适用于客票上列明的乘机日期、航班和起讫点。

② 不定期客票，又称 OPEN 票，是指由航空公司或代理人填开给旅客的未列明航班、乘机日期、时间，未订妥座位的客票。旅客持不定期客票旅行需要提前向承运人预订航班座位。

（3）从航班类型分，可分为单程客票、联程客票和来回程客票。

单程客票是指列明一个航班的点到点的客票。

联程客票是指列明两个（含）以上航班的客票。

来回程客票是指从出发地至目的地，并按原航程返回出发地的客票。

四、航空客票的格式

1. 航空客票及行李票的构成

纸质航空客票的计量单位为“本”，一本客票包括运输合同条件、声明、通知及乘机联、旅客联等内容。客票的主要构成有：

（1）运输合同条件及声明，中英文旅客须知。

（2）会计联，又称财务联，由出票部门工作人员填开或打印客票后撕下，凭此做销售日报，上交财务部门审核和入账用。BSP 中性客票没有会计联，部分本票也取消了会计联。目前，会计联以电子形式为主。

（3）出票人联，供填开客票的单位查存。由出票部门工作人员填开或打印客票后撕下，由出票部门存档备查，保存期为 1 年或 2 年（根据各公司规定）。

（4）乘机联，用于旅客办理乘机手续等。旅客在乘机联粗线框地点间的旅行有效，由办理乘机手续的部门或换开客票的部门撕下。撕下或打印后，作废乘机联附在销售日报上交给财务部门，保留至少两年。

（5）旅客联，交给旅客，由旅客留存，可用于旅客报销等。

以上的票联是相对于本票而言，电子客票不存在票联。

2. 客票号码

（1）国内客票号码。国内客票号码由 13 位数字组成，前三位数字为航空公司运输凭证代号，第四位数字为客票乘机联的联数，后八位数字是不同航空公司按照相应标准制定的客票序号，第十三位数字是检查号（0 ～ 6）。例如，中国南方航空公司的二联式客票“784—221881208 5”。

（2）国际客票号码。国际客票号码由 14 位数字组成，前三位数字为航空公司运输凭证代号，第四位至第十三位数字是票证类别 + 客票序号，最后一位是检查号。在客票号码的最前面，还包括乘机联号。

例 1-4

海南航空控股股份有限公司的二联客票的客票号码为：

880	— 2	20807923	0
航空公司票证代号	客票联数	客票序号	检查号

每个航空公司都有特定的票证代号，如 999（国航）、784（南航）、781（东航）、479（深航）、880（海航）、731（厦航）、089（春秋）、876（川航）、774（上航）、324（山航）等。

例 1-5

2	618	440	9065249	4
乘机联号	航空公司票证代号	票证类别	客票序号	检查号

检查号是客票序号除以 7 之后所得的余数。

五、航空运输凭证的管理

航空运输票证票款的管理（包括印制、保管、发放、审核、对账、保存）是航空公司运输销售和财务部门重要的日常工作，也是衡量航空公司经营管理好坏的主要标准。

1. 航空运输凭证的收发

航空运输企业及涉及运输凭证收发的相关单位，应当依据各自职责建立运输凭证的收发登记制度。收发双方应当在规定的交接地点履行交接手续。票证发放时，应按票证顺序发放；任何人未经许可，不得将票证和销售日报带离工作地点，不得把票证交由无关人员填开。

2. 航空运输凭证的使用

运输凭证应当按照相关规定填制，各联填制的内容必须保持一致，不得分开填制。公共航空运输企业及相关单位在填制运输凭证的过程中，应当按照运输凭证的号码顺序填列。不得跳号、漏号、改号。擅自涂改和转让的运输凭证无效。作废的运输凭证，应当在其凭证的右上角打孔，或在凭证各联注明“作废”标志。任何单位和个人不得非法使用运输凭证。

3. 航空运输凭证的传递

公共航空运输企业及涉及运输凭证传递的相关单位，应当按照民航局有关规定建立严格的交接制度，保证运输凭证及时、准确、完整地传递。

4. 航空运输凭证的保管

公共航空运输企业及涉及运输凭证收发的相关单位，应当建立运输凭证的保管制度，保证运输凭证的存储安全。售后票据应按票证序号、销售日期整理成册，设专用库房保存。运输凭证的保管期应当按照国家有关规定执行。保管期满的，依照相关规定由专人监销。各级发放票证的登记簿保管期为3年；乘机联、出票人联、会计联、销售日报、作废票、退票及退款单证的保管期为5年。

5. 航空运输凭证的监控

公共航空运输企业及相关单位，对各自掌管的运输凭证有管理责任，并对其收发、使用、传递、保管及监控等情况进行定期或不定期检查。

随着电子客票的普及应用，传统的纸质票证将逐步退出航空客运市场。电子客票在出票、作废、退票、换开、改转签等操作上具有无纸化、电子化等优势，因此在管理上也将更加便捷，同时也更加环保，很大程度上减少了纸张的浪费。

案例分析

《中国民用航空电子客票暂行管理办法》第十九条规定："旅客未在客票有效期内完成部分或全部航程，可以在客票有效期内要求退票。旅客要求退票，应凭旅客本人有效身份证件和电子客票行程单办理退票手续，出票时未打印行程单的旅客凭有效身份证件办理退票手续。票款只能退给客票上列明的旅客本人或客票的付款人。如委托办理，须提供旅客本人和受委托人的有效身份证件。"

《中国民用航空旅客、行李国内运输规则》第十条规定："客票的有效期为：（一）客票自旅行开始之日起，一年内运输有效。如果客票全部未使用，则从填开客票之日起，一年内运输有效。（二）有效期的计算，从旅行开始或填开客票之日的次日零时起至有效期满之日的次日零时为止。"第二十一条规定："由于承运人或旅客原因，旅客不能在客票有效期内完成部分或全部航程，可以在客票有效期内要求退票。"

分析：购买机票一年之后是否可以办理退票？

课后思考

1. 中心辐射式航线有哪些优势？
2. 我国国内航线和国际航线的主要特点是什么？
3. 航空客票主要包括哪些内容？
4. OK票与OPEN票的区别在哪？
5. 国内客票和国际客票的数字组成有何不同？

课题四　航空客运特殊服务代码及旅客国际运输常识

学习目标

熟悉常用航空客运特殊服务代码；
了解航空客运的行业术语；
掌握护照、签证的使用知识；
理解有关国际运输的常识。

素养目标

弘扬民航"工匠"精神、创新精神。

思政小课堂

青岛航空股份有限公司建设了涵盖安全管理、行政办公、航班运行、机务业务、运行人员资质管理、旅客服务、市场营销等的信息系统 70 余套，覆盖了航空公司主要生产业务流程。依托于企业微信，建立了移动业务平台，目前已覆盖行政办公、财务报销、人事管理、安全管理、运行保障、营销服务等业务领域，有力地支持公司各项工作的便捷开展。在公司信息部的主导下，公司的数字化框架向微服务架构转型，规划了运行中台、营销服务中台和数据中台，全面提速业务数据流转与共享，提升数据价值，提高公司的数字化水平。

青岛航空现已建立了以《运行手册》和《维修工程管理手册》为核心的运行管理手册体系，共计 160 余本，总字数达“亿”字级，为公司所有岗位人员提供了操作指导的政策、标准和规定。在手册快速查找方面，采用对话机器人的方式与用户进行交互，前端可集成各类即时通信软件，后端通过调用 IDP（智能文档处理平台）提供的接口获取详细信息。如用户输入“无成人陪伴儿童”，对话机器人通过查找关系表返回“无成人陪伴儿童”涉及的手册并通知用户。用户选择手册后，对话机器人根据手册名称和章节号，调用 IDP 接口获取章节具体描述并返回给对话机器人，对话机器人再返回给用户。在查看不同版本文档差异方面，用户可选择当前版本及过去任意版本进行比对，比对采用全文比对的方式，除可显示增加和删除的区别之外，还能对字体大小、样式等变化进行提醒。

和其他领域一样，航空运输业也有它特有的术语和代码，服务方式和服务设施都有特指的代码，作为民航工作人员必须熟悉并精通代码使用，才能有效地开展工作。

一、航空客运特殊服务代码

服务信息是旅客订座记录（PNR）的一部分，用来记录航空公司所提供的一些服务。如记录旅客年龄、特殊餐食要求等。为了确定这些信息已被航空公司收到，可以直接打电话给承运人提出这些要求，或者也可以在 PNR 中服务信息部分输入这些要求，但需使用代码。

1.SSR 与 OSI 代码

特殊服务要求 SSR：SSR 组中的代码均为四字代码，它们是对特殊服务和设施的要求。这些要求需要确认，航空公司需要提前准备。

其他服务要求 OSI：OSI 组中的代码是和旅客相关的其他信息，航空公司只需要注意到这些信息，不需要提前准备及确认。

2. 特殊服务代码

表 1-3 是特殊服务代码及其代表的服务内容。

表 1-3　特殊服务代码表

服务代码	服务内容	服务代码	服务内容
AVML	亚洲素食	BSCT	婴儿座
BBML	婴儿餐	BULK	大型行李
BLND	盲人旅客	CBBG	占座的客舱行李
CHML	儿童餐	DEPA	有人陪伴遣返
DEPU	无人陪伴遣返	DEAF	聋哑旅客
DBML	糖尿病人餐食	FQTV	常旅客
FRAG	易碎行李	MAAS	需要协助的旅客
NSSA	无烟区通道座位	NSSW	无烟区窗口座位
PETC	在客舱携带宠物的旅客	RQST	特别座位要求

续表

服务代码	服务内容	服务代码	服务内容
SMSA	吸烟区通道座位	SMSW	吸烟区窗口座位
LANC	需要给予帮助的旅客	STCR	担架旅客
SPML	特殊餐食要求	TWOV	无需签证旅客
UMNR	无人陪伴的未成年人	VGML	素食
WCHS	轮椅旅客	XBAG	逾重行李

表中许多代码都需要做进一步说明。机票预订指令中的 OTHS 代码可以用来说明那些旅客提出的但没有四字代码对应表示的其他任何要求，但需要加上详细说明。

二、航空客运的行业术语

Availability：空座位，能够出售的座位数量。

Booking：预订，选择航空公司及航班。

Booking Form：订座单，销售代理人预订时需要填写的表格。表格中详细记录了旅客姓名、联系地址、电话号码、航程、付款方式等。

Baggage：行李，旅客携带的个人物品，如衣服、照相器材及其他与旅程有关的物品。

Baggage Allowance：行李额，每个旅客允许免费携带的行李数量（或最大重量）。

Baggage Tag：行李标签，写有旅客姓名和地址的文件，系在行李上以作为证明；办理登机手续时出示，证明行李已经检查过了。

Baggage Claim Area：行李认领区，到达的旅客在机场中的这一区域认领自己的行李。

Billing and Settlement Plan，BSP：开账结算计划，一个从代理人处收集票款并将其分配到各个相应航空公司的清算系统。

Boarding Pass：登机牌，在办理登机手续时需出示，换取乘机联。登机牌标明旅客的座位等级和号码。

Check-in：登机手续，旅客在出发之前办理的手续。包括检查证件、出示登机牌和行李标签。

Cancellation Fee：取消费，旅客已经预订但取消此预订时，航空公司对其征收的罚款。

Carrier：承运人，是指航空公司（运送旅客和货物的公司）。

Charter：包机。

Child：儿童，2～12 岁的旅客。

Commission：佣金，代理销售机票等服务赚取的收入，通常按销售金额的约定百分比计算。

Code Share：代码共享，两个以上航空公司同时出售一个航班的座位。

Computer Reservations System：电脑预订系统，使用电脑查询航班、空余座位、票价及其他旅行信息。

Conditions：条件，是指预订或取消时相应的条件。

Configuration：座位布局，客舱内的座位安排。

Confirmed Reservation：座位证实，使用 PNR 预订座位。

Connecting Flight：航班衔接，在航程中需要转机。

Customs：海关，控制进出口的部门。

Destination：目的地，旅客最终要到达的地点。

Direct Flight：直达航班，在始发地和目的地之间不需要旅客转机的航班。

Downgrade：降低等级，将座位降到一个较低的等级。

Endorsement：签转，一个承运人出的票，在另一个承运人的航班上使用。

Estimated Time of Arrival/Departure：预计到达 / 出发时间。

Excess Baggage：逾重行李，旅客的行李在体积或重量上超出了行李额。

Flight Coupon：乘机联，机票的一部分，上面有航程和旅客姓名等详细信息。

Flight Number：航班号，由字母和数字组合而成的代码，由航空公司两字代码加上 1 ～ 4 位数字组成。

Gateway：门户，承运人所属国的国际航班入出境地点。

Infant：婴儿，0 ～ 2 岁的旅客。

International Date Line：国际日期变更线，穿过太平洋的一条假想的经线。由西向东越过日界线须减去一天，由东向西越过日界线须增加一天。

Issuing Carrier：出票承运人。

Itinerary：全航程旅行路线，包括承运人的名称和航班号、出发时间、机场候机楼的详细资料、办理登机手续时间、再确认的信息、其他和旅客旅程相关的信息。

Minimum Connecting Time：最短衔接时间，转机的航班所必需的最短衔接时间。在 OAG 上可以查到。

MPD/MCO：多用途票证 / 旅费证，空运企业用于支付与旅客运输有关的费用而填开的一种有价凭证。

No-Show：误机，旅客未使用或取消航班上已订妥的座位。

On Request：指座位需求情况，即座位还没有被确认。

Open Ticket：未定票，为指定航程开出的机票，但没有确定日期和航班。

Origin：始发地，旅途开始的地点。

Over Booking：超额预订，航空公司出售的座位数比客舱内实际座位数多。

Passenger Coupon or Receipt：旅客联，客票的一部分。

Reconfirmation：再证实，旅客预订完座位后，需再确认其确实乘此航班旅行。

Refund：退款。

Revalidation：再确认，修改已安排好的航班内容，用小标签把新的航班信息贴到乘机联上。

Season：季节，High Season 为旺季，Low Season 为淡季，Shoulder Season 为平季。

Stand-by：候补，旅客没有预订但准备乘飞机旅行，等候是否有空余座位。

Stopover：中途分程点，在始发地和目的地之间的停留，停留时间在 24 小时以上。

No Stopover：非中途分程点，在始发地和目的地之间的停留，停留时间在 24 小时以内。

Terminal：候机楼，在机场内，旅客登上飞机前停留的区域。

Transfer：交通，运送旅客从一个候机楼到另外一个候机楼，从机场到当地旅馆，使用的交通工具是巴士。

Transit：经停，旅客从始发地到目的地途中的中间短暂停留。

Ticket on Departure：出发取票，旅客出发前到机场取票的一种售票方法。

Unaccompanied Minor，UM：无人陪伴儿童，未满 12 岁的小孩单独旅行，没有大人陪伴。

Waitlist：候补旅客名单，在全额预订的情况下，旅客等候是否有空余座位。

三、旅客国际运输常识

旅客在进行国际旅行时，需要各种相关证件才能顺利完成行程，包括护照、签证、健康证明等，不同国家还有不同要求。

（一）护照

护照（passport）是由一个主权国家的权力机关为本国居民及居住在本国的外籍人士开出

的官方证件；是一个国家的公民出入本国国境和到外国旅行或居留时，由本国发放的一种证明该公民国籍和身份的合法证件。可用于证明身份，是个人进入其他国家的具有法律效力的身份证明。

1. 护照的内容

护照包括下列内容：姓名、国籍、出生日期、性别、出生地点、签发日期、签发机构、期满日、观察报告、持有者签名、持有者照片。备注页可以不填，如需要，可以填写类似内容："此本护照替换于 1999 年 6 月 3 日丢失的号码为 L8765876R 的护照。"

进入别的国家还有其他证件可以用于证明身份，如身份证、旅行证明、军官证、海员证、执照、出生证等，这些证件使用范围要小于护照。这些证件仅在特定的国家、特定目的下才有效，而护照是最为普遍使用的。

2. 护照的类型

（1）普通护照：大多数国家为公民开具的都是普通护照。

（2）公务护照与特别护照：政府官员或其他执行官方任务的人可持此类护照。此类护照需由签发机关特别注明。

（3）外交护照：根据国际惯例，外交官、领事和其他由政府派往国外执行任务的政府官员均可持有外交护照。

（4）外国侨民护照：这种护照是为居住在本国的外国人开具的，该种护照持有人不具有本国国籍。

（5）儿童身份证明：有些国家用此来代替护照，如德国的"Kinderausweis"。儿童身份证明不是在所有国家都会获得承认，具体可查询相关的旅行信息手册。

（6）其他护照：联合国或红十字国际委员会等国际组织可以签发难民证给难民，可代替护照使用。

3. 使用护照注意事项

（1）护照的有效期：护照的有效期通常为 10 年，必须在旅行期间有效；护照的签发机关有随时收回护照的权力。

（2）护照的有效范围：除了特殊注明的国家，护照通常在所有国家都有效。

（3）更换护照：护照的有效期满，或者没有空余处签证时均需换护照。

（4）合用护照：有些国家允许合用护照，那意味着两个以上的人一起旅行可以持一本合用护照，一般是配偶或他们的子女一起使用一本合用护照。合用护照上的所有人必须一起旅行方有效；如果护照的持有者能提供护照上其他人留在国内的证明，也可以在护照上的其他人未陪同的情况下单独旅行。

（二）签证

签证是由政府机关印在护照或其他旅行证件上的签注（盖章），或贴上一张标签，表明持有人已被当局允许进入或再进入其国境，是一国公民进入另外一个国家的许可证。签证制度是国家主权的象征，是一个国家对于其他国家的公民入境实施控制和管理的具体表现，以此达到维护国家安全及国内社会秩序的目的。

1. 签证的内容

签证的盖章或标签带有清晰的说明文字，指明持有人进入该国的事由、允许停留的时间或通过其领土前往其他国家的许可。签证通常规定停留期限、有效日期及在此期限内允许进入该国的次数。

2. 签证的类型

（1）根据出入境情况分

根据出入境情况，可分为出境签证、入境签证、出入境签证、入出境签证、再入境签证和过境签证等六种类别。出境签证只准许持证人出境，如需入境，需再办入境签证。入境签证只准许持证人入境，如需出境，需再申办出境签证。出入境签证的持证人可以出境，也可以再入境。多次入出境签证的持证人在签证有效期内可出入境。

过境签证：是指为旅客提供在前往第三国的旅途中，因经停而进入该国的签证。过境签证在不同国家要求存在差异。例如：一个国家可能规定，旅客在 8 小时内过境不需要签证；而另一个国家可能规定，即使旅客到达和离开的时间在 4 小时内也需要过境签证。

（2）根据出入境事由常规分

根据出入境事由常规，可分为外交签证、公务签证、移民签证、礼遇签证、旅游观光签证、工作签证、留学签证、商务签证以及家属签证等。每个国家情况不同。获得移民签证的，是指申请人取得了前往国的永久居留权，在居住一定时期后，可成为该国的合法公民。而非移民签证则可分为商务、劳务、留学、旅游、医疗等几个种类。世界上大多数国家的签证分为外交签证、公务（官员）签证和普通签证。我国的签证主要有外交签证、礼遇签证、公务签证和普通签证四种。

（3）根据时间长短分

根据时间长短分，可分为长期签证和短期签证。长期签证的概念是，在前往国停留 3 个月以上。申请长期签证不论其访问目的如何，一般都需要较长的申请时间。在前往国停留 3 个月以内的签证称为短期签证，申请短期签证所需时间相对较短。

（4）根据入境次数分

根据入境次数，可分为一次入境签证和多次入境签证。

（5）根据使用人数分

根据使用人数分，可分为个人签证和团体签证。

（6）根据为持有人提供的方便分

根据为持有人提供的方便，可分为另纸签证、落地签证等。

如果在两国之间有互免签证的双边协议，则两国公民进入对方国家无需签证。通常情况下，一旦签证已经发出，进入该国就是被允许的。然而需要注意，在进入该国时，是否被允许入境的最终决定权掌握在移民局手中。

（7）互免签证

互免签证也称无需签证过境（TWOV），是随着国际关系和各国旅游事业的不断发展，为便利各国公民之间友好往来而发展起来的，是根据两国间外交部签署的协议，双方公民持有效的本国护照可自由出入对方的国境，而不必办理签证。互免签证有全部互免和部分互免之分。TWOV 的有效期在不同国家也有所变化，在旅行信息手册（TIM）上，有关于旅客被允许停留多长时间和允许进入该国多少次等 TWOV 信息。

落地签证是指申请人不直接从所在国家取得前往其他国家的签证，而是持护照和该国有关机关发放的入境许可证明等抵达该国口岸后，再签发签证，落地签证通常是单边的。截止到 2025 年 9 月，持普通护照的中国公民免签或落地签目的地已达 90 多个。

申根签证：是指根据申根协议而签发的签证。这项协议由于在卢森堡的申根签署而得名，它规定了成员国的单一签证政策。据此协议，任何一个申根成员国签发的签证，在所有其他成员国也被视作有效，而无需另外申请签证。申请人一旦获得某个申根成员国的签证，便可在签证有效期和停留期内，在所有申根成员国内自由旅行，但从第二国开始，需在 3 天内到当地有关部门申报。而实施这项协议的国家便是通常所说的“申根国家”。

知识链接

申根公约签订以后不断有新的国家加入进来，截至2025年9月，申根的成员国增加到29个，包括法国、德国、奥地利、瑞士、意大利、荷兰、比利时、卢森堡、丹麦、挪威、瑞典、芬兰、冰岛、西班牙、葡萄牙、希腊、立陶宛、拉脱维亚、爱沙尼亚、波兰、匈牙利、捷克、斯洛伐克、斯洛文尼亚、马耳他、列支敦士登、克罗地亚、罗马尼亚和保加利亚。

（三）健康证明

有些国家要求进入其国境必须进行必要的预防接种，所以旅行前需检查自己所经停的国家是否需要对某些疾病进行预防接种。一般有两种免疫接种方式：强制预防接种和建议预防接种。仅在一些特定的国家需要强制预防接种，更多的是建议预防接种，除非到郊区旅行。

世界卫生组织会在其官网上定期更新《国际旅行和健康》，可以查询目的地国家的官方要求，从旅行信息手册中，可以查阅到在哪个机场需要何种疾病的接种证明。旅行信息手册中还列出了世界上哪些地区是霍乱、疟疾、瘟疫、黄热病等疾病的感染区。黄热病和霍乱是两种最常见的需要预防接种的疾病。通常只有到感染区旅行才需要注射疫苗。

如果到需要预防接种的地区旅行，需要出示预防接种证明书，没有此证明书将被隔离或被驱逐出境。通常，转机旅客不需要进行预防接种。所有的预防接种都需提前进行，在跨国旅行中，有些疫苗的接种时间需比离开日期提前一个月。旅客需保留预防接种日期的记录，不同的预防接种有效期不同，保留记录可以知道何时需注射辅助药剂。

（四）离境税

出境旅游中常常会涉及离境税，购买国际机票的税大致分为三种：离境税、过境税和入境税。个别国家还有其他名目的税，例如美国，除有上述税以外，还有海关使用税、机场税、动植物检疫检查费等。当然有些国家是不收税的。在一些国家，有的城市有税，有的城市没有税，例如日本的东京、大阪有离境税，而札幌则没有税。

离境税一般根据购买机票时的汇率发生变化，这就是上次购买机票和这次购买机票航程一样税却不同的原因。当然相差的比率并不大。

和航空旅行有关的税，由销售代理人代收，加在机票价格上，这些税需在客票上列明。其他的离境税，由旅客在机场向征收部门现付。征收入境税、离境税或过境税是一国政府的直接收入来源，更多的税是为了保障而收，如噪声污染税。

（五）海关规定

海关要保护本国人口不受易传染性疾病扩散带来的伤害，同样，也保护濒危物种。进出口某些商品在有些国家是受限或禁止的，如果要运送的受限商品超过了规定的进出口数量，需要付特别的关税。海关征收的关税是一国政府另一个直接收入来源。大多数国家都规定了一定数量的免税商品，如烟草、烈性酒和香水，旅行信息手册上介绍了不同国家在进出口这些商品时可以免税的数量。个人生活用品如衣服、珠宝、化妆品、照相机、手提电脑等，通常不会受限。旅客随身携带的受限项目通常有：宠物、野生动植物、武器、枪支、弹药。

知识链接

伯利兹税务信息如下：

Tax：Departure tax is levied on all passengers：BZD22.50（incl.security tax）or equivalent in USD.

Place of payment: Airport of departure in Belize.

Exempt are:

1) transit passengers proceeding within 48 hours;

2) children of 12 years;

3) ministers of the Belize government;

4) officials visiting Belize on invitation of the Belize government.

（六）货币及支付方式

旅客进出各国国境时每人所允许携带的当地货币和外国货币的数量均有限额。这些限额通常对国内居民和国外居民的规定有所不同。各国对旅客携带的贵重金属如金、银等也有限制；如果旅客不遵守规定将会受到惩罚，惩罚的种类从罚款到监禁不等。

国际旅客经常需要将本国货币兑换成当地货币以便支付各项开支。出国旅行前，需查询旅行信息手册上要旅行国家的相关货币。

国际旅行中的支付方式如下：

现金：在旅途中受限制最多的便是现金。现金又是最方便的一种付款方式，但携带大量现金比较危险。一般的旅行保险都没有现金丢失或被窃这一项，或保险中规定最高限额。所以最好的办法是不要携带超过保险限额规定数量的现金。携带少量现金是必需的，以便支付食品、饮料及入境税。

旅行支票：旅行支票从银行或外币兑换处均可购买到。并不是所有的旅行支票都被接受，有些国家只接受某种旅行支票而不接受其他的。旅行之前应查询旅行信息手册，掌握前往旅行的国家拒绝哪些银行开出的旅行支票，这对旅行非常有利。一些著名的旅行支票包括 American Express、Visa、Tomas Cook、Citibank 等，这些旅行支票一般都会被接受。旅客需要保存最初的购买记录和每次兑换的记录，并将这些记录和机票分开存放。用本国货币、美元、英镑购买旅行支票一般都容易兑换且比较稳定。最初购买旅行支票时必须签名，每次兑换时也需要签名，以便和最初的签名核对笔迹。购买时的签名最好和护照上的签名保持一致，因为在银行或外币兑换处兑换旅行支票时是需要出示护照的。

信用卡：信用卡是一种更方便的支付方式。它不仅可以用来购买商品和支付服务费用，还可以在银行兑换现金。ATM 机在许多城市是 24 小时开放的，使用信用卡取现金也是非常方便的，而且信用卡的手续费要比旅行支票低，安全性也要高。信用卡是否被接受一般取决于信用卡公司付账速度的快慢。所以外出旅行时最好多选择一种付款方式以做后备。

国际转账：如果在外旅行，需要家里汇钱过来，最好选择一家大城市中的大银行作为转账银行。避免选择那些小的分支银行，因为分支银行在处理越洋业务时通常效率很低。尽量避免使用邮寄方式。国际转账是需要付费的，转账所需时间从几天到几周不等。所以需要查询选定的银行的转账时间，如果很紧急，额外付费后，转账当天即可完成。

案例分析

2025 年 2 月 16 日上午，在首都机场 3 号航站楼出境执勤现场，一名女性旅客在快捷通道通关时受阻，现场边检民警立即上前对其提供帮助。检查中，边检民警在这名旅客所持护照内发现一枚中国验讫章有伪造嫌疑。

因持用变造证件出境，北京机场边检站根据《中华人民共和国出境入境管理法》之规定，对旅客张某做出 3000 元的行政处罚并收缴涉案证件。就在张某被查获后，仅仅过去一个小时，同样是在首都机场3号航站楼出境执勤现场，边检民警发现一名旅客所持中国普通护照内有两枚中国验讫章有伪造嫌疑。

最终，北京机场边检站对旅客费某做出3000元的行政处罚并收缴涉案证件。据了解，非正规中介往往以低价、速办、包出签等为诱饵，吸引旅客花高价办理出入境手续，其结果不仅让旅客无法正常出入境，甚至还会因此受到处罚。当天下午五点半，边检民警又查获了一名同样是寻找“黑”中介办理了出境手续的旅客。

经现场询问，旅客××自述想要出国留学，为办理某国留学签证，花15万元从网上找了一个留学中介为其办理相关出境手续，就在她将护照交给对方后，再收到护照时护照却不一样了。最终××因持用变造证件出境，被北京机场边检站做出3000元的行政处罚并收缴涉案证件。

分析：简要谈谈如何有效管理护照。

课后思考

1. SSR与OSI代码的区别是什么？
2. 合用护照的使用规定是什么？
3. 签证有什么作用？签证按出入境事由常规可以分为哪些类型？
4. 旅行信息手册中的主要内容是什么？
5. 国际旅行中的支付方式有哪些？

复习题

模块一复习题

模块二

旅客运价认知

课题一　民航旅客运价概述

学习目标

理解民航旅客运价制定的原则；
掌握民航旅客运价的构成；
掌握民航旅客运价的特点；
了解国内民航旅客运价的发展历程。

素养目标

培养职业道德与职业操守。

思政小课堂

春运期间民航价格管理

2024年1月下旬，中国民航局下发《关于加强2024年春运期间民航价格管理的通知》（以下简称“通知”），要求加强春运期间民航价格管理。一是要加强形势研判，确保价格平稳。要求各运输航空公司提前分析研判2024年春运期间航空运输市场面临的新形势，加强市场动态监测，深入分析市场供需状况、旅客流量和流向。要加大重点时段、热门航线运力储备和供给，及时采取措施，科学调配运力，制定合理的价格和销售策略，有效引导市场预期，充分满足旅客航空出行需求，确保航空运输市场价格平稳、竞争公平有序。二是要加强价格自律，规范价格行为。各运输航空公司实行政府指导价的国内航线运价，不得超过政府规定的基准价及上浮幅度；实行市场调节价的国内航线运价，不得超过公布运价。国际运价不得超过经核准和备案的公布运价。各运输航空公司要落实明码标价要求，及时、准确、全面地公布运价水平及适用条件。不得相互串通、操纵市场价格；不得捏造、散布涨价信息，哄抬价格，推动价格过高上涨；不得以低于成本的价格倾销；不得虚构原价、虚假标价、虚假打折、采用误导性价格标示、隐瞒价格附加条件；不得开展虚假宣传等不正当竞争行为；不得从事垄断协议、滥用市场支配地位等垄断行为；避免因频繁调价、价格大幅波动，扰乱正常的市场秩序。

民航旅客运价，也称客票价，是指由出发地机场到目的地机场的航空运输价格，不包括始发地或目的地机场与市区之间的地面运输费用，也不包括机场建设管理费以及旅客购买其他付费服务、使用其他付费设施所需要的费用。

一、民航旅客运价概述

1. 定义

运价是指运输产品的价格，是运输产品价值的货币表现，也是单位旅客或单位货物在一定运输距离上的运输价格。

国内航空运价是指单位旅客或单位货物由始发地机场运至目的地机场的航空运输价格。旅客运价单位为“元 / 人”，货物运价单位为“元 / 公斤”。

交通运输价格和工农产品价格一样，是国民经济价格体系的一个重要组成部分，必须经物价主管部门批准后方可执行。运输业是独立的生产部门之一，它不生产有形产品，只能使旅客或货物发生空间位移，它的生产过程同时就是消费过程，这一性质决定了运输价格具有与一般产品价格不同的特点。

2. 民航旅客运价制定的原则

国内航空旅客运价的定价基础是运输成本，而运价又由运输成本、税金和利润等要素构成。民航旅客运价与其他运输方式的价格一样，遵循着价格围绕价值变动的经济规律。因此运价的制定是一个复杂的问题，制定过程主要体现以下五个原则：

（1）制定运价必须以运输价值为基础，以运输成本为主要依据。

商品的价值由三个部分组成：

① 生产过程中消耗的生产资料的价值。如燃料、运输工具、技术设备、材料折旧费等价值转移部分，用英文字母 C 表示。

② 劳动者自己的劳动所转移的价值，即以工资形式支付给劳动者的报酬，用英文字母 V 表示。

③ 劳动者为社会所创造的价值，即税金和利润，用英文字母 M 表示。

$$\text{商品的价值} = C+V+M$$

运输价值是凝结在运输产品中的一般人类劳动，是运输劳动者在实现商品位移过程中所耗费的物化劳动和活劳动的总和。与这两部分劳动相适应，运输价值由两部分组成：一是过去劳动创造的价值，即已消耗生产资料的价值，也叫转移价值；二是活劳动创造的价值，即新创造价值。活劳动创造的价值又可分为两部分：一是生产者为个人所创造的劳动价值；二是生产者为社会所创造的劳动价值。

由于产品不具有实物形态，只是所运输的对象发生空间位置的变化，因此运输产品在价值的构成和实现上具有以下自身特点：

一是运输产业的产品不具有实物形态，只是货物和旅客在空间位置上的转移，构成运输产品价值（运输价值）的材料，不是用于制造本身，而是用于设备的维修和养护上。

二是运输生产的特点决定了对设备的投资比较大，因此固定资产损耗的价值补偿对运输价值影响较大。

三是运输产品的生产过程同时也是消费过程，因此运输价值的创造过程也就是运输价值的实现过程。

（2）运价应符合商品定价原则，保证经营者有合理的利润，以确保企业的正常运转。

运输价格通常由运输成本和盈利组成，盈利包括税金和利润，是商品价值中的 M。制定运价除考虑运输成本外，还要考虑盈利，这样企业扩大再生产才能实现，企业才能正常运转并不断壮大。

运输价格作为运输价值的货币表现，可分为以下三个组成部分。

① 物化劳动的消耗支出，表现为设备的磨损（固定资产折旧）以及燃料等方面的支出。

② 劳动报酬（工资）支出，即生产者为自己劳动所创造价值的货币表现。

③ 盈利，即生产者为社会劳动所创造价值的货币表现，如利润。

由于市场供求关系变化，运输价格并不总是等于运输价值，而是围绕运输价值上下波动。运输价格与运输价值之间在量上的不一致现象是客观存在的，因为在运输生产过程中，劳动耗费经常变动，因此要求作为运输价值表现形态的运价随时变动是不可能的；同时，运输价格的形成也受运输市场供求关系变化、国家宏观价格政策等因素的影响。从总体上看，运输价值与运价一致是客观经济发展的一般趋势。

（3）运价制定应在适当的水平上，有利于运量在各种运输方式中合理分配。

运输企业生产的都是同一产品，由此决定了在一定条件下各种运输方式的相互替代性，民航旅客运价的制定原则一定要有利于运量在各种运输方式中的合理分配，从而促进各种运输方式的合理分工。如航空运价要比铁路运价和公路运价适当高一些。

（4）有利于提高运输的载运率、客座率，促进航空运输企业自身发展。

（5）有利于照顾消费者的利益。运价过高既会影响客源的组织，也会影响消费者的利益，本着为人民服务的宗旨和保证企业效益的原则，运价应该稳定在合理的价格水平上。

二、民航旅客运价的构成

民航旅客运价是单位旅客在一定运输距离上的价格。运价的构成是以民航运输为基础的，而运输价值难以精确计算，在实际工作中，民航旅客运价是由其运输成本、利润和税金等要素构成的。

1. 运输成本

运输成本是补偿运输生产中消耗的物化劳动和活劳动的货币表现。航空运输成本包括飞机折旧（或租金）、燃油费、飞机和发动机大修费、飞机维修费、飞机保险费、空勤人员工资、起降服务费、管理费等。它近似地反映了运输价值量的变动趋势，可以作为制定运价的主要依据，是运输产品定价的最低界限。

飞机的运输成本，也可以称作总使用成本，用 TOC 表示。TOC 可以分为两部分：与飞机运营直接相关的“直接使用成本”（DOC）；与飞机运营无直接关系的“间接使用成本”（IOC）。

用公式表示为：

$$TOC=DOC+IOC$$

（1）直接使用成本（DOC）的构成。

DOC 是衡量飞机使用经济性的依据，由现金成本和所有权成本构成。现金成本包括：

① 飞行机组费。包括工资、福利、津贴和培训费用。

② 客舱乘务员费用。包括工资、福利、津贴。

③ 燃油费。

④ 维修费。维修成本由直接维修费和间接维修费组成。

⑤ 飞机起降费和灯光费。按中国民用航空局（Civil Aviation Administration of China，以下简称 CAAC）规定，对每次航班只收费一次，根据飞机总重量分档收费，国际航班收费还需区分机场、机型和起落时间是否在峰值时段。

⑥ 航路费和机场进近指挥费。按 CAAC 规定，根据飞机在航路上飞行的距离及飞机的总重量分档收费。

⑦ 旅客过港服务费和运输服务费。

⑧ 机上餐食、饮料供应费。

⑨ 飞机清洁费和商务特种车辆使用费。

所有权成本包括：

① 保险费。保险费包括基本费、战争险费和旅客保险费等。

② 折旧。折旧只是对当初购置费的分摊，包括飞机、备用配件等物件的购置。起飞全重≥ 100 吨的新飞机，折旧年限是 12 ～ 15 年，10% 的残值；起飞全重≤ 100 吨的新飞机，折旧年限是 8 ～ 10 年，10% 的残值。旧飞机的折旧年限为 7 年，无残值。

③ 利息。

（2）间接使用成本（IOC）的构成。

IOC 是指与飞机飞行无直接关系的费用，如航空公司的管理费、财务费用、销售费用、广告宣传费、地面交通费、办公室租赁费、通信费和机组培训费等。为了便于分析，航空公司往往将 IOC 费用折合成 DOC 费用的百分数。各航空公司折合的百分数是不一样的，大多数中国航空公司折合百分数为 25% ～ 50%。

2. 利润

保证一定的利润是企业扩大再生产的资金来源。运价中的利润确定问题，关系到国民收入在国民经济各部门的分配，关系到正确处理国家、企业、个人三者之间的经济利益问题。制定运价时，应保证企业获得一定的利润，以维持简单再生产和扩大再生产。

民航旅客运价构成

3. 税金

从理论上说，税金和利润的性质是一样的，同属于劳动者为社会创造的价值，但是税金和利润的职能不同，税金根据国家的政策收取，受国家的政策支配。

三、民航旅客运价的特点

民航旅客运价的特点是由其本身在经济技术上的特点所决定的。

1. 运价与运输距离有密切关系

运输价格的构成，包括两个因素：运输数量和运输距离。在运输数量一定的情况下，运输距离不同，运输所消耗的费用也不同。运输价格的制定是以运输成本为主要依据的。由于运输本身具有随运输里程增加而单位运输成本递减的规律，故以客公里为计量单位，实行“递远递减”的运价率，即当运输数量相同时，随着运输距离的延长运价率不断降低。运输中的所有地面作业费虽然不因距离的长短而增减，但运行作业费是随运输距离的远近而发生变化的，因此单位运输成本是随着距离的变化而递远递减的，单位产品的运价也会随着运输距离而增减。

2. 运价只有销售价格一种

由于运输生产过程与消费过程是合一的，所以表现在运价上只有单一的销售价格形式，而不像工矿企业的产品价格有出厂价和销售价的区别，农业产品价格有收购价和销售价的区别。由于运输产品在生产的同时被消费，不能脱离生产过程，所以运价只有销售价格一种。

3. 运输价格高

航空运输市场的耗费大，运输产品成本高。这主要是由于飞机本身的价值高，这种运输工具在运输过程中的价值转移（磨损、折旧等）对产品成本的影响较大。航空运输工具的燃料消耗也比其他运输方式高几倍到几十倍，另外，旅客服务设备及维修等方面的要求也较高。

4. 运价有较复杂的差价体系

民航运输业是公用事业，运输对象既有旅客也有货物，各种运输对象对运输服务、运输质量有不同的要求，需要提供的运输条件也是多种多样的。这就决定了运输业必须实行适应多种运输需要的多种运价制度。航空运价随运输对象、服务标准、地区航线、运输方式的变化而变化。根据运输对象、服务等级、季节、地区的不同而设定的票价有几十个种类。票价种类之多，弹性幅度之大，是其他交通方式所没有的，正因为如此，航空运价较其他运价有更大的灵活性。例如，国内航线旅客运价有公布运价和折扣运价两种。在这两种票价中，根据客舱布局、餐食以及服务标准的等级差别，票价有所不同，在大型客机上还分为头等舱、公务舱、普通舱票价。国内航线客运票价中还有根据不同情况制定的特殊票价，如儿童票价、婴儿票价、旅游票价、团体票价、季节浮动票价，以及各种各样的优惠票价。

5. 运价与运量的变动关系密切

国内航空运价对旅游线路或运力不能满足运量需求的航线采用高运价，对运力充足、运量不足的航线采用低运价。同时，给航空企业一定范围内的票价浮动权，使其根据航线执行情况进行适当运价调剂，或实行临时性优惠运价，以便给航空企业带来活力。

四、国内民航旅客运价的发展历程

自 1950 年 8 月 1 日开航以来，我国民航客运价格机制经历了一个不断演进发展的历程。

1. 计划价格阶段（1950 年—1984 年 8 月）

在传统计划经济体制下，政府对民航客运价格实行严格的管制，国内航线旅客票价由国家民用航空主管部门会同原国家计委、物价和财政等有关部门统一制定管理，以国家定价的方式进行统一定价，由国务院审批后公布，各地民航单位严格遵照执行。

国内客运价格的制定主要依据航空运输成本、航空运输市场的运输量及流向、国际上的汇率变化，以及国家政治、经济发展的需求等诸多因素进行综合平衡后确定。这种计划价格管理方式的基本特征是：在价格形成方式上，实行单一的政府定价方式，政府及价格管理机构是定价主体，企业没有定价权；在价格管理权限上，定价权高度集中于中央；在价格制定过程中，排斥供求关系的作用。在这种高度集中、过于僵化的价格管理模式下，民航客运价格既没有反映成本，也不反映供求，暴露出诸多弊端。伴随着民航事业的发展、民航体制的变化、运输机型更新和航空运输成本变化等，民航客运价格也经过了多次调整。

1950 年，国家首次制定了国内航空运价，当时是根据经营成本，并参照铁路、水运运价水平制定的。航空运价为沿铁路航线平均每客公里 0.20 ～ 0.24 元，不沿铁路航线为 0.31 元。1952 年 7 月，每客公里运价由 0.24 元降至 0.14 元。1955 年将沿铁路航线确定为每客公里 0.11 元，不沿铁路航线确定为每客公里 0.27 元。之后，经过 1958 年、1964 年、1966 年和 1971 年等几次较大幅度下调，不计成本，沿铁路航线为每客公里 0.05 ～ 0.06 元，仅为 20 世纪 50 年代初票价水平的 15%；不沿铁路航线为每客公里 0.06 ～ 0.07 元，仅为 20 世纪 50 年代初票价水平的 18%。这种运价水平一直维持到 1984 年 8 月底。

1974 年，国家规定国内航线旅客运输实行两种票价制度：中国公民（包括台湾同胞）使用国内第一种票价，即低水平票价；外籍旅客、华侨和港澳同胞使用国内第二种票价，即公布票价。第二种票价比第一种票价高约一倍。

2. 统一、调整票价阶段（1984 年 9 月—1997 年）

1984 年 9 月，民航实行统一运价，即取消第一种票价，以第二种票价（即公布运价）为统一运价，同时对中国公民（包括台湾同胞）、华侨和港澳同胞实行折扣优惠，平均折扣率为 60%，折扣票价约合每客公里 0.08 元，比原定的第一种票价略有提高。

1992 年，国务院召开关于研究民航旅客运价管理体制改革问题的会议，会议确定了原国家物价局和中国民用航空局在国内航线运价管理方面的分工：公布票价及浮动幅度、航空邮件价格由原国家物价局管理；折扣票价和省区内航线公布票价以及货运价格由中国民用航空局管理，同时允许航空公司票价上下浮动 10%。

1996 年 3 月 1 日起至今，根据《中华人民共和国民用航空法》和《中华人民共和国价格法》，国内航线票价管理明确为以原民航总局为主，会同原国家计委（现为国家发展和改革委员会）管理，管理形式为政府指导价。国内航线货物运价由原民航总局统一管理。

1997 年 7 月 1 日起，实行境内和境外旅客乘坐国内航班同价政策，即境内外旅客在境内购票统一执行每客公里 0.75 元的票价（称为 B 票价），在境外购票统一按公布票价每客公里 0.94 元（称为 A 票价）执行。1997 年 12 月 1 日起，实行"一种票价，多种折扣"的票价体系。

3. 联营阶段（1998 年—2003 年）

1999 年 2 月 1 日，为规范市场秩序，原国家计委、原民航总局联合发文，规定各航空公司票价按国家公布价销售，不得滥用折扣。

2000 年，原民航总局决定，自 5 月 15 日起，先期以海南联营航线为试点，实行旅游团队优惠票价；自 10 月 1 日起，放松对支线票价的管理，即对支线飞机所飞省（自治区、直辖市）内航段票价、支线飞机独家经营的跨省（自治区、直辖市）航段票价，实行最高限价管理，最高票价不得超过公布票价（A 票价）的 10%。限价内具体票价由航空公司自行确定，并报原民航总局备案。支线飞机所飞省（自治区、直辖市）内航段以外，且由航空公司共同经营的航段票价，需经航空公司协商后，报原民航总局审批。

自 2001 年 11 月 5 日起，对国内航线实施"燃油加价"政策，允许航空公司票价最大上浮 15%，单程不超过 150 元。同时建立票价与油价联动机制，当国内航油价格变动 10% 时，允许航空公司票价最多可变动 3%。

2001 年，原民航总局决定，自 3 月 6 日起，在北京—广州、北京—深圳等 7 条多家经营航线上试行多级票价体系；自 5 月 20 日起，在海南联营航线上也试行多级票价体系。

2002 年，原民航总局决定进一步完善国内航线团体票价政策，自 6 月 10 日起，对国内航线（港、澳航线除外）团体票价试行幅度管理，团体票价最低折扣率可根据购票时限、航程性质、人数不同而有所区别，最大优惠幅度为 30%。

4. 指导价格阶段（2004 年至今）

2004 年 4 月 20 日，《民航国内航空运输价格改革方案》经国务院讨论通过后正式施行。《民航国内航空运输价格改革方案》在有关听证方案的基础上，对民航客运价格做出了以下新的规定：

第一，国内航空旅客运输，将以现行航空运输企业在境内销售执行的国内各航线客运价格水平作为基础价，允许航空运输企业在上浮幅度不超过基础价的 25%、下浮幅度不超过基础价的 45% 范围内，自行制定具体客运价格种类、水平、适用条件，同时取消燃油加价和 A、B 类运价的划分方式。

第二，位于省（自治区、直辖市）内的短途航线，以及与相邻省（自治区、直辖市）之间，已与其他运输方式形成竞争的短途航线，实行市场调节价，不再规定客运价格浮动幅度。

第三，对于由航空运输企业独家经营的航线，以及部分以旅游客源为主的航线，客运价格下浮幅度不限，以适应消费者的需求，鼓励航空运输企业积极开拓市场。

总之，民航国内运价从较为单一的票价体系转变为一种票价、多种折扣的多等级票价体系，进一步适应了国内航空运输市场发展变化，满足了旅客不同的消费需求，使旅客能有更多的选择。同时，促进了航空公司提高运价水平，在提高收益的基础上提高市场占有率，体现了现代企业收益管理的思想。

案例分析

2014年11月25日发布的《中国民用航空局 国家发展和改革委员会关于进一步完善民航国内航空运输价格政策有关问题的通知》，作为民航运价深化改革的又一举措，引起社会的广泛关注。该通知的核心内容有两条：

第一条是取消国内航空机票的价格下限管制。社会公众和媒体对这一条关注很多，成为理解这次运价改革的关键"兴奋点"，普遍给予充分的肯定，并对未来航空机票进入"低价时代"寄予了许多期待。其实，此次取消"下浮"管制，短期内不会对航空市场竞争产生直接的或更大的影响。

第二条是调整了此次涉及的31条航线的定价机制，即由实行政府指导价改为实行市场调节价。尽管社会公众对这一条的关注程度不够，理解上尚有欠缺，但是作为市场主体的航空公司却投入了足够的关注。这一条是赋予航空公司实实在在的"定价权"。这次涉及的"部分航线"，在大体方向上都是受到高铁竞争冲击的航线。航空公司在这些航线上如何生存下来并与高铁竞争，仍有待观察，这也是国内航空市场的最新变局形态之一。航空公司对于"市场调节价"（定价权）的期待，绝不仅仅限于这次政策涉及的部分航线，他们希望未来有更多的航线被列入"市场调节价"目录表，以求一展自己在其他里程更长的航线上的相对优势。

分析：此次民航运价改革会使票价波动加大吗？

课后思考

1. 民航旅客运价制定的原则是什么？
2. 民航旅客运价由哪些要素构成？
3. 民航旅客运价的特点有哪些？
4. 我国民航旅客运价的改革经历了哪些历程？改革方案的具体内容有哪些？

课题二　民航旅客运价种类

学习目标

熟悉实际工作中国内民航运价的主要类别；
掌握不同旅客类型和服务等级的运输定价标准；
掌握不同旅程方式的运输定价标准；
掌握儿童、婴儿旅客票价的计算方法；
了解特种票价的种类。

素养目标

培养职业道德与职业操守。

思政小课堂

国内航线旅客运输价格调整

自2025年2月5日（出票日期）起，上调国内航线燃油附加费，其中成人旅客：800公里以上航线每位旅客收取40元燃油附加费，800公里（含）以下航线每位旅客收取20元燃油附加费。由于春节长假已过，机票本身的裸票价格已开始应声下滑，不少航线即使加上机建燃油费用后依然很便宜。比如在飞猪平台上，2月7日上海—三亚、上海—武汉，2月8日杭州—贵阳、南京—白山，2月9日杭州—成都、深圳—昆明等航线，最便宜的机票价格均不足200元（不含税费）；携程数据也显示，机票价格在大年初十（2月7日）后逐渐回归平常水平，降幅明显的目的地有重庆、昆明、哈尔滨、三亚、海口，均价下降三四成。

根据航班管家的统计，2025年春节期间（1月28日—2月4日），民航经济舱的平均票价为959元，同比2024年春节下滑16.6%，同比2019年春节则微增2.8%。日趋势上与历年春节保持一致，春节当天票价跌至谷底，随后呈阶梯式增长，初七票价达峰值。

去哪儿大数据也显示，由于单位提前放假，加上不少打工人选择“请2休11”，2025年春节节前出行高峰提前至1月25日，机票价格也从1月26日开始回落，至除夕到达相对低点，而随着大家在春节期间的出行方向越来越多元，节中往三亚、西双版纳等传统热门方向的机票价格较往年更低。从春节期间目的地机票预订量来看，热门城市是：成都、北京、上海、深圳、广州、重庆、昆明、西安、海口、杭州。

此外，随着国际航班的逐渐恢复，国际航线的票价也在回落。航旅纵横的统计显示，春节假期期间，出入境航线实际执行航班量超过1.8万班次，比2024年春节同期增长约19%，高于出入境旅客量的增幅（比2024年春节同期增长约14%）。

国内航线民航运价根据服务等级、旅行方式和出票时间、地点等具体情况，可划分为不同的运价种类。

一、普通票价

普通票价包括公布票价和折扣票价两类。

1. 公布票价

我国民航企业对外公布的运价是公布票价。公布票价适用于在国内购买国内航线机票的外国人、华侨、港澳台同胞，或在国外购买国内航线机票的所有旅客。公布票价是单程单个成人全票价。除此之外，下列旅客应按公布票价购票：

（1）持我国驻外使馆签发的因私普通护照的中国旅客。

（2）持我国公安部门签发的因私普通护照的中国旅客（包括自费留学生），第一次回国自其入境之日起超过15天，或第二次及多次入境在国内乘机。

（3）在国内学习的华裔、华侨和港澳台学生。

2. 折扣票价

除公布票价外，我国民航企业对境内中国旅客和持有特别规定的旅客实行折扣票价，折扣票价在公布票价的基础上，根据不同航线制定不同的折扣。折扣票价是在单个成人全票价基础上进行一定的折扣，适用范围如下：

（1）持中华人民共和国居民身份证的国内公民，凭本人身份证购票；持中华人民共和国公务护照的旅客，在我国公安部门规定可持中国护照购买国内机票的有效期内购买机票。

（2）在驻华机构工作的中方人员（如在驻华大使馆、领事馆、商务处、商社、公司办事处工作的中方人员）。

（3）持我国公安部门签发的中国因私普通护照的旅客（包括自费留学生）第一次回国，自其入境之日起 15 天以内购票。

（4）港澳台地区人大代表和政协委员，凭有关部门证明购票。

二、服务等级票价

服务等级

票价

服务等级是指为旅客提供服务的等级，按照提供服务的等级不同收取不同的票价。国内航线的票价一般分为三个服务等级：头等舱票价、公务舱票价和经济舱票价。每个等级又按照正常票价和多种不同特殊优惠票价划分为不同的舱位代号。

1. 头等舱票价（代号 F）

航空企业在有头等舱布局的飞机飞行的国内航班上向旅客提供头等舱座位。头等舱是大多数民航客机里最豪华的一个舱位等级（部分航空公司提供更高一级的豪华头等舱），通常设置在飞机的前端。头等舱的航空沙发椅较经济舱座椅更宽大舒适，排距更大；向旅客免费提供的餐食及地面膳宿标准高于经济舱。头等舱每人免费行李额为 40 公斤，国内航线头等舱票价为经济舱票价的 150%。根据头等舱的豪华程度和提供的服务不同，许多航空公司执行的价格会高于这个标准。例如，2013 年 5 月成都至福州的经济舱票价为 1660 元，不同公司的头等舱票价差别很大，四川航空公司的为 1660 × 150%=2490 元，中国国际航空公司的为 1660 × 200%=3320 元，厦门航空公司的为 1660 × 250%=4150 元。

例 2-1

海口（HAK）—北京（PEK）的经济舱票价为 CNY2250.00。则该航线的头等舱票价为：

$$CNY2250.00 \times 150\%=CNY3375.00$$

进位后收取 3380.00 元。（票价以人民币 10 元为计算单位，航空公司收取的其他费用以人民币元为计算单位，尾数一律四舍五入。）

2. 公务舱票价（代号 C）

航空企业在有公务舱布局的飞机飞行的国内航班上向旅客提供公务舱座位。公务舱是为了满足部分旅客对座位和服务的需求而设置的舱位。在飞机客舱布局方面较头等舱窄，餐食及地面膳宿标准略低于头等舱，但高于经济舱。航空公司在主要航线的飞机上都安排了公务舱座位。国内一般窄体客机只有两级座舱布局，没有布置公务舱，只有部分宽体客机才布置公务舱。国内航线公务舱每人免费行李额为 30 公斤，票价为经济舱票价的 130% ，实际执行中根据豪华程度和提供服务不同，许多航空公司执行的标准也会高于 130% 。

例 2-2

上海（SHA）—西安（SIA）的经济舱票价为 CNY1260.00。则该航线的公务舱票价为：

$$CNY1260.00 \times 130\%=CNY1638.00$$

进位后收取 1640.00 元。

我国自 2010 年 6 月 1 日起，民航国内航线头等舱、公务舱票价实行市场调节价。各航空运输公司须将价格种类、水平及适用条件，头等舱和公务舱座位数量，与经济舱的差异以及相匹配的设施设备和服务标准等，提前 30 日报民航局和国家发展改革委备案后，可向社会公布执行。

3. 经济舱票价（代号 Y）

经济舱运价，也称普通舱运价。航空企业在国内航班上向一般旅客或团体旅客提供经济舱座位。经济舱内旅客所接受的服务是各个舱位等级中最基本的，票价水平最低。经济舱每人免费行李额为 20 公斤。其正常票价以国家对外公布的直达票价为基础，所有航空公司执行的经济舱票价都相同。

国内经济舱运价分为公布运价和折扣运价两种，公布运价是由政府制定并发布的、适用于国内航班（含中国民航国际航班国内段）的上限运价。该运价为国家对外公布的直达票价，是国内旅客运价的基础价格，其形成要经过法律、行政和听证等程序。

折扣运价是由承运人根据政府有关公布运价的规定，结合自身的市场情况和企业发展战略制定的运价，即在公布运价基础上有一定的折扣。除其另有规定外，不得重复享受其他票价优惠。大多数票价的优惠幅度为 50% ~ 60%，航空销售淡季，清晨、凌晨，或旅客流量较少的航线、航班上优惠可达 70% 以上。具体优惠幅度由航空公司根据航线、航班的运营情况确定。购买折扣运价的客票要符合航空公司规定的购票时间、购票地点等条件，例如，有的要求 7 天前购票，有的要求 3 天前购票，有的要求在航空公司售票处或官方网站购票。旅客购买各种折扣客票时，必须注意航空公司规定的特别限制条件，如不得提前订座、不得签转、不得退票等。

课堂练习 2-1

某旅客乘坐经济舱由广州飞往武汉，广州—武汉经济舱全票价为 930 元，旅客若享受 8 折优惠，票款是多少？若旅客乘坐公务舱，票款又是多少？

4. 分程或联程运输中的混合等级运价

混合等级运价就是旅客在整个旅程的不同航段享受不同服务等级的运价。例如：部分航段乘坐经济舱座位，部分航段乘坐头等舱座位。混合等级运价同样适用于乘坐头等舱、公务舱座位和经济舱座位。在国内航线上，其票价按旅客实际乘坐的不同等级航段分段相加。

例 2-3

广州（CAN）—北京（PEK）—沈阳（SHE）航段中，广州（CAN）—北京（PEK），旅客乘坐经济舱，经济舱票价为 CNY1100.00；北京（PEK）—沈阳（SHE），旅客乘坐头等舱，其经济舱票价为 CNY700.00。

则旅客应付：

$$CNY1100.00+CNY700.00\times150\%=CNY1100.00+CNY1050.00=CNY2150.00$$

国际航线混合等级运价，则按国际航空旅客运价计算公式进行计算，在后面的章节中会涉及此问题。

课堂练习 2-2

某旅客由成都飞至北京，在北京停留几天后，再乘航班飞至上海，成都—北京经济舱全票价为 1440 元，北京—上海经济舱全票价为 1130 元，旅客在成都—北京航段乘坐经济舱，可享受 7 折优惠，北京—上海乘坐头等舱，请计算票款总和。

三、按照旅程方式确定的旅客票价

国内航线旅客票价按旅客不同的旅程方式分为单程票价、来回程票价、联程票价和分程票价。

1. 单程票价

单程票价，也称为直达票价。它仅适用于规定航线上的甲地到乙地的航班运输。我国现行对外公布的票价均为航空运输的直达票价。现行直达票价只适用于规定航线的航班运输。如旅客由于其自身的需要，不乘坐直达航班而选择非直达航班时，则按旅客实际经行的航程，分段相加计算票价。

2. 来回程票价

来回程票价是指从出发地至目的地，并按原航程返回原出发地的票价。来回程票价由两个单程票价组成：一个是使用直达票价的去程运输；另一个是使用直达票价的回程运输。某些航空公司为促销其产品，在航空公司的业务文件中规定，某一时间段内，如果来回程均乘本公司航班，则票价在两个单程票价的基础上可享受一定的折扣。

例 2-4

广州（CAN）—北京（PEK）Y 舱直达票价为 CNY1700.00，来回程票价应为：

CNY1700.00 × 2=CNY3400.00

南方航空公司规定，如一次性购买来回程机票可优惠 5%，即旅客来回程票价为：

去程 CNY1700.00 × 95%=CNY1615.00 进位后为 CNY1620.00

回程 CNY1700.00 × 95%=CNY1615.00 进位后为 CNY1620.00

总票款为 CNY3240.00。

3. 联程票价

联程票价是指旅客的旅程超过一个航班，需在某航班的中途站或终点站换乘另一个航班才能到达目的地的票价。在国内航线上，其票价按旅客实际乘坐的不同航班分段相加。

例 2-5

旅客购买下列联程机票旅行：

广州（CAN）—贵阳（KWE）—成都（CTU）—西安（SIA）。其中，广州（CAN）—贵阳（KWE）旅客支付票价为 CNY420.00，贵阳（KWE）—成都（CTU）旅客支付票价为 CNY370.00，成都（CTU）—西安（SIA）旅客支付票价为 CNY400.00。

应收取这位旅客的票款为：

CNY420.00+ CNY370.00+ CNY400.00=CNY1190.00

4. 分程票价

旅客在同一条航线上经停称为分程运输。在国内航线上，其票价按旅客实际乘坐的不同航段分段相加。

例 2-6

旅客计划从广州（CAN）飞乌鲁木齐（URG），先从广州（CAN）飞武汉（WUH），停留几天后再前往乌鲁木齐，票价应为广州—武汉的票价加上武汉—乌鲁木齐的票价，而不考虑广州—乌鲁木齐的直达机票。

四、儿童、婴儿旅客票价

1. 儿童旅客票价

在航空运输上，儿童是指年满 2 周岁但未满 12 周岁的旅客。这类旅客在国内航线上应按成人票价的 50% 购买儿童票；在国际航线上则按不同地区的票价管理规定，按照成人票价的 50%、60% 或 80% 付费（具体规定可查阅相应地区的运价手册），航空公司为其提供座位，有相应舱位等级的免费行李额。年满 12 周岁的儿童乘机需要购买全票。

课堂练习 2-3

张先生夫妇携一儿童，购买广州—上海经济舱机票，成人旅客享受 8 折优惠，广州—上海经济舱全票价为 1280 元，请计算他们全家应付票款总额。

2. 婴儿旅客票价

出生时间在 14 天以上，但未满 2 周岁的婴儿，按成人票价的 10% 购买婴儿票，航空公司不为其提供座位，也没有免费行李额，仅可免费携带一个摇篮或折叠式婴儿车。如需要单独占用座位，应按照相应航线的儿童票的金额付款。

例 2-7

哈尔滨（HRB）—厦门（XMN）的经济舱成人票价为 CNY2300.00，则相应航段的经济舱婴儿票价为：

$$CNY2300.00 \times 10\%=CNY230.00$$

经济舱儿童票价为：

$$CNY2300.00 \times 50\%=CNY1150.00$$

每位成人旅客所带未满 2 周岁的婴儿超过一名时，其中只有一个婴儿可购婴儿票；超过的人数应该购买儿童票，承运人为其提供座位、提供相应舱位等级的免费行李额。

例 2-8

一位成人旅客携带孪生婴儿（未满两周岁）欲购买大连（DLG）—宁波（NGB）的经济舱客票，票价为 CNY1150.00，则该旅客共需要支付票款包括一张成人票、一张儿童票和一张婴儿票：

经济舱儿童票价为：　CNY1150.00 × 50%=CNY575.00　进位后为 CNY580.00

经济舱婴儿票价为：　CNY1150.00 × 10%=CNY115.00　进位后为 CNY120.00

总票款为：　CNY1150.00+ CNY580.00+ CNY120.00=CNY1850.00

3. 无成人陪伴儿童旅客票价

儿童婴儿旅客票价

5 周岁以下的儿童乘机，须有成人陪伴，如无成人陪伴，不予接收。五周岁（含）以上、12 周岁以下的儿童无成人陪伴乘机时，应在购票前提出申请，经承运人同意后方可购票乘机。大部分航空公司对未满 12 周岁的无成人陪伴儿童乘机，按儿童票价购票（适用成年人票价的 50%）。但有个别航空公司规定，无成人陪伴儿童乘机，儿童票价不适用，必须按成人票价的 100% 购票。售票时，应按有关航空公司的规定办理。儿童和婴儿的年龄是指开始旅行时的实际年龄，如其在开始旅行时未满规定的年龄，而在旅途中超过规定年龄，不另外补收差价。

五、特种票价

承运人向部分个人和团体提供特种票价，其适用范围如下：

1. 团体旅客特种票价

旅客人数在 10 人（含）以上，航程、乘机日期、航班和舱位等级相同并按同一类团体票价支付票款的旅客称为团体旅客。购买儿童、婴儿票价客票的旅客不计入团体人数内。团体旅客可以在开放的航班上申请订座，订妥座位后，应在规定的或预先约定的时限内购票，否则，所订座位不予保留。航空公司可以按有关规定向国内外团体旅客提供优惠特种票价，在某一航班上经过专项批准的大型团体，可以为其提供更为优惠的票价。该票价附有不得转签、出票时限等限制条件。

2002 年，原民航总局决定进一步完善国内航线团体票价政策，自 6 月 10 日起，对国内航班（港澳台航线除外）团体票价试行幅度管理，团体票价最低折扣率根据购票时限、航程性质、人数不同而有所分别，最大优惠幅度为 30%。

例 2-9

某团体共 58 人，包用 B757 飞机共 60 个座位的 B 舱，自昆明（KMG）到桂林（KWL），适用的经济舱票价为 CNY840.00，该团体共付票款为 CNY840.00 × 60=CNY50400.00；免费行李额为 20.0 × 60=1200.0 公斤。

课堂练习 2-4

一旅游团体乘坐经济舱从上海浦东飞往西安，按规定享受7折优惠票价，其中16名成人，3名儿童，1名婴儿，上海—西安经济舱全票价为1260元，请计算票款。

2. 军（警）残旅客票价

凡因公致残的现役军人和因公致残的人民警察在乘坐国内航班时，凭革命伤残军人证或人民警察伤残抚恤证，在规定的购票时限前，按适用正常票价的50%计收。

例 2-10

青岛（TAO）—三亚（SYX）的经济舱全票价是CNY2380.00，则符合军残规定的旅客购票只需要支付：

$$\text{CNY}2380.00\times 50\%=\text{CNY}1190.00$$

3. 教师、学生票价

寒暑假期间，教师和学生是时间相对自由的群体，他们往往会利用这段时间进行旅游、度假。为吸引这部分旅客选择航空旅行，许多航空公司都对教师和学生在寒暑假凭教师证和学生证给予一定优惠，按适用正常票价的60%和50%计收（具体请参见各航空公司的相关业务规定）。

4. 季节票价

航空公司在旅游淡季向旅客提供优惠票价，属于促销票价。

5. 其他特种票价

在经济舱正常票价的基础上，航空公司可对符合购票时限要求、旅客身份条件、航班时刻规定、季节浮动规则等限制条件的团体或单个旅客给予一定优惠。限制条件参照各航空公司优惠运输文件规定。

六、免票运输

经承运人特殊批准并授权的旅客，承运人可为其填开由本公司承运的免票、优惠票。通常有以下三种类型：

（1）航空公司内部职工、销售代理人、民航局职工及协作单位职工因私乘坐飞机，经航空公司批准，可享受低于适用票价50%的优惠；由承运人特殊批准并授权的旅客，可凭免费证明免费乘机。如民航管理局相应领导因公乘机旅行、本航空公司人员因公旅行、包机单位押运人员等经批准可享受免费客票，本航空公司的合作伙伴等经批准可享受优惠客票或免费客票。

（2）货运包机押运人凭包机货运单和包机单位乘机介绍信可享受免费客票，工作人员在填开客票时，需在客票的票价计算栏内写明包机运输协议书号码。

（3）航空公司常旅客可凭里程积分换取免票，有关说明与规定可参照各航空公司常旅客手册。

七、包舱运输票价

在由有小客舱的大型飞机飞行的国内航班上，可向旅客提供包舱服务，人数以小客舱内的座位数为限，包舱内的座位数乘以直达票价，即包舱票价。

根据旅客乘坐飞机的特殊需要，购票单位向航空公司购买飞机中某一舱位的全部座位，但旅客人数不得超过所包舱的总座位数。

按照舱位的总座位数乘以适用的票价计算总票款，购买包舱客票的旅客的免费行李额，按适用舱位票价享受免费行李额乘以包舱的总座位数计算，而不是按旅客实际人数计算。

八、额外占座位的票价

旅客因为舒适或其他理由，希望额外占用座位，可根据实际占用舱位的座位数计收。如一个经济舱的旅客由于体型较大，经济舱的座位无法满足该旅客的需要，旅客需要在旁边额外占用一个座位，则旅客需支付两个经济舱座位的票价。当额外占用的座位数超过一个时，需在额外占用座位标志“EXST”前注明额外占用的座位数，其总免费行李额为实际所占座位数乘以相应舱位等级的每位旅客免费行李额。

旅客多占座的计算方法：

（1）病伤旅客，如要求放置担架或躺卧，需多占座位时，按病伤旅客的运输要求办理。在飞行途中，旅客临时因病需要多占座位时，如当时有空余座位，应予照顾解决，不另补票。

（2）旅客因放置物品（如自理行李、外交信袋等）而多占座位时，应按实际占用座位数购票。每个座位装载的物品重量不得超过 75 公斤。根据自理行李、商业信袋、外交信袋的全部实际重量按逾重行李计收运费，与按实际占用客舱的座位数的正常票价计收的费用相比，取高者为其运费。

（3）旅客因舒适或其他目的多占座位，按实际占用的座位数购票。

九、税费

税费是指政府、有关当局或机场经营人规定的对旅客或由旅客享用的任何服务或设施征收的不包括在公布票价中的税收或费用，该项税款或费用应由旅客支付。

1. 机场建设费（代号 CN）

机场建设费由承运人代为收取，不包括在票价中，由旅客额外支付。为了简化程序，从 2004 年开始，旅客原先在机场缴纳的机场建设费改为在支付票款时一并缴纳。乘坐国内航班的成人旅客缴纳 50 元人民币的机场建设费，乘坐 70 座（含以下）的螺旋桨飞机或喷气式飞机的，如 EMB、CRJ 等机型的成人旅客缴纳 10 元人民币的机场建设费，婴儿和儿童旅客免收机场建设费。2012 年 4 月，财政部公布新的《民航发展基金征收使用管理暂行办法》，规定机场建设费由民航发展基金取代。

2. 燃油附加费（代号 YQ）

国内航线的燃油附加费征收，采取的是与航空煤油价格联动机制，各航空公司根据燃油价格的变动调整燃油附加费的金额。2024 年 10 月 5 日（含）起销售的客票，800 公里（含）以下航段，向每位旅客收取人民币 10 元；800 公里以上航段，向每位旅客收取人民币 20 元。2025 年 2 月 5 日起，国内 800 公里以上航线，燃油附加费由原来的 20 元调整为 40 元；800 公里及以下航线，燃油附加费由原来的 10 元调整为 20 元。自 2025 年 4 月 5 日（出票日期）起国内航线燃油附加费下调，800 公里以上航线向每位旅客收取 20 元燃油附加费，800 公里（含）以下航线向每位旅客收取 10 元燃油附加费。按规定享受国内民航成人普通票价 50% 优惠的儿童（含无成人陪伴儿童）、革命伤残军人和因公致残的人民警察，800 公里以上航线向每位旅客收取 10 元，800 公里（含）以下航线向每位旅客收取 0 元。

课堂练习 2-5

旅客欲购买广州（CAN）—乌鲁木齐（URG）的机票，要求在此航班经停北京时，停留若干天后继续乘该航班旅行，广州（CAN）—北京（PEK）的经济舱折扣票价为 1450.00 元，北京（PEK）—乌鲁木齐（URG）的经济舱折扣票价为 1610.00 元，旅客此次飞行的机票票款为多少？

案例分析

春秋航空推出的“想飞就飞省钱卡”，覆盖春秋航空所有在飞国内航线（港澳台地区除外）。省钱卡的优惠价仅为199元/年。使用省钱卡产品，能够预订春秋航空App上带有“省钱卡专享”标记的机票。该专享机票比同日期同航班的其他机票至少优惠40元。平时很少有特价机票出现的上海至深圳、上海至成都等热门航线均可以使用省钱卡购买。省钱卡产品投放的航班，每班不低于5张且不高于30张，具体以航班页面显示为准。

省钱卡不仅可供持卡人本人使用，还能为绿翼亲友购票，最多享4人同时乘机，至少节省160元。多于4位乘机人可以分开预订。（仅限身份证实名认证的绿翼会员使用，且预订机票对应的乘机证件须为身份证。）

省钱卡专享机票还可以叠加使用积分、优惠券，也可随心搭配行李畅享卡、选座畅享卡，一站式搞定特价机票、行李额和选座。同时，有365天有效期，最晚可预订的航班时间为购卡后的第365天。

分析：“省钱卡”属于何种民航运价？

课后思考

1. 公布票价和折扣票价的适用对象主要有何差别？

2. 头等舱票价、公务舱票价和经济舱票价的免费行李额各为多少？

3. 两位乘客购买天津飞往成都的同一航班机票，乘客A购买票价为2310元的头等舱机票，乘客B购买票价为1540元的经济舱机票，为什么相同的航班却有不同的票价？你觉得合理吗？

课题三　包机运输

学习目标

掌握包机运输的一般规定；

掌握包机运输的种类及适用对象；

掌握受理包机的程序和凭证；

掌握包机费用的计算方法；

了解包机剩余吨（座）位的利用和包机变更的处理。

素养目标

培养职业道德与职业操守。

思政小课堂

打“飞的”游新疆　新疆省心国旅180架次旅游包机起降石河子

2025年4月1日15时05分，搭载172名游客的湖南航空公司A67217次航班，从无锡苏南硕放国际机场飞行4个多小时后，安全准点降落在石河子花园机场，无锡—石河子旅游包机航线连续第三年成功执飞。

当天航班降落后，石河子花园机场以“过水门”最高礼遇迎接游客来到新疆、来到军垦新城石河子。提前等候在机场的大巴车，载着这些来自江南水乡的游客进入石河子市区参观、游览新疆兵团军垦博物馆、周总理纪念馆（碑）、戈壁印象文化旅游园和八一糖厂文化街区等红色教育基地，次日乘坐旅游大巴游览魔鬼城、喀纳斯、可可托海、天池、赛里木湖、怪石峪、伊宁市六星街、独山子大峡谷、天山花海、那拉提等疆内著名景点，8 日游结束后回到石河子，再从石河子花园机场乘坐旅游包机返回无锡。

2025 年 4 月 1 日至 10 月 25 日的 6 个多月时间里，新疆省心国际旅行社有限公司将利用与国内各大旅游公司、航空公司建立的合作伙伴关系，采取上下游联动的方式，每周二、四、六组织 6 个架次的旅游包机搭载游客从无锡直飞石河子，到 10 月 25 日，将有 180 个架次的包机、约 3.3 万名游客在石河子落地，预计直接或间接带动旅游消费经济提升 2 亿多元。

旅游包机航线的开通，不仅让更多游客有机会领略石河子独特的自然风光和深厚的军垦文化，提升城市旅游知名度，还将全方位拉动石河子吃、住、行、游、购、娱产业链，为兵团经济社会高质量发展注入全新活力。

包机运输是承运人和包机单位单独签订运输合同的客运、货运或客货兼运的民航运输。包机运输相对于班机运输，是指不定期开放、不定航线、不定始发站、不定目的地站、不定途经站的航空运输。包机运输方式可分为整包机和部分包机两类：整包机即包租整架飞机，指航空公司按照与租机人事先约定的条件及费用，将整架飞机租给包机人，从一个或几个航空港装运旅客或货物至目的地。部分包机是指由几家公司或包机人联合包租一架飞机或者由航空公司把一架飞机的舱位分别卖给几家单位。部分包机适用于客货运量不足一整架飞机舱位，但运量又较大的航空运输。航空公司应根据客观实际需要及运输能力妥善安排包机，在充分考虑经济利益的前提下，尽力满足客户的包机需求，确保飞行安全。

一、包机运输的一般规定

1. 包机组织

承运人组织包机运输，必须根据市场需求、航空公司自身运力等妥善安排，在确保飞行安全的前提下，尽力满足包机方的需求。对于有重大政治影响的包机任务，优先承担；必须合理、经济地安排包机的机型、数量及包机飞行的路线，以减轻包机单位的负担，减少及避免运力浪费。

在组织安排包机时，要考虑解决好在包机运输中有关运力，始发地、目的地的地面设施，以及运输服务方面的问题。

非固定航线的包机，只有在符合飞行安全的条件下，方可接受。承运人由于不可控制或不可抗拒的原因（如天气不适合飞行、战争或自然灾害等）而未能按预定时间飞行或未能履行合同时，承运人不需承担责任。

2. 不正常运输处理

如包机在订座系统中显示（即包销航班），航班不正常时的旅客处理与正班一致；如包机不在订座系统中显示，如果是承运人的原因造成的航班不正常，则由承运人承担责任，反之，则由包机人承担责任。

包机人应按合同条款所列包机起飞时间，安排旅客提前 1 小时到达机场，办理登机和出境手续；如发生旅客误机，其后果由包机人负责。

3. 有效证件

包机人保证每个旅客都持有有效证件，包括身份证、护照、签证、卫生免疫证及其他必需证件；如因此出现差错而造成承运人蒙受经济损失，由包机人承担责任。

二、包机运输的种类

根据包机人或包机目的不同，可将包机种类分为自用包机、综合旅游包机、社团包机、学生或学习团体包机、货物包机等。

1. 自用包机

自用包机是指包机人（如自然人、公司、政府部门或协会等）为其本身的需要或为参加某项特定的国际活动，载运所属人员或货物而包用飞机。此种包机限载量属包机人专用。

包机人包用的所有舱位、座位，不得零售或出售；自用包机的旅客一般不承担此种包机的飞行成本；自用包机载运的货物不得用于商业性质。

2. 综合旅游包机

综合旅游包机是指旅游组织者在预订期间内包用单程或来回程的不定期飞行，并按综合旅游价格收费。

包机的旅客必须交付统一的综合游览票价（包括飞机票、地面交通、游览、膳宿费用等），并且来回程包机的旅客姓名、人数不得改变（临时因病或其他意外情况，不能同机成行并持有证明者除外）。

综合旅游包机的包机人、承运人以及代理人不得在中华人民共和国境内招揽零散旅客，或以其他旅客替换，不得载运其他类型的不定期飞行的旅客和货物。

3. 社团包机

社团包机要求包机的旅客必须是同一社团（如各行业工会及宗教、音乐、体育团体等）的成员及其家属；社会团体的成员，应具有加入该团体 3 个月以上的资历，并有该团体的书面证明才能享受社团的优惠。包机的目的，是进行考察、科研、集会或参加国外同行的活动等。包机人可以是一个或一个以上团体。每一旅客所付的票价，不得低于相应定期航班公布的正常来回程票价的 70%，或经批准的特别票价。

4. 学生或学习团体包机

此种包机的旅客必须是公、私立全日制大、中学校（院）的学生，年龄不得超过 27 周岁。包机人可以是一个或一个以上，但每一包机团体的旅客人数不得少于 40 人。每一包机旅客所付的票价，不得低于定期航班上普通来回程票价的 65%。

5. 货物包机

货物包机是指货主为运送鲜活物品、军用物资、急救物资、救灾物品、纺织品等货物而向航空承运人包用飞机。此种包机是在定期航班以外的地点进行，有特别协议或经批准的除外。此种包机承运的货物运价，不得低于定期航班公布的货物运价。

6. 专机

专机是指运送国家元首、政府首脑或议会议长的飞机。从事此种飞行一般通过政府间外交途径安排。

三、受理包机的程序和凭证

1. 受理包机的一般程序

（1）需要包机的单位，应凭单位介绍信或证明信事先与承运人联系，说明包机的任务性质、旅客人数和身份、包机的机型和架次、使用日期和航程等事项，填写包机申请书。如当地政府规定各单位包机须经有关部门批准，应附包机审批文件。

（2）经双方协商包机的运输条件后，签订包机合同，承运人凭包机合同，按飞行架次填写客票给包机单位，作为乘坐飞机的凭证。

（3）经航空公司有关部门对运力、机组配置、包机运行规范许可审定、包机运输经营许可审批、包机时刻申报及审批和地面服务工作进行妥善安排后，双方履行包机合同。

2. 包机运输契约和凭证

包机人的包机申请经承运人同意后，双方签订有效合同。包机合同是航空公司与包机单位所签订的运输契约，航空公司与包机人都应严格履行包机合同规定的各自承担的任务和义务。航空公司应给乘坐包机的每位旅客开一张客票，并按规定填写：

（1）在旅客姓名栏中，填写旅客中的负责人以及包机人数。

（2）在签注栏内，填写旅客包机协议书的号码。

（3）在票价级别 / 客票类别栏中，填写注明“包机”字样。

（4）在票款栏中，填写“包机”字样和本架次包机运价和地面运输费。

四、包机费用

包机费用，由承运人与包机单位共同商议而定，包括包机费、调机费和留机费。

1. 包机费

包机费有两种计算方法：

（1）每公里费率 × 计费里程。

（2）每小时费率 × 飞行时间。

包机费根据包用机型的每公里费率和计费里程或包用机型的每小时费率和飞行时间计算后，取其高者。如每日飞行不足 1 小时，按该机型的 1 小时包机费率收取最低包机费。

现在各航空公司的包机费一般采取协议收费，没有严格按照上述计算方法。

2. 调机费

调机是指为执行包机任务而需要调用基地的飞机，由基地调往执行任务始发地的飞行。每飞行小时调机费按包机收费标准的 50% 收取。包机单位单程包机，其调机和包机航段的收费标准按包机收费标准的 150% 收取，其包机航段的回程和调机的回程不再收费。

3. 留机费

如包机单位要求在执行包机期间需作停留，在 1 小时内不收留机费。凡超过 1 小时，从第二小时起，每停留 1 小时（不足半小时按 0.5 小时计算，超过半小时且不足 1 小时的按 1 小时计算），按该机型的 1 小时包机收费标准的 20% 作为留机费。不是包机单位的原因需停留 1 小时以上，不收取留机费。

例 2-11

旅客一行，包 B757 飞机 1 架，从广州（CAN）飞往北京（PEK），飞机基地在北京，空中航线距离 1966 公里，单程空中飞行时间 2 小时 40 分钟，请计算包机费。

（每公里费率 CNY115.00，每小时费率 CNY67878.00。）

包机费：按距离计算 CNY115.00 × 1966=CNY226090.00；

按时间计算 CNY67878.00 × 5 ÷ 3=CNY113130.00；

取其高者 CNY226090.00。

调机费：CNY226090.00 × 50%=CNY113045.00。

留机费：无。

则总体费用为：

CNY226090.00+CNY113045.00=CNY339135.00

课堂练习 2-6

贵阳一病人突发疾病，其家属欲包机前往北京医院紧急治疗。飞机基地在北京，飞行里程为 2040 公里，单程空中飞行时间为 3 小时 10 分钟。乘坐机型为空客 300，包机期间需停留 2 小时急救。请计算包机费用（每公里费率 CNY130.00，每小时费率 CNY96214.00）。

五、包机剩余座（吨）位的利用

包机可乘坐的人数和可利用的载量，应以包机合同上填写的座位数和吨位数为限。

包机如有剩余座位和吨位，包机单位不能用来承运其他单位的人员和行李、货物等。承运人如需利用剩余座位和吨位组织客货运输，应征得包机单位的同意。

包机的空余座（吨）位以及执行任务前的调机，禁止载运与该包机无关的旅客和物品，执行完包机任务的调机，可按一般加班飞机载运客货。

六、包机变更

因承运人原因而发生变更，在包机合同规定的离港时间后，延误超过 2 小时仍不能执行包机任务（或退包）的，承运人应按合同规定的全部费用的 10% ～ 50% 赔偿包机方。

因包机人原因而发生变更，承运人因执行该包机任务发生的调机等费用应由包机单位承担；包机人因故取消包机，应付承运人退包费。

包机运输

案例分析

烟台市一市民被毒蛇咬伤后，山东航空公司一架飞机临时改飞上海，为伤者获救赢得宝贵时间，而原航班却耽误 4 小时 10 分钟。获救者蔡先生与山航达成付费意向，山航将按最低成本价收取蔡先生包机费用 6 万余元。

经医治，蔡先生伤情基本稳定。事后，山航与蔡先生协商后提出 6 万余元报价，山航解释，这是商业包机的最低成本价，其中包括燃油、起降等基本费用。蔡先生伤愈出院后将和山航结账。

包机前，蔡先生给山航方面写了一张包机欠条："因被蛇咬伤，现临时包租山航 GRJ 飞机前往上海，待任务执行完毕后，按航空公司有关包机规定付费。"由于包机使原定 SC4883 航班延误，山航一名工作人员也向该机乘客写下保证书：关于 SC4883 航班因抢救患者延误一事，山航本着救死扶伤的精神，经全体乘客同意只收成本费用，并保证将成本费用金额和有关内容向该航班乘客公布。

据了解，SC4883 航班临时执行救人飞行共造成当天 13 个航班取消或延误。虽延误 4 小时以上，SC4883 航班的 37 名乘客绝大多数放弃索赔。

分析：山东航空向蔡先生收取的费用是否合理，为什么？

课后思考

1. 包机运输的一般规定主要有哪些？
2. 旅客包机的费用如何计算？
3. 受理包机的运输凭证要填写哪些信息？
4. 发生包机变更后的费用或赔偿应该怎么处理？

课题四 国内民航旅客运价的管理

学习目标

掌握各种形式国内民航旅客运价的规定，能处理简单的运价问题；
理解成本定价和需求定价的基本原理；
了解民航国内旅客运价的管理方式和具体措施；
了解民航旅客运价管理的原则与目标。

素养目标

增强文化自信，提高民族自豪感和民族自信心。

思政小课堂

民航国内航线运输价格新规定

2017 年 12 月 17 日，中国民用航空局、国家发展和改革委员会发布的《关于进一步推进民航国内航空旅客运输价格改革有关问题的通知》中规定：

一、5 家以上（含 5 家）航空运输企业参与运营的国内航线，国内旅客运价实行市场调节价，由航空运输企业依法自主制定。实行市场调节价的国内航线目录，由民航局商国家发展改革委根据运输市场竞争状况实行动态调整，具体目录在民航局网站公布。

二、航空运输企业应当按照保持航空运输市场平稳运行的要求，合理确定实行市场调节价的国内旅客运价调整范围、频次和幅度。每家航空运输企业每航季上调实行市场调节价的经济舱旅客无折扣公布运价的航线条数，原则上不得超过本企业上航季运营实行市场调节价航线总数的 15%（不足 10 条航线的最多可以调整 10 条）；每条航线每航季无折扣公布运价上调幅度累计不得超过 10%。上述航季分为夏秋航季和冬春航季，具体起止日期按照民航局规定执行。

三、航空运输企业制定、调整各类国内航线实际执行的旅客运价种类、水平、适用条件，应当于执行前至少提前 7 日向社会公布，并通过航空价格信息系统抄报民航局、国家发展改革委。

四、航空运输企业应当遵守《价格法》《民用航空法》等相关法律法规规定，严格执行国家价格政策。按照《民用航空国内运输市场价格行为规则》要求，自觉规范价格行为。航空运输企业和销售代理企业必须严格落实明码标价规定，通过门户网站等渠道及时、准确、全面地公示实际执行的国内旅客运价以及收取的退票费等各项费用，未予标明的费用一律不得收取。

五、民用航空主管部门要进一步健全国内旅客运价监测制度，加强行业监督。要加快构建以诚信体系为核心的监督机制，建立航空运输企业和销售代理企业价格行为信用档案，将其价格违法违规行为记入信用记录，并依据有关规定实施惩戒。

六、各级价格主管部门要加强对国内旅客运价的监管，建立日常巡查、重点检查和“双随机”抽查相结合的监督检查机制。充分发挥全国 12358 价格监管平台作用，认真及时受理群众举报，依法查处航空运输企业和销售代理企业各类价格违法违规行为。国家鼓励社会公众参与对航空运输企业和销售代理企业价格行为的监督。

一、民航旅客运价的规定与计算方法

1. 民航旅客运价的规定

民航旅客运价（又称客票价）是指旅客由出发地机场至目的地机场的航空运输价格，不包括机场与市区之间、同一城市两座机场之间的地面运输费用。

民航旅客运价有以下一般规定：

（1）应根据旅客的航程、座位等级，按开始旅行之日的适用运价使用和计算。

（2）客票价为旅客开始乘机之日适用的票价，客票售出后，如票价调整，票款不作变动。

例 2-12

某国内旅客于2024年4月28日购买了5月3日CZ3101航班经济舱由CAN（广州）飞往PEK（北京）的客票一张，当时票价为1000.00元，但5月1日起，票价调整为1200.00元，那么该旅客在5月3日乘机时其票价不作变动。若4月28日旅客购票时票价为1200.00元，而5月1日后票价调整为1000.00元，其票价亦不作变动，若旅客要求退回差价，处理时应按自愿退票处理，后另按新票价重新购票；退票应根据退票的有关规定收取退票手续费。

（3）现行直达票价只适用于规定航线的航班运输。如旅客由于其本身的需要，不乘坐直达航班而选择非直达航班运输线路时，则按旅客实际经行的航程，分段相加计算票价。

例 2-13

旅客张先生的旅行线路是天津（TSN）—上海（SHA），乘坐CA1501航班，然后转乘MU5301航班，线路是上海（SHA）—桂林（KWL）。运价为天津—上海CNY820.00，上海—桂林CNY1040.00。

如果为其出票，全航程的票价应为：

CNY820.00+CNY1040.00=CNY1860.00

（4）使用特种票价的旅客，应遵守该特种票价规定的条件。

（5）旅客应按国家规定的货币和付款方式交付票款，除与航空公司另有协议外，票款一律现付。

（6）当收取的票款与使用的票价不符或计算有错误时，应按照航空公司相关规定，由旅客补付不足的票款或由航空公司退还多收的票款。

（7）客票价以人民币10元为计算单位，航空公司收取或支付的其他费用以人民币元为计算单位，尾数一律按照四舍五入的原则进位。

（8）政府、有关当局或机场经营者规定的对旅客或由旅客享用的任何服务、设施征收的税款或费用，不包括在航空公司所公布的票价范围内。

2. 民航运价的计算方法

民航运价的种类，包括客票价、货物运价、行李运价、包机运价等。

国内运价中，除了包机运价有其独特的计算方法外，其他运价的计算方法如下：

（1）行李每公斤运价为相应经济舱客票价的1.5%。

（2）货物运价分为每批货物重量在45千克以下及45千克以上两级。45千克以下货物，每千克运价为相应经济舱客票价的8%；45千克以上货物，每千克运价为相应经济舱客票价的6%。

（3）邮件运价按照国内普通货物运输价格计费。

简而言之，这几种国内航空运价之间的比例关系大致为：

经济舱客票价：行李每千克运价：45千克以下货物每公斤运价：45千克以上货物每公斤运价=1 ：0.015 ：0.08 ：0.06。

课堂练习 2-7

某旅客携带了35千克的逾重行李，从北京前往上海，北京（PEK）—上海（SHA）的经济舱票价为1130.00元，该旅客需要支付的逾重行李费用是多少？

课堂练习 2-8

某公司需要运输 60 千克的普通货物，从广州运往兰州，广州（CAN）—兰州（LZD）的经济舱票价为 1890.00 元，则该公司需要支付的货物运输费用是多少？

二、民航旅客运价制定的方法

民航旅客运价制定时必须注意以下五点：

（1）制定价格必须以运输价值为基础，以运输成本为主要依据。

（2）符合商品定价原则，保证有合理的利润，确保企业的正常运转。

（3）有利于运量在各种运输方式上合理分配，运价必须制定在适当的水平上，遵循客观经济规律，有利于促进工农业生产的合理布局。

（4）有利于合理运输，有利于提高运输的载运率，有利于企业自身的发展。

（5）运价制定还要照顾消费者的利益。

价格形成方式包括三种：成本定价、需求定价以及综合两者的混合定价。从公平角度讲，三种方式各有利弊，特别是在相对垄断的条件下。

在供给远远小于需求及供给垄断的条件下，完全的成本定价可能会促使生产者把所有成本都加在价格里，从而增加生产者的福利，价格学中称为“成本深化”。

在供给远远大于需求，即买方市场的条件下，完全的需求定价可能会促使消费者无限制地压低价格以增加消费者福利（包括产品福利和服务福利），价格学中称为“价值深化”。

所谓混合定价是指两种方式的混合，是生产者与消费者长期博弈的最终结果。

制定国内航空运价，单纯的一种定价方式是难以解决众多的价格问题的，应该针对不同的情况采取不同的价格形成方式。

1. 成本定价

运价的构成是以运输价值为基础的，而运输价值难以精确计量，在实际工作中，运价是由运输成本、利润和税金等要素构成的。

运输成本是补偿在运输生产中消耗的物化劳动和活劳动的货币表现，航空运输成本包括飞机折旧（或租金）、燃油费、飞机和发动机大修费、飞机维修费、飞机保险费、空勤人员工资、起降服务费、管理费等。它可以大致反映运输价值量的变动趋势，可以作为制定运价的主要依据，是运输产品定价的最低界限。

2. 需求定价

民航、铁路、公路、水路几种运输方式的合作与竞争是同时存在的，只是由于时间价值的不同，旅客需要根据自己的情况选择不同的交通运输方式。

根据经济学原理，价格与需求的关系可用“需求曲线”表示，即需求量同价格变化成反比。如为单一低价，则使一部分能负担高价的旅客也买了低价票，虽需求量增加但航空公司收入较低；如为单一高价，则使一部分负担能力较差的旅客买不起机票，需求量下降，虽价格增加，但航空公司收入较低。

如采用多等级票价，则能使不同旅行目的、不同收入、不同支付能力的旅客都能选择适合自己的机票价格，从而实现收入最大化。

在综合考虑成本定价和需求定价依据的前提下，国内航空运价通过政府指导价的形式给予企业足够的自主权。政府加强基准价和浮动幅度的管理，企业在浮动幅度内根据成本和需求定价，最终实现公众利益和航空运输企业利益的“双赢”。

目前，我国民航客运价格的形成在国际航线和国内航线上有很大的差异，国际航线运价由航空运输企业根据双边航空运输协定制定，或通过国际航空运输协会运价协调大会制定，报各自政府批准。国内航线运价则根据《中华人民共和国民用航空法》，由中国民用航空局会同国家物价主管部门，按照“递远递减”原则确定基础运价水平，对国内客运价实行政府指导价，对基准价格和浮动幅度进行间接管理，航空运输企业在政府规定的幅度内建立多级票价体系，根据市场供求情况实行有限制的差别票价。

三、民航国内旅客运价的管理方式和具体措施

1. 运价管理方式

运价管理方式按照价格形成主体主要分为三种：市场调节价、政府指导价和政府定价。客观而言，三种方式各有利弊。在市场经济条件下，政府过多参与定价不利于发挥企业的积极性，而完全的企业定价需要企业拥有比较健全的现代企业管理制度，综合定价是兼顾政府和企业需要的中间道路。政府选择决定具体价格管理方式的原则，可以实现消费者福利的平衡，其决定因素是行业垄断程度。

市场调节价是经营者自主制定，通过市场竞争形成的价格。在市场经济条件下，完全竞争应采用市场调节价。美国政府规定，如果消费者可以选择的市场供应商的数目达到或者超过三个，市场就是完全竞争的。显然，在市场经济条件下，主要由市场形成价格。

政府指导价是一种具有双重定价特点的价格形式，介于政府定价和市场调节价之间，主要是政府规定基准价及浮动幅度，引导经营者合理制定具体价格。在市场经济条件下，垄断竞争应采用政府指导价。

政府定价是指政府直接制定价格的行为，这种行为是经济体制转轨时期价格形成的重要方式。在市场经济体制下，政府定价仍然在经济生活中发挥着重要的作用，在制定极少数具有资源稀缺、自然垄断和公用性、公益性等特点的关系国计民生的重要生产资料价格和居民生活消费价格时仍采用政府定价的形式。在市场经济条件下，完全垄断应采用政府定价。

我国国内航空运输业经历了从计划经济时代到市场经济时代的转变。较长时期以来，航空运输市场具有较强的垄断性，运输价格实行政府定价。随着民航体制改革的逐步推进，市场结构及市场竞争程度发生了深刻的变化。从“八五”时期开始，政府对国内航空运价尝试幅度管理并开始实行政府指导价。

此外，航空运输市场竞争激烈，一些航空公司依据变动成本定价，导致恶性价格竞争，企业经营举步维艰，偿债能力明显下降，直接威胁到银行贷款的安全。在这种情况下，对国内航空运输价格采用政府指导价方式，有利于航空运输市场的各个组成部分，包括航空公司、机场、空管、销售代理和旅客、货主之间利益的平衡，有利于保证公众利益的实现。

2. 运价改革的具体措施

根据《民航国内航空运输价格改革方案》，运价改革的具体措施主要包括以下几个方面：

（1）国内航空运价以政府指导价为主，政府价格主管部门由核定航线具体票价的直接管理改为对航空运输基准价和浮动幅度的间接管理。国家发展改革委会同民航总局，依据航空运输的社会平均成本、市场供求状况、社会承受能力，确定国内航空客货运输基准价和浮动幅度。

（2）民航国内航空旅客运输票价以现行航空运输企业在境内销售执行的各航线公布票价为基准价（平均每客公里 0.75 元）。

对方案执行过程中发现不合理的个别航线基准价，由民航总局商国家发展改革委适当调整。

（3）省、自治区内，及直辖市与相邻省、自治区、直辖市之间的短途航线，已经与其他替代运输方式形成竞争的，实行市场调节价，不规定票价浮动幅度。具体航线目录由民航总局商国家发展改革委规定，并通过航空价格信息系统（AIRTIS. NET，下同）对外公布。

（4）除第（3）条规定航线外，民航国内航空旅客运输票价实行浮动幅度管理。

票价上浮幅度最高不得超过基准价的 25%。

票价下浮幅度，根据不同航线情况，按下列规定执行：

部分以旅游客源为主的航线票价下浮幅度不限，具体航线目录由民航总局商国家发展改革

委规定，并通过航空价格信息系统对外公布。

航空运输企业独家经营的航线票价下浮幅度不限。

除上述实行市场调节价和票价下浮限度不限的航线外，其他国内航线票价下浮幅度最大不得超过基准价的45% 少数航线因特殊情况需要突破票价统一浮动下限的，由有关航空运输企业报民航总局商国家发展改革委批准后执行。

（5）航空运输企业在政府规定的幅度内. 自行制定具体票价种类、水平、适用条件，提前30天通过航空价格信息系统报民航总局、国家发展改革委备案，并对外公布后执行。

（6）对革命伤残军人和因公致残的人民警察继续实行优惠票价，具体票价优惠办法，由民航总局依据有关法规制定。

允许航空运输企业对教师、学生等特殊消费群体实行优惠票价，具体票价优惠办法，由航空运输企业在不超过革命伤残军人优惠幅度的前提下自行确定，提前30天报民航总局备案，并对外公布后执行。

案例分析

中国民用航空局（以下简称民航局）、国家发展和改革委员会发布的《关于进一步推进民航国内航空旅客运输价格改革有关问题的通知》（以下简称《通知》）规定，5家以上（含5家）航空运输企业参与运营的国内航线，国内旅客运价实行市场调节价，由航空运输企业依法自主制定，但原则上不得超过本企业上航季运营实行市场调节价航线总数的15%（不足10条航线的最多可以调整10条），每条航线每航季无折扣公布运价上调幅度累计不得超过10%。

我国一直在推进民航价格机制改革工作，该由市场调节的就应当放给市场。民航票价改革的最终目的是有序推进价格市场化、不断完善价格形成机制、改进价格管理机制，沿着理性有序的市场发展方向前进，当前依然可以实现对价格的有力调控。

民航票价市场化定价，受供求关系影响，首先遵循的是“淡季票价低，旺季票价高”的规律。比如“春运”期间，大家普遍关心民航票价是否会上涨。张世良认为，在春运这样的特定交通旺季，京广线、京沪线等热门线路的高铁票供给将处于供不应求的状态，热门航线上浮幅度将高一些，这种情况下民航票价提升依然会有消费者买单，但是价格仍然处于可调控的态势。

中国航空运输协会专家分析认为，《通知》只是允许提升最高价格，但是民航客票往往以折扣票的形式成交，有很强的市场价格弹性。

分析：民航票价改革新政发布是否意味着不少航班和航线的机票会涨价？对于票价改革新政应当如何看待？

课后思考

1. 国内民航旅客运价有哪些一般规定？
2. 经济舱客票价与货物运价、行李运价、包机运价的比例为多少？
3. 成本定价与需求定价有何区别？
4. 为什么多等级票价比单一票价对航空公司更有利？

复习题

模块二复习题

服务实操篇

模块三 问询与引导

课题一 航站楼问询服务

学习目标

掌握问询服务的分类方式；
熟悉问询服务的岗位职责和要求；
熟记问询服务的质量标准。

素养目标

培养当代民航精神与服务意识。

思政小课堂

“望闻问切” 克拉玛依机场做旅客“贴心人”

克拉玛依机场坚持“首问责任制”，要求各部门重点关注首乘旅客、老年旅客等特殊旅客服务工作，发现需要帮助的旅客在第一时间提供相应的服务。地面服务人员时刻关注航班运行信息，及时向旅客反馈相关出行信息。航站区管理部对人流密集区域重点关注，确保运输环境卫生、干净、整洁，服务设施、设备正常运行。

克拉玛依机场以旅客为中心践行“主动服务”和“出行即服务”的基本理念，通过微信公众号、克拉玛依融媒、克拉玛依电台等方式公布机场24小时问询电话，确保在旅客出行的第一时间提供全方位的服务指导。在候机楼安排专门的巡视人员主动对有困难、需要帮助的旅客上前询问并协助其解决，例如：看见不熟悉自助值机操作的旅客主动告知旅客值机流程；对于携带大件行李或多件行李的旅客主动告知其对应航司的行李标准要求以避免重复排队耽误行程；等等。

克拉玛依机场围绕旅客提出的“堵点”“痛点”“难点”问题，在服务上做加法，在流程上做减法，在效率上做乘法。本着“紧抓落实、及时兑现”的原则，针对能马上解决的问题，要立即解决并反馈；针对一时不能解决的问题，要持续关注、抓紧办理，及时向旅客反馈处理进度，打消旅客的顾虑。着力增强旅客出行“幸福感”“满意度”。

候机楼问询提供诸如航班信息、机场交通、候机楼设施使用等一揽子问询服务。能直接解决旅客在旅行过程中遇到的许多麻烦，或能为旅客解决问题指明方向，因而深受旅客欢迎，已经成为航空运输企业为旅客服务的不可或缺的窗口。

一、问询服务的分类

问询服务根据提供方的不同可以分为航空公司问询、机场问询和联合问询。联合问询是指航空公司与机场共同派出问询服务人员组成联合问询柜台，向旅客提供最为全面的问询服务。各航空公司会有相应的地面服务人员；而机场是由管理公司分管，如首都机场是由北京首都国际机场股份有限公司管理运营。

问询服务根据服务提供方式的不同可以分为现场问询和电话问询。现场问询是指柜台当面向旅客提供问询服务。电话问询是指以电话方式向打了电话的客人提供各类问询服务。电话问询还可以分为人工问询和自动问询。

问询服务根据服务柜台的设置不同，还可以分为隔离区外的问询服务和隔离区内的问询服务。

二、问询服务的岗位职责和要求

（一）首问责任制

所谓“首问责任制”是指当旅客在候机楼内首先向工作人员提出有关航空知识等方面的问题时，工作人员有责任、有义务给予旅客准确回答，若遇无法解决的问题应将旅客指引至相关部门或单位解决，不得用含糊不清的语言回答。该服务人员即为首问责任人 。

首问责任制最早来源于政府行政部门为解决长期以来存在的办事效率低下、不负责任、相互推诿等问题而制定与实施的一项制度。

“首问责任制”的意义主要体现在以下五个方面：

一是有利于强化职工的责任意识，避免发生相互推诿现象。无论是针对旅客和经营者的来访、来电还是信件，第一个事件员工即为“首问责任人”，首问责任人必须对此负责，无论旅客或经营者的来访、来电是否属于本岗位的职责范围，首问责任人都必须主动热情接听或接待。一旦首问责任人使用“不知道”“不清楚”“不归我管”等语言回答旅客或经营者提出的问题，则会给人以极大的反感，形成工作不负责任、服务意识差、相互推诿等印象。首问责任制的基本目的就是把责任具体到人，从源头上扼杀因责任意识不足而产生的推诿敷衍、拖而不办的现象，改变个别员工拖拉懒散的工作作风，强化其责任意识，提高工作效率。

二是有利于提高员工服务意识。作为服务性质的机场，又身处地面服务部，工作人员应该树立的服务理念是“把自己当旅客，把旅客当亲人”。然而在实际工作中，或多或少存在着一定的服务意识缺失或不到位、漠视旅客或经营者需求的现象。值机柜台、登机口、安检通道口，面对的旅客和经营者可谓是形形色色，素质良莠不齐，但无论是什么样的人，工作人员都应该一视同仁，用热情、礼貌、耐心的服务去赢得旅客和经营者的认可和尊重，同时促进服务意识不断提高。

三是有利于提升服务品牌形象。品牌形象，往往是通过无数的细节在旅客和经营者心中慢慢建立起来的。首问责任制虽然只是一项服务规范，但其核心是以旅客和经营者的需求为导向，通过员工与旅客和经营者的有效沟通，避免员工敷衍和推诿，及时有效地解决他们提出的服务需求，为其排忧解难，从而提升旅客和经营者对机场的满意度和认同度。

四是有利于提升职工的业务水平和应变能力。首问责任制要求首问责任人必须及时、有效地解决旅客和经营者提出的问题，适用于机场所有工作人员，这就意味着机场的每一个员工均可能会成为首问责任人，为此，就要求所有员工都必须对机场的相关信息、职能部门分工及各项事务办理流程有所掌握和了解，必须通过不断学习和知识更新来提高自己的业务水平和知识面，否则就无法办理或负责联系相关部门办理旅客或经营者所要求办理的各类事项。同时，通过不断地与旅客或经营者进行沟通，能有效地积累工作经验，提高自身的临场应变和处置能力。

五是有利于加强部门之间的工作协调配合。首问责任人在为旅客或经营者解决问题的过程中，对超出自己工作职责的问题，经常需要与不同的部门进行沟通和协调，部门之间的工作协调和配合更加密切，更容易树立起机场一盘棋的大局观。

（二）问询服务的岗位职责

（1）详细、准确地了解本公司代理出港航班的动态信息，接受旅客的问询，解答旅客的疑问。

（2）及时准确地向旅客公布航班动态信息。

（3）向服务调度员了解不正常航班的信息及安排，并联系广播室，及时向旅客公布。

（4）协助不正常航班服务员做好延误航班旅客住宿的安排、集合与指引工作，并协助发放饮料或餐食。

（5）记录特服旅客信息，航班开始登机时指定工作人员把特服旅客引导到登机口。

（6）完成上级领导安排的其他工作。

（三）问询服务的岗位要求

1. 岗前准备

（1）仪容仪表

① 头发不染鲜艳颜色，长发用统一蓝色头花盘起，发梢不外露，短发前不及眉，旁不及耳，后不及衣领，刘海不过眉。

② 面带微笑，妆容清洁、淡雅（棕色或黑色眉毛，黑色睫毛，淡红口唇）。

③ 不戴夸张饰品，指甲保持清洁，不留长指甲，不涂有颜色的指甲油。

④ 穿正装皮鞋，女生穿灰色丝袜，男生穿深色棉袜。

⑤ 按规定统一穿着工作服，妆容整洁、气味清新。

⑥ 正确佩戴工作牌，不悬挂任何饰物。

⑦ 使用指引手势时，应五指微微并拢，掌心侧向旅客，幅度适宜。

⑧ 与客人交流时，宜正视对方，目光柔和，表情自然，笑容真挚。

（2）设施设备检查

① 岗前检查电话是否完好。

② 岗前检查电脑系统是否正常。

③ 岗前检查轮椅是否完好。

④ 岗前检查配餐的拖车是否完好。

⑤ 岗前检查对讲机是否完好。

⑥ 岗前检查柜台的凳子是否调到合适的高度。

2. 岗位操作

（1）行为规范

① 遵循“三声”服务，做到来有迎声、问有答声、去有送声。

② 旅客问询时应站立，头正肩平，面带微笑，身体立直。双手自然下垂或相交放在小腹部，双手握左右，大拇指合拢收在手掌里。

③ 当旅客距离自身在 1 米的范围内时必须主动问好（“您好”），在听到旅客问询时必须立

即做出反应，并以简洁清晰的答案回答旅客问题，旅客离开时，主动对旅客说“再见”。

④ 与旅客面对面谈话时注视对方，精神集中，表情自然，保持微笑；谈话的声音以两个人能听清楚为限，语调平稳轻柔，速度适中。

⑤ 回答旅客问题时准确、简洁、清楚、表达明白，说话时注意轻重缓急，讲求顺序，注意谈话的技巧，不与旅客发生争执。

⑥ 使用引领手势时，应五指微微并拢，掌心侧向旅客，幅度适宜。

⑦ 不发生对旅客爱搭不理、使用不礼貌的言语的情况。

⑧ 问询完毕后，入座应轻稳，将凳子调到合适的高度，头部高出柜台台面，上身自然挺直，头正肩平，手位、脚位摆放合理。

⑨ 工作场合不使用粗言秽语，不得大声喧哗，不谈论与工作无关的内容。

⑩ 要使用文明礼貌用语，语言简明、通俗、清晰。文明礼貌用语包括：您、您好、请、对不起、谢谢、再见、请稍等、不客气等。

（2）操作规范

① 提前到岗准备特服旅客记录本、航班预报表等航班物资。

② 获悉所有进出航班信息动态，并准确掌握延误航班动态信息与相关安排，做好相应记录。

③ 站立式耐心细致地接受旅客询问。

④ 将旅客指引至正确的目的地。

三、问询服务质量标准

问询服务礼仪

问询服务应达到以下质量标准（表 3-1）。

表 3-1　问询服务质量标准

三级指标	四级指标	内容
问询服务	问询柜台	位置合理、易见，设有柜台指引标志，与旅客流程衔接顺畅
	服务设施	应设置航班信息显示系统，系统设备完好
	服务规范	1. 接受问询时应站立，态度热情、友善，礼貌服务，并迅速、准确回答问询内容； 2. 在岗期间不应做与工作无关的事情
	服务技能	随时掌握航班动态信息，熟悉机场服务设施功能及场所区位
	旅客指南	提供旅客指南或旅客须知
	其他	1. 旅客吞吐量在 1000 万（含）以上机场应提供流动问询服务； 2. 宜设置自助查询设施

案例分析

长沙机场客运服务部问询班组荣获“全国五一巾帼标兵岗”称号

2023 年 3 月 24 日，长沙机场客运服务部登机服务室问询班组被授予“全国五一巾帼标兵岗”称号。一抹亮眼的“中国红”、航站楼里的“百事通”，问询班组 24 名女员工被称为“展巾帼美的娘子军”。一是微笑动人的“指路人”。“三二一”服务，绽放“坚守”微笑。“三米关注、两米微笑、一米站立”是她们的服务标准，每一个指引手势、每一次暖心微笑、每一句耐心回答，都是她们最美服务的印迹。二是技能服人的“百事通”。拿起相机拍摄问询员的一天，制作成“问询员第一课”小视频，带领新人快速完成身份角色的转变；将基础知识、常见问题集、应急处置卡等制作成图文并茂的分类小课件；收集旅客服务点的基础问题，分类建立“100 问”，构建“智慧网”平台。三是为民服务的“暖心人”。定制友好“乐湘伴”暖心服务。

问询班组联动“乐湘伴”爱心服务品牌，联动航享 e+ 搭建线上预约平台，制作《友好“湘”首之老弱病残孕、首乘旅客出行服务专属篇》。创新推出“从家门到舱门”“一站式”爱心陪伴服务、“童影相伴、最美夕阳红”拍照打卡服务等举措。升级“临时家长”引领“超龄无陪”乘机安心服务，设置爱心专区“时光机”乘机体验留言打卡墙，为在生日当天乘机的旅客送上爱心纪念品。

分析：长沙机场客运服务部问询班组能够荣获“全国五一巾帼标兵岗”称号，其服务亮点有哪些？

课后思考

1. 问询服务的分类方式有哪些？
2. “首问责任制”的意义是什么？
3. 简述问询服务的岗位职责。
4. 问询服务的质量标准包括哪些方面？

课题二 航站楼广播服务

学习目标

了解机场公共广播系统的构成；
熟记民航机场航站楼广播用语的规定和分类；
熟知航班信息类广播用语的格式规范；
熟记广播服务的质量标准。

素养目标

培养当代民航精神与服务意识。

思政小课堂

播报更清晰 旅途更安心
——记首都机场升级改造 3 号航站楼广播系统

“各位旅客请注意，您所乘坐的航班开始登机了……”清晰悠扬的登机播报及背景音乐不断响起。首都机场 3 号航站楼全新广播系统顺利通过了民航华北地区管理局组织的民航专业工程行业验收，并正式投入使用。

首都机场 3 号航站楼广播系统升级改造项目以数字化光纤网络系统为依托，采用三层网络体系架构，基于无压缩的音频传输专有协议及以太网技术，对原有广播系统进行了全面的升级改造。其中，新广播系统采用的 Q-SYS Core 5200 系统为目前国际最先进的大型数字音频公共广播系统，主要设备在国内外机场中是首次应用。

首都机场建设项目管理团队结合现场实际情况，精心排布工期，采取分批次分区域推进改造工作的形式，最大程度减少对航站楼运行的影响。同时，首都机场依托项目定期沟通例会的方式，积极协调需求部门、使用部门等相关单位共同对施工方案进行优化调整，为施工创造有利条件，确保改造项目的顺利推进。

在管理终端工作站，首都机场 3 号航站楼全新广播系统的管理人员可登录设备状态监控界面，界面上能够显示前端功放小间和各功能控制室、音频矩阵主机等设备设施的运行工作状态。如设备发生故障，管理人员可迅速定位故障位置、确定故障原因，并在事后形成相对应的故障日志留存。通过对以往的数据进行分析，管理人员可显著提升航站楼广播系统隐患排查治理及应急处置能力，提高维保工作质量，降低广播系统设备运行故障率。

公共广播系统是机场航站楼必备的重要公共宣传媒体设备，是机场管理部门播放航空公司航班信息、特别公告、紧急通知等语言信息的重要手段，是旅客获取信息的主要途径之一，也是提高服务质量的重要环节。

一、机场公共广播系统的构成

系统由基本广播、自动广播、消防广播三部分组成，广播系统应采用当今先进的计算机矩阵切换器，对各种音源进行管理和分配，并限定广播范围和广播权限，使所有的广播呼叫站都在设定的范围内工作，避免越权广播。系统有自动语言合成功能，可把数字信号转换成语言信号播出，合成后的语音标准、自然、流畅。语种为中文普通话、英语等。

系统有自动广播功能，在航班信息的控制下，按时间顺序和不同的广播分区进行广播，无需操作人员的干预即可自动地进行。同时，航班信息的广播可与航班信息的显示同步。

系统设有噪声控制处理器，设置地点应包括国际、国内办票大厅，迎客大厅，国际、国内候机厅，通过获取现场噪声信号自动调节音量和声调，增加语言的清晰度。功放设有自检、热备份、倒备机功能，系统能自动检测功放故障，并自动将故障功放单元的负载切换至备用功放上，并显示报警，从而提高了系统的可靠性，使广播不致中断。广播分区结合工艺流程，按照建筑物的自然隔断而形成的不同功能区域来划分。

（一）基本广播

基本广播即广播系统的基本硬件设备，设置于广播机房内，主要设备如下：

（1）广播用音源设备。

① LD 激光唱盘。

② 数字录音卡座。

③ 循环放音卡座。

④ 收音模块。

⑤ 智能话筒。

⑥ 呼叫站话筒。

⑦ 计算机合成语音。

⑧ 提示性音响。

（2）切换器。

（3）噪声检测及音量自动控制设备。

（4）功率放大器。

（5）功率放大器故障检测及自动切换设备。

（6）扬声器回路故障检测设备。

（7）广播系统工况记录显示设备。

（8）功率输出接线排。

（二）自动广播

自动广播由计算机和语音合成模块组成。计算机通过以太网与航站楼计算机综合管理系统相连接，接收预先编制的航班信息表，按时间段及不同的广播分区顺序自动播出，或按动态航班信息播出。

（三）消防广播

消防广播与航站楼公共广播共用同一套广播系统。在消防控制中心设一智能话筒，公共广播系统赋予其最高优先级。在紧急情况下，相应广播分区的正常广播被切断，取而代之的是消防中心播送的疏散撤离广播。其它广播分区的广播内容不变。

（四）广播分区设置

航站楼共设多个广播分区，每个广播分区的扬声器按功率放大器的负载能力分组并联在一起，接入相应的放大器输出端子排。

1. 吸顶式扬声器设置

凡是有吊顶的厅、室、通道等场所，因空间高度低，且进深大，均可安装吸顶式扬声器。扬声器的功率小、安装密度高，故声场较为均匀，语言清晰度高。

2. 号筒式扬声器设置

地下室设备间、行李分拣厅和室外区域因其噪声大，需要强指向型、高声压级的号筒式扬声器，使服务区域有较高的直达声压级。同时，号筒式扬声器的高音成分丰富，有利于提高语言清晰度。

3. 组合式扬声器设置

组合式扬声器有较宽的音域和平坦的音响曲线，适合于空间高、面积大的厅堂环境。该组合式扬声器的辐射角为水平 90°，垂直 90°，辐射面较宽，用于国际、国内办票厅和候机厅较为合适。

（五）呼叫站设置

呼叫站由广播话筒和控制键盘组成，呼叫广播分区范围和呼叫优先级别均由广播控制系统限定。呼叫站之间可以实现内勤通话，及时联系、互通情况。

为更好地为旅客服务和提高服务质量，在旅客流量大、实时性广播多的分区设置广播呼叫站。

（六）噪声探头设置

迎客厅、国际办票厅、国内办票厅、国际候机厅、国内候机厅都是旅客集中的广播分区，环境噪声随旅客流量波动。人多时，噪声大；人少时，噪声小。为在噪声大时也能使旅客听清楚广播内容，必须提高扬声器的声压级，即增大功率放大器的输出功率。而当人少时，又使扬声器恢复正常。用噪声探头输出电压的大小控制功率放大器的放大量，从而达到自动音量控制的目的。在实施自动音量控制的同时，系统对广播信号进行频谱分析，将信号中能量集中的那部分频率谱线的频率向频率的高端移动，即提高信号的频率，使音调升高，增加语言的清晰度。

知识链接

首都机场三号航站楼广播系统

新建的 T3 航站楼广播系统通常将业务广播划分为自动广播和人工广播。

1.T3 广播系统网络架构

T3 广播系统的音频信号和控制信号均通过以太网进行传输，其中音频传输采用成熟的 CobraNet 音频传输协议。

整个广播网络在T3C主机房、T3E主机房和ITC主机房各设置两台核心交换机，组成具有双链路冗余功能的核心网络，通过核心网络可以将整个航站楼连接成为一个整体。有了良好的音频网络，T3航站楼的广播系统基础就打好了，接下来为大家介绍广播系统的结构。

2.T3广播系统

T3航站楼的广播系统音频控制设备选用的是控制矩阵（ControlMatrix）和媒体矩阵（MediaMatrix）系列产品，这两个系列的产品分别负责广播控制和音频处理两部分工作。

首都机场三号航站楼广播系统中选用ControlMatrix系列中的以下产品：Q-Host广播控制主机、Q-Host-R广播控制备份主机、A-Host信息处理主机、S560信息处理卡、C-Host文本转语音合成主机和两款PCU人工呼叫站。

Q-Host广播控制主机是ControlMatrix系统的核心设备，也是整个T3广播系统的核心设备之一。

简单地说，Q-Host在T3航站楼广播系统中的主要作用有以下几点：配置和管理所有人工呼叫站和背景音乐；实时监控ControlMatrix系列设备和MediaMatrix系列设备的状态；与航显系统通信，接收航班信息；添加或删除广播分区；管理呼叫站寻呼代码。

T3航站楼广播系统使用的是Nion系列主机，整个系统总共配置了34台Nion3主机，其中在T3A主机房设置12台，负责T3A航站楼和GTC停车楼的音频处理；T3B主机房设置10台，负责T3B航站楼的音频处理；ITC主机房设置12台，作为T3A和T3B的热备份主机。

（1）自动广播功能系统流程如图3-1所示。

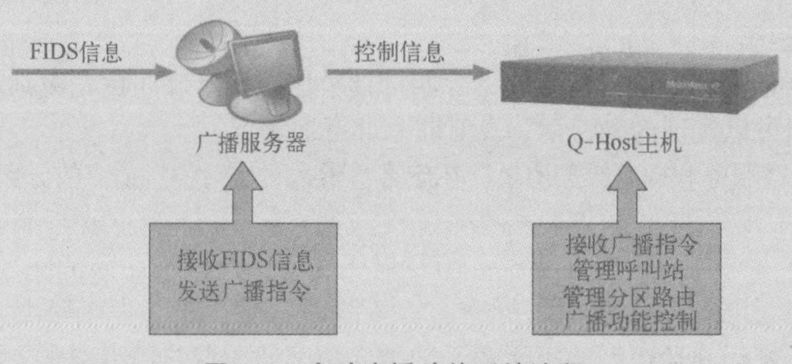

图3-1　自动广播功能系统流程

（2）人工广播系统流程。

T3航站楼的广播系统中，如果需要临时插播一些广播信息，则可以使用呼叫站（图3-2）进行人工广播，如寻人、航班催促等。

人工广播并不会立即从扬声器中扩声出来，而是被自动存储在A-Host信息处理主机上，当广播完毕后，工作人员可以去做其它的事情。当这个分区的自动广播完成后，分区空闲时，刚才录制的人工广播音频将自动在这个分区回放。

（3）消防广播功能流程。

消防广播是首都机场广播功能里，最重要的一个环节。

首都机场三号航站楼的面积非常大，相应的消防分区的数量也很多，整个系统共有150个左右的消防分区，根据功能的不同进行划分。消防控制室分布在航站楼的不同位置，根据需要设置了消防自动广播功能和消防人工广播功能。

PCU2鹅颈式人工呼叫站　　PCU4手持式人工呼叫站

图 3-2　呼叫站

二、民航机场航站楼广播用语规范

（一）广播用语的一般规定

（1）广播用语必须准确、规范，采用统一的专业术语，语句通顺易懂，避免发生混淆。

（2）广播用语的类型应根据机场有关业务要求来划分，以播音的目的和性质来区分。一般应按《民用机场候机楼广播用语规范》进行。

（3）各类广播用语应准确表达主题，规范使用格式，一般应按《民用机场候机楼广播用语规范》第 4 章进行。

（4）广播用语以汉语和英语为主，同一内容应使用汉语普通话和英语对应播音。在需要其他外语语种播音的特殊情况下，主要内容可根据《民用机场候机楼广播用语规范》第 3、4、5 章广播用语汉语部分进行编译。

（二）广播用语的分类

广播用语包括航班信息类、例行类、临时类三类，具体见表 3-2。

表 3-2　广播用语的分类

<table>
<tr><td rowspan="13">广播用语分类</td><td rowspan="9">1. 航班信息类</td><td rowspan="3">（1）出港类</td><td>A. 办理乘机手续类</td><td>a. 开始办理乘机手续通知；
b. 推迟办理乘机手续通知；
c. 催促办理乘机手续通知；
d. 过站旅客办理乘机手续通知；
e. 候补旅客办理乘机手续通知</td></tr>
<tr><td>B. 登机类</td><td>a. 正常登机通知；
b. 催促登机通知；
c. 过站旅客登机通知</td></tr>
<tr><td>C. 航班延误取消类</td><td>a. 航班延误通知；
b. 所有始发航班延误通知；
c. 航班取消通知（出港类）；
d. 不正常航班服务通知</td></tr>
<tr><td rowspan="5">（2）进港类</td><td>A. 正常航班预告</td><td></td></tr>
<tr><td>B. 延误航班预告</td><td></td></tr>
<tr><td>C. 航班取消通知（进港类）</td><td></td></tr>
<tr><td>D. 航班到达通知</td><td></td></tr>
<tr><td>E. 备降航班到达通知</td><td></td></tr>
<tr><td rowspan="2">2. 例行类</td><td></td><td>须知</td><td></td></tr>
<tr><td></td><td>通告等</td><td></td></tr>
<tr><td rowspan="2">3. 临时类</td><td></td><td>一般事件通知</td><td></td></tr>
<tr><td></td><td>紧急事件通知</td><td></td></tr>
</table>

（三）航班信息类广播用语的格式规范

航班信息类播音是候机楼广播中最重要的部分，用语要求表达准确、逻辑严密、主题清晰，所有格式一般应按本章执行。

1. 规范的格式形式

（1）每种格式由不变要素和可变要素构成。其中，不变要素指格式中固定用法及其相互搭配的部分，它在每种格式中由固定文字组成。可变要素指格式中由动态情况确定的部分，它在每种格式中由不同符号和符号内的文字组成。

格式中的符号注释：

① 表示在 ____ 处填入航站楼名称；

② 表示在 ____ 处填入航班号；

③ 表示在 ____ 处填入办理乘机手续柜台号、服务台号或问询台号；

④ 表示在 ____ 处填入登机口号；

⑤ 表示在 ____ 处填入二十四小时制小时时刻；

⑥ 表示在 ____ 处填入分钟时刻；

⑦ 表示在 ____ 处填入播音次数；

⑧ 表示在 ____ 处填入飞机号；

⑨ 表示在 ____ 处填入电话号码；

⑩ 表示〔 〕中的内容可以选用，或跳过不用；

⑪ 表示需从〈 〉中的多个要素里选择一个，不同的要素用序号间隔。

（2）每种具体的广播用语的形成方法：

根据对应格式，选择或确定其可变要素（如航班号、登机口号、飞机号、电话号码、时间、延误原因、航班性质等），与不变要素共同组成具体的广播用语。

2. 规范的格式内容

（1）出港类广播用语包括三类：办理乘机手续类、登机类和航班延误取消类。

A. 办理乘机手续类广播用语包括以下五种：

a. 开始办理乘机手续通知。

前往 ____ ①的旅客请注意：

您乘坐的〔补班〕⑩ ____ ②次航班现在开始办理乘机手续，请您到 ____ ③号柜台办理。谢谢！

Ladies and gentlemen，may I have your attention please：

We are now ready for check—in for〔supplementary〕 ⑩ flight ____ ② to ____ ① at counter No. ____ ③ .

Thank you.

b. 推迟办理乘机手续通知。

乘坐〔补班〕⑩ ____ ②次航班前往 ____ ①的旅客请注意：

由于〈1. 本站天气不够飞行标准 2. 航路天气不够飞行标准 3.____ ①天气不够飞行标准 4. 飞机调配原因 5. 飞机机械原因 6. 飞机在本站出现机械故障 7. 飞机在 ____ ①机场出现机械故障 8. 航行管制原因 9.____ ①机场关闭 10. 通信原因〉⑪，本次航班不能按时办理乘机手续。〔预计推迟到 ____ ⑤点 ____ ⑥分办理。〕⑩请您在出发厅休息，等候通知。

谢谢！

Ladies and gentlemen，may I have your attention please：

Due to〈1.the poor weather condition at our airport 2.the poor weather condition over the air route 3.the poor weather condition over the ____ ① airport 4.aircraft reallocation 5.the maintenance of the aircraft 6.the aircraft maintenance at our airport 7.the aircraft maintenance at the____ ① airport 8.air traffic congestion 9.the close-down of ____ ① airport 10.communication trouble〉⑪, the〔supplementary〕⑩ flight ____ ② to____ ① has been delayed .The check-in for this flight will be postponed〔to____ ⑤: ____ ⑥〕⑩ Please wait in the departure hall for further information.

Thank you.

c. 催促办理乘机手续通知。

前往____①的旅客请注意：

您乘坐的〔补班〕⑩____②次航班将在____⑤点____⑥分截止办理乘机手续。乘坐本次航班没有办理手续的旅客，请马上到____③号柜台办理。

谢谢！

Ladies and gentlemen, may I have your attention please:

Check-in for〔supplementary〕⑩ flight ____ ② to____ ① will be closed at ____ ⑤: ____ ⑥ Passengers who have not been checked in for this flight , please go to counter No.____ ③ immediately.

Thank you.

d. 过站旅客办理乘机手续通知。

乘坐〔补班〕⑩____②次航班由____①经本站前往____①的旅客请注意：

请您持原登机牌到〔____③号〕⑩〈1. 柜台 2. 服务台 3. 问询台〉⑪ 换取过站登机牌。

谢谢！

Passengers taking〔supplementary〕⑩ flight____ ② from ____ ① to ____ ①, attention please:

Please go to the〈1.counter 2.service counter 3.information desk〉⑪〔No.____ ③〕⑩ to exchange your boarding passes for transit passes.

Thank you.

e. 候补旅客办理乘机手续通知。

持〔补班〕⑩____②次航班候补票前往____①的旅客请注意：

请马上到____③号柜台办理乘机手续。

谢谢！

Ladies and gentlemen, may I have your attention please:

Stand-by passengers for〔supplementary〕⑩ flight ____ ② to ____ ①, please go to counter No.____ ③ for check-in .

Thank you.

B. 登机类广播用语包括以下三种：

a. 正常登机通知。

〔由____①备降本站〕⑩前往____①的旅客请注意：

您乘坐的〔补班〕⑩____②次航班现在开始登机。请带好您的随身物品，出示登机牌，由____④号登机口上〔____⑧号〕⑩飞机。〔祝您旅途愉快。〕⑩

谢谢！

Ladies and gentlemen, may I have your attention please:

〔supplementary〕⑩ flight____ ②〔alternated from ____ ①〕⑩ to____ ① is now boarding. Would you please have your belongings and boarding passes ready and board the aircraft〔No.____ ⑧〕⑩ through gate No.____ ④.〔We wish you a pleasant journey .〕⑩

Thank you.

b. 催促登机通知。

〔由 ____ ①备降本站〕⑩前往 ____ ①的旅客请注意：

您乘坐的〔补班〕⑩ ____ ②次航班很快就要起飞了，还没有登机的旅客请马上由 ____ ④号登机口上〔 ____ ⑧号〕⑩飞机。〔这是〔补班〕⑩ ____ ②次航班〈1. 第 ____ ⑦次 2. 最后一次〉⑪ 登机广播。〕⑩

谢谢！

Ladies and gentlemen，may I have your attention please：

〔supplementary〕⑩ flight ____ ② to ____ ①〔alternated from____ ① 〕⑩ will take off soon.Please be quick to board the aircraft〔No.____ ⑧〕⑩ through gate No.____ ④ .〔This is the〈1.____ ⑦ 2.final 〉⑪call for boarding on〔supplementary〕⑩ flight ____ ② .〕⑩

Thank you.

c. 过站旅客登机通知。

前往 ____ ①的旅客请注意：

您乘坐的〔补班〕⑩ ____ ②次航班现在开始登机，请过站旅客出示过站登机牌，由 ____ ④号登机口先上〔 ____ ⑧号〕⑩飞机。

谢谢！

Ladies and gentlemen，may I have your attention please：

〔supplementary〕⑩ flight____ ② to ____ ① is now ready for boarding.Transit passengers please show your passes and board〔aircraft No.____ ⑧〕⑩ first through No.____ ④ .

Thank you.

C. 航班延误取消类广播用语包括以下四种：

a. 航班延误通知。

〔由 ____ ①备降本站〕⑩前往 ____ ①的旅客请注意：

我们抱歉地通知，您乘坐的〔补班〕⑩ ____ ②次航班由于〈1. 本站天气不够飞行标准 2. 航路天气不够飞行标准 3.____ ①天气不够飞行标准 4. 飞机调配原因 5. 飞机机械原因 6. 飞机在本站出现机械故障 7. 飞机在 ____ ①机场出现机械故障 8. 航行管制原因 9.____ ①机场关闭 10. 通信原因〉⑪〈1. 不能按时起飞 2. 将继续延误 3. 现在不能从本站起飞〉⑪，起飞时间〈1. 待定 2. 推迟到 ____ ⑤点 ____ ⑥分〉⑪。在此我们深表歉意，请您在候机厅休息，等候通知。〔如果您有什么要求，请与〔 ____ ③号〕⑩〈1. 不正常航班服务台 2. 服务台 3. 问询台〉⑪ 工作人员联系。〕⑩

谢谢！

Ladies and gentlemen，may I have your attention please：

We regret to announce that〔supplementary〕 ⑩ flight ____ ②〔alternated from ____ ① 〕⑩ to____ ①〈1.can not leave on schedule 2.will be further delayed〔to____ ⑤：____ ⑥ 〕⑩ 3.can not take off now 〉⑪due to〈1.the poor weather condition at our airport 2. the poor weather condition over the air route 3.the poor weather condition at ____ ① airport 4.aircraft reallocation 5.the maintenance of the aircraft 6.the aircraft maintenance at our airport 7.the aircraft maintenance at the____ ① airport 8.air traffic congestion 9.the close-down of ____ ① airport 10.communication trouble 〉⑪.Would you please remain in the waiting hall and wait for further information.〔If you have any problems or questions，please contact the〈1.irregular flight service counter 2.service counter 3.information desk 〉⑪〔No.____ ③〕⑩〕⑩

Thank you.

b. 所有始发航班延误通知。

各位旅客请注意：

我们抱歉地通知，由于〈1. 本站天气原因 2. 本站暂时关闭 3. 通信原因〉⑪，由本站始发的所有航班都〈1. 不能按时 2. 将延误到 ____ ⑤点 ____ ⑥分以后〉⑪起飞，在此我们深表歉意，请您在候机厅内休息，等候通知。

谢谢！

Ladies and gentlemen, may I have your attention please:

We regret to announce that all outbound flights〈1.can not leave on schedule 2.will be delayed to____ ⑤: ____ ⑥〉⑪due to〈1.the poor weather condition at our airport 2.the temporary close-down of our airport 3.communication trouble〉⑪.Would you please remain in the waiting hall and wait for further information.

Thank you.

c. 航班取消通知（出港类）。

〔由 ____ ①备降本站〕⑩前往 ____ ①的旅客请注意：

我们抱歉地通知，您乘坐的〔补班〕⑩ ____ ②次航班由于〈1. 本站天气不够飞行标准 2. 航路天气不够飞行标准 3.____ ①天气不够飞行标准 4. 飞机调配原因 5. 飞机机械原因 6. 飞机在本站出现机械故障 7. 飞机在 ____ ①机场出现机械故障 8. 航行管制原因 9.____ ①机场关闭 10. 通信原因〉⑪决定取消今日飞行，〈1. 本次航班已重新安排时刻 2 . 请您改乘〈1. 今日 2. 明日〉⑪〔补班〕⑩ ____ ②次航班，起飞时间〉⑪〈1. 待定 2. 为 ____ ⑤点 ____ ⑥分〉⑪。在此我们深表歉意。〔请您与〔____ ③号〕⑩〈1. 不正常航班服务台 2. 服务台 3. 问询台〉⑪工作人员联系，〔或拨打联系电话 ____ ⑨，〕⑩我们将为您妥善安排。〕⑩

谢谢！

Ladies and gentlemen, may I have your attention please:

We regret to announce that〔supplementary〕⑩flight____ ②〔alternated from ____ ①〕⑩to ____ ① has been cancelled due to〈1.the poor weather condition at our airport 2.the poor weather condition over the air route 3.the poor weather condition at the ____ ① airport 4.aircraft reallocation 5.the maintenance of the aircraft 6.the aircraft maintenance at our airport 7.the aircraft maintenance at the ____ ① airport 8.air traffic congestion 9.the close-down of ____ ① airport 10.communication trouble〉⑪〔supplementary〕⑩.〈1.This flight has been rescheduled 2.You will take〈1.today's 2.tomorrow's〉⑪〔supplementary〕⑩ flight____ ②〉⑪〔to tomorrow〕⑩〔at____ ⑤: ____ ⑥〕⑩.〔Would you please contact〈1.irregular flight service counter 2.service counter 3.information desk〉⑪〔No.____ ③〕⑩.〔or call____ ⑨.〕⑩ We will make all necessary arrangements.〕⑩

Thank you.

d. 不正常航班服务通知。

〔由 ____ ①备降本站〕⑩乘坐〔补班〕⑩ ____ ②次航班前往 ____ ①的旅客请注意：

请您到〈1. 服务台 2. 餐厅〉⑪凭〈1. 登机牌 2. 飞机票〉⑪领取〈1. 餐券 2. 餐盒 3. 饮料、点心〉⑪

谢谢！

Passengers for〔supplementary〕⑩ flight ____ ②〔alternated from____ ①〕⑩ to ____ ①, attention please:

Please go to〈1.service counter 2.restaurant〉⑪to get〈1.a meal coupon 2.a meal box 3.the refreshments〉⑪and show your〈1.boarding passes 2.air-tickets〉⑪for identification.

Thank you.

（2）进港类广播用语包括五种：正常航班预告、延误航班预告、航班取消通知（进港类）、航班到达通知和备降航班到达通知。

A. 正常航班预告。

迎接旅客的各位请注意：

由___①〔、___①〕⑩飞来本站的〔补班〕⑩___②次航班将于___⑤点___⑥分到达。

谢谢！

Ladies and gentlemen，may I have your attention please：

〔supplementary〕⑩ flight___② from___①〔、___①〕⑩ will arrive here at___⑤：___⑥.

Thank you.

B. 延误航班预告。

迎接旅客的各位请注意：

我们抱歉地通知，由___①〔、___①〕⑩飞来本站的〔补班〕⑩___②次航班由于〈1. 本站天气不够飞行标准 2. 航路天气不够飞行标准 3.___①天气不够飞行标准 4. 飞机调配原因 5. 飞机机械原因 6. 飞机___①机场出现机械故障 7. 航行管制原因 8.___①机场关闭 9. 通信原因〉⑪〈1. 不能按时到达 2. 将继续延误〉⑪，〈1. 预计到达本站的时间为___⑤点___⑥分 2. 到达本站的时间待定〉⑪

谢谢！

Ladies and gentlemen，may I have your attention please：

We regret to announce that〔supplementary〕⑩ flight___② from___①〔、___①〕⑩〈1.can not arrive on schedule 2.will be delayed to___⑤：___⑥ 3.will be further delayed〔to___⑤：___⑥〕⑩〉⑪due to〈1.the poor weather condition at our airport 2.the poor weather condition over the air route 3.the poor weather condition at___① airport 4.aircraft reallocation 5.the maintenance of the aircraft 6.the aircraft maintenance at the___① airport 7.air traffic congestion 8.the close-down of___① airport 9.communication trouble〉⑪.

Thank you.

C. 航班取消通知（进港类）。

迎接旅客的各位请注意：

我们抱歉地通知，由___①〔、___①〕⑩飞来本站的〔补班〕⑩___②次航班由于〈1. 本场天气不够飞行标准 2. 航路天气不够飞行标准 3.___①天气不够飞行标准 4. 飞机调配原因 5. 飞机机械原因 6. 飞机在___①机场出现机械故障 7. 航行管制原因 8.___①机场关闭 9. 通信原因〉⑪已经取消。〔〈1. 明天预计到达本站的时间为___⑤点___⑥分 2. 明天到达本站的时间待定〉⑪。〕⑩

谢谢！

Ladies and gentlemen，may I have your attention please：

We regret to announce that〔supplementary〕⑩ flight___② from___①〔、___①〕⑩ has been cancelled due to〈1.the poor weather condition at our airport 2.the poor weather condition over the air route 3.the poor weather condition at___① airport 4.aircraft reallocation 5.the maintenance of the aircraft 6.the aircraft maintenance at the___① airport 7.air traffic congestion 8.the close-down of___① airport 9.communication trouble〉⑪.〔This flight has been rescheduled to〈1.tomorrow at___⑤：___⑥ 2.arrive〉⑪.〕⑩

Thank you.

D. 航班到达通知。

迎接旅客的各位请注意：

由 ____ ①〔、____ ①〕⑩飞来本站的〔补班〕⑩ ____ ②次航班已经到达。

谢谢！

Ladies and gentlemen，may I have your attention please：

〔supplementary〕⑩ flight ____ ② from ____ ①〔、____ ①〕⑩ is now landing.

Thank you.

E. 备降航班到达通知。

由 ____ ①备降本站前往 ____ ①的旅客请注意：

欢迎您来到 ____ ①机场。您乘坐的〔补班〕⑩ ____ ②次航班由于〈1.____ ①天气不够飞行标准 2. 航路天气不够飞行标准 3. 飞机机械原因 4. 航行管制原因 5.____ ①机场关闭〉⑪不能按时飞往 ____ ①机场，为了您的安全，飞机备降本站。〔请您在候机厅内休息，等候通知。如果您有什么要求，请与〔____ ③号〕⑩〈1. 不正常航班服务台 2. 服务台 3. 问询台〉⑪工作人员联系。〕⑩

谢谢！

Passengers taking〔supplementary〕⑩ flight____ ② from ____ ① to ____ ①，attention please：

Welcome to ____ ① airport.Due to〈1.the poor weather condition at ____ ① airport 2.the poor weather condition over the air rout 3.the maintenance of the aircraft 4.air traffic congestion 5.the close-down of ____ ① airport〉⑪，your flight has been diverted in our airport for your security.〔Would you please in the waiting hall and wait for further information.If you have any problems or questions，please contact the〈1.irregular flight service counter 2.service counter 3.information desk〉⑪〔No.____ ③〕⑩〕⑩.

Thank you.

（3）例行类、临时类广播用语的说明。

各机场根据具体情况组织例行类广播，并保持与民航局等有关部门的规定一致。各机场根据实际情况安排临时类广播。当采用临时类广播来完成航班信息类播音中未能包含的特殊航班信息通知时，其用语应与相近内容的格式一致。

A. 航班取消后广播。

前往（　　）的旅客请注意，我们抱歉地通知，您乘坐的（ ）次航班，由于（ ），决定取消今日飞行，在此我们深表歉意，请办理完乘机手续的旅客，到大厅值机柜台退还登机牌，取回您的行李，如需退票的旅客请您到大厅售票处出示有效证件，填开航班取消证明，谢谢各位旅客的配合。

B. 民航局公告。

各位旅客，现在播放民航局公告：禁止旅客随身携带液态物品乘机，请各位旅客在办理登机牌的同时，将各类液态物品、膏状/胶状物品提前托运，禁止旅客利用客票交换，捎带非旅客本人的行李物品，禁止旅客携带打火机、火柴等各类火种登机，谢谢各位旅客的配合。

C. 失物招领。

各位旅客请注意，有遗失物品的旅客，请到（　　）认领。

D. 火情广播。

各位旅客，由于候机楼出现火情，请旅客跟随工作人员，在其带领下沿疏散路线撤离，请您听从统一指挥，多谢合作。

三、广播服务质量标准

广播服务应达到以下质量标准（表 3-3）。

表 3-3　广播服务质量标准

三级指标	四级指标	内容
公众广播	系统设置	1. 提供航班动态、服务信息、特别通告和紧急信息等广播； 2. 系统设备完好，公共区域覆盖率 100%； 3. 旅客吞吐量在 500 万（含）以上机场应使用分区广播，且区域间不应互相干扰，旅客吞吐量在 500 万以下宜分区
	广播质量	1. 应准确、清晰、流畅，音量适中，专业术语统一，语句通顺易懂，内容更新及时； 2. 应使用普通话、英语进行广播

案例分析

首都机场安保公司启用共享广播系统助力旅客出行

2024 年 8 月，为了提升机场智能化水平，方便旅客便捷出行，首都机场安保公司（以下简称安保公司）启用大兴机场共享广播方式，细化安检各区域的广播功能分区，提高广播系统的服务效率和服务质量，为旅客提供快速、准确的过检信息。

该系统是除航班信息集成系统、航班信息显示系统、离港系统、安检信息系统以外，新增的安检区域广播系统，该系统展示界面设计简洁明了，广播语音播报内容丰富，使用便捷，它涵盖了液态物品、火种、锂电池、生活物品、证件、“三超”行李规定等各项安全提醒、政策宣传以及过检须知，帮助旅客了解安全检查相关规定。

为了提高安检区域的通行效率，广播系统融入了自动化的语音提示功能，通过预设的语音指令，系统能够引导旅客有效安检，正确携带安全行李物品，减少了旅客在安全检查区域的停留时间，提升了整体的运行效率。同时，安检区域广播系统的实施，从多个维度增强了机场安检的安全性，通过详尽的安全提醒、政策宣传以及特情处理机制，系统有效提升了旅客的安检意识和配合度，为旅客和机场工作人员提供了更加安全、可靠的安检环境。

立足新发展阶段，贯彻新发展理念，大兴机场安检区域广播系统的引入，是安检服务的一次重要升级，不仅优化了旅客的安检体验，提高了通行效率，更在空防安全保障方面发挥了不可替代的作用。未来，安保公司将深入拓展设备设施在智能化运行、精细化管理方面的应用，为更多旅客带来更加便捷、安全的出行体验，助力民航高质量发展。

分析：请谈谈你对机场广播功能与作用的看法。

课后思考

1. 机场公共广播系统由哪几部分构成？
2. 简述民航机场航站楼广播用语的类型。
3. 列举 3 种航班信息类广播用语的内容。
4. 简述广播服务的质量标准。

课题三　民用航空公共信息标志服务

学习目标

了解民用航空公共信息标志的设置原则与要求；
熟记公共信息标志的要素；

了解常见民用航空公共信息图形标志；
掌握信息服务质量标准。

素养目标

培养当代民航精神与服务意识。

思政小课堂

济南机场航站楼标识系统全面创新升级

机场公共信息标识系统是保障旅客安全、顺畅、便捷、高效出行的重要基础设施，对机场流程效率、服务质量、用户体验和形象塑造具有重要影响。近年来，山东省机场管理集团济南机场坚持从旅客实际需求出发，全面创新升级航站楼标识系统，推动提升旅客在机场中的导向体验、视觉体验和服务体验。

按照标识应用的行业新规，济南机场对标杭州萧山国际机场、深圳宝安国际机场等大型机场的标识管理经验，逐步改进标识标牌中英文译写，并以国际区域部分标识牌提升为试点，改良内容排版、色彩搭配、外观造型等，突出以及补充了无障碍引导标识的设置，全面兼顾不同类型出行客户需求特征及使用需求。同时立足现状，引进了标识标牌专业制作维护队伍，实现了对流程改变、功能区域调整等情况的快速高效响应。此外，济南机场坚持吸收转化、据实创新，充分利用现有的公共区域墙面、地面等空间载体，补充完善全流程指引信息，全面提升整体美感。

一、民用航空公共信息标志的设置原则与要求

（一）设置原则

（1）设置图形标志时，应按照 GB/T 15566.2 标准的规定。

（2）在设计机场设施的功能和布局时就应考虑一个图形标志系统。

（3）在图形标志系统中应明确人们需要了解的起点和终点，以及通向特定目标的最短或最方便的路线（如对于残疾人）；在该系统中还应明确所有关键性的点（如连接、交叉等），在这些点上需要设置进一步的导向信息。当距离很长或布局复杂时，即使没有关键的点，导向系统也应以适当的间隔重复。

（4）在两个或更多场所之间的转换区域设置标志，以保证从一个场所到另一个场所的顺利转换。

（5）对视觉效果、人的高度及其所处的位置、安装标志的可行性等进行综合分析，并在现场验证分析结果，如果有需要，应对图形标志进行调整使其适合实际情况。

（6）特别重视导向标志的设置，导向标志往往比位置标志更重要。

（7）在保证提供良好的导向信息的前提下，设置标志的数量应保持在最低限度。

（8）应尽可能消除来自周围环境的消极干扰。广告应与图形标志系统各要素具有明显不同的视觉效果，并且设置在某个严格限定的区域。

（二）导向系统的要素

1. 标志说明图

列出某场所使用的全部图形标志，并在其旁边给出中英文含义的一种综合标志图。

2. 平面布置图

提供在某区域中的服务或服务设施所处地点的鸟瞰图。

3. 导流图

指导人们顺利乘机的流程图。

4. 综合导向标志

引导人们选择不同方向的服务或服务设施的导向标志，由多个符号与多个箭头组成。

5. 导向标志

一个或多个图形符号与一个箭头结合所构成的标志，引导人们选择方向。

6. 位置标志

设置在特定目标处，用以标明服务或服务设施的标志。该标志不带箭头。

7. 指示标志

指示某种行为的标志。民航标志中指示标志如下：旅客止步、禁止吸烟、禁止携带托运武器及仿真武器、禁止携带托运易燃及易爆物品、禁止携带托运剧毒物品及有害液体、禁止携带托运放射性及磁性物品等。

8. 流程标志

表示乘机过程中需要经过的服务或服务设施的标志。民航标志中流程标志如下：出发、到达、问询、行李手推车、办理乘机手续、托运行李手续、安全检查、行李提取、行李查询、边防检查、卫生检疫、动植物检疫、海关、红色通道、绿色通道、候机厅、头等舱候机室、贵宾候机室、中转联程、登机口。

9. 非流程标志

表示乘机时不一定经过的服务或服务设施的标志。民航标志中非流程标志如下：洗手间、男性、女性、育婴室、商店、电报、结账、宾馆服务、租车服务、地铁、停车场、直升机场、飞机场、急救、安全保卫、饮用水、邮政、电话、货币兑换、失物招领、行李寄存、西餐、中餐、快餐、酒吧、咖啡、花卉、书报、舞厅、入口、出口、楼梯、上楼楼梯、下楼楼梯、向上自动扶梯、向下自动扶梯、水平步道、电梯、残疾人电梯、残疾人。

（三）颜色

（1）颜色的使用应符合 GB 2893 的规定。

（2）候机楼内可用不同的颜色区分“流程标志”和“非流程标志”。应首选黑白色标志，流程标志可使用“白衬底、黑图形”，非流程标志可使用“黑衬底、白图形”。如使用彩色标志，流程标志可使用“绿衬底、白图形”，非流程标志可使用“蓝衬底、白图形”。也可黑白色标志与彩色标志混合使用。

（3）对于禁止类标志，颜色只能为“白衬底、黑图形、红色斜杠或边框”。

（4）与消防有关的标志应使用 GB 13495.1 中规定的颜色。

（四）文字的使用

（1）应尽可能只使用图形符号而不附加任何文字。如必须使用文字，则应使用标准的简化字。文字应简短明了（例如，在箭头加文字的导向标志中使用文字“登机口 1”而不使用“至 1 号登机口”），在一个候机楼内，应尽可能使用统一的文字表达方式。

（2）仅在没有合适的符号表达所要传递的概念时，使用不带符号的文字作为位置标志或与箭头结合作为导向标志。这种情况下，应加入文字标志的英文对应词，但英文字体应小于中文字体。

（3）需要给出补充信息（如区分“国内到达”与“国际到达”时应使用补充文字），并可加入对应的英文。

二、常见民用航空公共信息图形标志

标志名称：飞机场
英文名称：Aircraft

简介：
飞机场
表示民用飞机场或提供民航服务
用于公共场所、建筑物、服务设施、方向指示牌、平面布置图、信息板、时刻表、出版物等

标志名称：直升机场
英文名称：Helicopter

简介：
直升机场
表示直升机运输设施

标志名称：方向
英文名称：Direction

简介：
方向
表示方向
用于公共场所、建筑物、服务设施、方向指示牌、出版物等
符号方向视具体情况设置

标志名称：入口
英文名称：Entry

简介：
入口
表示入口位置或指明进去的通道
用于公共场所、建筑物、服务设施、方向指示牌、平面布置图、运输工具、出版物等
设置时可根据具体情况改变符号的方向

标志名称：出口
英文名称：Exit

简介：
出口
表示出口位置或指明出口的通道
用于公共场所、建筑物、服务设施、方向指示牌、平面布置图、运输工具、出版物等
设置时可根据具体情况改变符号的方向

标志名称：楼梯
英文名称：Stairs

简介：
楼梯
表示上下共用的楼梯，不表示自动扶梯
用于公共场所、建筑物、服务设施、方向指示牌、平面布置图、出版物等
设置时可根据具体情况将符号改为其镜像

标志名称：上楼楼梯
英文名称：Stairs Up

简介：
上楼楼梯
表示仅允许上楼的楼梯，不表示自动扶梯
用于公共场所、建筑物、服务设施、方向指示牌、平面布置图、出版物等
设置时可根据具体情况将符号改为其镜像

标志名称：下楼楼梯
英文名称：Stairs Down

简介：
下楼楼梯
表示仅允许下楼的楼梯，不表示自动扶梯
用于公共场所、建筑物、服务设施、方向指示牌、平面布置图、出版物等
设置时可根据具体情况将符号改为其镜像

标志名称：向上自动扶梯
英文名称：Escalators Up

简介：
向上自动扶梯
表示供人们使用的上行自动扶梯
设置时可根据具体情况将符号改为其镜像

标志名称：向下自动扶梯
英文名称：Escalators Down

简介：
向下自动扶梯
表示供人们使用的下行自动扶梯
设置时可根据具体情况将符号改为其镜像

标志名称：水平步道
英文名称：Moving Walkway

简介：
水平步道
表示供人们使用的水平运行的自动扶梯

标志名称：电梯
英文名称：Elevator;Lift

简介：
电梯
表示公用的垂直升降电梯
用于公共场所、建筑物、服务设施、方向指示牌、平面布置图、出版物等

标志名称：残疾人电梯
英文名称：Elevator for Handicapped Persons

简介：
残疾人电梯
表示供残疾人使用的电梯

标志名称：残疾人
英文名称：Access for Handicapped Persons

简介：
残疾人
表示残疾人专用设施

标志名称：洗手间
英文名称：Toilets

简介：
洗手间
表示有供男女使用的洗漱设施
根据具体情况，男女图形位置可以互换

标志名称：男性
英文名称：Male

简介：
男性
表示专供男性使用的设施，如男厕所、男浴室等
用于公共场所、建筑物、服务设施、方向指示牌、平面布置图、运输工具、出版物等

标志名称：女性
英文名称：Female

简介：
女性
表示专供女性使用的设施，如女厕所、女浴室等
用于公共场所、建筑物、服务设施、方向指示牌、平面布置图、运输工具、出版物等

标志名称：问询
英文名称：Information

简介：
问询
表示提供问询服务的场所
用于公共场所、建筑物、服务设施、方向指示牌、平面布置图、运输工具、出版物等

标志名称：售票
英文名称：Ticketing

简介：
售票
表示出售飞机票、候补机票、汽车票的场所

标志名称：办理乘机手续
英文名称：Check-in

简介：
办理乘机手续
表示旅客办理登机牌和交运手提行李等乘机手续的场所

标志名称：出发
英文名称：Departures

简介：
出发
表示旅客离港及送客的地点
设置时可根据具体情况将符号改为其镜像

标志名称：到达
英文名称：Arrivals

简介：
到达
表示旅客到达及接客的地点
设置时可根据具体情况将符号改为其镜像

标志名称：中转联程
英文名称：Connecting Flights

简介：
中转联程
表示持联程客票的旅客办理中转手续、候机的场所

标志名称：托运行李检查
英文名称：Baggage Check

简介：
托运行李检查
表示对登机旅客交运的行李进行检查的场所

标志名称：安全检查
英文名称：Security Check

简介：
安全检查
表示对乘机旅客进行安全检查的通道

标志名称：行李提取
英文名称：Baggage Claim Area

简介：
行李提取
表示到达旅客提取交运行李的场所

标志名称：行李查询
英文名称：Baggage Inquiries

简介：
行李查询
表示机场、宾馆帮助旅客查找行李的场所
（不代表失物招领）

标志名称：卫生检疫
英文名称：Quarantine

简介：
卫生检疫
表示由口岸卫生检疫机关对出入境人员、交通工具、货物、行李、邮包和食品实施检疫查验、传染病监测、卫生监督、卫生检验的场所

标志名称：边防检查
英文名称：Immigration

简介：
边防检查
（护照检查）
表示对涉外旅客进行边防护照检查的场所

标志名称：动植物检疫
英文名称：Animal and Plant Quarant-ine

简介：
动植物检疫
表示由口岸动植物检疫机关对输入、输出和过境动植物及其产品和其他检疫物实施检疫的场所

标志名称：海关
英文名称：Customs

简介：
海关
表示进行海关检查的场所

标志名称：红色通道
英文名称：Red Channel

简介：
红色通道
（有申报物品 goods to declare）
表示对通过海关的旅客所携带的全部行李进行检查的通道

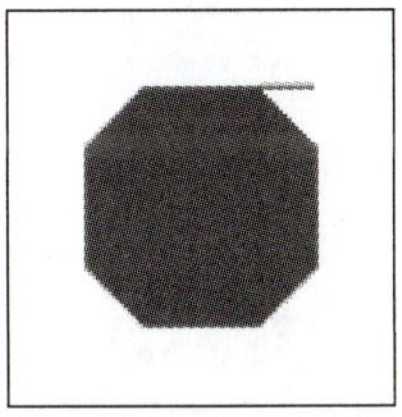

标志名称：绿色通道
英文名称：Green Channel

简介：
绿色通道
（无申报物品 nothing to declare）
表示对通过海关的旅客所携带的部分行李进行检查的通道

标志名称：头等舱候机室
英文名称：First Class Lounge

简介：
头等舱候机室
表示持头等舱客票的旅客候机的场所

标志名称：贵宾候机室
英文名称：VIP Lounge

简介：
贵宾候机室
表示贵宾或重要旅客候机的场所

标志名称：登机口
英文名称：Gate

简介：
登机口
表示登机的通道口
根据具体需要变换数字

标志名称：行李手推车
英文名称：Baggage Cart

简介：
行李手推车
表示供旅客使用的行李手推车的存放地点
用于公共场所、建筑物、服务设施、方向指示牌、平面布置图、信息板、出版物等

标志名称：育婴室
英文名称：Nursery

简介：
育婴室
表示带婴儿旅客等候的专用场所

标志名称：商店
英文名称：Shopping Area

简介：
商店
表示出售各种商品的商店或小卖部

标志名称：电报
英文名称：Telegraphs

简介：
电报
表示有电信业务的场所

标志名称：结账
英文名称：Settle Accounts

简介：
结账
表示用现金或支票进行结算的场所。如售票付款处、超重行李付款处、宾馆及饭店的前台结账处、商场等场所的付款处等
用于公共场所、建筑物、服务设施等

标志名称：宾馆服务
英文名称：Hotel Service

简介：
宾馆服务
表示查询、预订旅社、饭店的场所

标志名称：租车服务
英文名称：Car Hire

简介：
租车服务
表示提供旅客租车服务的场所

标志名称：地铁
英文名称：Subway Station

简介：
地铁
表示地铁车站及设施

标志名称：停车场
英文名称：Parking Lot

简介：
停车场
表示停放机动车辆的场所

标志名称：航空货运
英文名称：Air Freight

简介：
航空货运
表示办理航空货运的场所

标志名称：货物检查
英文名称：Freight Check

简介：
货物检查
表示机场货运处对托运货物进行安全检查的场所

标志名称：货物交运
英文名称：Freight Check-in

简介：
货物交运
表示交运货物的场所
设置时可根据具体情况改为其镜像

标志名称：货物提取
英文名称：Freight Claim

简介：
货物提取
表示领取托运货物的场所
设置时可根据具体情况改为其镜像

标志名称：货物查询
英文名称：Freight Inquiries

简介：
货物查询
表示机场帮助货主查找货物的场所

标志名称：旅客止步
英文名称：Passenger No Entry

简介：
旅客止步
表示非工作人员在此止步

标志名称：禁止吸烟
英文名称：No Smoking

简介：
禁止吸烟
表示该场所不允许吸烟

标志名称：禁止携带托运武器及仿真武器
英文名称：Carrying Weapons and Emulating Weapons Prohibited

简介：
禁止携带托运武器及仿真武器
表示禁止携带和托运武器、凶器及仿真武器
本符号不能单独使用，使用方法见 MH/T 0012

标志名称：禁止携带托运易燃及易爆物品
英文名称：Carrying Flammable，Explosive Materials Prohibited

简介：
禁止携带托运易燃及易爆物品
表示禁止携带和托运易燃、易爆及其他危险品
本符号不能单独使用，使用方法见 MH/T 0012

标志名称：禁止携带托运剧毒物品及有害液体
英文名称：Carrying Poison Materials，Harmful Liquid Prohibited

简介：
禁止携带托运剧毒物品及有害液体
表示禁止携带和托运剧毒物品、有害液体物品
本符号不能单独使用，使用方法见 MH/T 0012

标志名称：禁止携带托运放射性及磁性物品
英文名称：Carrying Radioactive，Magnetic Materials Prohibited

简介：
禁止携带托运放射性及磁性物品
表示禁止携带和托运放射性物质和超过规定的磁性物质
本符号不能单独使用，使用方法见 MH/T 0012

三、信息服务质量标准

信息服务应达到以下质量标准（表3-4）。

表 3-4 信息服务质量标准

三级指标	四级指标	内容
航站楼标志/标识系统	基本规范	清晰醒目、人性化、格式统一、色彩协调、中英文对照
	数量	应具有连续引导的作用，旅客沿标志能顺畅到达目的地
	预警及禁止类标志	标识清晰、规范；设置安全疏散指示图
	多航站楼标识	1. 清晰、准确、醒目、规范、中英文对照； 2. 航空公司在各航站楼间的分布位置清楚、准确
	无障碍标志	标志规范、醒目

课后思考

1. 民用航空公共信息标志的设置原则是什么？
2. 公共信息标志主要有哪些？
3. 列举8种常见民用航空公共信息图形标志。
4. 简述信息服务质量标准。

课题四　出港航班的引导服务

学习目标

了解引导服务的相关知识；
熟记登机口的引导服务工作；
熟悉出港航班引导工作流程；
熟悉出港航班引导工作注意事项。

素养目标

培养当代民航精神与服务意识。

思政小课堂

大兴机场“指廊管家”，一站式服务温暖旅客回乡路

2024年春运期间，大兴机场保障航班3.6万架次、进出港旅客总量达550余万人次，日均保障航班893架次、旅客13.9万人次。

“这几天‘指廊管家’服务的预约量有所增加，我们帮助老人、小孩等特殊旅客顺利乘机。”大兴机场“指廊管家”王海雅说，大兴机场在航站楼混流区各指廊设立了专区、专岗，安排专人与各驻场单位建立联动机制，实现信息共享，为特殊旅客全方位提供指引服务，并在航站楼各指廊入口处配备一名

“指廊管家”，主要提供特情处置、多语言翻译、失物招领快速返还等10余项一站式服务。目前，“指廊管家”已协同各单位帮扶老年旅客、首乘旅客万余次。同时，大兴机场还推出首乘旅客“乡音伴行”等多项特色服务，温暖旅客回乡路。

在航站楼管理部一站式服务大厅，大兴机场航站楼管理部业务经理裴旭正认真检查航站楼运行情况。作为大兴机场“智捷班组”成员，裴旭与同事们全天候保障大兴机场航站楼的运行效率、重大运输任务，做好运行资源调配及应急事件处置等，第一时间响应广大旅客各类诉求。

春运期间，大兴机场客流以探亲、旅游出行为主。为满足旅客多元化出行需求，大兴机场联合驻场航司加密热门航线班次、增投宽体飞机执飞，热门航线航班密度及网络通达性持续提升，服务旅客平安、便捷、温馨出行。

除了在机场候机楼及相关区域设置公共信息指示标志外，航空公司通常在旅客出港和进港的整个流程中提供人员引导服务。

一、引导服务概述

（一）引导服务定义

引导服务，也称为导乘服务，即通过有效的服务来引导旅客进出港，以维持民航候机楼良好的现场秩序，疏导大量聚集的旅客，是民航服务工作十分重要的一环。引导服务一般分为值机大厅的引导服务、候机大厅的引导服务、出港航班的引导服务、进港航班的引导服务和特殊旅客的引导服务等。

（二）引导服务的主要内容

候机楼引导服务除了有对旅客进出港的引导服务工作外，还应包括为旅客提供各种便民服务，如为旅客提供报纸、杂志、针线、娱乐用品。同时做好重要旅客、无成人陪伴儿童、孕妇、残疾旅客、担架旅客、病伤旅客、老年旅客的服务工作，具体如下：

（1）掌握航班动态信息，准确了解所送航班的要客信息及登机要求，并按规定的时间到达工作岗位。

（2）负责进出港航班旅客的接送引导。

（3）负责出港航班旅客的登机牌查验和旅客人数的统计。

（4）负责备降航班过站旅客的候机、引导服务，以及其过站牌的查验；清点统计过站人数，若不符，及时报告值机和服务调度室并迅速排查。

（5）负责老弱病残孕、无人陪伴儿童等特殊旅客的接送、引导服务，并负责将无人陪伴儿童送至出口处与亲属交接。

（6）航班延误或取消时，负责向旅客解释情况并进行引导。

（三）引导服务的工作要求

引导服务的工作要求主要是：

（1）引导员要树立主动为旅客提供服务的意识，耐心、细心地为旅客提供方便、快捷的服务。

（2）态度热情友善，耐心、准确回答问询内容；有问必答，回答旅客问询时，应简单准确、通俗易懂；对不能做到准确回答的问询，应热情地将旅客指引到正确的问询处。

（3）查看当天预报，掌握当天飞机航班信息和动态。主动了解交接班有关事宜，处理交接班遗留问题。

（4）提前到达岗位，在指定位置站位，保持正确的迎客站姿，不倚靠任何物品，主动微笑礼貌服务。

二、值机大厅的引导服务

（一）登机前的准备工作

（1）问询员在航班开始值机时间前5分钟上岗，带好必备的工作用品。

（2）准备好当日航班的各项信息牌，认真核对，并检查航班显示是否正确。

（3）及时将航班信息准确记录在日常航班记录本上。

（4）如有VIP和特殊旅客信息，及时记录在航班记录本上。

（5）开启离港系统的电脑，输入航班号，准备登机时扫描登机牌。

（6）如遇电脑故障，通知电脑中心，并做好手工登记的准备。

（7）认真回答旅客的各种询问。回答问题时称呼在先，并能习惯使用礼貌用语。对待客人的提问要做到不厌其烦。无法解答的问题应向旅客提供能够正确回答旅客疑问的电话或指明方向。

（8）随时掌握候机大厅的旅客动态，为需要特别服务的旅客提供相应服务。

（二）值机引导服务（值机导乘）工作内容

值机导乘要组织旅客有序排队，维护好一米黄线，及时分流旅客。提醒旅客预先准备好票证，检查提醒旅客行李包装是否需要捆扎、上锁。提醒旅客将不能带入隔离区的物品（特别是液态物品、刀具）办理托运，将打火机等不能携带也不能托运的物品预先处理。提醒旅客易碎物品等需特殊处理。对超大行李，提醒旅客到超大行李柜台办理托运。对行李较少的旅客，可协助旅客办理自助值机。观察是否有特殊旅客，并及时引导其到主任柜台。及时观察值机排队旅客，当人数较多时，可要求增开值机柜台。

登机口服务礼仪

三、登机口的引导服务工作

（1）服务员接到商务调度出港的航班上客通知后，主动了解该航班人数及各种信息，将该航班的人数报商务调度；通知引导商务做好上客准备，及时把“登机”告示牌挂在登机动态栏内；电话通知信息中心某航班的登机信息，通知旅客登机。

（2）登机时，头等舱旅客和特殊服务旅客优先登机，如飞机停靠桥位时，经济舱旅客实行分批登机，分批登机的要求是后舱旅客先登机，前舱旅客后登机。同时为保障航班准点控制登机时间，先后两批旅客登机的衔接要求以不堵塞登机通道为标准。

旅客前后舱分批的原则如下：

① 在旅客登机时，服务员或控制员应使用区域广播提醒旅客按秩序分批登机。对于不按秩序登机的旅客，服务员和控制员应做好旅客的劝阻和解释工作。

② 在登机口撕牌的服务员应将廊桥通道里旅客排队的情况及时通知登机门的工作人员，合理控制旅客流量。

③ 团队旅客则按照团队所在舱位同批登机，同批旅客中不再另行区分前后舱登机；同行旅客恰好分舱时，也同批登机不再另行分批。

④ 对后舱旅客晚到时，应安排旅客在前舱旅客基本登机完毕后再行登机。

⑤ 如航班遇特殊情况时，控制员可根据现场和旅客需求另行决定旅客登机次序，但必须保障航班的准点和现场的登机秩序。

（3）检票时，严格查验登机牌是否为本次航班，严格查验旅客安全检查情况。登机牌上无安检章的旅客，将视作未进行过安全检查的旅客不予放行，应立刻交由航班控制员处理。检票时，要主动使用礼貌用语。上客时，发现旅客携带体积大于20厘米×40厘米×55厘米或重量大于10千克的大件行李，请旅客暂缓登机，向旅客说明情况后，交航班控制员补办行李交运手续，请安检员签字后，方可交货运装机。上客时，若该航班人数有变化，及时通知客运调度。根据离港系统显示迅速查找未登机旅客的姓名，并广播寻找。如未用离港系统，通过旅客登机表和乘机联寻找未登机旅客姓名，并广播寻找。

航班上客完毕后，清点已上客人数，并与航班控制员最后核对人数后报客调。在航班记录本上正确记录航班的登机人数、登机时间和登机完毕时间。

四、出港航班的引导工作流程

登机口工作人员做好登机准备之后，在廊桥口或舷梯口查验登机牌，引导旅客登机。

（一）廊桥送机工作流程

（1）验放员、送机员做好岗前准备：提前核对航班动态；准备对讲机、广播器、打印纸、大件牌等；检查仪容仪表；提前50分钟到达登机口（空客A330、波音777提前60分钟上岗）。

（2）验放员、送机员做登机前的准备工作：拉好隔离带，摆正柜台各提示牌；清洁登机口柜台、廊桥卫生；将电脑调整到“开放”状态；查看设备、离港系统是否正常。

（3）验放员按照中英文广播词在柜台外进行召集广播，进行航班座位划分，带上广播器前往旅客休息区域进行分舱互动广播，分舱登机必须告知旅客后排先上的原因。

（4）送机员前往旅客休息区域查看旅客是否携带多件及大件行李，提醒旅客登机时办理托运；提前打印PIL单。送机员上机告知客舱地面已经准备好可以上客，同时将特殊旅客带下去，与客舱提前交接，并与客舱交接PIL单。

（5）接到服调信息岗上客的通知后，验放员按照中英文广播词进行登机广播。送机员整理旅客排队的队伍，再次提醒旅客按分舱顺序排队登机，并且邀请高端旅客、特殊旅客（老年旅客、抱小孩旅客等）优先登机。航班未截载时，送机员不得一直站在柜台内，高端通道无旅客时要一直在柜台外进行理队，随时邀请特殊旅客至优先通道登机，如高端通道有旅客时，要主动上前进行验放，验放后要立即出柜台。（备注：遇宽体机型，因高端通道旅客人数较多，要求班组长或分队长到场，在高端通道进行验放，送机员在航班未截载时，一直在柜台外进行理队，随时邀请特殊旅客至优先通道登机。）

（6）验放员、送机员在验放过程中，验放员在普通舱通道，送机员在高端旅客通道；登机过程中保持高端旅客通道处于开放状态，确保高端旅客根据个人意愿优先登机。验放员、送机员在验放过程中必须使用四步骤：

① 先查看登机牌航班号（如旅客登机牌副联丢失或无登机牌，查看旅客机票，做好解释工作，让旅客最后登机并与值机联系）。

② 确认航班号无误后进行离港扫描，必须听到“滴”或“谢谢”的提示音（如遇电脑无法接收的登机牌，与服调联系，做好解释工作，让旅客最后登机）。

③ 听到“滴”或“谢谢”的提示音后，将扫描完的登机牌右联第一联撕下。

④ 整理核对右联登机牌航班号，十个一沓。

（7）验放员、送机员在验放过程中，要按SKYTRAX对标要求做到：面带微笑、亲切友善；向旅客点头致意，双手接拿登机牌，主动问好（“您好”）；双手递交登机牌，亲切告别（“谢谢”或“旅途愉快”交替使用）；遇到高端旅客，必须提供姓氏服务。

（8）航班截载后，送机员打印各类单据（高端旅客客舱信息单、PIL单、头等舱名单、PTM报），按规范格式记录航班数据，填写放飞交接单。送机员在航班起飞前15～20分钟，打印未到旅客行李报表，保证起飞前15分钟与搬运交接。验放员在航班起飞前15～20分钟进行催促广播，并将未到旅客姓名报至机场广播室进行广播，同时联系导乘人员积极找寻旅客。

（9）送机员在接到服调信息岗通知机上有特殊情况时，要及时上机进行处理。验放员将晚到旅客报至送机员，由送机员联系搬运，调整所挑行李牌号码，避免旅客已登机却将旅客行李挑出。

（10）送机员在航班起飞前 10 分钟，与验放员确定登机人数，上机与乘务长核对人数，广播未到旅客姓名，并到座位核实，确定旅客未到，回复验放员。如航班有修正数据，送机员按规范格式修正舱单，关舱门，并将信息报至信息岗。验放员、送机员待航班客齐、舱门关闭、廊桥撤离后方可离开。遇航班减人，必须在登机口等候漏乘旅客，直至航班到起飞时间后方可离开。

（二）远机位送机工作流程

（1）验放员、送机员、外场员做好岗前准备：提前核对航班动态；准备对讲机、广播器、打印纸、大件牌、反光马甲等；检查仪容仪表；提前 60 分钟到达登机口。

（2）验放员、送机员、外场员做登机前的准备工作：拉好隔离带，摆正柜台各提示牌；清洁登机口柜台、廊桥卫生；将电脑调整到“开放”状态；查看设备、离港系统是否正常；联系车队，摆渡车、贵宾车提前到位。

（3）验放员按照中英文广播词在柜台外进行召集广播。验放员进行航班座位划分，带上广播器前往旅客休息区域进行分舱互动广播，分舱登机必须告知旅客后排先上的原因。

（4）送机员前往旅客休息区域查看旅客是否携带多件及大件行李，提醒旅客登机时办理托运。

（5）接到服调信息岗上客的通知后，验放员按照中英文广播词进行登机广播。送机员整理旅客排队的队伍，再次提醒旅客按分舱顺序排队登机，并且邀请高端旅客、特殊旅客（老年旅客、抱小孩的旅客等）优先登机。航班未截载时，送机员不得一直站在柜台内，高端通道无旅客时要一直在柜台外进行理队，随时邀请特殊旅客至优先通道登机，如高端通道有旅客时，要主动上前进行验放，验放后要立即出柜台。（备注：遇宽体机型，因高端通道旅客人数较多，要求班组长或分队长到场，在高端通道进行验放，送机员在航班未截载时，一直在柜台外进行理队，随时邀请特殊旅客至优先通道登机。）

（6）外场员在登机口与车之间引导旅客上正确的车辆，履行主班职责。验放员、送机员在验放过程中，验放员在普通舱通道，送机员在高端旅客通道；登机过程中保持高端旅客通道处于开放状态，确保高端旅客根据个人意愿优先登机。验放员、送机员验放过程中必须使用四步骤：

① 先查看登机牌航班号（如旅客登机牌副联丢失或无登机牌，查看旅客机票，做好解释工作，让旅客最后登机并与值机联系）。

② 确认航班号无误后进行离港扫描，必须听到“滴”或“谢谢”的提示音（如遇电脑无法接收的登机牌，与服调联系，做好解释工作，让旅客最后登机）。

③ 听到“滴”或“谢谢”的提示音后，将扫描完的登机牌右联第一联撕下。

④ 整理核对右联登机牌航班号，十个一沓。

（7）验放员、送机员在验放过程中，要按 SKYTRAX 对标要求做到：面带微笑、亲切友善；向旅客点头致意，双手接拿登机牌，主动问好（“您好”）；双手递交登机牌，亲切告别（“谢谢”或“旅途愉快”交替使用）；遇到高端旅客，必须提供姓氏服务。

（8）填写派车单上的航班号与飞机号，并与车队司机确认，确认无误后将车辆带至飞机下，履行外场职责，使用外场三步骤：

① 核对飞机号，查看登机牌航班号；

② 确认航班号无误后撕下登机牌右联；

③ 整理核对右联登机牌航班号，十个一沓，并清点人数。

（9）送机员根据未登机旅客人数，及时联系后续车辆，核对离港系统飞机号和纸质动态飞机号，填写派车单上的航班号与飞机号，并与车队司机确认，履行主班职责。航班截载后，送机员打印各类单据（高端旅客客舱信息单、PIL 单、头等舱名单、PTM 报），按规范格式记录航班数据，填写放飞交接单。

（10）送机员在航班起飞前 20 分钟，打印未到旅客行李报表，保证提前 15 分钟到达飞机下，与搬运交接，处理机上各种特殊情况。送机员前往机上时，由验放员担任主班，履行主班职责。验放员在航班起飞前 15 ～ 20 分钟进行催促广播，并将未到旅客姓名报至机场广播室进行广播，同时联系导乘人员积极找寻旅客。

（11）验放员将晚到旅客报至送机员，由送机员联系搬运，调整所挑行李牌号码，避免旅客已登机却将旅客行李挑出。送机员在航班起飞前 10 分钟，与验放员确定登机人数，上机与乘务长核对人数，广播未到旅客姓名，并到座位核实，确定旅客未到，回复验放员。送机员与外场员核对人数，如航班有修正数据，送机员按规范格式修正舱单，关舱门，并将信息报至信息岗。

（12）验放员、外场员将外场与门场登机牌合二为一，保存 24 小时。验放员待航班客齐、舱门关闭后方可离开。遇航班减人，必须在登机口等候漏乘旅客，直至航班到起飞时间后方可离开。

案例分析

三色手环一扇门　温暖旅客回家路
——天津滨海机场全力做好春运服务保障工作

2025 年春运大幕拉开，为了给老年旅客、首乘旅客、特殊旅客等群体提供更有温度、更加便利的服务，天津滨海机场在国内值机区设置了专属爱心服务柜台，如 H08 值机柜台为老年旅客和首乘旅客提供乘机手续办理服务；H11 主任柜台为轮椅、无陪等特殊旅客办理乘机手续，并在 H12 服务柜台旁侧设置了专门的等候休息区。

针对春运期间国际及地区旅客增多的情况，机场增设了团队值机柜台，摆放四国语言值机岛指示牌，在岗服务人员也佩戴外语服务工作牌，以便外籍旅客能够迅速识别并获得相应的引导服务。国际登机区域制作了“红黄蓝”三种颜色的特殊旅客识别手环，分别对应首乘、爱心、急客等不同旅客，方便工作人员进行快速识别。国际航班旅客转机服务方面，为首乘旅客提供一站式服务，制作转机旅客信息提示卡，安排专人在旅客排队等候期间协助填写相关信息，提供转机信封，便于旅客存放和区分使用一段、二段登机牌，确保旅客轻松出行。

春运期间，天津滨海机场航站楼内张灯结彩，中国结、吊钱儿、窗花等传统新春节日装饰营造出浓浓的年味儿，系列迎新春活动更是拉满春节氛围。春运伊始，天津滨海机场 2 号航站楼出发大厅将举办“相约津门，温暖启航”活动，舞狮、舞蹈等文艺节目将陆续上演，同时继续打造候机区音乐共享空间，配备了民族乐器、钢琴等，供旅客即兴演奏。

分析：天津滨海机场引导服务有哪些亮点？

课后思考

1. 引导服务的工作内容有哪些？
2. 列举 5 项值机引导服务（值机导乘）的工作内容。
3. 旅客前后舱分批的原则是什么？
4. 验放员、送机员验放过程中必须使用哪四个步骤？

课题五　进港航班的引导服务

学习目标

熟悉进港航班引导工作流程；
了解清客、货舱工作流程；
熟悉过站航班引导工作流程；
了解不正常运输的引导工作流程。

素养目标

培养当代民航精神与服务意识。

思政小课堂

春运首日，他在登机口说了500遍“旅途愉快”

“谢谢，旅途愉快！”1月14日，春运第一天，这句简单而温暖的结束用语，王帅重复了500遍。

2025年春运正式拉开了大幕，乌鲁木齐国际机场呈现出一片繁忙的景象。春运首日，南航在机场执行航班198班，输送旅客量超过2.5万人次。

王帅，这位来自南航新疆分公司地面服务保障部的送机员，正以自己的方式，为春运贡献着力量。每验放完一位旅客，他都会面带微笑，眼神真挚地送上这句祝福。在他看来，这不仅仅是一句简单的话语，更是对旅客开启美好旅程的诚挚期许。

王帅的工作职责涵盖了多个方面。验放旅客登机时，他需要时刻保持专注，确保每一位旅客都能顺利登上飞机；执行放飞程序时，任何一个细节都不容有失，因为这关乎着航班能否安全、准时地起飞；舱单最后一分钟修正，更是需要他具备高度的责任心和敏锐的观察力，以应对可能出现的各种变化；而接送特殊旅客，则要求他拥有足够的耐心和细心，给予这些旅客无微不至的关怀。

“我热爱我的职业，我希望凭借自己的专业和热情，为旅客的出行保驾护航。”王帅坚定地说。这句朴实的话语，道出了他对工作的热爱和坚守。这个春运，他或许已经记不清自己究竟说了多少遍“旅途愉快”，但他知道，每一次的问候，都承载着每一位南航人对旅客满满的祝福，对这份工作的热爱。

旅客进港后，机场服务工作主要为：引导旅客来到候机楼领取托运行李，然后验票离开候机楼。在机场，旅客下飞机的方式主要有两种：第一种是廊桥机位引导；第二种是使用登机梯下机后乘坐机场摆渡车来到候机楼，即远机位引导。廊桥机位引导能使旅客更方便、快捷地到达候机楼，也是目前大多数机场使用的方式。

一、进港航班的引导工作

（一）准备工作

（1）了解当日进港航班信息，并准确记录在航班记录本上，做好接机准备工作。

（2）如果进港航班有VIP，或者进港航班需轮椅、担架服务，应安排好车辆以及特种服务设施（担架、轮椅等）。

（3）值班主任及时了解进港航班的信息，做好接机的人员安排。

（二）廊桥接机

（1）掌握航班到达时间、停机位，提前10分钟到达指定停机位，18：00以后的航班要开廊桥灯。两名引导员提前5分钟到达登机廊桥，等待进港航班。飞机停靠廊桥，在廊桥开动，警示灯闪亮时，禁止上、下走动。廊桥停靠稳妥之后示意空乘下客。

（2）一名引导员在廊桥靠稳后，与空乘进行平衡载重表和其他业务文件的交接，从机舱内的业务袋中取出舱单并及时了解该航班有无特殊旅客，如有应与乘务长交接，并向登机口通报飞机进港情况（桥位、机号）。另一名引导员走在第一位旅客的前面，引导速度以大多数旅客能跟上为宜，将旅客引导至到达大厅，直至最后一位旅客到达后方可离开。

（3）引导旅客前往到达出口，目送旅客下扶梯，另一位引导员在扶梯处引导旅客，直到旅客全部安全走完（引导员必须先于旅客到达自动扶梯）。在各记录本上记录数据。

（三）远机位接机

（1）掌握航班到达时间、人数、停机位，提前15分钟到岗，联系摆渡车。两名引导员提前5分钟到达停机坪，等待进港航班。

（2）注意观察外场车辆及飞机行驶情况，注意客梯车是否停放好，能否安全下客（四脚是否停稳，平台是否到位，并测试尾部是否能承受压力）。如未停放好应及时通知客梯车司机停放到位。如已停放到位则示意空乘可以下客。

（3）一名引导员在客梯车靠稳后，与空乘进行平衡表和其他业务文件的交接，从机舱内的业务袋中取出舱单并及时了解该航班有无特殊旅客，如有应与乘务长交接，并向登机口通报飞机进港情况（机位、机号），随乘坐第一辆摆渡车的旅客前往入口处。另一名引导员注意旅客乘坐摆渡车的安全，并根据航班人数通知摆渡车司机发车，随最后一辆摆渡车前往入口处。

（4）引导旅客乘坐摆渡车时，注意旅客下梯安全，扶老携幼，维持外场秩序。旅客上车完毕后，检查摆渡车车门是否关闭妥当，示意司机能否发车。摆渡车到达入口处后，引导员必须在车门口等候最后一名旅客下车后才能离开。

（5）引导员与旅客同车前往到达出口，引导旅客提取托运行李，并引导特殊旅客与其家人进行交接。进港航班舱单等业务文件由引导员交至行李查询室并记录保存。引导员接机完毕后在日常航班记录本上签名，如有特殊情况应做好记录。

二、清客、货舱引导工作流程

（一）清客舱

（1）验放员接到服调清客舱的通知后到达廊桥口将所有旅客引导至候机大厅，并提示乘务人员广播旅客在下机时带好登机牌。验放员应主动及时为旅客做好解释工作，并提供相应的服务，如有旅客退票应做好引导工作。

（2）接到上客通知后，送机员组织旅客排队。验放员先将所有旅客拉下后，重新检登机牌，并做到四复核。二次登机使用挑勾单，验放员、送机员要做到挑勾准确无误。

（3）送机员按送机流程，再次进行送机。验放员与送机员核对人数，人数无误且廊桥撤离后方可离开。

（二）清货舱

（1）接到清货舱通知后，验放岗、送机岗工作人员同时到达舱门口。送机员引导有托运行李的旅客到飞机下认领托运行李，并将认领完行李的旅客引导至飞机上。

（2）验放员引导认领完行李的旅客上飞机，避免旅客从廊桥进入候机厅。所有旅客上机后，与乘务人员核对人数。

（三）清客、货舱

（1）接到清客、货舱通知后，验放岗、送机岗工作人员同时到达舱门口。送机员引导有托运行李的旅客到飞机下认领行李，验放员引导无托运行李的旅客到候机厅休息，并提醒乘务人员广播：所有旅客带好登机牌下飞机，无托运行李的旅客到候机厅休息，有托运行李的旅客到飞机下认领完行李后到候机厅休息等候。

（2）送机员引导认领完行李的旅客到候机厅休息等候。接到上客通知后，送机员组织旅客排队。验放员先将所有旅客拉下后，重新检登机牌，并做到四复核。二次登机使用挑勾单，验放员、送机员要做到挑勾准确无误。

（3）送机员按送机流程，再次进行送机。验放员与送机员核对人数，人数无误且廊桥撤离后方可离开。

三、过站航班引导工作流程

国内中途过站航班分为旅客下机和不下机两种情况；按照中转的区域，可分为国内转国内过站、国际转国内过站和国内转国际过站三种情况。

（一）国内转国内过站流程

（1）安排验放员、送机员，做好岗前准备：提前了解航班动态及过站旅客人数；准备对讲机、广播器、打印纸、大件牌、过站牌等；检查仪容仪表；航班落地前，提前 10 分钟到达登机口。

（2）送机员在廊桥通道分流旅客，将过站旅客引导至出港厅。验放员将旅客登机牌在离港时进行扫描，确认无误后给旅客发过站牌，并告知旅客在此登机口候机。

（3）验放员、送机员确定过站旅客人数准确无误后，使用 F9 将过站旅客全部拉下。如少过站旅客，送机员及时前往到达厅找寻旅客。

（4）航班通知登机时，验放员、送机员按出港流程操作，但需在广播词中添加过站旅客优先登机的内容，确保过站旅客先上飞机。

（二）国际转国内过站流程

（1）安排验放员、送机员，做好岗前准备：提前了解航班动态及过站旅客人数；按过站座位布局提前在挑勾单上挑勾核实人数；按过站人数提前准备过站登机牌（遇同时有两个过站航班时，区分过站牌颜色）；准备对讲机、广播器、打印纸、大件牌、头等舱行李标识牌、胶带、易碎牌、过站牌、挑勾单等；检查仪容仪表；航班落地前，提前 10 分钟到达登机口。

（2）送机员在到达层廊桥口分流旅客，将过站旅客引导至过站区域边检厅。遇进港航班与出港航班不是同架飞机时，由送机员上机将业务袋取下，待航班登机时交给出港航班机组。验放员在过站区域边检厅柜台，按旅客登机牌座位号及目的地进行挑勾，并将旅客登机牌与过站登机牌订在一起交给旅客。

（3）送机员等机上旅客全部下完后，到达过站区域安检口，对旅客酒类等液态物品按新规定进行打包处理。如少过站旅客，验放员及时前往到达厅找寻旅客。

（4）送机员待所有过站旅客过完边检后，与边检核对过站人数。验放员前往边检办公室，拿取关封。

（5）航班通知登机时，验放员、送机员按出港流程操作，但需在广播词中添加过站旅客优先登机的内容，确保过站旅客先上飞机。送机员将关封交接给机组时，必须让机长在挑勾单上签字确认。

（三）国内转国际过站流程

（1）安排验放员、送机员，做好岗前准备：提前了解航班动态及过站旅客人数；打印过站旅客名单，并在挑勾单上挑勾核实人数；按过站人数提前准备过站登机牌（遇同时有两个过站航班时，区分过站牌颜色）；准备对讲机、广播器、打印纸、过站牌、挑勾单等；检查仪容仪表；航班落地前，提前10分钟到达登机口。

（2）送机员在到达层廊桥口分流旅客，将过站旅客引导至过站区域边检厅。验放员在过站区域边检厅柜台，按旅客登机牌座位号及目的地进行挑勾，并将旅客登机牌与过站登机牌订在一起交给旅客。送机员等机上旅客全部下完后，如少过站旅客，验放员及时前往到达厅找寻旅客。

（3）验放员待所有过站旅客过完边检后，与边检核对过站人数。航班通知登机时，验放员、送机员按出港流程操作，但需在广播词中添加过站旅客优先登机的内容，确保过站旅客先上飞机。

四、不正常航班的引导服务

由于机务维护、航班调配、机组等原因，造成航班在始发地点延误或取消，航空公司应按其规定向旅客提供餐食或住宿等服务。由于非航空公司原因包括但不限于天气、突发事件、空中交通管制、机场原因以及旅客原因等，造成航班在始发地点延误或取消，航空公司应协助旅客安排餐食或住宿，费用由旅客自理。航班在经停地点延误或取消，无论何种原因，航空公司均应负责向经停旅客提供膳食服务。

登机口的服务员要不间断了解不正常航班的动态（每30分钟广播一次），以便做好旅客解释工作，解释时态度要诚恳。同时应将航班延误信息通告牌摆放在登机口的柜台上，以便旅客了解延误原因和时间。因航空公司原因造成航班延误超过2小时应提供饮料，航班延误4小时以上应安排旅客食宿。

案例分析

杭州机场迎来亚残运会代表团进港高峰

2023年10月16日，杭州亚残运会官方推荐出入境口岸迎来代表团进港高峰。当日14时至15时是抵离高峰时段，一小时内，进港赛事人员400余人次，其中轮椅旅客就有140余人。为此，赛事总指挥部抵离指挥中心一周前协调相关部门，租借150把轮椅运送至机场，提前收集代表团进港航班信息，制定各项应急预案，分析保障难点堵点。杭州机场提前了解轮椅旅客数量与保障需求，包括电动轮椅、超大超重助残设备尺寸等详细情况，按照“一航班一方案”的原则，制定差异化保障方案。

落地前，杭州机场联合指挥中心就根据航班轮椅旅客数量、廊桥轮椅转换空间等情况，合理安排停靠机位，同时对无障碍电梯进行专人管控。出舱后，工作人员开启备用电梯，分流轮椅旅客，在进港各点位安排专人引导与协助，避免电梯口长时间等待滞留，提升代表团到达效率一倍以上。

一路上，残疾人运动员没有遇到一个台阶。廊桥口的无障碍电梯、流线上的无障碍坡道、清晰的标识标牌、随处可见的低位饮水机及服务柜台，这些完善的无障碍设施，为残疾人创造便利的出行环境。此外，还在航站楼内配备专用接驳车，布置36处临时休息区，让每一位赛事人员都能感受到杭州亚残运会的温馨周到与热情好客。

分析：进港引导员应提前做好哪些准备以保证顺利服务残疾旅客？

课后思考

1. 简述廊桥接机的工作流程。
2. 简述远机位接机的工作流程。

3. 清客、货舱要注意哪些问题?
4. 国际转国内过站的引导服务流程要注意哪些问题?

课题六　特殊旅客进出港的引导服务

学习目标

熟记重要旅客进出港引导服务的内容;
熟悉无成人陪伴儿童进出港引导服务的内容;
熟悉轮椅旅客进出港引导服务的内容;
熟悉担架旅客进出港引导服务的内容。

素养目标

培养当代民航精神与服务意识。

思政小课堂

首乘无忧　温情护航　青海机场铺就云端暖心之旅

2025年，甘肃省各机场加强春运氛围营造，积极布置航站楼景观环境，张贴春运主题标语横幅，悬挂灯笼、春节条幅，装饰亮化树木，摆放特色主题花坛、花卉，营造温馨和谐的出行环境。

兰州机场还组织200余名青年团员组建“志愿服务突击队”，在出港大厅、到达厅主动帮助旅客提拿行李、引导问询，形成“人人都是雷锋”的良好春运服务氛围。各机场成立爱心服务小分队，为特殊旅客提供“一对一”服务保障。兰州机场推出“银发老人”暖心向导服务，提供全程亲情陪伴，消除老人单独乘机的焦虑感；安排大巴车和有经验的驾驶员，顺利完成舟曲中学高三学生返乡保障任务。敦煌机场为无陪儿童、老人、孕妇等特殊旅客精心打造“爱心通道”，提供从值机到登机的“一对一”全程陪伴服务。庆阳机场推出“萌娃随心飞”无陪儿童服务。金昌机场增加“安检小助手”岗位，重点维持待检区秩序，帮助首乘旅客、老年旅客、携带儿童旅客快速过检。张掖机场针对首乘旅客定制文创帆布小包，方便收纳证件，安排登机引导和优先登机，填写关爱卡与空乘交接。甘肃省民航机场集团飞机维修公司严把飞行安全底线，从党员队伍中选取业务骨干和技术能手，组建2支“党员突击队”支援机场航站维修室，作为突发故障处置的“生力军”，在春运保障过程中发挥了重要作用。春运第一周，“党员突击队”累计排除飞机各类故障9起，确保了每一架飞机始终处于适航状态，为旅客安全、顺畅出行守牢安全关口。

长期以来，部分老、弱、病、残、孕、幼等特殊群体旅客，因为各种原因，在到达机场后办理乘机手续以及登机过程中，会遇到排队、不熟悉环境和程序等诸多不便，另外许多商务人士由于工作紧张，到达机场办理乘机手续时间紧迫，登机过程十分匆忙，误机的现象时有发生。针对这些现象，引导员应为有特殊需求的旅客以及商务旅客提供快捷、方便、舒适的有针对性的进出港引导服务。

一、重要旅客进出港引导服务

1. 出港引导服务

（1）接到 VIP 的通知后，值班主任提前做好安排，让负责引导的地面服务员做好准备。

（2）头等舱值机员将重要旅客安排好后，应与引导员做好交接工作，登机口引导员在交接单上签字。

（3）引导员在航班记录本上简单注明重要旅客的休息室号、座位号等简单情况。

（4）引导员登机前拿好交接单到贵宾休息室等候迎送重要旅客。

（5）对重要旅客上飞机的先后次序，应事先征得重要旅客的同意。

（6）登机时，应由专人负责引导重要旅客上机。如飞机停靠远机位，应事先安排好车辆。

（7）重要旅客上飞机时，做好与空乘的交接工作，要求乘务人员在交接单上签字。

（8）送完重要旅客后要对交接单进行留存、记录。

（9）不愿公开身份的重要旅客乘坐飞机时，免去迎送工作，一切乘机手续按普通旅客办理，但在旅客上飞机地点引导员应做好地面服务工作，并通知机组做好机上服务工作。

2. 进港引导服务

（1）在接到 VIP 的通知后，值班主任提前做好安排，让负责接机的地面服务人员做好准备。

（2）如飞机停靠远机位，应事先安排好车辆。

（3）飞机到达后，引导员与空乘做好交接工作，并在交接单上签名。

（4）引导重要旅客到指定的区域，为重要旅客提取托运行李，并与 VIP 接待人员进行交接。

（5）接待完 VIP 后对交接单进行留存、记录。

二、无成人陪伴儿童进出港引导服务

无成人陪伴儿童，又称无人陪伴儿童或无伴儿童，是指年龄满 5 周岁但未满 12 周岁，没有年满 18 周岁且有民事行为能力的成年旅客陪伴乘机的儿童。

1. 出港引导服务

（1）引导员在接到无人陪伴儿童的通知后，应提前做好准备。

（2）值机工作人员将无人陪伴儿童带入候机厅，与引导员进行交接。登机口引导员应在交接单上签字。

（3）引导员在航班记录本上简单注明无人陪伴儿童的情况。

（4）引导员妥善安排无人陪伴儿童在候机厅内指定地点休息，为儿童保管文件袋。

（5）航班登机时，由引导员带领儿童登机，起飞前交给乘务员，并与空乘交接签字。

（6）送完儿童后对交接单进行留存、记录。

2. 进港引导服务

（1）到达站应保证将儿童安全地交给迎接他的父母或监护人。

（2）飞机到达前，引导员应事先了解有关无人陪伴儿童的信息，并做好准备。

（3）飞机到达时，乘务员应将儿童和文件袋交给到达站的引导员，乘务员和引导员办理交接手续。

（4）在办完交接手续后，引导员应将儿童带到候机厅，并为其办理提取行李手续。

（5）引导员将儿童和文件袋交给迎接儿童的父母或监护人，并要求其在交接单上签名。

（6）完毕后引导员在交接单上签名，并对有关单据进行留存、记录。

三、轮椅旅客进出港引导服务

1. 轮椅旅客的分类

轮椅旅客是指需要轮椅的病人或伤残旅客，分为以下三种，并用下列代号表示：

（1）WCHC（C 表示客舱座位）。此类旅客尽管能在座位上就座，但完全不能动弹；并且前往 / 离开飞机或休息室时需要轮椅。在上下客梯和进出客舱时需要背扶。此类旅客的服务起止于客舱。

（2）WCHS（S 表示客梯）。此类旅客可以自己进出客舱，但上下客梯时需要背扶，远距离前往 / 离开飞机或休息室时需要轮椅。此类旅客的服务起止于客梯。

（3）WCHR（R 表示客机停机坪）。此类旅客能够自行上下客梯，并且在客舱内可以自己走到座位处就座；但远距离前往或离开飞机时，如穿越停机坪或前往休息室，需要轮椅。此类旅客的服务起止于客机停机坪。

2. 出港引导服务

（1）引导员在接到轮椅旅客的通知后，应提前做好准备。

（2）值机工作人员将轮椅旅客带入候机厅内，与引导员进行交接。登机口引导员应在交接单上签字。

（3）引导员在航班记录本上简单注明轮椅旅客的情况。

（4）引导员妥善安排轮椅旅客在候机厅内指定地点休息。

（5）航班登机时，由引导员带领轮椅旅客登机。

（6）送完轮椅旅客后对交接单进行留存、记录。

3. 进港引导服务

（1）飞机到达前，引导员应事先了解有关轮椅旅客的信息，并做好准备。

（2）飞机到达时，乘务员应将轮椅旅客交给到达站的引导员，乘务员和引导员办理交接手续。

（3）在办完交接手续后，引导员应将轮椅旅客带到候机厅，必要时为旅客办理提取行李手续。

（4）引导员将轮椅旅客安全送到机场出口。

（5）完毕后引导员在交接单上签名，并对有关单据进行留存、记录。

四、担架旅客进出港引导服务

1. 出港引导服务

（1）引导员在接到担架旅客的通知后，应提前做好准备。

（2）值机工作人员与引导员进行交接，引导员应在交接单上签字。

（3）引导员在航班记录本上简单注明担架旅客的情况。

（4）引导员妥善安排担架旅客在候机厅内适当位置休息。如担架旅客的救护车需要进入停机坪时应注意，与商务调度联系，了解救护车到达的时间，并报告救护车车辆号；通知安检部门，协助安检人员做好担架旅客的安检工作；引导员在预定位置等候救护车，从指定机场入口将救护车带入停机坪。

（5）航班登机时，由引导员带领担架旅客登机。

（6）登机时担架旅客从后客梯上飞机。

（7）引导员应与乘务员进行交接，告知乘务组该担架旅客、陪同人员的座位、特殊要求等情况。

（8）对有关交接单进行留存、记录。

2. 进港引导服务

（1）飞机到达前，引导员应事先了解有关担架旅客的信息，并做好人员配备等准备工作。

（2）根据飞机到达情况，与救护中心联系好救护车到达的时间，把救护车的车牌号报给商务调度。

（3）引导员在预定位置等候救护车，从指定机场入口将救护车带入停机坪。

（4）飞机到达时，乘务员应将担架旅客交给到达站的引导员，乘务员和引导员办理交接手续。

（5）在办完交接手续后，引导员应将担架旅客送上救护车，必要时为他办理提取行李手续。

（6）完毕后引导员在交接单上签名，并对有关单据进行留存、记录。

五、其他特殊旅客的进出港引导服务

其他特殊旅客包括老人、孕妇、盲人、病伤旅客等。

1. 出港引导服务

（1）对家庭式温馨服务中规定的服务对象做好服务工作。

（2）引导员在接到特殊服务的通知后，应提前做好准备。

（3）值机工作人员将特殊旅客带入候机厅内，与引导员进行交接，引导员应在交接单上签字。

（4）引导员在航班记录本上简单注明特殊旅客的情况。

（5）引导员妥善安排特殊旅客在候机厅内适当位置休息。

（6）航班登机后，由引导员带领特殊旅客登机。

（7）引导员应与乘务员进行交接，告知乘务组该特殊旅客情况。

（8）对有关交接单进行留存、记录。引导员必须在航班离港后 20 分钟，方可离开工作岗位。

2. 进港引导服务

（1）飞机到达前，引导员应事先了解有关特殊旅客的信息，并做好准备。

（2）飞机到达时，乘务员应将特殊旅客交给到达站的引导员，乘务员和引导员办理交接手续。

（3）在办完交接手续后，引导员应将特殊旅客带到候机厅，必要时为旅客办理提取行李手续。

（4）完毕后引导员在交接单上签名，并对有关单据进行留存、记录。

六、过站、中转的特殊旅客引导服务

对于过站和中转的特殊旅客，引导员与机上乘务长联系，根据乘务长的指示，根据航班停留时间及旅客身体情况确定安排旅客下机或不下机。在经停时间较短的情况下，征询旅客意见，可不安排旅客下机。如旅客需要下机，乘务人员与地面人员进行交接，地面服务人员引导旅客下机，在候机区休息。航班登机时，残疾旅客提前登机。

如果上述情况被禁止或停留时间很长，乘务长与经停站地面人员交接，经停期间由地面人员照看特殊旅客。病患旅客需安排专人协助下机，并帮病患旅客提拿随身物品，提供安静的环境候机。询问病患旅客是否需要帮助，按照其要求提供针对性服务。如发现病患旅客病情异常应立即处理，并报告主管。

案例分析

广州白云机场 打造“不一样”的年味春运

2025年春节假期，白云机场提前开放安检通道和值机柜台，在两座航站楼的自助值机、自助行李托运区域，安排志愿者协助旅客通过自助设备办理乘机手续，有效减少旅客排队等候时间。各停车场加强秩序引导，累计保障车辆274495辆次。机场客服热线96158前置“爱心专线”和“首乘专线”，增加专席人员，保障线路畅通，提升轮椅旅客、老年旅客、首乘旅客等特殊旅客业务咨询及服务预约的便捷度。春节期间共接听来电总量6425通，日均803通，客服人员用专业和热情为旅客撑起一片温暖天空。

春节假期，白云机场针对“首乘旅客、晚到旅客、怀孕旅客、老年及特殊旅客、军人及消防员、中转旅客”等不同类型，推出定制式的“首乘通、晚到通、好孕通、爱心通、荣誉通、中转通”六通服务，不同类型旅客凭借对应的“爱心贴+手环”标识，即可免费享受相应的定制化服务。带着孩子一起首次乘机的旅客张女士，凭“首乘通”标识，优先办理了值机和安检，对白云机场细致周到的服务点赞：“本来很紧张，害怕有啥不顺的，没想到白云机场还有这么贴心的服务，太方便了！”

白云机场在国内到达厅组织了财神送“李”活动，温暖旅客回家路。通过随机挑选航班和行李，为旅客送上C919飞机模型以及寓意着吉祥如意、大吉大利的福袋等，为归家旅客送上“惊喜”。

2025年春运，白云机场精心策划“金蛇送福行大运”主题系列活动，定制特色春运文化活动“节目单”，将传统舞狮、独特英歌舞、杂技、民乐演奏、经典粤剧等独具岭南特色的文化表演请进航站楼，为广大旅客带来不一样的“年味”春节体验。

分析：在引导服务中，广州白云机场针对特殊旅客提供了哪些服务措施？

课后思考

1. 重要旅客进港时，引导服务的主要内容是什么？
2. 引导无成人陪伴儿童出港时要注意哪些问题？
3. 轮椅旅客分为哪三类？
4. 老人、孕妇、盲人、病伤旅客等特殊旅客进出港引导服务要注意哪些问题？

复习题

模块三复习题

模块四 值机服务

课题一 值机业务概述

学习目标

掌握值机的概念及工作内容；
理解并掌握值机工作的重要性；
理解并掌握新的值机业务模式。

素养目标

培养安全意识与爱岗敬业精神。

思政小课堂

智慧出行新体验 无感服务领航中部空港升级

武汉天河国际机场T2航站楼以“无感通关、高效便捷”为目标，引入40余台自助值机终端、32台自助行李托运设备及20余条智能安检、登机通道，覆盖值机、托运、安检、登机全流程。

为了让旅客出行更便捷，天河机场地服公司在B区设置两名“志愿者”进行引导服务，在航班高峰期增派一名“行李预检员”，预审行李合规性，提升自助设备的行李托运使用成功率。同步在B区自助托运区域设置2个爱心帮扶柜台，确保急办旅客“到达即办理”，最大程度降低旅客误机的风险。旅客完成自助值机及行李托运后，地服志愿者实时与安检联动，推送最优路径指引至“易安检”通道。旅客通过“人脸识别＋身份证”双核验证技术，最快可在3分钟内完成值机到安检全流程，效率提升超60%。

自助闸机历经测试准备阶段、全员实操阶段、投入使用阶段，运行观测正常，已达到全面启用标准，在原来一条人工通道的基础上，增加了两条自助闸机通道。该系统还能自动拦截异常航班信息，辅助工作人员精准排查问题，进一步筑牢安全防线。

新启用的自助闸机集成人脸识别、证件核验、航班校验等多项功能。旅客仅需将身份证轻触感应区，面向屏幕完成人脸比对，闸机便自动放行，全程无需纸质登机牌或人工核验，系统采用多重加密技术，确保旅客信息与航班数据安全匹配，实现“人证票”三合一精准核验。

值机业务是机场地勤服务的重要一环，是民航旅客运输的核心业务环节，对民航生产质量、民航运输整体服务水平提升都有着直接影响。值机业务工作内容主要包括核查旅客乘机证件和乘机信息、办理旅客登机和行李托运手续、为特殊旅客及高端旅客提供保障服务等，是确保民航旅客运输整体服务质量的关键。

一、值机的概念

值机是为民航旅客办理乘机手续、接收旅客托运行李、引导旅客上下飞机等旅客服务的总称，是地面服务的重要组成部分，是民航服务环境由地面转为空中的重要节点，是民航运输生产的一个关键性环节。其工作内容包括办理登机牌、办理行李托运、查验旅客机票和身份证件、回答问询、特殊旅客及高端旅客保障、拍发业务电报、结算与报载等。航空公司或其地面服务代理人在机场设置专门的值机柜台，配备值机员进行值机业务办理。

二、值机的性质和地位

1. 值机的性质

航空运输业属于第三产业，具有三个重要的经济特征：

（1）生产无形的服务产品——旅客（货物）的位移服务。

（2）产品生产过程与消费过程的同一性。

（3）产品不可贮存性。

民航旅客运输是指通过民用航空器把旅客自其购买机票上列明的始发地运往目的地的运输。而值机作为民航旅客运输的一个重要业务部门，为生产旅客位移服务产品提供关键辅助性支持，因此值机具有产品无形性、生产与消费同过程和产品不可贮存等性质。

值机还有一个工作特性，即相对于航班配载、航班运行管理、座位控制等部门，直接面对旅客提供服务，具有窗口性的特征。因此，值机员必须热情周到、快速高效地为旅客办理乘机手续，通过提供优质服务来提升旅客体验，尽最大可能满足旅客各方面的需求。

2. 值机在航空运输中的位置

航空运输流程由三部分组成：航空客票销售、地面服务和空中运输。值机工作是民航旅客运输服务连接地面运输和空中运输的最关键一环。

三、值机的重要性

值机是民航旅客运输业务流程的核心组成部分，是直接影响民航运输生产质量和旅客出行体验的关键性环节。

（一）值机业务人员的素质影响旅客对航空公司的认知

值机是无形的服务产品，面向的对象是旅客，是服务的“窗口”，是航空公司对外展现其文化、素质的一个平台。因此，值机工作人员本身的素质，如精神面貌、仪态仪表、业务水平、服务态度等直接影响航空公司的公众形象和商业信誉，影响旅客对于航空公司服务的感知。调查显示，服务人员整洁大方的仪表、热情周到的服务态度会使旅客有如沐春风的感觉，对航空公司产生良好的第一印象；工作人员丰富的专业知识、娴熟的业务技能往往能增强旅客的信心，使其增加航空出行的安全感。在市场竞争日趋激烈的现代民航运输业中，航空公司之间的竞争归根结底是服务的竞争，需要通过提供优质服务增加旅客愉悦体验以赢得更多市场份额。旅客对航空公司的感知和评价影响旅客对航空公司的忠诚度，进而直接影响航空公司的市场竞争能力。

（二）值机工作的效率影响航空运输的快速性

快速性是航空运输区别于其他运输方式的最大优势，航空运输的快速性除了要凭借飞机制造技术的不断提高外，还要依靠航班准点起飞、及时中转、按期到达来保证。在竞争激烈的现代民航运输业中，航班的正点率日益成为影响旅客对航空公司认知度和航空公司核心竞争力的重要因素。而这一切有赖于优质高效的值机工作。如果值机环节发生差错，航班的正点率就要受到影响，航空运输的快速性就不能保证。比如，值机员在办理乘机手续时，没有仔细检查旅客的客票，导致旅客错乘，就可能会导致飞机延误或返航；值机员发错登机牌或漏撕乘机联，也可能会造成航班延误。因此，优质高效的值机服务是发挥航空运输快速性的前提条件之一。

（三）值机服务的质量影响飞行安全

值机服务的质量可能会从两方面影响航空运输的安全性。

1. 值机报载的准确性影响配载的准确性，进而影响飞行安全

柜台值机员在结束本航班乘机手续工作后，需要向配载部门报载。如果值机员对旅客的人数、行李的件数和重量统计不准确，就有可能造成航班载量不均衡以及航班配载后的重心偏前或偏后，这样会对飞机的起降造成危险，升空以后会影响飞机的操纵。如果航班超载，情况更不堪设想。

2. 对乘机人员、行李把关不严影响航班安全

值机员是对乘机人员和行李进行检查的第一道关口。在办理乘机手续时，应认真检查旅客的身份证件，防止假冒旅客特别是公安部门通缉的罪犯乘机。除此之外，还要注意观察旅客的言行举止，防止精神病患者、酒醉旅客登机。对于旅客的托运行李，值机员一方面应注意检查行李的包装是否符合要求，另一方面要配合安检人员对行李内物品进行检查，防止旅客夹带危险品蒙混过关，进而危及飞行安全。

知识链接

“刷脸”登机、自动安检、数字孪生……T3B航站楼“黑科技”含量拉满

2025年4月9日，重庆江北国际机场T3B航站楼正式“迎客”。新航站楼现代感十足，从安检到登机等各个环节，处处彰显“黑科技”，为旅客提供全新出行体验。

安检口共有14个，每个安检口都设有安检验证闸机，为旅客提供基于生物特征识别技术的智能安检服务，可实现旅客自助“刷脸”通行，提升自助安检的安全性、准确性和安检通行效率。进入安检区，新启用的智能安检线，集人包绑定、行李复检、空筐识别、空筐收集与自动回传等核心功能于一体，可提升安全可靠性，降低安检人员的劳动强度，并提升旅客满意度和机场整体智能化水平。

T3B航站楼71个登机口安装了151套自助登机闸机，自助闸机采用先进的人脸识别技术，能够精确识别旅客身份，通常每位旅客通过闸机仅需3～5秒，实现“无感通关”。同时，自助登机闸机还支持身份证、登机牌等多种证件读取，实现多模态身份验证。

为保证安全，自助登机闸机机身的红外线传感器和顶部全域感知摄像头，可以对各种旅客尾随等复杂场景通行行为，经侦识别判断。全国首创自助登机闸机侧门设计，将人脸识别失败或需要人工辅助的旅客自动引流到登机柜台，不会对后续排队的旅客造成影响。

T3B航站楼安装的全自动登机桥，可以通过航班联动，在系统上看到飞机的机型，自动测算接机的路线，最后进行自动对接舱门。据统计，全自动登机桥的接靠时间全程约1分钟，大大减少了航班密集或人员繁多时的等待时间和疏通压力，提升旅客的乘机体验。此外，登机桥管理系统还可实现对登机桥及桥载设备状态的实时监控、故障报警、运行记录等功能。

四、值机方式及发展新动态

随着国际民航业竞争的加剧，航空公司开始将重心转向为旅客提供人性化的优质服务。同时，互联网技术的高速发展和国际航协“简化商务”计划的推行，也为新的值机业务模式的产生提供了技术支持。21 世纪以来，值机业务形式开始呈现多样化。国际航空电信协会（SITA）最新的年度旅客自助调查结果显示，旅客们需要使用更多的自助服务和更多的移动技术服务以改善他们的旅行体验。自助服务越来越受到旅客的欢迎。

1. 开放式值机

所谓开放式值机，是指不需要等到飞机起飞前 90 分钟再办理乘机手续，可以随到随办，到达候机厅后也不需要寻找所乘航班的特定柜台，可以在承运航空公司柜台区域内任何一个柜台办理乘机手续的一种值机业务模式。目前，开放式值机已经在国内各大中型机场广泛采用，增加了旅客办理乘机手续的灵活性，减少了旅客的等候时间。

2. 城市值机

城市值机又称异地候机，是指无需在机场候机厅内办理乘机手续，而是通过民航机场在市区或没有机场的城市开设的异地候机楼的值机柜台办理乘机手续的值机业务模式。城市值机模式拓展了民航机场的服务半径，打破了原有机场的空间界限，将值机业务前移到客源地，在方便非空港城市旅客出行的同时拓展了机场的业务范围。

值机方式

3. 机场自助值机

机场自助值机是国际航协“简化商务”计划的重要组成部分，即旅客无需到机场出发大厅的人工值机柜台排队办理乘机手续，而是到机场的自助值机柜台自行办理乘机手续的一种值机模式。机场自助值机为无需托运行李的旅客提供了便捷选择，避免了其在人工柜台排队的烦恼。目前，国内各大中型机场均设置了机场自助值机设备。

从自助系统供应商来看，自助值机柜台系统可以分为两种：

（1）由航空公司自主开发（如央航）。

这种柜台都是由单个航空公司专用，所以只对本航空公司旅客开放，并且有的还只对本航空公司的特定航线旅客开放。专用柜台可以专门显示该航空公司的标签，有利于提升航空公司的品牌。由于专用柜台需要单个航空公司购买，所以投入成本较大。过多的航空公司使用专用柜台不利于机场航站楼的空间利用，会引起航站楼混乱。

（2）由国际航协制定统一标准的 CUSS（通用自助值机柜台，common use self service）系统。

CUSS 柜台一般由几个航空公司共享，能够为航空公司节约成本，尤其对小规模的航空公司非常适用。

4. 网上自助值机

指旅客自行通过互联网登录航空公司离港系统的自助值机界面，操作完成身份证件核验、选择并确定座位并打印 A4 纸登机牌，如果需要交运行李，则旅客登机前在机场专设柜台完成行李交运，以自行打印的 A4 纸登机牌通过安检并登机的值机方式。目前，国航、南航、东航、海航、深航、厦航、山航、上航及川航均已开通网上自助值机服务。

5. 手机自助值机

指旅客使用手机上网登录航空公司离港系统的自助值机界面，自行操作完成身份证件核验、选择并确定座位，航空公司以短信形式发送二维码电子登机牌到旅客手机上，旅客到达机场后在专设柜台完成行李交运、打印登机牌或者直接扫描二维码，完成安检并登机的值机方式。手机自助值机形式目前有很多，如微信值机、App 客户端、短信值机等。

手机自助值机突破了时间和地域的限制，可预订机上座位，操作极为简便、快捷。

手机自助值机为无需托运行李的旅客提供了最为便捷的出行体验。而随着智能手机的爆发式增长，旅客越来越倾向于使用手机值机，并希望准确地获得机场功能信息以及实时的航班动态。微博等社交媒体的出现也为旅客带来新的值机体验，与机场和航空公司的实时在线互动也使旅客能更好地控制自己的旅程。乘坐海航航班的旅客办理手机值机手续时，只需要在手机浏览器中登录海航 WAP 电子客票系统，选择“办理乘机”，按系统提示选择出发城市和输入证件号码，即可轻松办理乘机手续。

知识链接

地铁车厢里，可线上值机了！

2025 年 4 月，为保障市民和旅客便捷、高效出行，无锡地铁与硕放机场深度合作，推出“地空联乘”主题车厢，打造地铁与机场无缝衔接“专属快线”，将值机线上程序“搬到”地铁里，让乘客在“去机场路上”提前进入值机状态，定义城市交通新体验。

主题车厢内装饰着“航旅纵横”线上值机二维码、App 下载二维码、乘机流程图以及地空联乘服务项目指引（图 4-1），乘客在去机场的地铁里可以随时扫码办理线上值机业务，令赶乘航班的旅客时间更充裕、过程更舒适。

图 4-1　地铁线上值机二维码

“一抬头就能看到二维码，扫一扫进入小程序，线上值机很方便，能节省不少时间。”准备出发去四川旅游的王女士说。主题车厢内有不少引导线上值机的标识，使得值机流程前置，乘客到达机场前就能完成。

案例分析

大兴机场草桥城市航站楼开启英国航空国际值机、行李托运业务

2024 年 7 月，为打造更加便捷舒适的旅客服务体验，满足更多国际旅客的出行需求，大兴机场草桥城市航站楼开通英国航空国际值机、行李托运业务。

据悉，大兴机场经过部署运营筹备工作，组织各相关单位多次开展专项及全流程演练，提前识别、解决影响整体运行的各类问题，确保了英国航空国际业务平稳顺利开展。本次开通英国航空国际值机、行李托运业务，每周服务出港航班 4 班，值机开放时间为航班起飞前 2.5 至 4 小时。至此，大兴机场草桥城市航站楼已支持乘坐南方航空、英国航空国际航班的旅客办理值机及行李托运业务，享受轻松出行的顺畅乘机体验。

未来，大兴机场城市航站楼将坚持以旅客为中心，满足旅客的美好出行需求，持续拓展

完善城市航站楼布局及功能，不断增加可在城市航站楼办理国际值机、行李托运的航空公司数量。让旅客在城市端享受集办理值机、行李安检、行李托运、机场巴士于一体的便捷出行，摆脱行李负担，解放双手，轻松出行。

分析：大兴机场开启的英国航空国际值机有何特点？

课后思考

1. 简述值机的概念和工作内容。
2. 值机的重要性主要体现在哪些方面？
3. 试述城市值机和开放式值机对旅客有哪些意义？

课题二 值机岗位设置与工作流程

学习目标

了解及熟悉值机的岗位设置；
掌握值机操作岗位的分类及内容；
掌握值机的工作流程及工作要求。

素养目标

培养安全意识与爱岗敬业精神。

思政小课堂

真情服务 温暖旅客——值机员智阻电信诈骗

2025 年春节后，武当山机场迎来了旅客返程的高峰期。人来人往的候机大厅里，一位值机员用自己的细心和果断，成功阻止了一起电信诈骗，成为旅客心中的“守护天使”。

2 月 11 日 15 点 25 分，十堰武当山机场的值机柜台前人声鼎沸，值机员石小露正有条不紊地为旅客办理值机手续。当为一位中年旅客办理值机时，石小露听到谈话中有“机票退费”等字眼，还不时有要转账的动作。她立刻停下手中的工作，轻声询问旅客：“有客服在与您联系退改签事宜吗？”旅客回答：“是民航局联系我退燃油费。”职业的敏感度让值机员察觉到异常，石小露告诉旅客：“麻烦让我看一下通话界面，确认对方身份。”旅客打开手机，值机员发现通话号码为境外号码，便断定这是典型的电信诈骗手段。值机员迅速向旅客解释电信诈骗的常见套路，告知旅客正常的退费手续不会要求旅客转账。可旅客半信半疑，仍要继续操作，石小露立刻走出值机柜台严肃地告知旅客：“这就是电信诈骗，请您立刻停止操作，我现在就带您去机场公安报案。”

为了彻底打消旅客的顾虑，石小露一边稳定旅客情绪，一边迅速报告值机室值班主任胡雪。两人一起向旅客详细说明电信诈骗的常见套路。在耐心劝说下，旅客终于意识到自己差点上当受骗，放弃了转账的念头，并陪同前往机场公安值班室报案。

事后旅客感激不已，写下表扬信，并向值班主任胡雪和值机员石小露连声道谢：“要不是你们及时提醒，我辛苦攒下的积蓄可就没了，太感谢你们了！”

此次事件不仅展现了机场工作人员高度的责任心和敏锐的洞察力，也为广大旅客敲响了防范电信诈骗的警钟。在这个信息时代，电信诈骗手段层出不穷，请大家一定要提高警惕，遇到可疑情况多核实多询问，切勿盲目转账。同时，十堰武当山机场地面服务部也将持续加强对员工的全面培训，提升服务质量和应急处理能力，让旅客感受到安心舒适的出行体验。

值机分为广义的值机和狭义的值机。广义的值机业务岗位即民航客运员岗位，几乎覆盖了所有的民航客运地面服务岗位，包括值机柜台、离港控制、旅客服务、配载等。近年来，随着民航旅客运输周转量急剧增加和日益细化的专业化分工，值机岗位仅余两种——值机控制和值机操作，即狭义的值机。其中，值机控制岗位又称为内值机，不直接面向旅客，而是负责值机后台控制以及与其他部门的协调工作。值机操作岗位即机场值机柜台，负责为旅客办理乘机手续，又称为外值机。本章编写以狭义值机为主。

一、值机岗位设置及工作职责

（一）值机操作岗位（外值机）

1. 值班主任柜台

值班主任柜台是值机室指挥中心，其岗位职责如下：

（1）组织安排当天的生产工作，负责值机室和其他部门的衔接工作。

（2）负责办理航班起飞前 30 分钟至 15 分钟到柜台的晚到旅客的相关手续，通知生调、调控加减旅客，通知配载、调控加减行李。

（3）处理误机和广播未上机旅客。

（4）负责办理特殊旅客、重要旅客与服务部门的交接工作。

（5）接到柜台有超大行李的信息后，负责通知机动值机员。

（6）办理特殊旅客（无人陪伴、病残、孕妇、盲人等）的乘机手续。

2. 指定航班值机柜台

负责办理指定航班的乘机手续。一般在航班预计起飞前 90 分钟开放办理乘机手续，起飞前 30 分钟停止办理；大型航班一般提前 2 小时开放，截止办理乘机手续的时间随机场的不同而不同，如杭州萧山国际机场部分国际航班按照计划起飞时间前 60 分钟截止办理乘机手续，其他所有出港航班的办理乘机手续截止时间为计划起飞时间前 45 分钟。据悉，北京、上海、广州、深圳、南京、郑州、昆明、哈尔滨等国内城市的大中型机场截止办理乘机手续的时间均为航班起飞前 40 分钟或 40 分钟以上。

知识链接

值机服务的时间规定

承运人规定停止办理乘机手续的时间，应以适当方式告知旅客。通常关闭值机柜台的时间为航班规定离港前 30 分钟，部分机场由于安全检查级别上升，时间调整为航班起飞前 45 分钟。

旅客应当在承运人规定的时限内到达机场，凭客票及本人有效身份证件按时办理客票查验、托运行李、领取登机牌等乘机手续。值机人员应该按时开放值机柜台。一般规定 200 座以上机型，在航班到港时间前 120 分钟上岗；200 座以下，提前 90 分钟上岗；100 座以下的，提前 60 分钟上岗。

3. 随到随办柜台

负责办理当天代理的所有航班的乘机手续，旅客不需要等到飞机起飞前90分钟才能开始办理乘机手续，而是可以在该柜台随到随办。飞机起飞前30分钟或45分钟停止办理乘机手续。这是开放式值机业务模式的一种形式。

4. 头等舱值机柜台

负责办理头等舱旅客、重要旅客和金银卡常旅客的乘机手续。办完乘机手续后通知值班主任柜台，由值班主任做后续交接工作。在柜台没有头等舱旅客的时候，也可办理其他旅客的乘机手续。飞机起飞前30分钟或45分钟停止办理乘机手续。

5. 逾重柜台

逾重柜台负责为托运行李重量超过免费行李额的旅客办理逾重行李收费。旅客在值机柜台办理行李托运时，值机员如果发现行李重量超过免费行李额，会指示旅客到逾重柜台缴纳逾重行李费。逾重柜台收完费后填开逾重行李票，财务联和出票人联留底，其余两联交给旅客，并指示旅客回到先前称重的值机柜台，由值机员撕下逾重行李票的运输联，继续为其办理行李托运手续。逾重行李票的旅客联由旅客自行留存，可作为报销凭证，在托运行李遗失或损坏时也可作为索赔的重量依据。

6. 超大超重行李柜台

此柜台负责为托运行李体积或重量超过规定的旅客办理行李托运手续。由于传送带的限制，要求托运行李的重量每件不能超过50千克，体积每件不能超过40厘米 ×60厘米 ×100厘米，如超过则不能在普通值机柜台办理行李托运手续，而需要到超大超重行李柜台办理托运，由机动值机员使用手推车将行李推到装卸部门。

（二）值机控制岗位（内值机）

1. 调控室岗位

注意各个航班的动态，负责与调度、配载、服务、地勤搬运等部门之间的协调、衔接工作。具体职责如下：

（1）负责各个航班动态本的填写（飞机号、到达时间、登机时间、登机闸口关闭时间、航班放飞人数、广播未上机旅客信息）。

（2）负责在起飞前30分钟使用CCL指令关闭航班。

（3）负责各个航班的截载工作，将已办理手续的人数、行李件数、行李重量报配载平衡室。

（4）负责与地勤交接行李。

（5）协助登机口查找旅客，核实实际登机人数，核对减掉旅客的姓名及行李牌号码。

（6）将漏乘旅客的行李牌号码报地勤搬运员。

2. 结算室岗位

岗位职责为：

（1）负责发放和保管值机部门日常业务所需要的票证，如空白登机牌、空白行李牌、行李标贴等。值机员每天上岗之前要提前向票证保管员领取相关票证，下班之前要将剩余的空白登机牌和空白行李牌等票证交回票证保管员。

（2）航班关闭后负责统计旅客人数、行李件数及重量等数据，复核办理乘机手续的旅客人数和登机牌发放数是否完全一致，填写值机准备复核单。

（3）负责与航空公司的结算。

3. 机动、巡视岗位

协助值班主任柜台与调控室、值机员的工作。具体职责如下：

（1）负责巡视柜台，发现排长队现象及时疏散、引导旅客。

（2）负责超重、超大行李的托运，柜台挂好行李牌之后，将行李与地勤交接。

（3）处理超大行李的特殊情况（退运或安检拒绝托运）。

二、值机工作流程及要求

（一）值机工作程序及流程

（1）悬挂或显示“航班号”“到达站”的标牌。

（2）查验客票和有效旅行证件。

（3）收运行李：检查行李包装、行李过秤、填制并拴挂行李牌、传送行李、收取逾重/限重行李费。

（4）在客票有关栏目填写行李件数和重量，撕下乘机联，发放登机牌。

（5）清点旅客人数，接收候补旅客。

（6）填报旅客人数、行李重量及件数。

（7）通知增补餐食供应品。

（8）核对乘机联、行李牌数量。

（9）航班上客时，在登机口利用所收乘机联协助查找未登机旅客。

（10）与乘务长交接人数，同时说明相关重要旅客及特殊旅客情况。

（11）将乘机联和出口航班准备表交票证保管员保管。

值机流程

具体工作流程如图4-2所示。

（二）值机主要工作要求

值机主要工作流程包括岗前准备（航班、旅客、设备、文件、仪容）、接收旅客（票证检查、系统接收、打印登机牌）、收运行李（检查重量、包装、收逾重费、打印行李牌）、结算报载等。主要工作要求如下：

1. 岗前准备工作要求

（1）确保备齐岗位所需业务用品，避免因准备不足导致工作差错。

（2）到岗后应仔细检查值机柜台所有设施是否完好，如电脑、磅秤、行李传送带等，若发现故障应立即报修，排除故障。

2. 接收旅客工作要求

（1）为旅客办票时，须询问旅客航班号、目的地、是否有托运行李、是否有特殊餐食需求等。

（2）严格查验旅客证件，确认证件上的旅客姓名与机票一致，如是电子客票，其证件号码必须与离港系统中的登记证件号码完全一致。

（3）严格查验旅客机票。

3. 收运行李工作要求

（1）主动询问旅客手提行李及托运行李件数，提醒旅客严禁在行李中夹带危险品或禁运物品。

（2）要求旅客行李通过安全检查后方能离开，如需开箱检查的则要在旅客办理完安检手续后，再将行李牌交付旅客。

（3）值机员在旅客托运行李超过规定免费额度时，必须征询旅客同意后，填开“逾重行李通知单”，指引旅客前往售票柜台支付逾重行李费。

（4）对于不符合正常托运规定的行李，例如存在破损、污损，无锁或锁失效，内装鲜活物品或小动物，以及迟交运等情况，必须在征得旅客同意并签字确认后，拴挂“免除责任行李牌”。此外，所有行李的收运工作均须严格遵循相关规定。

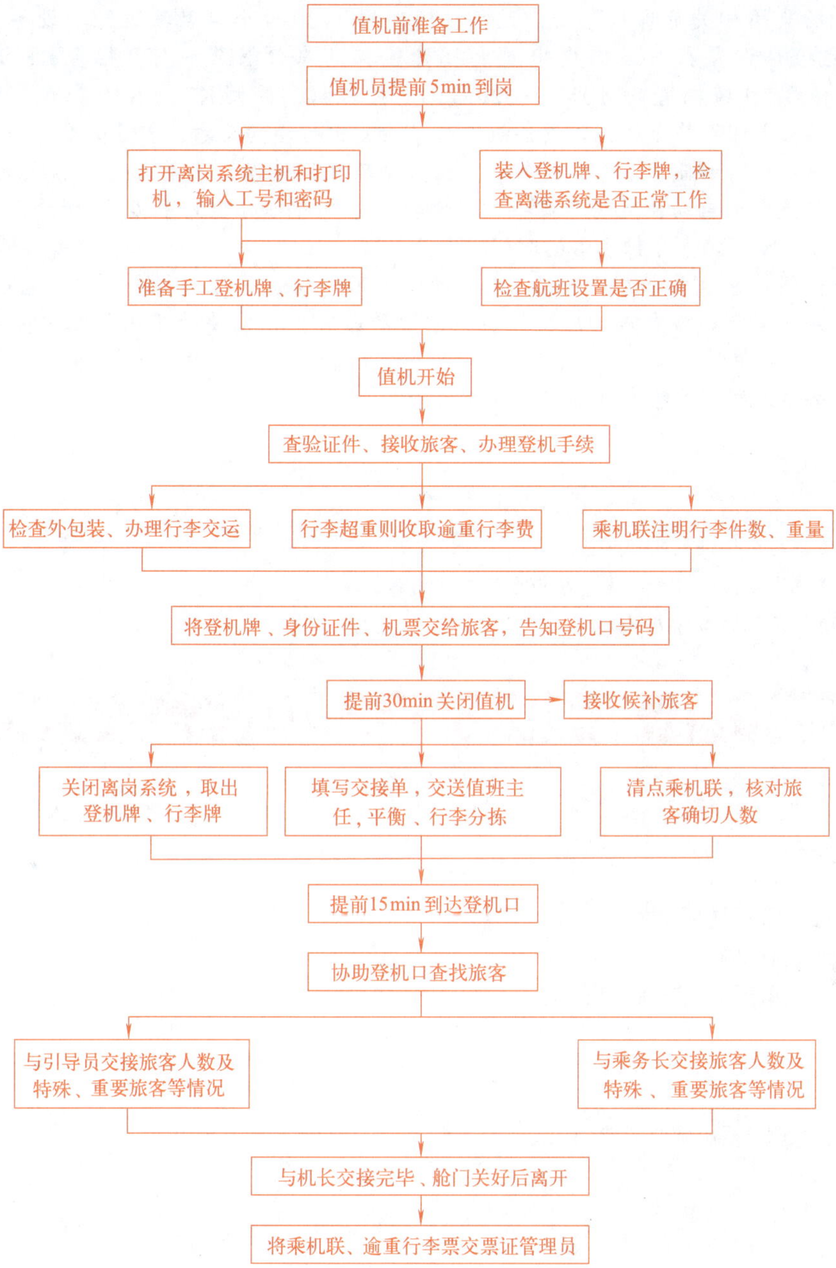

图 4-2　值机员主要工作流程图

案例分析

刷脸登机来了　武汉天河国际机场全自助乘机可省半小时

1分钟办好自助值机，2分钟完成自助行李托运，3秒通过人脸识别，刷脸登机。近日，不少旅客发现，武汉天河国际机场变得越来越“智能”。旅客自助办完值机手续，无需打印登机牌，只要刷身份证、配合人脸识别，便可轻松通过安检闸机和登机通道。机场方面介绍，使用全套自助设备乘机可以节省20至30分钟排队时间。

湖北机场集团相关负责人介绍，天河机场新增了20台全自助托运行李设备。目前，自助行李托运柜台设置在四层国内出发大厅E值机岛东侧E13～E20柜台、F值机岛东侧F17～F20柜台、J值机岛东侧J17～J20柜台、K值机岛西侧K7～K10柜台。天河机场地服公司国内值机主任徐静介绍，该设备能够自动检测出行李的尺寸、重量是否符合标准，极大地为旅客节省排队等候时间，“以前在人工柜台办理托运手续，平均每位旅客大约要花10分钟。现在旅客使用全自助托运行李设备，只需要3分钟即可办理完手续。”徐静说。自助设备平均可为每位旅客节约7分钟左右的时间。

自助登机闸机系统要求每次一名1.4米以上旅客进入通道内，系统具备防尾随告警功能。对于身高不足1.4米，怀抱婴幼儿及行动不方便的旅客，仍需要使用闸机系统旁的人工核验通道。

分析：全自助乘机是否存在一定的安全风险?

课后思考

1. 简述值机的岗位设置包括哪些。
2. 请简述值班主任柜台和逾重行李柜台的工作内容。
3. 试述值机岗位的工作流程。

课题三　值机手续办理

学习目标

了解国内、国际乘机证件；

掌握客票查验的内容；

掌握座位安排原则及登机牌的填写。

素养目标

培养安全意识与爱岗敬业精神。

思政小课堂

揭阳潮汕国际机场推出全程无纸化登机服务

从2017年10月2日起，揭阳潮汕国际机场推出全程无纸化登机服务，旅客通过“揭阳潮汕国际机场”微信公众号或者“航旅纵横”App即可办理。此举将作为服务提升的亮点之一，既是“互联网＋机场”的体现，又是智慧化出行体验的重要组成，更是揭阳潮汕机场公司朝着“智慧空港，效率机场，价值企业”战略目标往前进一步的印记。

办理全程无纸化登机共有4个步骤：

（1）办理乘机手续：进入“揭阳潮汕国际机场”公众号，选择“我的航班→手机值机”，输入旅客的信息，选择好座位，即可生成电子登机牌。

（2）安检验证：电子登机牌生成之后，将身份证以及手机上的电子登机牌交由安检工作人员验证。

验证通过之后，将会在电子登机牌上自动加盖验讫章。

（3）登机口验证：开始登机时，将带有安检验讫章的电子登机牌交由工作人员进行验证，验证通过之后，即可前往舱门。

（4）舱门前二次复核：到达舱门前，再次将带有安检验讫章的电子登机牌交由工作人员进行验证，验证通过之后，即可登上飞机。

目前，全程无纸化登机服务仅适用于国内航班无托运行李的普通旅客。国际航班旅客、需要托运行李的旅客、携带婴儿的旅客、中转联程旅客、无人陪伴儿童及其他特殊旅客请预先前往人工柜台办理相关乘机手续。

针对需要打印用于报销的纸质登机牌的旅客，可前往隔离区综合服务柜台（安检验证柜台对面）进行打印。

一、值机准备工作

（1）上岗前值机员应了解飞行计划、动态，核对旅客人数，VIP、特殊旅客和团体旅客预报情况及平衡配载要求。

（2）根据不同的机型、旅客人数，准备好登机牌、行李牌、标志牌、紧急出口旅客须知卡等业务用品。了解出港乘机人数与航班机型是否相符。

（3）上岗时应了解设备使用情况，核对柜台显示屏幕的登机门和登机牌是否一致，检查磅秤、传送带是否完好。

（4）了解航班是否有重要旅客、特殊服务旅客及团体旅客，以及他们的特殊要求。

证件检查

二、值机证件检查

旅客在办理乘机或出境手续时，应出示有效身份证件、旅行证件、护照及签证等。值机人员应检查旅客身份证件或其他旅行证件是否真实、合法、有效，并判断其状态是否适宜乘机。

旅客的有效身份证件、旅行证件、护照及签证应随身携带，不得放在托运行李中运输。由于旅客乘机证件不完备而受到的损失及因此支付的费用，承运人不承担责任。承运人由此受到的一切损失和支付的费用，甚至罚金，由旅客负责赔偿。

（一）国内旅客乘机证件

（1）旅客乘机须持本人有效居民身份证或公安机关出具的其他有效身份证件。尚未领取居民身份证或士兵证的，可使用当地公安机关或所在部队出具的临时身份证明。临时身份证明应贴有本人近期免冠一寸照片，写明姓名、性别、年龄、工作单位、有效日期并加盖公章。

（2）外国人、华侨、港澳同胞、台湾同胞、外籍华人乘机，须出示有效护照、回乡证、台胞证、居留证或公安机关出具的其他有效身份证件。

（3）法定不予颁发或尚未领取居民身份证的人民解放军、人民武装警察官兵及文职干部、离退休干部，可以使用军官证、警官证、士兵证、文职干部或离退休干部证明。

（4）16周岁以下未成年人乘机，可使用学生证、户口簿。12周岁以下儿童乘机凭户口簿，婴儿应提供出生证。

（5）全国人大代表、全国政协委员凭全国人民代表大会代表证、全国政协委员证乘机。

（二）国际旅客乘机证件

国际旅客乘机证件主要指护照和签证，如证件不符合出入境要求，将会被入境国遣返，航空公司将会被罚款及承担相关费用。一般情况下，国际值机员通过离港系统中 TIM 手册（旅行规则）查看旅客前往某国某地必须具备的条件，包括海关、边防和检疫的各种规定。

当工作人员无法确定旅客是否符合出入境条件时，必须查阅 TIM 手册的相关规定，才能避免不必要的工作失误和差错。

TIM 手册英文全称为 travel information manual，简称 TIM，即旅行信息手册，该手册由 27 家航空公司联合出版，每月出版一本，是官方指定正式旅行资料，只有英文版本，在离港系统中可以使用指令查阅相关内容。

TIM 手册内容按国家排列，每个国家项下都包括以下内容：护照（passport）、签证（visa，图 4-3）、健康（检疫信息）（health）、海关（customs）、机场税（tax）、货币（currency）。

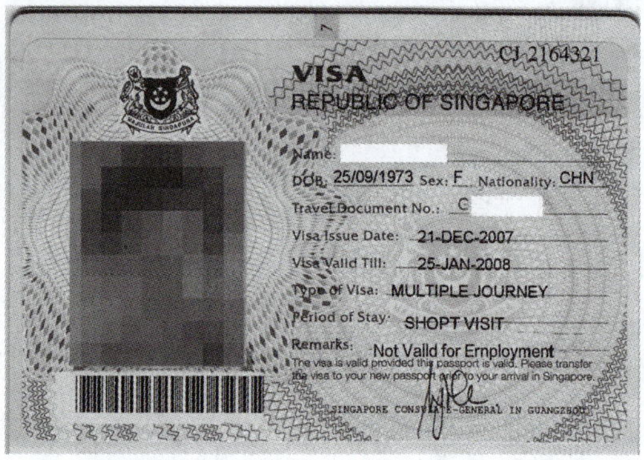

图 4-3　签证

（三）检查证件内容

值机礼仪：证件检查

（1）姓名：机票上的名字是否与旅行证件一致。

（2）照片：旅行证件上的照片与旅客肖像是否一致。

（3）有效期：检查旅行证件是否在有效期内。

三、客票查验

（一）客票查验的含义

所谓查验客票，是指检查旅客所持客票的合法性、有效性、真实性和正确性。旅客乘坐飞机必须交验有效客票，承运人自办理乘机手续至旅客到达目的地的时间里，均有权查验旅客的客票。

（二）客票查验的内容

客票的查验主要包括四方面的内容：第一，机票是否为旅客本人的；第二，机票信息是否与电脑订座记录相符；第三，机票是否在有效期内；第四，机票有何限制条件。客票分为纸质客票和电子客票，以下为纸质和电子客票的一般查验内容。

（1）办理乘机手续应首先查验客票上的旅客姓名是否与本人及其有效乘机身份证件一致。电子客票应检查离港系统中的身份证号是否和旅客的身份证件号码一致，如不一致可拒绝办理。

（2）逐项核对姓名、航班号、航段、日期、票价、订座情况等信息及各种代号使用是否正确。其次，客票所载明的运输有效航段、承运人，必须与实际承运的航段和承运人一致。

（3）客票是否在有效期内。客票的有效期为一年，旅客必须在客票有效期内完成客票上列明的中途分程、联程、回程的全部航程。

（4）客票的舱位等级无误。

（5）客票的订座状况应为 OK。电子客票的状态显示为“OPEN FOR USE”，电子客票还需要检查离港系统中旅客的订座记录有无 ET 标识，如无 ET 标识，则不能接收旅客。

（6）客票其他有关内容，应符合航空公司有关规定。

四、座位安排

（一）机上座位介绍

飞机上座位介绍

（1）平衡区：飞机上对于飞机重心影响最小的区域。一般飞机临时加人多安排在这个区，团队旅客也多安排在这个区。

（2）婴儿座位：飞机上每一个座位上方都有一个氧气面罩，某些排会多一个氧气面罩，是发生紧急状况时供婴儿使用的。婴儿应安排在多一个氧气面罩的那排座位，即婴儿座位。

（3）靠近服务区的座位：服务区是指机舱厨房和厕所所在的位置，前后舱各一个。多安排一些有特殊服务要求的旅客在此就座，可以方便索要饮品食物和上厕所。

（4）紧急出口排：紧急出口是飞机座位安排图上标 E 的那个门。紧急出口排是靠近紧急出口的那一排座位。

（5）机型与座位布局：常见的机型座位布局概况见表 4-1，A320-200 飞机客舱布局见图 4-4。

表 4-1　常见机型座位布局概况

机型	座位数	每排座位数	布局	宽体 / 窄体
B737-300	140	6	3-3	窄体
B757-200	200	6	3-3	窄体
B747-400	404	11	3-5-3	宽体
B767	255	7	2-3-2	宽体
B777	380	10	3-4-4	宽体
A340	375	8	2-4-2	宽体
A300	267	6	2-2-2	宽体
A320	158	6	3-3	窄体
MD-82	147	5	2-3	窄体
MD-90	147	5	2-3	窄体

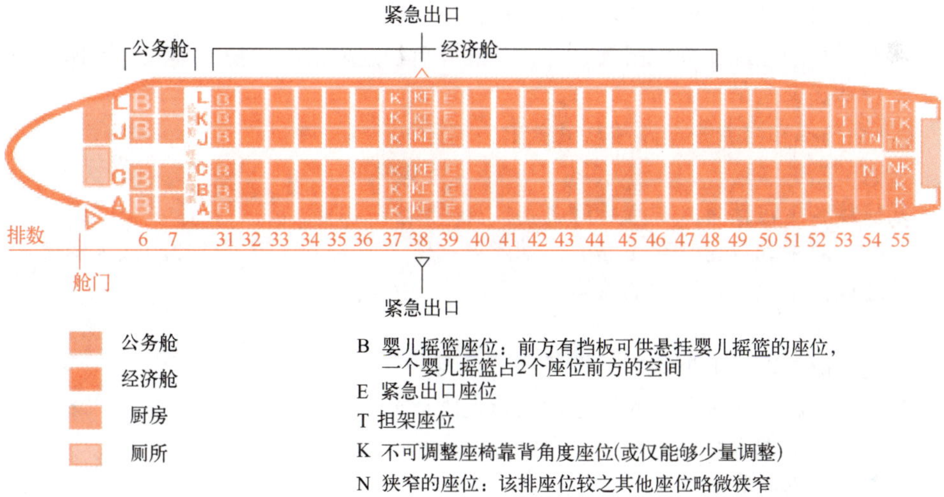

图 4-4　A320-200 飞机客舱布局图

（二）座位安排的原则及要求

航空公司规定，旅客乘坐飞机时必须严格按照登机牌上的座位号登机、对号入座。同时，座位的安排在满足配载平衡的情况下应尽可能满足旅客的座位位置要求。

（1）同行旅客、家庭旅客应尽量安排在相邻座位上。

（2）重要旅客安排在预留的前排座位，或按旅客要求安排。

（3）病残旅客、孕妇、盲人、无成人陪伴儿童等需要特殊服务的旅客应安排在靠近服务区方便出入的座位，但不得安排在紧急出口处。

（4）在航班不满的情况下，应将携带不占座婴儿的旅客安排在相邻座位无人预订的座位上；如果旅客在订座时已预订了机上摇篮，应把旅客安排在安装机上摇篮的座位上。

（5）对于需拆卸机上座位的担架旅客，本着避免影响其他旅客的原则，一般应将其安排在客舱尾部，并确保所拆的座椅位置远离紧急出口。

（6）不同政治态度或不同宗教信仰的旅客，不应安排在一起。

（7）国际航班在国内航段载运旅客时，国际、国内旅客分别集中安排。

（8）因超售而非自愿提高舱位等级的旅客的座位，应与该等级的付费旅客分开。非自愿降低等级的旅客应安排在降低等级后较舒适的座位上。

（9）紧急出口排原则上安排那些身体健全、有良好的普通话理解能力、在发生紧急撤离时愿意协助机组的旅客，如军人、警察、航空公司职员等。

（三）紧急出口座位的安排

紧急出口座位，是指旅客从该座位可以不绕过障碍物直接到达紧急出口的座位和旅客从离紧急出口最近的通道到达出口必经的成排座位中的每个座位。

1. 安排在紧急出口座位就座的旅客

此处的旅客应当具备的能力（指完成下列职责的能力）：

（1）确定紧急出口的位置。

（2）认出紧急出口开启机构。

（3）理解操作紧急出口的指示。

（4）操作紧急出口。

（5）评估打开紧急出口是否会增加由于暴露旅客而带来的伤害。

（6）收藏或者固定紧急出口门，以便不妨碍使用该出口。

（7）遵循机组成员给予的口头指示或手势。

（8）评估滑梯的状况，操作滑梯，并在其展开后稳定住滑梯，协助他人从滑梯离开。

（9）迅速地经紧急出口通过。

（10）评估选择和沿着安全路线从紧急出口离开。

2. 不得安排在紧急出口座位的旅客

（1）残疾旅客（包括盲人、聋哑旅客）。

（2）两臂、双手和双腿缺乏足够的运动能力、体力或灵活性较差的年迈或体弱旅客。

（3）缺乏操作紧急出口能力的旅客。

（4）儿童和婴儿。

（5）行为限制旅客、遣返旅客、押运刑事犯人。

（6）过于肥胖旅客（以不影响应急通道行走为标准）。

（7）飞行中需要他人帮助的旅客。

（8）视觉不佳的旅客。

（9）缺乏听觉能力的旅客。

（10）缺乏阅读和理解由客舱乘务人员用文字或者图表形式提供的有关紧急撤离指示能力或者缺乏理解机组口头命令能力的旅客。

（11）不愿意履行紧急出口座位相关义务的旅客。

3. 紧急出口座位发放规定

（1）必须得到旅客明确答复同意履行紧急出口座位职责后，方可发放座位。

（2）当航班为满客时，应提前将紧急出口座位发放给有能力的旅客。

（3）对预计不满座的航班，值机员原则上不发放紧急出口座位。

（4）禁止值机员将紧急出口座位发放给任何需要特殊照顾的旅客。

知识链接

机上座位的偏好能反映出个人性格？

心理学教授 Jonathan Bricker 曾说过，“在旅行中，飞机座椅位置对旅客们来说是很重要的一个选择，因为这是他们在旅行中极少自己有能力去左右的旅行细节。”所以照此理论，人们的心理活动都或多或少体现在飞机座椅上。而基于近年来的研究及理论，同时针对选择同类型座位的人群做了性格肖像分析，心理学家们得出了以下最新结论。

心理学家们认为，旅客们喜欢选择过道旁边的位置图的并不是什么腿部空间，而是为了更大的自由度。由于坐在过道旁，旅客可以随时起身站立，想从行李架上拿东西也方便，而且即便需要上厕所也能说走就走。而也正是由于有这样的便利，过道座位上的人既不会感觉被夹在角落里，也不用和隔壁旅客发生什么互动，说明这是一个内向的人。除此之外，坐在这个座位上还能“一夫当关万夫莫开”，控制整排旅客的进出，因此喜欢这个座位的人又比较有控制欲。所以心理学家得出结论，过道座位上的旅客是性格内向的控制狂。

心理学家的这套理论靠谱吗？

和乘客们直接打交道的一位空乘人员站出来说话了：“我在飞机上服务乘客有 20 年了，不管是靠窗还是靠过道，都有内向或外向、苛刻或随和、谦逊或自大的乘客，说实话我从来没有注意到不同座位上的乘客有这样或那样的性格倾向。”

关于理论正确与否，心理学家会说空乘知人知面不知心，空乘会说自己阅人无数。但不论如何，有一个选择座位的客观知识值得关注：坐在飞机上的前排座位比坐在后排座位更舒适也更健康。由于前排距离飞机引擎较远，前排乘客没有后排那么容易受到噪声侵扰；同时和坐大巴车类似，飞机遭遇乱流时前排没有后排颠簸；此外，因为通风设备大多集中在飞机前部，前排的空气也比后排更加清洁；而且前排座位方便上下飞机。

值机操作视频

五、收运行李

行李运输是随旅客运输而产生的，与旅客运输有着不可分割的关系。收运行李是行李运输中的首要环节，收运时应注意以下几方面。

1. 了解行李的内容是否属于行李收运的范围

值机员应主动询问旅客有无需要托运的行李，旅客手提行李超过标准时，应要求旅客托运该行李。托运行李超过行李运输范围的，应请旅客将行李按货物运输。

2. 了解有无限制或禁止运输的行李

值机员应了解行李内有无夹带禁运品、违禁物品或危险品，了解是否有易碎易损、贵重物品或不能作为交运行李运输的物品。

3. 检查行李的包装是否符合要求

交运的行李必须包装完善、锁扣完好、捆扎牢固，能承受一定的压力，能够在正常的操作条件下安全装卸和运输，并应符合相应条件，否则，承运人可以拒绝收运。

4. 检查行李的重量、体积是否符合要求

将行李过秤，行李逾重时，应告知旅客逾重重量以及收费标准，并指明缴纳逾重行李费的

窗口。

5. 将行李拴挂好行李牌，过安全检查

正确拴挂行李牌在旅客的行李上。将旅客的行李牌领取联粘贴或附在旅客客票副页的空白处，如旅客行李上有旧的行李牌，应予以清除。

六、换发登机牌

（一）登机牌的作用

登机牌和客票一起构成旅客乘坐飞机的凭证，登机牌是登机和对号入座的依据，也是地面服务人员清点登机旅客人数的依据。旅客办理乘机手续时，由值机员或自助值机设备打印登机牌。

登机牌是航空公司地面服务组织过程的必需业务文件，在工作流程中起重要作用，因为其不参与运价的结算并且不在整个运输环节中出现，故登机牌不是有价证券，遗失可以补发。

（二）登机牌的分类及样式

登机牌按形式分为普通纸质版、简易版、电子影像版等多种形式。按印刷单位不同分为航空公司登机牌、机场登机牌等。

各航空公司或机场登机牌的格式不尽相同，所包含的内容也不完全一样。但必须包含如下信息：旅客姓名、航班号、日期、目的地、座位号、舱位、登机口、登机时间等。登机牌一般分为主联和副联两部分，主联由旅客保存直至该航班旅行结束，副联作为登机站清点已登机旅客人数的凭证。

登机牌填写

（三）登机牌的项目及填写

（1）航班。填写航班号。

（2）目的地。正联用汉字填写目的站地名全称，加上汉语拼音全称；副联可用三字代码表示。

（3）舱位等级。填写客票订座舱位代码。

（4）座位。如 4A，阿拉伯数字表示座位行号，英文字母表示座位列号。

（5）日期。填写乘机日期，由日期与月份的英文拼写的前三位字母组成。

（6）姓名。填写旅客名字的汉语拼音全称与汉字。外国旅客无中文姓名，姓与名之间用一斜线分隔。

（7）登机口。填写该航班的登机口号。

（8）登机时间。填写旅客开始登机的时间，用 24 小时制表示（始发站当地时间）。

（9）序号。由三位阿拉伯数字组成，表示旅客办理乘机手续的顺序号。

登机牌的项目及填写具体如图 4-5 所示。

（四）登机牌的管理与作废

（1）值机员在航班结束后，将所有没有使用，但已打印出航班和旅客信息的登机牌撕毁作废，以避免旅客捡到并冒充使用；此外，旅客持在空白登机牌上手工填写航班信息的登机牌登机无效。

（2）空白登机牌由承运人或承运人地面代理指定部门保管。

七、值机柜台关闭

1. 办理航班截载

值机员在航班离港前 30 分钟截止办理乘机手续，停止接收旅客，清点乘机联和行李牌，前 25 分钟做航班初始关闭。截止办理乘机手续时，值机员应认真核对离港系统航班统计结果。特殊事项处理，如 VIP、团体未到，客票超售、错售等问题，及时报给值班主任。

图 4-5 机场登机牌

航班剩余座位在没有特殊要求预留的情况下，可按规定妥善安排超售。对迟到的旅客，在其客票的背面注明迟到的时间，然后替旅客办理改签或退票手续，在不影响航班正点的前提下，可根据现场情况，经值班主任同意后予以办理乘机手续。在截止办理乘机手续后，清点乘机联，准确无误后，填好业务交接单，上联交平衡人员，下联交行李装卸人员。旅客登机完毕后，上飞机与乘务人员当面交接旅客人数，待平衡人员交接完毕，飞机关上舱门后方可离岗。

2. 送机工作

正常航班登机时，值机员或送机员在航班起飞前 20 分钟到达登机口，延误的航班开始登机后 5 分钟之内到达登机口。

协助登机口引导员阻止旅客将超大行李带上飞机；了解航班登机情况，处理旅客登机不正常情况，如登机牌丢失等；查找未登机旅客姓名和行李托运情况，航班离港前 15 分钟通报有关单位旅客登机情况，并广播未登机旅客姓名；监听有关单位航班保障指令，拉减旅客和行李，与配载员核对航班修改后的数据。正常情况下在航班离港时间前 10 分钟关舱。

3. 航班离港后的工作

整理航班工作记录及航班不正常情况等需记录备案的事项并存档；根据复核结果，及时与配载员复核航班数据，或通过离港系统复核航班数据；及时回收剩余的各类行李牌及行李标志，妥善保管；将逾重行李票运输联送交结算部门结算；整理航班登机牌副联并保存 24 小时。

案例分析

忘带身份证也能“飞”！深圳机场推出新服务

深圳机场推出新服务了——忘带身份证可申领乘机码！

深圳机场在国内率先试点推出的乘机码“一证（码）通行”服务已面向旅客全面试行，乘坐国内航班的旅客无需出示身份证和登机牌，只需注册申领“乘机码”，即可一码办完乘机手续。

这项新服务怎么体验？

在深圳机场乘坐国内航班出发的旅客可在支付宝民航公安官方小程序“民航便捷出行”注册申领“乘机码”。如图 4-6 所示。

该服务适用于所有持二代身份证购买机票的国内航班旅客，旅客仅凭一部手机、一个乘机码即可完成值机、托运、安检和登机全流程乘机手续，再也不用担心因丢失或忘记携带身份证无法乘坐航班的问题，为旅客提供更多乘机验证通行的选择。

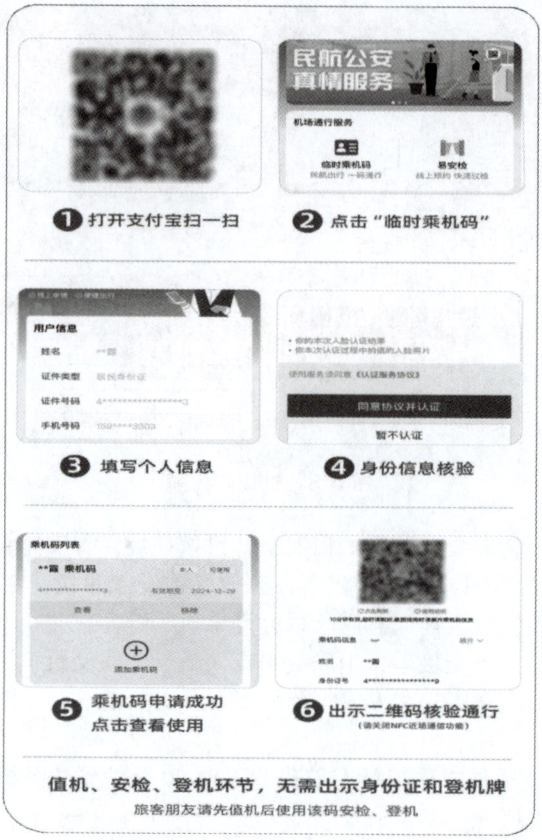

图 4-6　深圳机场乘机码“一证（码）通行”服务

目前，深圳机场已全面实现国内航班全流程自助服务，除“一证（码）通行”可实现一部手机通办全流程手续外，旅客还可以通过“深圳机场”小程序以及刷身份证等方式，享受值机、托运、安检验证、登机等全过程自助便捷出行体验。

分析：深圳机场的“一证（码）通行”服务能否推广到全国机场？

课后思考

1. 简述客票查验的内容有哪些。
2. 请简述座位安排的基本原则。
3. 试述登机牌所含项目及如何进行填写。

课题四　值机异常情况处理

学习目标

了解值机异常的几种情况；
掌握旅客误机、漏乘、错乘情况的处理；
掌握无票乘机、候补乘机、登机牌丢失情况的处理。

素养目标

培养安全意识与爱岗敬业精神。

思政小课堂

仅用时 15 分钟 东航全力保障 13 名急转旅客顺利成行

2023 年 11 月 16 日上午，东方航空（以下简称“东航”）西安中转工作人员李亚妮在刚交接完工作后接到了一通电话。电话对面的刘女士（化名）表示一行 13 人目前在长春，乘坐 CZ6569 航班前往西安，但飞机延误还未起飞，担心赶不上后段当天仅一班的 MU2377 航班前往阿勒泰，希望能够获得工作人员帮助。

李亚妮查询发现其所乘坐的南方航空（以下简称“南航”）航班预计延误一小时，计划到达时间 14:00。而 MU2377（西安—阿勒泰）航班计划起飞时间 14:40，停止办理手续时间为 14:00，刘女士一行 13 人的转机时间十分紧张。面对这一突发事件，李亚妮第一时间上报此情况，东航西安中转立即启动急转旅客保障流程，南航予以支持并协助保障。李亚妮提前为旅客办理值机手续，并打印出登机牌。因为两架飞机停靠机位较远，李亚妮与南航协调提前配备一辆专用摆渡车，用摆渡车转运旅客，力争缩短转机耗时。

13:25，前站航班抵达西安咸阳国际机场 T3 航站楼，李亚妮和宁媛带着 13 名旅客的登机牌，在进港机位提前等待。13:38，核实 13 名旅客身份信息后，为旅客现场发放登机牌，带领旅客乘坐摆渡车前往 MU2377 航班登机口。13:53，所有旅客到达 MU2377 登机口，全程仅用时 15 分钟。

一、晚到旅客

在航班有空余座位和保证航班正点的前提下，可为晚到旅客办理乘机手续，并提供必要的乘机引导服务，必要时，请示航班有关控制调度单位。晚到旅客的托运行李，如旅客同意可按免除责任的迟运行李办理。晚到旅客如未成行，按旅客误机处理。

二、旅客误机

旅客未按规定时间办妥乘机手续，或因旅行证件不符合规定而未能乘机为误机。旅客误机按以下规定办理：

（1）旅客如发生误机，应在获得乘机机场误机确认后，在乘机机场或原购票地点或航空公司售票处办理改乘航班手续或退票手续。

（2）旅客误机后，如要求继续旅行，在后续航班有可利用座位的情况下，航空公司应积极予以安排，旅客应服从公司的安排，不收误机费。

（3）旅客误机后，如要求退票，按自愿退票的规定办理。

（4）持特种票价客票的旅客误机后，按该特种票价的规定办理。

三、旅客漏乘

漏乘是指旅客在始发站办理乘机手续后或者在经停站过站时未搭乘上指定的航班。旅客漏乘应凭原客票在乘机机场的航空公司乘机登记处办理漏乘确认手续，并在办理改乘后，方可继续乘机。对在 24 小时内未办理漏乘确认手续的旅客，按自动终止乘机处理，其客票乘机联不退还旅客。

由航空公司原因导致旅客漏乘的处理：

（1）应尽早安排旅客乘坐后续航班成行，免收费用。

（2）对在经停站漏乘的旅客，可提供膳宿服务。

（3）对旅客要求退票，按非自愿退票的规定办理。

（4）处理经停站漏乘时，旅客客票可按航班中断飞行办理。

由旅客原因造成漏乘的，参照旅客误机的有关规定办理。

四、旅客错乘

旅客未按客票和登机牌上注明的航班乘飞机旅行称为错乘。错乘主要是有关站把关不严所造成，民航应承担主要责任。旅客错乘按以下规定办理：

（1）旅客错乘飞机，在发现后的第一站下机，原客票仍有效，承运人应该安排错乘旅客搭乘最早航班返回原始始发站。

（2）如有其他航班飞抵其客票上的到达站，承运人也可安排其直接前往，票款不补不退。

（3）如旅客要求退票，按非自愿退票处理。

五、无订座记录

无订座记录旅客是指旅客持订妥的承运人航班客票前来办理乘机手续，但在订座记录上无该旅客姓名的旅客。对无订座记录的旅客应根据具体情况，按下列顺序给予安排：

（1）已订座，但被取消的旅客。

（2）曾经订座的旅客。

（3）持不定期客票或订妥续程机票的旅客。

（4）一般旅客。

（5）持优待折扣票的旅客。

六、旅客无票乘机

（一）在飞机起飞前发现

（1）未满 2 周岁的婴儿无票乘机，应按婴儿票价补收票款。

（2）对成人或者儿童无票乘机的处理：及时报告值班主任和商务调度室；交机场公安部门处理。

（二）在飞机起飞后发现

（1）立即通知目的站，有经停站的则通知经停站。

（2）目的站或者经停站应立即通知当地保卫部门或者其他有关部门。

（3）飞机到达后，交保卫部门或者其他有关部门。

（4）向无票乘机者补收所乘航段的票款。

（5）向各有关部门及主管部门领导汇报情况。

七、登机牌遗失

旅客办理乘机手续后，若发生登机牌遗失的情况，在证实该旅客登机牌确实无法找到时，可以重新补发。在登机前，将补发的登机牌座位号（序号）通知送飞机的服务员，以防遗失的登机牌被冒用。

八、候补旅客

候补旅客是指持有不定期客票的旅客，包括不定期客票的付费旅客和优待折扣票的旅客，以及无订座且不持任何客票而自愿到机场等候座位的旅客。对自愿到机场候补座位的旅客，应在航班截止办理乘机手续后，视飞机座位空余情况予以安排。安排的顺序如下：付正常票价的旅客、付特种票价的旅客、持折扣票或免票的旅客。

案例分析

合肥机场联动服务 “急客”显高效

2025年4月3日夜间至4月4日上午，受清明假期车流高峰影响，机场高速出现严重拥堵，部分旅客面临误机风险。合肥机场迅速启动急客保障预案，旅服部、安检站等单位齐心协力，通过全流程精准服务、多单位协同、多岗位联动，成功保障晚到旅客顺利登机，确保航班准点运行，赢得旅客高度赞誉。

在接到高速拥堵预警后，机场旅服部充分研判旅客晚到风险，迅速启动急客一级响应程序。“快！这边走！”身着“急客保障”马甲的引导员手持醒目标语牌，在候机楼入口、值机区、安检口等关键点位疾步穿梭，他们精准锁定晚到旅客，提供“一对一”快速指引。安检迅速增开“急客通道”，预留应急缓冲区，确保高峰时段通道功能灵活切换；增加多个“雁翔我帮您”流动服务岗位，主动询问“急客”航班时间，陪伴他们通过急客通道高效有序过检。旅服部引导人员通过实时对讲系统动态追踪旅客位置，登机口、安检通道、商务调度紧密联动，确保值机、安检、登机各环节“无缝衔接”。当日前往深圳险些误机的陈女士感慨道：“多亏工作人员一路小跑带我抄近道，还不断安慰我‘别急，一定能赶上’，这种急我们所急的服务让人感动。”

据悉，在这场与时间的赛跑中，合肥机场成功为143名晚到旅客架起了一条“绿色通道”，其中登机时间不足30分钟的旅客达75名。此次“急客”保障不仅体现了各单位高效的协同能力，更生动诠释了合肥机场“接力急客，急您所急”的服务追求。

分析：根据案例请谈谈如何做好晚到旅客的服务。

课后思考

1. 简述误机、漏乘的概念。
2. 请简述无订座记录旅客如何处理。
3. 请简述登机牌遗失如何处理。

课题五　离港系统指令

学习目标

掌握值机操作指令；
掌握可视化值机操作程序。

素养目标

培养安全意识与爱岗敬业精神。

思政小课堂

吉安井冈山机场开展离港系统中断应急处置演练

2025 年 4 月，为提升运行保障应急处置能力，吉安井冈山机场开展了离港系统中断应急处置演练。

此次演练由分公司航务保障部牵头，地面服务部、安护消防部配合。演练为达到实效，以真实航班 CA8382 为演练航班，17 时 50 分航班正在办理值机手续，离港系统从机房人为中断。此时《离港系统中断应急处置预案》立即启动，配载员通过与中航信联系，迅速获取该航班旅客电子客票名单及飞机座位布局图等，并将相关资料第一时间发至值机、验证等岗位。值机岗与验证岗立即启动手工办理旅客乘机手续及验证手续。值机岗手工填制行李条、登机牌，验证岗手工验证，登机口服务岗使用手工方式保障旅客登机，配载岗以手工绘制平衡配载图替代电子舱单。各岗位紧密配合，19 时 15 分航班顺利离场。

演练结束后，各相关部门、相关岗位及时开展了演练复盘工作，大家对演练中存在的问题各抒己见，下一步将对应急处置预案进行修订完善。

一、离港系统简介

计算机离港控制系统（departure control system），简称 DCS。在我国，民航离港系统始建于 1988 年，是中国民航引进的美国 UNISYS 公司的航空公司旅客服务大型系统，系统分为旅客值机（CKI）、航班数据控制（FDC）和配载平衡（LDP）三大部分。CKI 与 LDP 可以单独使用，也可以同时使用。它们在使用过程中由 FDC 系统进行控制。

DCS 又称机场旅客处理系统，是机场为旅客办理乘机手续的关键计算机信息系统，具有离港控制、航班旅客信息提取和处理、超重行李处理、登机牌 / 行李牌打印等功能，是目前中国旅客安检前办理登机手续的必用工具。

旅客值机（CKI），是旅客购买电子客票后，上飞机前的必经程序。包括核对旅客的姓名、身份、座位，发放登机牌，交运行李等一系列操作。

航班数据控制（FDC），负责航班实时监控，以及值机系统的数据管理工作。

配载平衡（LDP），是指飞机起飞前必须进行飞机业载分配工作，确保飞机的载重与平衡数据处于飞机飞行系统的要求之内。

离港控制系统的关系结构，如图 4-7 所示。

目前，国内大部分航空公司、机场所运行的旅客离港系统是由中国民航信息网络股份有限公司管理的。它是 RES 客票订座系统的延伸部分，旅客离港系统的旅客数据来源是 RES 系统。

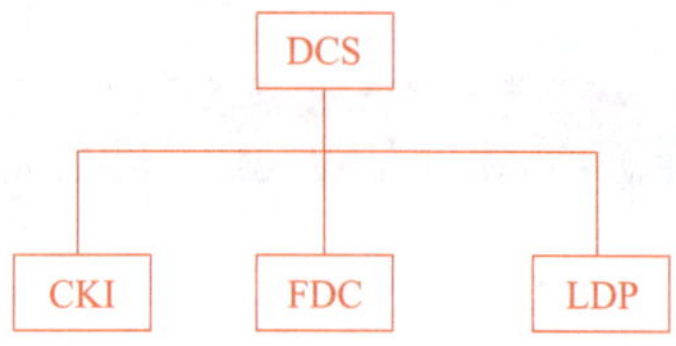

图 4-7　离港控制系统的关系结构

二、值机系统介绍及流程

在办理旅客值机前，离港系统（DCS）要准备航班计划，安排飞机，实施航班数据的控制（FDC），并从订座系统（RES）获得订妥了座位的旅客记录信息 PNL。

旅客值机（check in）系统，是一套自动控制和记录旅客活动全过程的计算机控制系统。

它具有如下的五种办理值机的方式：

（1）旅客姓名方式（NAM），根据旅客有效身份证件的号码，通过提取旅客姓名，确认航班、人数、舱位等级，接收行李和发放登机牌。这种方式是最常用的值机方式。

（2）部分旅客姓名方式（PNM），输入部分旅客姓名，系统列出清单，选择清单序号的旅客，办理值机手续。

（3）序号方式（PNM），按订座旅客数和飞机尚有的实际座位数，系统列出旅客姓名清单，按清单序号依次选择旅客办理值机手续。

（4）旅客网上办理（WEB），旅客通过 Web 网络，自助办理值机手续，领取登机牌，不过行李的托运应到机场的值机柜台办理。

（5）手工方式（NON），不是由计算机而是由值机工作人员来办理值机手续。

旅客值机系统对订座记录中已经证实（已出票）的旅客，逐一确认，分配舱位座位，接收行李，打印旅客登机牌、行李牌。

对于订座记录中未证实（未出票）的旅客，将其列为候补旅客，产生候补号，设立优先级。对于这类旅客，当飞机有座位时，按优先级为其证实订座记录，正式接收并办理值机手续。

旅客值机系统也可以一次办理多个旅客的登机手续。

旅客值机系统还可以处理超重行李，办理有关手续。

旅客值机系统可以在一台终端上，同时办理多个航班的旅客接收，反之一个航班也可以在多个终端上办理旅客、行李的接收，分配座位，打印登机牌、行李牌。

旅客值机系统航班关闭分三步：

第一步：初始关闭，尽可能多地接收旅客。之后到来的旅客限制在登机口接收，值机柜台不再接收旅客。

第二步：中间关闭，发送航班关闭信息，通知配载部门最后一名旅客已经办理好乘机手续，可以做配载平衡工作了。

第三步：完全关闭，系统向有关部门发送有关报文。

航班完全关闭后，不再接收旅客。

值机流程和命令如图 4-8 所示。

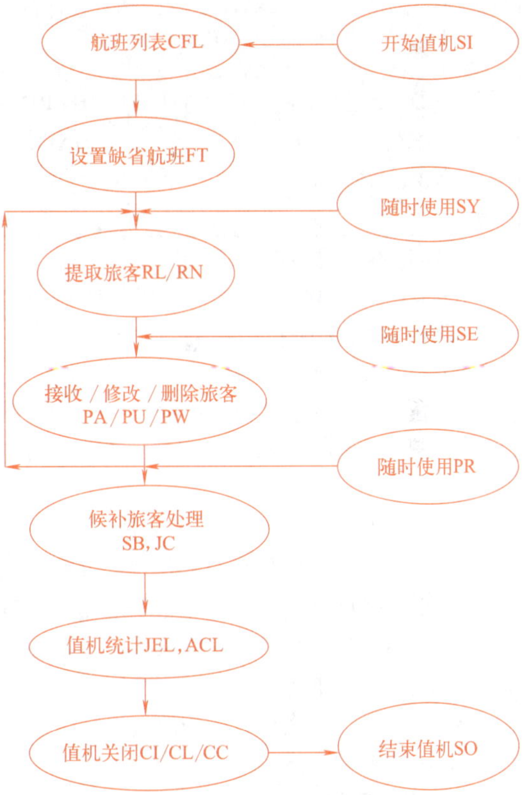

图 4-8 值机流程和命令

目前，国内民航各大机场所使用的值机系统可分为前台的可视化（NEW APP）系统和黑屏的指令值机系统。

可视化（NEW APP）系统是将离港系统的值机指令的功能集成封装到可视化的 Windows 功能界面上，能使值机工作人员方便地在 Windows 界面上完成可视化的值机工作。

可视化系统模块的特点：可视，功能实用，规范，操作方便。

但就值机系统功能的完整齐全、灵活，以及核心技术、技能的掌握和提高等方面，仍然是以黑屏的指令值机系统为主导。

三、值机操作指令

（一）进入系统

本系统开始运行，后台进行运行条件的检测，系统正常后，终端屏幕出现：

◆ $$OPEN TIPJ

SESSION PATH OPEN TO：TIPJ

这就表示，进入了离港培训系统。等待用户登录注册。

DA 指令用于查询用户终端的 PID 号，及终端使用简况。

指令格式：

DA <F12>

```
◆ $$OPEN TIPJ
  SESSION PATH OPEN TO：TIPJ
◆ DA  <F12>
    A               AVAIL
    B               AVAIL
    C               AVAIL
    D               AVAIL
    E               AVAIL
    PID     = 6AFED8C55A1F451    HARDCOPY = P_299
    TIME    = 1707               DATE  = 19MAR  HOST = DCS_SYS
    AIRLINE = XX                 SYSTEM   = DCS Training
◆
```

PID 是本计算机终端的 ID 号。

TIME 和 DATE 是上次使用终端时退出的时间、日期。

HARDCOPY 是打印机的 ID 号。

SYSTEM 是离港培训系统。

AIRLINE = XX 是指授权的航空公司代码是 XX（待定）。

屏幕输出说明：本终端有 A、B、C、D、E 五个工作区。AVAIL，表示没有激活，处于未工作状态。

（二）注册，进入离港培训系统

每个员工都应有自己的工作号、密码、优先级和所属部门。

注册：将自己的工作号、密码、优先级输入到系统中，让系统进行校验。只有将工作号、密码、优先级输入正确，校验成功，才能进入系统。

注册的指令和格式：

◆ SI 工作号 / 密码 / 优先级

如下：◆ SI 5050A/5050A/81

```
◆ $$OPEN TIPJ
  SESSION PATH OPEN TO：TIPJ
◆ SI 5050A/5050A/81    <F12>
◆ SI (5050A) CTU001 SIGNED IN A
◆ DA   <F12>
     A*        5050A    19MAR   2051   81  CTU001
     B         AVAIL
     C         AVAIL
```

```
D         AVAIL
E         AVAIL

PID       = 6AFED8C55A1F451 HARDCOPY = P_299
TIME      = 2049          DATE  = 19MAR  HOST = DCS_SYS
AIRLINE = XX              SYSTEM   = DCS Training
```

从屏幕显示可知，工作号 5050A 已经在 19MAR 20:51 进入系统。A* 表示，A 工作区被激活，被使用。* 是激活标志。在某一时段，可以只有一个工作区被激活，也可以五个工作区都未被激活。

（三）值机手续办理

1. 显示航班的相关信息（FI）

命令名称：显示航班的有关信息。

命令功能：显示指定航班、指定日期的航班信息，如航班号、日期、航段、起飞时间、到达时间、航班类型、控制主任、计划 / 活动航班、登机口、机型、飞机注册号等。可用 FU、FDC、CKI 指令修改。

输入格式：FI 航班号 / 日期［/ 城市对］［/ 选择］

选择：

M 显示航班原始信息；

F 强行显示受保护的正在修改的计划航班信息。

例：◆ FI CA4310/21MAR11/CTUPEK <F12>

在屏幕显示项描述：

ACTIVE	活动航班，MASTER 计划航班
FLTTYP	航班类型
CONTROL	控制主任
T-xxx	CND 表号
R：xxxx	飞机注册号
Gxx	登机口

```
◆ FI：CA4310/21MAR11/CANCTU
 CA4310  21MAR11    --ACTIVE-- FLTTYP D  CONTROL 5050A  0
 CAN    0800    A7    A319F8Y120    A319   R：A6034
 CTU    0955
◆
```

例：FI */. 列出当天的所有旅客的值机航班。

```
◆ FI */.   <F12>
              FI_lists ：1--8  OF  66
NO：Flt_no Date Segment ED  SA   Configration              Res_Class  Cki_Class
1. HU7807 24JUL XNNXIY 0730 0845 B737-800F8Y159    F08C00Y156 F00C00Y000
2. CZ6433 24JUL DLCXIY 0735 0907 A320F8Y150         F08C00Y147 F00C00Y000
3. MU2391 24JUL WNZXIY 0750 0950 B737-800F8Y159    F08C00Y156 F00C00Y000
4. 3U8635 24JUL XIYLHW 0755 0855 A319F8Y120         F08C00Y117 F00C00Y000
5. ZH9297 24JUL NKGXIY 0755 0955 B737-800F8Y159    F08C00Y156 F00C00Y000
```

```
6. MU2101 24JUL XIYPEK 0800 0940 A320F8Y150          F08C00Y147 F00C00Y000
7. MU2301 24JUL INCXIY 0800 0855 A320F8Y150          F08C00Y147 F00C00Y000
8. CZ3226 24JUL INCXIY 0805 0905 A320F8Y150          F08C00Y147 F00C00Y000++
◆ FI 1  <F12>
FI: HU7807/24JUL11/XNNXIY
 HU7807  24JUL11   --ACTIVE-- FLTTYP D  CONTROL 5050A  LEG 1
 XIY   0935   B7   B737-800F8Y159   B737   R: B2202
 XIY
 PVG     1135
◆ FT 1  <F12>
>HBPR HU7807  24JUL11  (SUN)     XNNXIY       OP/NAM, SS
CWT15865   UWT15865   CAW4412    UAW4412     WNT 1, KG TCI BOP
B737/B2202   GTD/B8   POS/GATE   BN001       AK0000   CD0000
BDT 0700     SD 0730  ED 0730    SA 0845     FLY_TIME  1: 15
CAP /F08C00Y159      RES /F08C00Y156        AV  /F08C00Y159
```

表示：（1）列表列出的是 66 个航班中的 1 ～ 8 个，行末 + + 表示还有续行。可以用翻页指令 PN 继续查看。

（2）指令 FI 1 中，1 是上面 FI */. 指令执行后的列表序号。

（3）指令 FT 1 是设置缺省航班（见后）。

2. 设置缺省航班（FT）

命令名称：设置缺省航班和日期。

命令功能：在操作终端上设置值机操作的缺省航班号和日期。在此后的值机操作指令中，在需要输入航班号和日期的地方都可以省去，系统自动以缺省航班号和日期替换之。

输入格式：

FT：航班号 / 日期

如：FT CA4401/20DEC <F12> 在操作终端上设置缺省航班号和日期；

FT：<F12> 查看操作终端上设置的缺省航班号和日期；

FT：- <F12> 取消操作终端上设置的缺省航班号和日期。

离港培训系统，还可以根据指令 FI */. 的列表，用指令 FT nn 来设置，nn 是列表序号。设置缺省航班指令接收后，将出现 >HBPR，显示该航班的基本数据信息。

3. 航班概况显示（SY）

命令名称：航班概况显示。

命令功能：显示航班在指定日期在登机地和各个经停站的值机情况、航班的布局，以及整个航班的各种数据。

输入格式：SY 航班号 / 日期 / 始发城市 / ［选择］

选择：

Z 分区显示；

S 分子舱位显示；

E 联程值机情况显示。

例：SY CA1406/21MAR/CTU。

```
◆ SY CA1406/21MAR/CTU  <F12>
 >SY CA1406/21MAR11 (MON)   CTU  0        OP/NAM,
```

```
CWT14820 UWT1416 CAW2585 UAW2585  WNT1，KG TCI BOP
MD90/M2268 GTD/B6 POS/GATE BN149 AK0000 CD0000
BDT 1135 SD 1420 ED 1205 CI0000 CC0000
CNF /F12C00Y145   CAP /F12C00Y145   AV /F00C00Y000
CKI /F12Y137   BD /F12Y137  PAD /F00Y000  SB /F00Y007
CAT /012/000/145
ZONES R01_03/12  R04_18/75  R19_34/70
 * CTUPEK  R  12/0/144     C  12/0/137       B 149/2384
  SB 000/000/007            B 000/000
  SA 000/000/000            EXST 0/0/8       XCR 0/0/0
  BPAX 149        BCHD 002         BINF 001

  GS   F00Y-7         ID   F00Y000      CTL_LOCK  F00C00Y000
      HL   F12C00Y145
```

屏幕上显示的各种数据说明：

（1）SY CA1406/21MAR11（MON）CTU 0   OP/NAM，

OP 值机开放。

其余的值机状态如下：

CC 值机完全关闭　　　　CI 值机初始关闭

CL 值机中间关闭　　　　EC 航班处于 AEC 保护

OE 值机开放，AEC 旅客重新安排座位

OG 登机口开放办理 CKI　PC 航班被保护

XX 航班被取消

值机方式如下：

NAM　以姓名方式办理值机，这是最常用的方式；

NON　以手工方式办理值机；

NUM　以序号方式办理值机；

PNM　部分以姓名方式办理值机。

（2）CWT14820 UWT1416 CAW2585 UAW2585 WNT1，KG TCI BOP

CWT 值机运行业载（航班根据订座人数给出的旅客及行李运行载量）；

UWT 仍可以用的 CWT；

CAW 配载允许业载（航班总业载扣除值机业载后的运行业载）；

UAW 仍可以用的 CAW；

WTN 1，KG 本站使用的标准重量表号，重量单位 kg；

TNC 是航班在航站的值机情况，如下所述：

TCI 允许转港与联程　　　　NTC 不允许转港与联程

FTC 只允许转港　　　　　　TTC 只允许联程

BCL 是登机控制系统状态，如下所述：

BOP 开放　　　　BCL 关闭

（3）MD90/M2268 GTD/B6 POS/GATE BN149 AK0000 CD0000

MD90/M2268 机型 / 机号

GTD 登机口　　　　POS 飞机停靠位置

BN149 最大登机号　　AK 航班控制员　　CD 航班控制终端

（4）BDT 1135 SD 1420 ED 1205 CI0000 CC0000

BDT 登机时间 SD 计划登机时间 ED 起飞时间

CI 值机初始关闭时间 CC 值机完全关闭时间

（5）CNF /F12C00Y145 CAP /F12C00Y145 AV /F00C00Y000

CNF 各等级座位布局 CAP 各等级最大载客量

AV 各等级仍可利用的座位数

（6）CKI /F12Y137 BD /F12Y137 PAD /F00Y000 SB /F00Y007

CKI 已接收旅客座位人数 BD 已登机旅客座位人数

PAD 各等级的 PAD 人数 SB 候补旅客人数

（7）CAT/012/000/145

CAT 各等级配餐数

（8）ZONES R01_03/12 R04_18/75 R19_34/70

ZONES 分区显示旅客座位数

（9）* CTUPEK R 12/0/144 C 12/0/137 B 149/2384

* 有效航段，如出现 X，表示航段被取消

R 各个舱位等级（F，C，Y）的订座人数

C 各个舱位等级（F，C，Y）已经办理值机的人数

B 行李的件数和重量

（10）SB 000/000/007 B 000/000

SA 000/000/000 EXST 0/0/8 XCR 0/0/0

BPAX 149 BCHD 002 BINF 001

SB 各个舱位等级（F，C，Y）的候补人数

B 候补旅客的行李件数

SA 各个舱位等级（F，C，Y），利用剩余吨位的旅客人数

EXST 各个舱位等级（F，C，Y），旅客额外占座数

XCR 各个舱位等级（F，C，Y），机组额外占座数

注：根据航班实际情况，还可能出现的信息项有：

UM 无人陪伴儿童 WCH 轮椅旅客数

I 婴儿数 STCR 担架数

PETC 随身携带的狗笼 J 折椅

BPAX 登机旅客数 BCHD 登机儿童数

BINF 登机婴儿数

（11）GS F00Y-7 ID F00Y000 CTL_LOCK F00C00Y000

HL F12C00Y145

GS 对到 PEK 站各舱位等级（F，C，Y）的 Go-Show 限额

ID 对到 PEK 站各舱位等级（F，C，Y）的 ID 限额

CTL_LOCK 对到 PEK 站各舱位等级（F，C，Y）的控制锁定数

HL 允许的实际登机旅客人数

注：

根据航班实际情况，其余信息项还可能有：

HO 控制旅客的标识 SR 旅客候补

R 拒绝旅客

（12）TRANSIT R000/000/045 C000/000/045 B001/00060

如果是多航段的国际航班，就会出现如上信息项。

TRANSIT 是过境旅客情况显示。

4. 舱单显示（MD）

命令名称：航班的舱单显示指令。

命令功能：显示旅客名单报 PNL、旅客名单增减报 ADL 和旅客占座报（SOM）的报文。

输入格式：MD：航班号 / 日期［/ 城市］

MD 舱单信息包括：舱位级别、旅客姓名、预订座位号、PNR 订座记录号、身份证号、其他信息。

```
◆ FI */+ <F12>
    FI_lists : 1--12 OF 71
 1. CA4305 22MAR CTUCAN 0730 0920 A320
 2. CA4513 22MAR CTUPVG 0740 0955 MD90
 3. HU7147 22MAR PEKCTU 0750 1020 B757
 4. HU7419 22MAR SZXCTU 0755 1010 MD90
 5. ZH9823 22MAR SZXCTU 0800 1010 MD90
 6. CA4310 22MAR CANCTU 0800 0955 A319
 7. 9C8897 22MAR CTUPVG 0800 1015 MD90
 8. CA4113 22MAR CTUPEK 0805 1025 A319
 9. ZH9673 22MAR CANCTU 0810 0955 B767
 10. CA4505 22MAR CTUNKG 0810 1000 B757
 11. FM9541 22MAR PVGCTU 0825 1125 MD90
 12. FM9466 22MAR CTUPVG 0830 1055 B757    ++
◆ FT 1 <F12>
 ACCEPTED
◆ MD * <F12>
MD：CA/4305/22MAR11
CA4305/22MAR11 CTUCAN PART 1
 1. F  1 陈凯            R6N1M5 NI510123198310181241 ET
 2. F  1 王军霞          PMD9D0 NI510123197009191012 ET
 3. F  1 李鸣            PMD9D0 NI510111197009171014 ET
 4. F  1 曹年佳          PMD9D0 NI510114198009171016 ET
 5. F  1 张和胜          PMD9D0 NI510124198009121032 ET
 6. F  1 和均            PMD9D0 NI510124198009181034 ET
 7. F  1 唐凯            R6N1M5 NI510123197209102312 ET
 8. F  1 王万生          R6N1M5 NI510123198009211321 ET
 9. I  1 李宁和 8A (G)   SHF6U8 NI510222197009130118 GRP ET GRP
10. I  1 赵聪   7F (G)   SHF6U8 NI510222197902010412 GRP ET GRP
11. I  1 王一田 7E (G)   SHF6U8 NI510222196208030945 GRP ET GRP
12. I  1 程东   7D (G)   SHF6U8 NI510222196203100403 GRP ET GRP ++
```

5. 座位图显示（SE）

显示指定航班、日期、舱位、航段的座位图。

指令格式： SE 航班 / 日期［/ 舱位 / 航段］

例如，SE CA4305/22MAR。

◆ SE CA4305/22MAR <F12>

在用 FT 设定了缺省航班之后，可用指令 SE * <F12>。

在用了 SE 指令之后，按 F6 键，可关 / 开航班座位图。

航班座位图的座位使用状态代码如下：

T　锁定过站座位

X　锁定座位

◆ 已值机

*　可利用座位

R　订座系统预留座位

V　VIP 预留座位

G　团体旅客预留座位

P　离港系统预留

B　婴儿占座

+　带婴儿的旅客预留座位

U　无人陪伴儿童占座

6. 旅客名单显示（PD）

命令名称：旅客名单显示。

命令功能：显示指定航班、指定日期的旅客信息。

输入格式：PD：航班号 / 日期 / 舱位等级 / 航段 / 选择项

选择项如下：

GRP　团体标志	ACC　已接收旅客	NACC　未接收旅客
VIP　重要旅客	PSM　旅客服务信息	ADV　需要通知的旅客
INF　婴儿	AEC　自动换机，没有确定座位	ASR 预留座位
AECX　换座后，新、旧座位号不同		AVIH　放置狗笼
BSCT　婴儿摇篮	CHD 儿童	COUR　信袋占座
CRS　由值机保留座位	DEAF 聋哑旅客	DEL　被取消旅客
DNG　降低座位等级旅客		BLIN　盲人旅客
EDI　联机值机旅客	EXBG 超重行李旅客	EXST　额外占座旅客
FF　常旅客	GRI 团体名称	I　进港旅客
ID　折扣票旅客	JMP 占用折椅旅客	MSG　有旅客信息
NREC　无订座记录旅客	O　出港航班旅客	PDNG　预先降舱旅客
PETC　随身携带狗笼	PSPT 护照信息	PUPG　预先升舱旅客
RES　订座保留座位	SA 利用剩余吨位	SBY　候补旅客
SPML　特殊餐食	STCR 担架	U　上舱旅客
UGPA　可升级旅客	UM 无人陪伴儿童	UPG　升级旅客
URES　未订妥座位旅客		WCH　轮椅旅客
XT　取消的转港旅客		Z　转乘到其他航班的旅客
API　有护照信息的旅客		ET　电子客票旅客

如 PD CA4305/./F，显示当天 22MAR、CA4305、F 舱的所有旅客。

```
◆ PD CA4305/./F  <F12>
CA4305, ., F CA4305 22MAR11 F CTUCAN          OP /NAM, SS
A320 GTD/A1     POS/GATE BD0700  SD0730  ED0730 SA0920  FT 1: 50
CAP/F8Y150     RES/F08Y146     CKI /F0Y0      AV /F8Y150       GS /F0Y0
1.   1 陈凯         BN          F          CAN          R6N1M5          ET
2.   1 唐凯         BN          F          CAN          R6N1M5          ET
```

```
3.  1王万生    BN    F    CAN    R6N1M5    ET
4.  1和均      BN    F    CAN    PMD9D0    ET
5.  1张和胜    BN    F    CAN    PMD9D0    ET
6.  1曹年佳    BN    F    CAN    PMD9D0    ET
7.  1李鸣      BN    F    CAN    PMD9D0    ET
8.  1王军霞    BN    F    CAN    PMD9D0    ET
◆
```

屏幕显示信息描述：

（1）CA4305，.，F CA4305 22MAR11 F CTUCAN OP /NAM，SS

OP 航班状态，{OP，CC，CI，CL，…}（见 <SY_ 航班概况显示 >）

NAM 值机方式 {NAM，NON，NUM，PUM}（见 <SY_ 航班概况显示 >）

（2）A320 GTD/A1 POS/GATE BD0700 SD0730 ED0730 SA0920 FT 1：50

A320 机型分类，如 737/800 等

GTD/A1 登机口及位置

POS/GATE 飞机停靠位置 / 登机口

BD0700 本地登机时间

SD0730 本地计划离港时间

ED0730 预计起飞时间

SA0920 计划到达时间

FT 1：50 飞行时间

（3）CAP/F8Y150 RES /F08Y146 CKI /F0Y0 AV /F8Y150 GS /F0Y0

CAP /F8Y150 航班配置座位数

RES /F08Y146 订座系统的旅客数

CKI /F0Y0 值机，接收旅客数

AV /F8Y150 可利用的座位数

GS /F0Y0 Go-Show 限额数

（4）1. 1陈凯 BN F CAN R6N1M5 ET

1. 列表序号

1陈凯 旅客姓名

BNxxx 登机号

（1A） 座位号

F 舱位等级

CAN 到达站

R6N1M5 旅客订座记录号

ET 附加信息

其他可能的旅客附加信息：

AEC 由于自动更换飞机，需重新确定座位

JPM 折椅	STCR 担架
SB 候补	XASR ASR 座位被保留
XABP ABP 座位被保留	GROUP 团体名称标识
I 进港	O 出港
XI 进港被取消	XO 出港被取消
Z 换乘航班	

PIL 旅客信息表　　　　SPML 特殊餐食

> 注：旅客信息经 PD 指令显示后，根据列表序号，可以执行 PR、PA、PU、PW、AC、JC、BRC、BRN、NO、BC 等指令。
> 若设置了缺省航班，可以用 PD* 指令操作。

7. 提取旅客详细记录（PR）

输入格式：PR：航班号 / 日期 / 舱位等级 / 航段［/ 旅客标识］

旅客标识包括：

旅客姓名	1NAME
登机号	BN
座位号	SN
订座记录号	RL
候补号	SB

如果在前面执行了 PD 指令，PR 指令可以简化如下：

输入格式：PR 序号［/ 旅客标识］

序号是指执行 PD 指令后的旅客屏幕序号。

> 注：PR 指令的输出注解，可以见 PD 指令的输出注解。

如果提取有过历史操作的旅客，其输出的历史代码号如下：

ACC 被接收　　ABG 通过 PU 指令添加行李
ADV 被建议　　APT 机场费
ASR 其座位为预订座位　　BAG 行李牌打印或重新打印
CBT 行李牌被取消　　DEB 被取消旅行，拉下飞机
DEL 被取消　　MOD 被修改
NPA 对未办理值机手续的旅客记录进行修改
PDN 行李件数、重量与其他旅客合计，记录在其他旅客记录上
PRC 行李件数、重量与其他旅客合计，记录在本记录上
RES 其座位是订座时预订的　　SBY 候补
SEA 自动换机后，由 SEA 指令重新分配的座位
Z 曾由 BR 指令换乘航班，而未被接收
XBC 逾重行李已收取　　R 重新打印行李牌
T 外部输入行李牌　　XBT 不打印行李牌

> 注：以下凡是用 * 替代的航班号，日期的输入都是用 FT 航班号 / 日期，设定缺省航班。

（1）执行 PR 指令。

```
◆ PR * <F12>
CA4513 20110322   * CTUPVG   BD 0710   ED0740   SD0955
CAP/F12Y145  RES/F08Y130  CKI /F0Y8  AV /F12Y137 GS /F0Y0 ID/F0Y0
1. 1 宋军      BN                   Y  PVG    M6IWYK    NACC RES
```

```
2. 1 李茂      BN                  Y  PVG    M6IWYK      NACC RES
3. 1 刘华      BN                  Y  PVG    M6IWYK      NACC RES
4. 1 宋剑      BN                  Y  PVG    M6IWYK      NACC RES
5. 1 王杰      SB004 CKI Down 02 K  PVG    MVLSUR      DEL RES
6. 1 刘生盟 SB005 CKI Down 02 K  PVG    MVLSUR      DEL RES
7. 1 张浩   SB002 CKI Down 02      K  PVG    MVLSUR      DEL RES
8. 1 韩力槟 SB003 CKI Down 02      K  PVG    MVLSUR      DEL RES
9. 1 常景明 BN008 30D              K  PVG    MVLSUR      ACC RES
10. 1 李和胜 SB001 CKI Down 02     K  PVG    MVLSUR      DEL RES
11. 1 夏青明  BN                   M  PVG    NFGVZH      NACC RES
```

（2）执行 PD 指令之后，执行 PR 1。

```
◆ PD *
* CA4513 22MAR11 * CTUPVG          OP0712  /NAM，SS
MD90  GTD/A2  POS/GATE BD0710  SD740  ED0740 SA0955  FT 2：15
CAP/F12Y145  RES/F08Y130 CKI/F0Y8 AV /F12Y137 GS /F0Y0 ID/F0Y0
 1. 1 王平紫     BN     F     PVG    XY7U83     ET
 2. 1 张景色     BN     F     PVG    XY7U83     ET
 3. 1 刘白方     BN     F     PVG    XY7U83     ET
 4. 1 李才钧     BN     F     PVG    XY7U83     ET
 5. 1 厦华       BN     F     PVG    XY7U83     ET
 6. 1 张炜       BN     F     PVG    YETNZT     ET
 7. 1 张之洞     BN     F     PVG    YHA8JN     ET
 8. 1 李汝章     BN     F     PVG    YHA8JN     ET ++
◆ PR 1
* CA4513 22MAR11 * CTUPVG          OP0712  /NAM，SS
MD90  GTD/A2  POS/GATE BD0710  SD0955  ED0740 SA0955  FT 2：15
CAP/F12Y14     RES/F08Y130 CKI /F0Y8  AV /F12Y137 GS /F0Y0
 1. 1 王平紫     BN              F      PVG          XY7U83
```

屏幕显示下页继续：

```
BAG：       0/0
NOTE：      ET
ET：          TKNE 999-3329911326
FOID：        /NINI510124198012100341
CHIN：       王平紫
CTC：         86439842
BAGTAG：    Special Services：
History Operating：

ISSUED BY：INTERNATION ALAIRLINE     ORG/DST：CTU/PVG     ISI：
TOUR CODE：              CRS_PNRNO：XY7U83
PASSENGER：王平紫
EXCH：                              CONJ TKT ：
 0 FM 1CTU CA 4513 F 19JUN 0740 OK Y 20 K 21MAR11/17SEP11 USED
          RL：XY7U83
   TO  PVG
 FC：CTU CA PVG 2550.00 CNY 2550.00 END
  FARE          ：CNY2550.00                FOP  ：CASH，CNY
 TAX            ：CNY 50.00             OI ：
 AirPort   TAX ：CNY 50.00
```

PR 1 指令显示有三个部分：

① PR 指令的表头部分和序号 1 旅客的 PR 指令的标准输出。

② 序号 1 旅客的值机操作记录。

History Operating：表明此旅客尚未被接收。

③ 序号 1 旅客的电子客票输出显示。

PR 指令的旅客标识的选择和执行。

格式

① PR *，1 王　　　　　<F12>　　提取王姓的旅客信息。

② PR *，BN［nnn］　　<F12>　　提取具有登机号［=nnn］的旅客信息。

③ PR *，SN［nn］　　　<F12>　　提取具有座位号［=nn］的旅客信息。

④ PR *，RL PNRNOS　　<F12>　　提取订座记录号［=PNRNOS］的旅客信息。

⑤ PR *，SB［nnn］　　<F12>　　提取具有候补号［=nnn］的旅客信息。

只要按照上面的格式输入，都能提取并输出指定条件的旅客信息。

屏幕显示和解释（略）。

8. 提取旅客记录的几种简化格式（RL/RN/FB/FSN）

RL/RN/FB/FSN 指令能执行的前提条件是：必须用 FT 指令，设定缺省航班和日期。

RL 指令，用于对 PNR 订座记录号进行查询。

格式：RL：PRN_NO/ 选择

RN 指令，根据旅客名字提取旅客信息。

格式：RN：旅客名字 / 选择

例如：RN ZHANG　列出姓张的旅客，RL P3V7Z7 列出 P3V7Z7 订座记录号的旅客。如下：

```
◆  RN ZHANG  <F12>
RN：ZHANG        CA4113/22MAR11/* CTUPEK        OP  /NAM，SS
A319  GTD/B4  POS/GATE BD1620  SD1900   ED1650 SA1900  FT 1：50
CAP/F8Y120      RES/F08Y109    CKI /F0Y0       AV /F0Y0      GS /F0Y0
1. 1 张飞            BN     8E  I          PEK       R9GH5X       GRP ET
2. 1 张中育          BN     8C  I      PEK           R9GH5X       GRP ET
3. 1 张晓明          BN     7E  I      PEK           R9GH5X       GRP ET
4. 1 张南风 (UM5)    BN         J      PEK           N08YNB       CHD ET
5. 1 张飞            BN         J      PEK           M5G9DI       ET
6. 1 张自强          BN         J      PEK           MC8F1G       ET
7. 1 张海龙          BN         M      PEK           SGZEX0       ET
8. 1 张结            BN         M      PEK           P3V7Z7       ET T++
◆ RL P3V7Z7  <F12>
RL：P3V7Z7   CA4113/22MAR11/* CTUPEK          OP  /NAM，SS
A319  GTD/B4  POS/GATE BD1620  SD1900  ED1650 SA1900  FT 1：50
 CAP/F8Y120    RES/F08Y109    CKI /F0Y0    AV /F0Y0    GS /F0Y0
1. 1 李毅            BN         M      PEK           P3V7Z7       ET
2. 1 王西            BN         M      PEK           P3V7Z7       ET
3. 1 张炳            BN         M      PEK           P3V7Z7       ET
```

FB 指令，提取指定登机号的旅客信息。

格式：FB　登机号

FSN 指令，提取指定座位号的旅客信息。

格式：FSN　座位号

例如：

◆ FSN 9A <F12>
FSN：CA4513/22MAR11/*/CTU SN9A
CAP/F12Y145
1. 1 陆科 BN 9A M PVG NZK1J9 NACC RES GRP(6)
◆ FB 001 <F12>
FB：CA4513/22MAR11/*/CTU BN001
CAP/F12Y145
1. 1 曹宾 BN001 28E S PVG PBA8YQ BAG ACC RES

9. 接收旅客（PA）

输入格式：

PA：航班号 / 日期 / 舱位 / 航段 / 旅客姓名，性别，行李，选择项

PA：旅客序号，选择项（前一指令（PD，PR，RN，RL）执行后用）

选择项如下：

ADSR 预订邻近座位　AVIH 货舱内狗笼数量　BAG 行李件数 / 重量　BLND 盲人旅客　BSCT 婴儿摇篮　COUR 信袋占座

BT 指定目的地登机牌　CHD 儿童

DEAF 聋哑旅客　DIPL 外交信袋　DNG 降低座位等级

EXBG 超重行李　EXST 额外占座　FF 常旅客

GRP 团体　ID 折扣票旅客　JMP 折椅旅客

MSG 信息　NAM 修改旅客姓名，团体为无姓名旅客

Z 办理转乘手续　CBBG 乐器占座　O 联程航班

PETC 随身携带狗笼　PIL 旅客信息表　PSM 旅客服务信息

Rseat_nbr 申请座位　Rseat_aear 申请座位区域

（nnn—座位号，F—靠前，A—靠后，L—靠左，R—靠右，W—窗口，I—通道，S—吸烟）

RU 申请上舱座位　SNRseat 占用保留 C 座位区域

SNRUSEAT-AREA 上舱保留 C 座位区域　SNRSEAT-SEGMENT 航段保留 C 座位

SNRGRPSEAT-AREA 团体保留 C 座位区域

SPML 特殊餐食　STCR 担架　UM 无人陪伴儿童

UPG 提高座位等级　URES 未订妥座位旅客　WCHC 轮椅代替座位

WCHR 轮椅送到机舱口　WCHS 轮椅送到座位旁　XBAG 放弃超重行李

XBP 不打印登机牌　XBT 不打印行李牌

（1）接收单个成人旅客，无托运行李。

◆ PA 1 <F12>　（最简单的形式）

◆ PA 1 <F12>
PA CA4517 22Mar11 * CTU
AV/ F5Y159 GS/F0Y0 ID/F0Y0 PAD F00Y000
B757 GTD/B3 POS/GATE BD1630 SD1900 ED1700 SA1900 FT 1：50
*NKG
1. 1 张少庆 BN001 27F S NKG M28JC6 ACC RES
ACCEPTED (1) Passengers

（2）接收团体旅客（同一订座记录号），行李托运。

```
◆ PA 6-11, 6/116   <F12>
PA CA4517 22Mar11 * CTU
AV/F5Y152    GS/F0Y0   ID/F0Y0     PAD F00Y000
B757  GTD/B3  POS/GATE BD1630    SD1900  ED1700 SA1900     FT 1: 50
               *NKG
1. 1 刘空山  BN003  27D  W  NKG  M4B6XN  ACC  RES BAG 6/116\
2. 1 李发     BN004  27C  W  NKG  M4B6XN  ACC  RES
3. 1 陆康     BN005  27B  W  NKG  M4B6XN  ACC  RES
4. 1 王森     BN006  27A  W  NKG  M4B6XN  ACC  RES
5. 1 单丹     BN007  28F  W  NKG  M4B6XN  ACC  RES
6. 1 常南     BN008  28E  W  NKG  M4B6XN  ACC  RES
         ACCEPTED (6) Passengers
```

对于团体（或同一订座记录号），行李件数和重量都记录在第一个旅客记录上（刘空山）。

（3）接收单个成人旅客，有托运行李，有指定座位请求。

PA 1，1/16，RFI <F12>　　安排靠前靠通道的座位

PA 2，1/15，RW <F12>　　座位靠窗

PA 3，1/10，R20A <F12>　　座位号 2A

```
◆ SE       <F12>
◆ PA 1, 1/16, RFI
 PA CA4501 23Mar11 * CTU
 AV/F5Y151            GS/F0Y0             ID/F0Y123       PAD F00Y000
 B757 GTD/A2  POS/GATE BD1540  SD1825  ED1610 SA1825 FT 2: 15
              *PVG
 1. 1 王碧川 BN001  11D  J    PVG  ME82ZC     ACC RES BAG 1/16\
     ACCEPTED(1)Passengers
◆ PA 2, 1/15, RW
 PA CA4501 23Mar11 * CTU
 AV/F5Y150             GS/F0Y0              ID/F0Y122           PAD F00Y000
 B757 GTD/A2  POS/GATE BD1540  SD1825  ED1610 SA1825  FT 2: 15
        *PVG
 1. 1 刘汉民 BN002  10F  J    PVG  ME82ZC     ACC RES BAG 1/15\
     ACCEPTED(1)Passengers
◆ PA 3, 1/10, R20A
 PA CA4501 23Mar11 * CTU
 AV/F5Y149       GS/F0Y0       ID/F0Y121      PAD F00Y000
 B757 GTD/A2  POS/GATE BD1540  SD1825  ED1610 SA1825  FT 2: 15
              *PVG
```

一般来讲，接收旅客时给旅客设定座位有三种方法：

① 由系统自动安排。即值机员不输入座位号和座位条件。

② 值机员指定座位。如 PA 3，1/10，R20A 指定座位号 20A。

③ 值机员输入座位条件，由系统根据条件安排座位号。

如　PA 1，1/16，RFI <F12>　　安排靠前靠通道的座位

　　PA 2，1/15，RW <F12>　　座位靠窗

值机员输入的座位条件如下：

W：靠窗

I：靠通道

F：靠前

M：靠中

A：靠后

L：靠左

R：靠右

WF，FW：靠前窗

WM，MW：靠中窗

WA，AW：靠后窗

WL，LW：靠左窗

WR，RW：靠右窗

IF，FI ：靠前通道

IA，AI：靠后通道

（4）接收旅客，并携带婴儿。

PA 1，1/10，INF1 王小生　　INF1 王小生是婴儿项和婴儿名字。

```
◆ PR* <F12>
 CA4502 20110326   * PVGCTU  BD 1900  ED1930 SD2255
 CAP/F8Y192 RES/F08Y164 CKI/F0Y0  AV/F08Y137 GS/F0Y0 ID/F0Y124
  1. 1 王王生   BN        K    CTU    M9X45H       NACC RES
  2. 1 沈运涛   BN        K    CTU    M9X45H       NACC RES
  3. 1 沈庆     BN        K    CTU    M9X45H       NACC RES
 ....
 12. 1 王芳     BN        Y    CTU    MGXIT4       NACC RES ++
◆ PA 1，1/10，INF1 王小生 <F12>
 PA CA4502 26Mar11 * PVG
 AV/F8Y136      GS/F0Y0      ID/F0Y123      PAD F00Y000
 B757 GTD/B3  POS/GATE BD1900 SD2255  ED1930 SA2255  FT 2：15
      *CTU
  1. 1 王王生  BN001  27F K    CTU    M9X45H        ACC RES
BAG 1/10\ INF1 王小生 \
```

（5）接收 NREC 旅客。

NREC 旅客其实是指没有订座记录的旅客，他们在机场等候空余座位，而购票上机。值机员接收 NREC 旅客，要看 Go-Show 限额数。接收机票打折的旅客要看 ID 限额数。值机员还要查看航班可利用的座位数。在屏幕下方的限额航班舱位情况信息栏中，随时可见 AV/FxxCxxYxx。也可以在执行 SY、PR 指令后的航班状态信息中看到。

格式：GS/FxxCxxYxx 或 GS/FxxYxx；ID/FxxCxxYxx 或 ID/FxxYxx。

接收 NREC 旅客的指令格式：

PA 航班号 / 舱位 / 到达站 /1 旅客姓名，选择项

选择项 = {[行李]，NREC，有效身份证号，[,,,]}

[ ] 为根据情况可缺省的选择。

例如，接收 NREC 旅客刘大山搭乘本次航班。

PA *1 刘大山，1/15，NREC，FOID510121197604213429

* 表示本次航班，座位等级由系统自动安排，到达站为航班终点站。

先用 SY 指令，查看航班概况。

```
◆ SY CA4318/01APR11 (FRI)  CAN 0        OP/NAM,
CWT9600 UWT9600 CAW11290 UAW11290 WNT1, KG TCI BOP
A319/A6004 GTD/A2 POS/GATE BN AK0000 CD0000
BDT 1930 SD 2300 ED 2000 CI0000 CC0000
CNF /F8Y120    CAP /F8Y120   AV /F08C00Y118
RES /F08Y110 CKI /F00Y000 BD /F00Y000 PAD /F00Y000 SB /F00Y000
……
GS F00C00Y010 ID   F00Y050 GS  CAN F00C00Y010
HL   F08C00Y120
```

从 AV、GS 项的座位和限额信息显示可知，可以接收 NREC 旅客刘大山。

同样：携带一位婴儿，也应是可行的。

PA *1 刘金山，1/15，NREC，FOID510121197712122137，INF1 刘小儿（6month）

屏幕输出如下：

```
◆ PA *1 刘大山, 1/15, NREC, FOID510121197604213429 <F12>
CA4318 01APR11 CANCTU AV/F8Y118 GS/F0Y9 ID/F0Y50 PAD F00Y000
A319  GTD/A2  POS/GATE BD1930  SD2300  ED2000  SA2300  FT 1: 50
          *CTU
1. 1 刘大山  BN 001  SN  19F  CTU    6FY6X    NREC EI
◆ PA *1 刘金山, 1/15, NREC, FOID510121197712122137, INF1 刘小儿 (6month) <F12>
CA4318   01APR11 CANCTU AV/F8Y117 GS/F0Y8 ID/F0Y50 PAD F00Y000
A319  GTD/A2  POS/GATE BD1930  SD2300  ED2000 SA2300  FT 1: 50
         *CTU
1. 1 刘金山  BN 002  SN  19E  CTU    T7C24    INF NREC EI
◆
```

URES 旅客，是指在订座系统的电子客票记录中有他们的记录，并且电子客票票号状态是 OPEN FOR USE。只要在电子客票的有效期内，离港系统都可以根据航班的座位情况，给予接收。

此项操作的前提条件是，离港系统与订座系统必须有实时的接口连接。

格式：

PA：*［舱位］，1/10，URES，电子客票代码号

把 URES 旅客接收到当前的值机航班中。

例如，接收一个电子客票票号为 999-5529900047 的 URES 旅客。

屏幕输出如下：

```
◆ PA *, 1/20, URES, TIKT999-5529900047 <F12>
CA4103 31MAR11 CTUPEK AV/F8Y113  GS/F0Y5 ID/F0Y86  PAD F00Y000
A319 GTD/B6  POS/GATE BD1310  SD1550  ED1340 SA1550  FT 2: 25
          *PEK
1. 1 商豪重    BN 005   SN 19B     PEK   L7LF5U     INF URES EI
```

（6）接收常旅客。

PA n，FFGSxxxxxx

FF 是常旅客标识符，GS 是航空公司代码，xxxxxx 是 6 位代码编号。

（7）额外占座。

某旅客在订座时只订了一个座位，由于情况需要，要额外再占一个（几个）座位，如果有空余座位，GS 限额数允许，应给予办理（当然，付款在其他部门）。

对于订座系统中已经有额外占座（旅客有两个或两个以上的座位）的预留座位，离港系统就按照平常的接收方法和模式接收旅客。

如下：

```
◆ PA 12，1/30  <F12>
  PA ZH9823 01Apr11 * SZX
  AV/F12Y129    GS/F4Y10    ID/F0Y107    PAD F00Y000
  MD90  GTD/A7  POS/GATE BD0730  SD1010  ED0800 SA1010  FT 2：20
            *CTU
1. 1 宁江  BN002  11B，12B  Y   CTU  PTI8QM  ACC RES BAG 1/30\
    ACCEPTED (1) Passengers
```

旅客在订座时，没有预留座位，在离港时又要加座，则用如下的指令：

[加选择项 EXST，EXST 表示加 1 个座位，EXST2 表示加 2 个座位（不包括本身座位）]

PA 4，1/10，EXST2

例如：

```
◆ PA 4，1/10，EXST2      <F12>
  PA CA4305 01Apr11 * CTU
  AV/F8Y126     GS/F0Y4           ID/F0Y113     PAD F00Y000
  A320 GTD/B1  POS/GATE BD0700  SD0920  ED0730 SA0920  FT 1：50
            *CAN
 1. 1 文宾 BN004  5F，6A，6B  J   CAN   M7ZT4B ACC  RES BAG 1/10\
                                              EXST2 \ (6A，6B)
       ACCEPTED (1) Passengers
```

系统分配的本身座位号为 5F，额外占座 6A、6B，三个座位连号。

（8）接联程旅客。

PA n，1/16，O

O 联程标识，代表联程旅客，指旅客还要乘坐下一航班。PA 在接收本航班的同时，也要接收下一航班，并打印出登机牌。见如下的例子：

```
◆ PD *，INF
    PD *，INF CA4185 16AUG11 * CTUPEK                OP  /NAM，SS
    B767  GTD/B8  POS/GATE BD0935  SD1005  ED1005 SA1152  FT 0：00
    CAP/F18Y207  RES/F18C00Y204  CKI /F0Y0  AV /F18Y206  GS /F0Y3  ID /F0Y0
  1. 1 张家聪 BN001  28G C   PEK   B00YTP  ACC INF EDI ET
  2. 1 林剑   BN            C   PEK   K61B9M  INF EDI ET  ++
  ...........
◆ PA 2，1/20，O
  PA CA4185 16Aug11 * CTU
 AV/F18Y205       GS/F0Y3     ID/F0Y0     PAD F00Y000
  B767  GTD/B8  POS/GATE BD0935  SD1005  ED1005 SA1152  FT 0：00
           *PEK
  1. 1 林剑 BN002  28F  C PEK    K61B9M   ACC BAG BAG 1/20\ INF
    ACCEPTED (1) Passengers
```

```
◆ PR 2
*, INF CA4185 16AUG11 * CTUPEK          OP /NAM, SS
   B767 GTD/B8 POS/GATE BD0935 SD1005 ED1005 SA1152 FT 0: 00
   CAP/F18Y207 RES/F18C00Y204 CKI /F0Y0 AV /F18Y206 GS /F0Y3 ID /F0Y0
 1. 1 林剑 BN002 28F C PEK      K61B9M
BAG :        1 , 20
NOTE:        ACC INF EDI ET
ET:          TKNE 999-3329904949
FOID:        /NI511126197904275878
CHIN:        林剑
CTC:
BAGTAG:   P129-01 1/20 SHE 5050A  INF:  林小剑 (12Months)
Special Services: BAG 1/20\ INF
History Operating:
 001 SIA001/5050A 2011-08-15 20: 50 ACC CTUPEK PA ( 林剑 ) C SN 28F BN 002 BAG 1/20
Pag_No : CA4185-16AUG11-SHE-P129-01 BT/SHE
 002 SIA001/5050A 2011-08-15 20: 50 ACC EDI PEKSHE PA ( 林剑 ) C 28F
```

（9）接收折椅旅客。

基于某种情况（配载吨位允许）和旅客需求，值机员可以把某旅客接收为折椅旅客，折椅是不占标准座位的折叠椅子。

指令格式：PA n，JMP

```
◆ PA 2, JMP  <F12>
 PA CA4101 01Apr11 * CTU
AV/F8Y102     GS/F0Y4     ID/F0Y89    PAD F00Y000
A319 GTD/A5 POS/GATE BD0830 SD1125 ED0900 SA1125 FT 2: 25
          *PEK
1. 1 夏宁 BN003 JMP S PEK   M0ZLLX     ACC RES
     ACCEPTED (1) Passengers
```

同样，接收无成人陪伴儿童：PA1，UM1

接收盲人、担架及轮椅旅客：PA1，BLND（STCR，WCHR）

（10）给旅客预留座位。

离港系统值机员，预留座位但不接收旅客，只是给旅客锁定座位。

给未到的旅客预留座位指令的格式：

PA #1，R22A　　　　将座位 22A 预留给旅客序号为 1 的旅客

PA #2-4，R12A-12C　将座位 12A ～ 12C 预留给旅客序号为 2、3、4 的旅客

10. 修改旅客记录（PU）

格式：PU:［#］旅客序号［/ 显示类型］，数据项

#：未办理值机手续的标志

旅客序号：从屏幕上查询到的旅客序号

［显示类型］：{ 登机号 BNxxx，候补号 SBxxx，座位号 SNxxx }

数据项：参考 <PA_ 接收旅客 > 的数据项

或 PU：航班号 / 日期 / 舱位等级 / 目的地，［#］旅客识别号，数据项

旅客识别号：{ 登机号，候补号，座位号 }

举例：

（1）修改旅客名字，无论此旅客是否已经被接收。

格式：PU［#］1，NAM1new_name

```
◆ PU 1，NAM1 胡春华  <F12>
 PU HU7420 03Apr11 K CTU
 AV/F12Y135      GS/F4Y9      ID/F0Y106     PAD F00Y000
 MD90  GTD/A2  POS/GATE BD1110  SD1335  ED1140 SA1335  FT 2：05
    *SZX
1. 1 胡春华 BN001  28E  K  SZX   M3RWAW  ACC  RES BAG 1/20\
◆ PU #3，NAM1 刘小东    <F12>
 PU HU7420 03Apr11 K CTU
 AV/F12Y135      GS/F4Y9      ID/F0Y106     PAD F00Y000
 MD90  GTD/A2  POS/GATE BD1110  SD1335  ED1140 SA1335  FT 2：05
   *SZX
```

（2）修改旅客的座位（可以预留座位）。

旅客序号为 1 的王江，并未被接收，没有分配座位。

```
◆ PU 1，R15A  <F12>
 PU CA4504 03Apr11 M PVG
 AV/F8Y108   GS/F0Y4      ID/F0Y92     PAD F00Y000
 A319 GTD/A6  POS/GATE BD1230  SD1550  ED1300 SA1550  FT 2：15
  *CTU
 1. 1 王江  BN  15A   M      CTU      MNSAUV           NACC ES
◆ PA 1，1/20   <F12>
  PA CA4504 03Apr11 * PVG
  AV/F8Y107  GS/F0Y4      ID/F0Y91     PAD F00Y000
  A319 GTD/A6  POS/GATE BD1230  SD1550  ED1300 SA1550  FT 2：15
     *CTU
1. 1 王江  BN001  15A   M      CTU    MNSAUV   ACC ES BAG 1/20\
       ACCEPTED (1) Passengers
◆ PU 1，R20F  <F12>
 PU CA4504 03Apr11 M PVG
 AV/F8Y107  GS/F0Y4      ID/F0Y91     PAD F00Y000
 A319 GTD/A6  POS/GATE BD1230  SD1550  ED1300 SA1550 FT 2：15
   *CTU
 1. 1 王江 BN001  20F   M      CTU    MNSAUV  ACC ES  BAG 1/20\
```

（3）修改旅客的舱位级别：升降舱位。

一般来讲，升舱是由 Y 升至 F，降舱是由 F 降到 Y。

指令格式：

PU［#］n，PUPGF　　　升舱到 F

PU［#］n，PDNGY　　　降舱到 Y

表示未接收状态，n 表示旅客序号，［ ］是可选择标记。

如果旅客是未接收状态，# 可以缺省。

下面的例子，是对旅客进行预升降舱位的操作。

```
◆ PU 1，PUPGF   <F12>
 PU FM9544 03APR11 F CTU
 AV/F12Y129      GS/F4Y16      ID/F0Y104     PAD F00Y000
```

```
  MD90 GTD/B7 POS/GATE BD1745  SD2045  ED1815 SA2045 FT 2：15
 1. 1 汪昂  BN   F    PVG    M2ZBAW   NACC  RES    GRP(6)
◆ PU 1，PDNGY  <F12>
 PU FM9544 03APR11 Y CTU
 AV/F12Y129              GS/F4Y16                    ID/F0Y104         PAD F00Y000
 MD90 GTD/B7  POS/GATE BD1745  SD2045  ED1815 SA2045 FT 2：15
 1. 1 汪昂  BN   Y   PVG    M2ZBAW   NACC  RES    GRP(6)
◆ PR 1   <F12>
  FM9544 20110403 * CTUPVG  BD 1745    ED1815     SD2045
  CAP/F12Y145 RES/F08Y129 CKI/F0Y0 AV/F12Y129 GS/F4Y16 ID/F0Y104
  1 汪昂    BN   Y    PVG    M2ZBAW   NACC   RES   GRP(6)
  ……
  HISTORY OPERATING：
  001 CTU001/5050A  2011-04-03 17：12  MOD PU（汪昂）预升舱 W==>F
  002 CTU001/5050A  2011-04-03 17：14  MOD PU（汪昂）预降级 F==>Y
```

对于已经接收的旅客，升降舱位都要重新打印登机牌。

指令格式：PU n，UPGF　　升舱到 F

　　　　　PU n，DNGY　　降舱到 Y

```
◆ PU 1，UPGF   <F12>
   HU7318 03APR11 CTUSZX AV/F12Y128 GS/F3Y7 ID/F0Y109 PAD F00Y000
   MD90 GTD/B6  POS/GATE BD1930  SD2150  ED2000 SA2150  FT 2：05
  1. 1 林风  BN 001  SN 1A     SZX     M67GVR  UPGF ACC ET  BAG 1/18\
◆ PU 1，DNGY  <F12>
  HU7318 03APR11 CTUSZX AV/F12Y128 GS/F4Y6 ID/F0Y109 PAD F00Y000
  MD90 GTD/B6  POS/GATE BD1930  SD2150  ED2000 SA2150  FT 2：05
  1. 1 林风  BN 001 SN 4A SZX  M67GVR  DNGY UPGF ACC ET BAG 1/18\
◆ PR 1   <F12>
   HU7318 20110403 * CTUSZX         BD 1930    ED2000     SD2150
   CAP/F12Y145 RES/F08Y138 CKI /F0Y0 AV /F12Y129 GS /F4Y6 ID /F0Y110
   1 林风 BN001  4A  Y  SZX     M67GVR     ACC  RES BAG 1/18\
   ………
   History Operating：
   001 CTU001/5050A 2011-04-03 17：23  ACC  PA（林风）J SN 28E BN 001
                                  BAG 1/18 Pag_No：HU7318-03APR11-SZX-P002-01
   002 CTU001/5050A 2011-04-03 17：24  MOD PU（林风）升舱 J==>F
   003 CTU001/5050A 2011-04-03 17：28  MOD PU（林风）降舱 F==>Y
```

（4）添加一个婴儿。

PU 1，INF1 婴儿名　　　　在旅客登机牌上添加婴儿名字

```
◆ PU 1，INF1 林小风   <F12>
   ………
◆ PR 1     <F12>
   HU7318 20110403 * CTUSZX         BD 1930    ED2000     SD2150
   CAP/F12Y145 RES/F08Y138 CKI /F0Y0 AV /F12Y129 GS /F4Y7 ID /F0Y110
   1 林风 BN001  4A  Y  SZX     M67GVR     ACC  RES INF1 林小风 \
                                                      BAG 1/18\
   ………
```

```
History Operating:
001 CTU001/5050A 2011-04-03 17: 23  ACC  PA ( 林风 ) J SN 28E BN 001
                              BAG 1/18 Pag_N   o : HU7318-03APR11-SZX-P002-01
002 CTU001/5050A 2011-04-03 17: 24  MOD PU ( 林风 )  升舱 J==>F
003 CTU001/5050A 2011-04-03 17: 28  MOD PU ( 林风 )  降舱 F==>Y
```

（5）PU 的额外占座。

DIPL 外交信袋占座 CBBG 乐器占座 COUR 信袋占座

BSCT 婴儿摇篮占座 EXST 旅客额外占座 STCR 担架占座

CREW 机组额外占座

用 PU 的额外占座，只能在原来的基础上添加。添加的座位和原来的座位一般不连号。申请额外占座能否成功，还要看 GS 限额。

格式：PU n，选择额外占座 x

n 为旅客屏幕序号；选择额外占座 ={DIPL，CBBG，COUR，BSCT，EXST，STCR，CREW}；x 为要申请的座位数，如果省略，则申请一个座位。

举例如下：

```
◆ PA 1，1/16 <F12>
  PA CA4318 08APR11 * CAN
  AV/F8Y103         GS/F0Y10        ID/F0Y50        PAD F00Y000
  A319  GTD/B6  POS/GATE BD1930  SD2300  ED2000 SA2300  FT 1: 50
             *CTU
1. 1 张建  BN001  19F  Y      CTU        M38HR6      ACC BAG 1/16\
        ACCEPTED (1) PASSENGERS
◆ PU 1，EXST2  <F12>
CA4318 08APR11 CANCTU    AV/F8Y99 GS/F0Y6 ID/F0Y50 PAD F00Y000
A319  GTD/B6  POS/GATE BD1930  SD2300  ED2000 SA2300  FT 1: 50
             *CTU
1. 1 张建 BN001  19F，5E，5F Y CTU M38HR6 ACC ET EXST2 BAG 1/16
◆ PR 1 <F12>
CA4318 20110408 * CANCTU BD 1930    ED2000    SD2300
CAP/F8Y120 RES/F08Y110 CKI /F0Y1 AV /F08Y102 GS/F0Y8 ID /F0Y50
1 张建  BN001  19F，5E，5F Y  CTU    M38HR6 ACC BAG  EXST2
  BAG :              1，16
………
  CHIN:         张建
  CTC:          T 86323434
  BAGTAG:    P001-01 1/16 CTU 5050A
SPECIAL SERVICES:EXST2 \BAG 1/16\
  HISTORY OPERATING:
  001  CTU001/5050A  2011-04-07 10: 43  ACC  PA ( 张建 ) Y SN 19F
             BN 001 BAG 1/16 PAG_NO : CA4318-08APR11-CTU-P001-01
  002  CTU001/5050A  2011-04-07 10: 53  MOD PU ( 张建 ) 19F ==>
                                           19F，5E，5F EXST2
```

11. 删除旅客记录或记录中的数据项（PW）

PW 指令有三种格式：

PW #n，选择项

PW n，选择项

PW -n

其中，# 是未接收状态标记，n 是屏幕显示的旅客序号，选择项是需要处理的数据项。

第一种格式，是对未接收的旅客所预先设置的一些数据，如座位等，根据选择项的指示，进行取消。不输入选择项，即为取消全部数据设置。

第二种格式，是对已经接收的旅客所预先设置的一些数据，如座位等，根据选择项的指示，进行取消。不输入选择项，即为取消全部数据设置。

第三种格式，是对已经接收的旅客，取消其接收状态，并取消全部数据设置。

（1）删除单件行李。

PW n，1/20　　删除行李为 1/20 的那件行李

PW n，BT/GS/nnnnnnn/XXX　　删除行李牌号为 GS/nnnnnnn/XXX 的那件行李

（2）删除全部行李。

PW n，BAG

（3）删除速运行李。

PW n，1/16，RUSH　　删除行李为 1/16 的那件速运行李

PW n，RUSH　　删除全部速运行李

（4）取消旅客携带的婴儿。

PW n，INF1

（5）取消由选择项指示的数据。

PW n，选择项

选择项如下：

ADSR 预订邻近座位　AVIH 货舱内狗笼数量　BAG 行李件数 / 重量

BLND 盲人旅客　BSCT 婴儿摇篮　COUR 信袋占座

BT 指定目的地登机牌　CHD 儿童

DEAF 聋哑旅客　DIPL 外交信袋　DNG 降低座位等级

EXBG 超重行李　EXST 额外占座　FF 常旅客

GRP 团体　ID 折扣票旅客　JMP 折椅旅客

MSG 信息　NAM 修改旅客姓名，团体为无姓名旅客

Z 办理转乘手续　CBBG 乐器占座　O 联程航班

PETC 随身携带狗笼　PIL 旅客信息表　PSM 旅客服务信息

Rseat_nbr 申请座位 Rseat_aear 申请座位区域

（nnn—座位号，F—靠前，A—靠后，L—靠左，R—靠右，W—窗口，I—通道，S—吸烟）

RU 申请上舱座位　SNRseat 占用保留 C 座位区域

SNRUSEAT-AREA 上舱保留 C 座位区域　SNRSEAT-SEGMENT 航段保留 C 座位

SNRGRPSEAT-AREA　团体保留 C 座位区域

SPML 特殊餐食　STCR 担架　UM 无人陪伴儿童

UPG 提高座位等级　URES 未订妥座位旅客　WCHC 轮椅代替座位

WCHR 轮椅送到机舱口　WCHS 轮椅送到座位旁　XBAG 放弃超重行李

（6）取消旅客的额外占座。

PW n，额外占座

额外占座 ={ DIPL，CBBG，COUR，BSCT，EXST，STCR，CREW}。

（7）取消旅客的接收状态，使之成为拉下的 SB 候补状态。

PW -n

12. 打印登机牌和行李牌

（1）打印旅客登机牌（BC）。

命令功能：为办理过乘机手续的旅客打印或重打登机牌；
旅客改变座位或舱位等级时，使用BC指令打印登机牌；
执行JC、AC指令接收旅客后，使用BC指令打印登机牌。

输入格式：

① 以登机号，座位号，团体名。

BC：航班号/［舱位等级］/起始站/旅客标识/重打选择
旅客标识：{登机号，座位号，团体名}

② 以候补号。

BC：候补号/重打选择

③ 以旅客序号。

BC：旅客序号/显示类型/重打选择

显示类型：{BSD，PD，PR，SB}

例子：

a. 打印CA4401航班第11个登机的旅客登机牌。
BC CA4401，BN11

b. 打印CA4401航班SN8C、SN6C登机牌。
CA4401，SN8C；SN6C

c. 打印12号候补的登机牌。
BC 12SB

d. 重新打印12号候补的登机牌。
BC 12SB

e. 打印旅客序号为1的登机牌。
BC 1

f. 打印旅客序号为1到4的登机牌。
BC 1-4

g. 打印旅客序号为3、6的登机牌。
BC 3；6

（2）打印行李牌（BC）。

为办理过乘机手续的旅客打印或重新打印行李牌（BAG）。

一次可输入多个旅客。

若输入中有多个序号，每个都会被单独处理。

输入格式：

① 打印旅客行李牌。

BAG：旅客序号/BT行李目的站

② 重新打印旅客行李牌。

BAG：旅客序号，重打选择

例子：

a. 打印旅客序号为1的行李牌。
BAG 1

b. 打印旅客序号为3的行李牌。
BAG 3，BTPHL

c. 打印旅客序号 2 到达 PHL，序号 4，序号 5 到 CLE，序号 7。

BAG 2，BTPHL；4；5，BCLE；7

d. 重新打印旅客序号为 1、行李牌号为 123456 的行李牌。

BAG 1，R123456

屏幕输出信息和行李牌信息省略。

13. 值机航班初始关闭和报表统计

（1）航班初始关闭。

航班初始关闭（CI）指令可以用于航班初始关闭，也可以用于取消航班初始关闭。航班初始关闭后，值机柜台不可以再接收旅客。

① 航班初始关闭。

CI 航班号 / 日期

例子 CI 3U8881/08APR，如屏幕显示：

```
◆ CI 3U8881/08APR
  CI : 3U8881 08APR11  CTU            CI 2113  /NAM,SS
  B757  GTD/A1  POS/GATE BD0630  SD0915  ED0700 SA0915  FT 2:25
  AV F8/Y176    CKI F00Y000    BD F00Y000    PAD F00Y000
◆
```

② 取消航班初始关闭。

CI - 航班号 / 日期

例子：-CI 3U8881/08APR。

（2）值机员办理旅客统计（JFL）。

命令功能：

统计输出：航班号，统计时间，日期

SEGMENT 航段 AGENT_NO 营业员

ADULTS 成人数 CHILDREN 儿童数

INFANTS 婴儿数 PAXTOTAL 旅客总数

EDIFACTPAX EDI 旅客总数

输入格式：JFL 航班号 / 日期［/ 城市］

JFL CA1406/08APR

（3）航班行李统计（JB）。

命令功能：

统计输出：航段，舱位等级，行李数量

TRANSFER BAG WEIGHT 过境行李重量 ADULTS 成人旅客数

TTL（TOTAL）行李总数

输入格式：JB 航班号 / 日期

JB CA1406/08APR

（4）值机员办理旅客情况历史统计（ACPR）。

命令功能：

统计输出：

AGENT 营业员号 FLIGHT 航班号

DEST 目的地 BAG 行李件数

CKIPAX NUMBER BY CLASS 分舱位显示接收旅客数

EDI EDI 旅客总数

TOTAL 旅客总数

输入格式：ACPR 航空公司代码 / 日期 / 营业员号

ACPR CA/08APR/5050A

（5）值机员办理旅客情况实时统计（ACPD）。

命令功能：

统计输出：

FLIGHT 航班号　　DEST　　目的地

CKIPAX NUMBER BY CLASS　　分舱位显示接收旅客数

CHD　　儿童数　　INF　　婴儿数

BAG 行李件数　　WEIGHT　　行李重量

TOTAL　　旅客总数

输入格式：ACPD 航空公司代码 / 日期 / 营业员号

ACPD CA/08APR/5050A

（6）值机员办理旅客、行李统计（ACL）。

命令功能：

统计输出：

SEGMENT 航段　　PID NO　　终端号

AGENT NO 营业员号　　ADULTS　　成人旅客数

CHILDREN 儿童数　　INFANTS　　婴儿数

PAX TOTAL 旅客总数　　BAG COUNT 行李件数

WEIGHT　行李重量

输入格式：ACL 航班号 / 日期

ACL　CA1406/08APR

四、可视化值机操作

DCS 的机场前端值机系统，是一个可视化的 Windows 界面。它也将离港系统的值机指令功能集成封装到可视化的 Windows 功能界面上，能使值机人员方便地在 Windows 界面上完成机场旅客的值机、接收工作。

此系统的特点：可视化，功能实用，规范，操作方便。

前端值机系统的界面如图 4-9 所示。

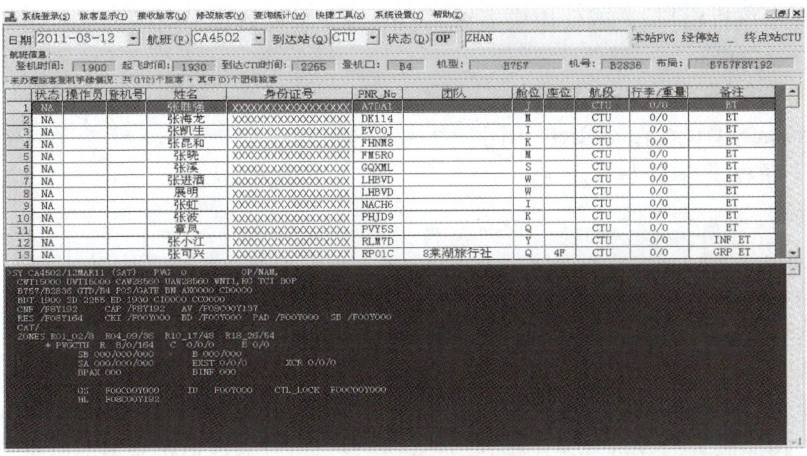

图 4-9　前端值机系统界面

前端值机系统常用功能键如下：

F1 帮助

F2 全部旅客列表

F3 已 / 未值机旅客列表

F4 JFL 值机员工作统计信息

F5 刷新

F6 座位图 / 主机回显切换

F7 重打行李牌

F8 重打登机牌

F9 修改 / 预接收旅客

F10 自由格式输入

F11 SY 信息

（一）系统登录

按 ALT +S 组合键进入界面。

按 ALT+Y 键进入登录系统界面，输入用户名、密码、级别、部门。

按 F5 键选择日期，按 Enter 键选择航班。进入旅客值机过程。

（二）系统功能

1. 选择航班

刚刚进入值机窗口时，可以使用上下键来前后选择航班日期，然后采用 Tab 键或快捷键进入航班选择框选择航班（图 4-10）。

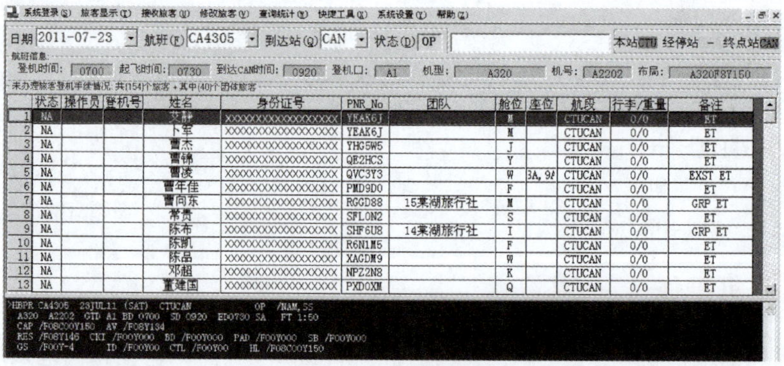

图 4-10　选择航班

状态项：NA 未值机、AC 已值机、DL 已删除、SB 列为候补。

备注项：FF 常旅客、PSPT 护照、O 联程、UPG/DNG 升 / 降舱。

2. 开启新的值机窗口（Ctrl + N）

选择“开启值机窗口”，或使用快捷键“Ctrl+N”生成另一个同样的值机窗口，最多可以同时打开 5 个子窗口。

3. 多值机窗口切换（Ctrl+Tab）

4. 关闭当前的值机窗口（Ctrl+F4）

5. 退号重新登录（Ctrl+F12）

6. 退出系统

（三）常用功能键

1. 帮助（F1，图 4-11）

2. 全部旅客列表（F2，图 4-12）

3. 已值机旅客列表 / 未值机旅客列表切换（F3，图 4-13）

选中航班后，系统默认进入未值机旅客列表，在该列表里可以办理旅客值机或预值机。已值机旅客列表按照旅客的登机号逆序排列。在该列表里可以对已值机旅客的信息进行修改和删除等操作。

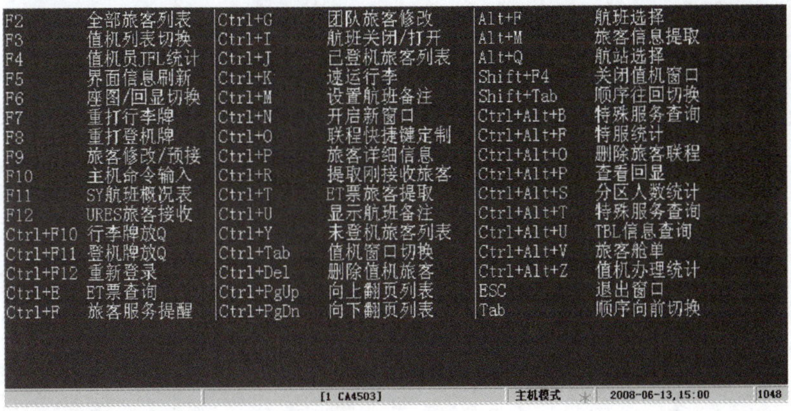

图 4-11　帮助

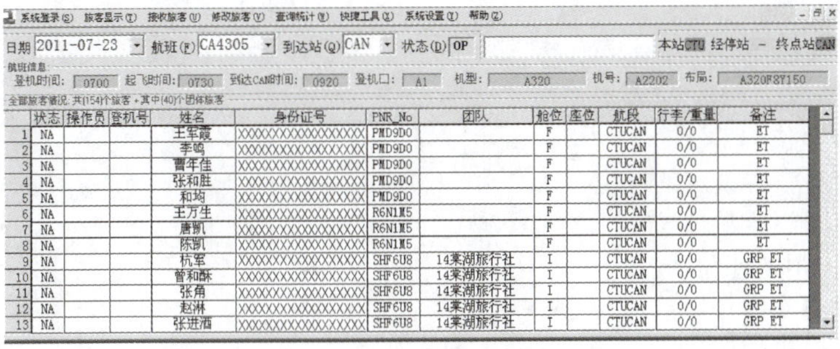

图 4-12　全部旅客列表

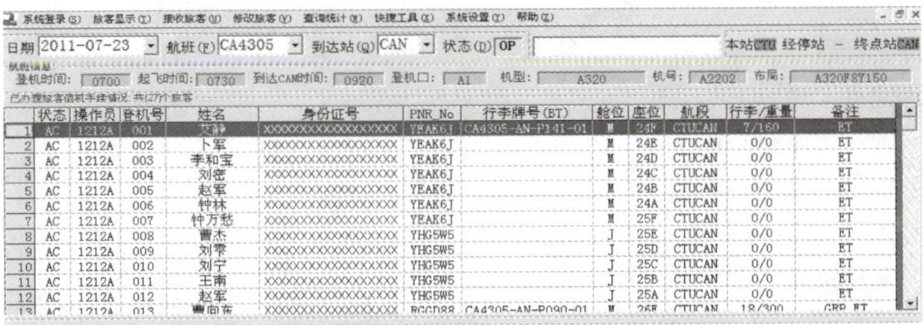

图 4-13　已值机旅客列表 / 未值机旅客列表切换

4. 值机员工作统计 JFL（F4，图 4–14）

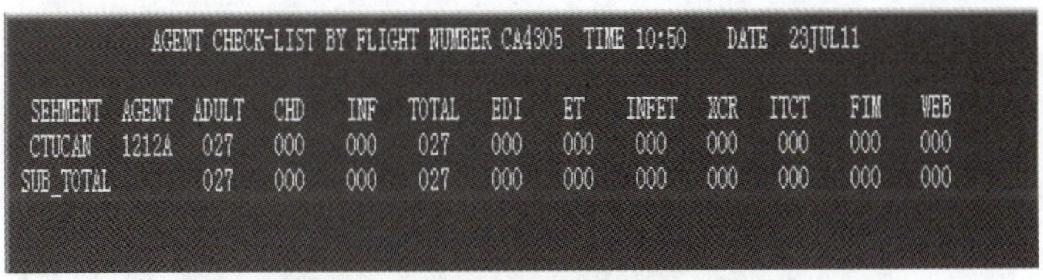

图 4-14　值机员工作统计 JFL

注意：值机员办理的总人数应为成人 + 儿童 + 婴儿的总人数。

5. 刷新（F5）

按此功能键能够对所有显示数据进行手动刷新，比如旅客、航班状态等。

注意：该指令不能实现对主机回显显示区的刷新。

6. 座位图 / 主机回显切换（F6，图 4-15）

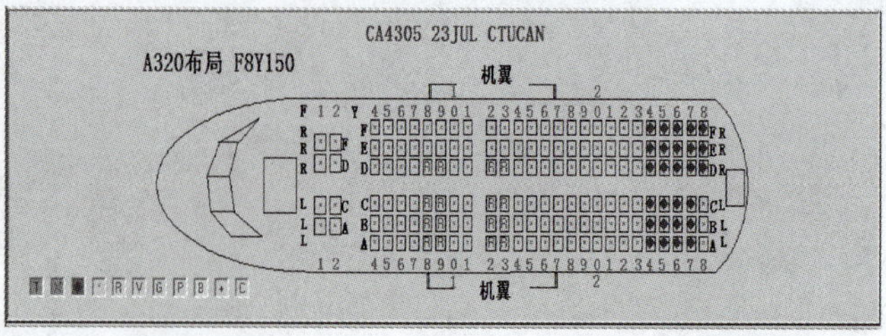

图 4-15　座位图 / 主机回显切换

注：座位图中各代码的含义如下：

L　飞机左侧

R　飞机右侧

:　此排有婴儿

S　吸烟座位

Q　安静座位

T　为过站旅客锁定的座位

X　为机组锁定的座位

.　已被占用的座位

V　为重要旅客预留的座位

C　最后使用的座位

P　由离港系统为旅客预留的座位

+　为带婴儿的旅客预留的座位

R　由订座系统转入离港的预留座位

O　为其他航段分配的座位

N　看不到电影的座位

U　无人陪伴儿童的座位

G　给团体预留的座位

*　可利用的座位

7. 重打行李牌（F7，图 4-16）

在旅客列表中找到已值机且托运行李的旅客，光标落在此旅客记录上，按 F7 键可以重打旅客行李牌。

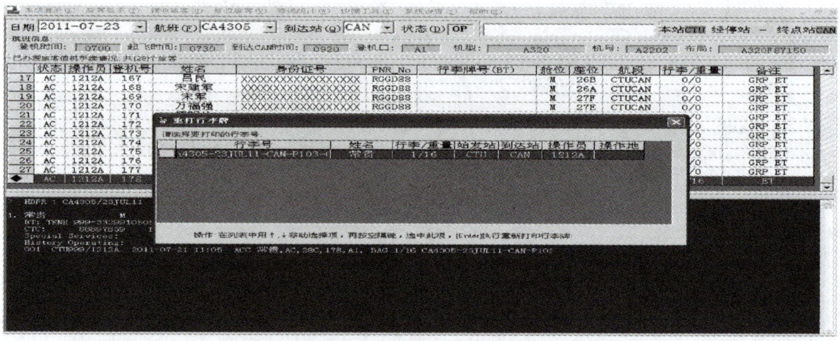

图 4-16　重打行李牌

8. 重打登机牌（F8，图 4-17）

在旅客列表中找到已值机旅客，光标落在该旅客记录上，按 F8 键可以重新打印登机牌。

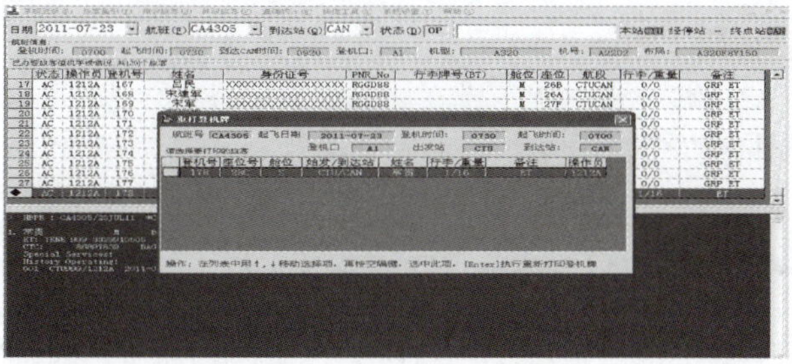

图 4-17 重打登机牌

9. 修改 / 预接收选定的旅客（F9，图 4-18）

在旅客列表中选择单个已值机旅客，按 F9，可以对旅客信息进行修改。

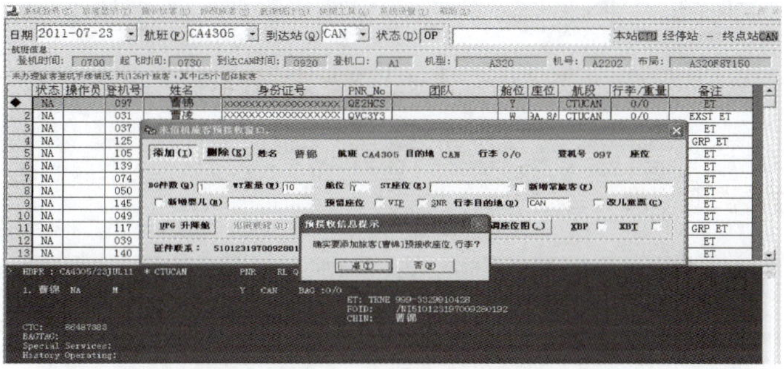

图 4-18 修改 / 预接收选定的旅客

10. 主机指令自由格式输入窗口（F10，图 4-19）

系统提供主机指令自由格式输入窗口。输入主机指令后，按回车即可执行。此时下半屏为主机回显区和工作区。

图 4-19 主机指令自由格式输入窗口

“//ZZ” 及 “//” 指令可以实现 RES 系统和 USAS 系统之间的切换。亦可采用 Tab 键在穿梭订座系统和返回离港系统之间切换（见指令值机部分）。

11. 航班信息（F11，图 4-20）

按功能键 F11，向主机自动发出该航班的 SY 指令，并将执行结果显示在主机回显区。

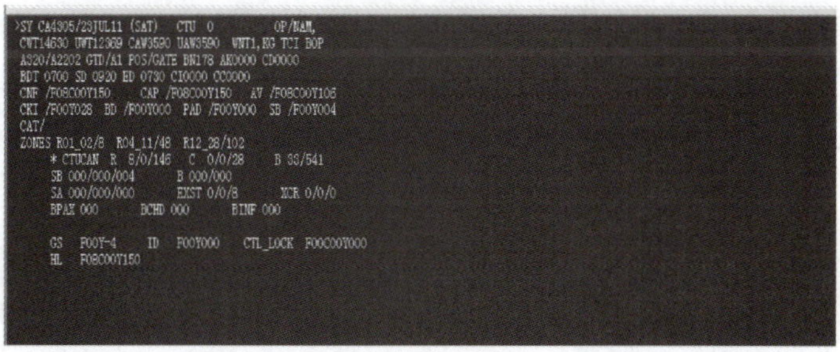

图 4-20 航班信息

12. 无订座旅客接收（F12）

此功能将在后面的部分进行详细讲述。

（四）提取旅客

1. 通过上下键查找提取（图 4-21）

第一步：光标落入输入框，通过上下键在旅客列表中查找、选择；

第二步：按下“空格键”选中旅客，该行记录变为高亮；

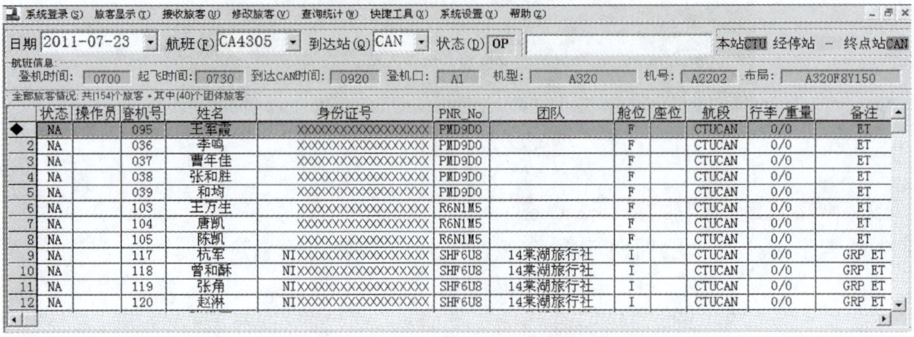

图 4-21　通过上下键查找提取

第三步：再次按下“空格键”，取消该旅客的选定状态。

2. 根据旅客姓名提取（图 4-22）

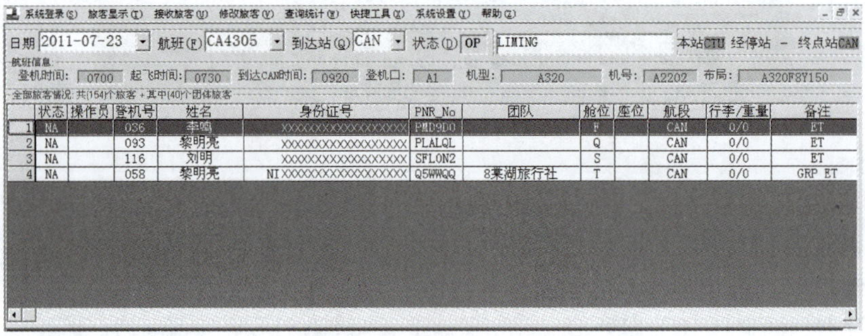

图 4-22　根据旅客姓名提取

第一步：光标落入输入框，输入旅客姓名；

第二步：按下“空格键”选中旅客，该行记录变为高亮；

第三步：再次按下“空格键”，取消该旅客的选定状态。

3. 根据“—”+ 订座记录编号提取（图 4-23）

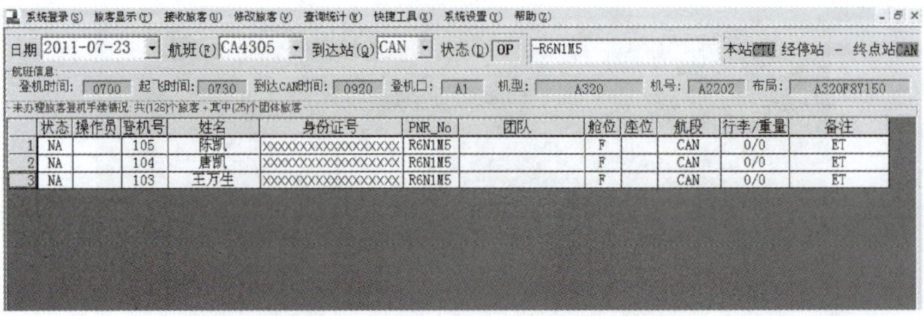

图 4-23　根据“—”+ 订座记录编号提取

第一步：光标落入输入框，输入旅客订座记录编号；

第二步：按下“空格键”选中旅客，该行记录变为高亮；

第三步：再次按下“空格键”，取消该旅客的选定状态。

4. 按照“+XX”引导符提取

系统提供如下几种引导符：

+GR　团队名　　　可在全部旅客列表中提取

+NI　身份证编号　　可在全部旅客列表中提取

+BN　登机号　　　只能在已值机旅客列表中提取

+SN　座位号　　　只能在已值机旅客列表中提取

+BT　行李牌号　　只能在已值机旅客列表中提取

+AG　值机员号　　只能在已值机旅客列表中提取

5. 提取多名旅客

如果需要以不同的条件来提取多名旅客，可以在选择部分旅客呈现高亮后，再到条件输入框输入其他条件，刚才已经选择的旅客仍然处于选中状态。

6. 按照混合条件来提取旅客

可以用“&”符号来连接不同的多个条件，提取同时满足所有条件的旅客。

注意：

提取旅客之前，应该确认当前旅客的值机状态与当前旅客列表类型是否匹配。

同时选择旅客的规则：不同目的地、不同舱位（F/C/Y，不含子舱位）、不同联程航段，ET 与非 ET 的旅客不能被同时选中。

只有在选中旅客的状态下，才能对旅客进行接收、修改等操作。

（五）接收旅客

1. 简单接收旅客

第一步：在未值机旅客界面中，确认选中一名或多名旅客后，按回车可以出现接收主界面。所有输入框均可通过“Alt+ 提示字母”快捷键激活。如图 4-24 所示。

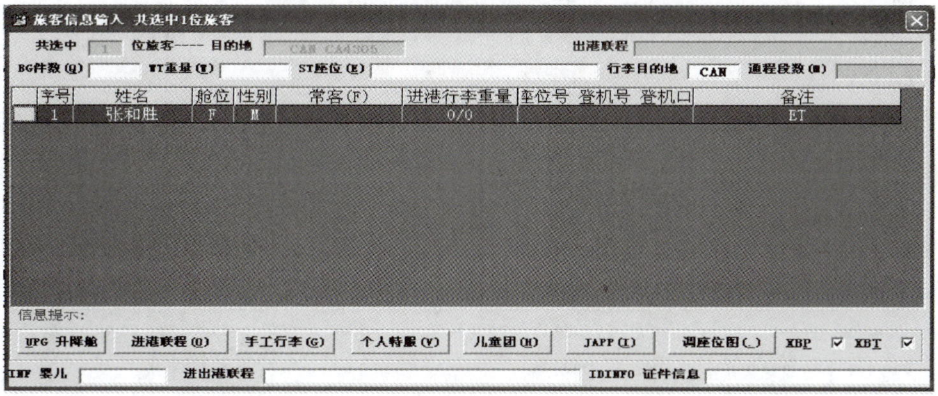

图 4-24　选中旅客

第二步：值机员可以根据旅客情况和要求，为旅客添加如下信息。

① 行李信息。包括托运行李的数量（件）和重量（千克），可以通过“Tab”键往后切换，“Shift+Tab”键往回切换。

② 座位信息。首先通过输入座位排数或座位号为旅客指定某一排座位；切换座位图 / 刷新（Alt+.），在值机过程中，需要查看当前座位图信息，可执行此快捷键。如图 4-25 所示。

然后按照系统提供的多种指定座位的方式，根据旅客对座位的喜好，选择并分配相应的位置：

W 靠窗 I 靠通道 F 靠前 A 靠后 L 靠左 R 靠右

以上几种座位选项可以相互组合。

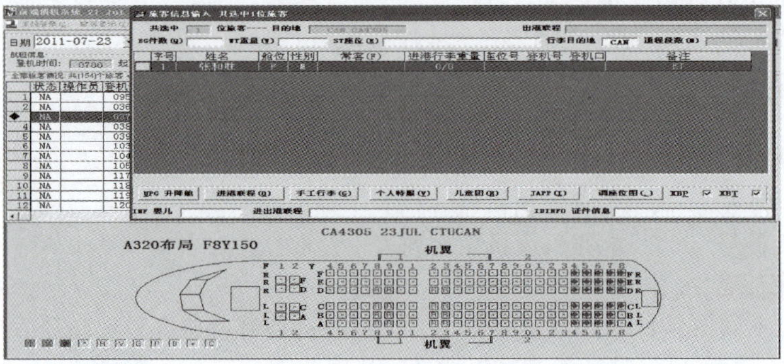

图 4-25 查看当前座位图信息

第三步：完整输入所有旅客信息后，按回车即可完成接收操作，打印机自动打印行李牌和登机牌。如图 4-26 所示。

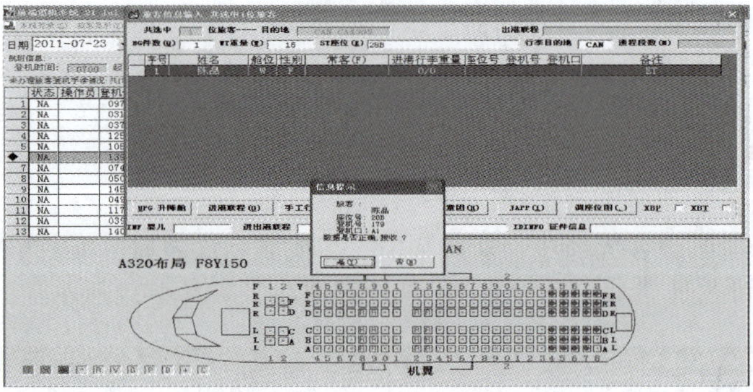

图 4-26 完成接收操作

主界面回显区上会显示主机的接收反馈，并显示出值机旅客的登机号、座位号。如图 4-27 所示。

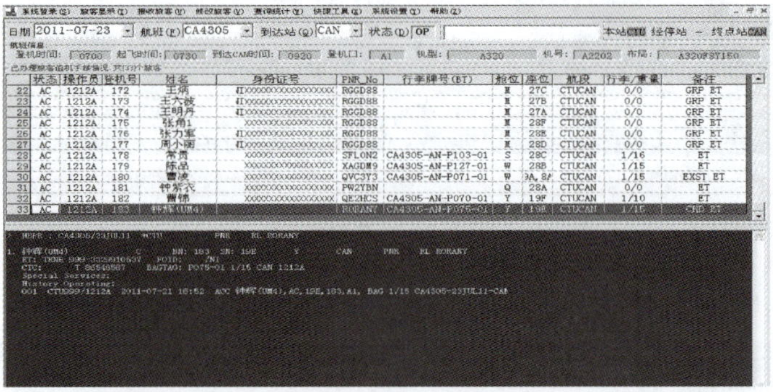

图 4-27 主界面回显区上显示主机的接收反馈

使用快捷键 Ctrl+P 可以查看旅客信息，如图 4-28 所示。

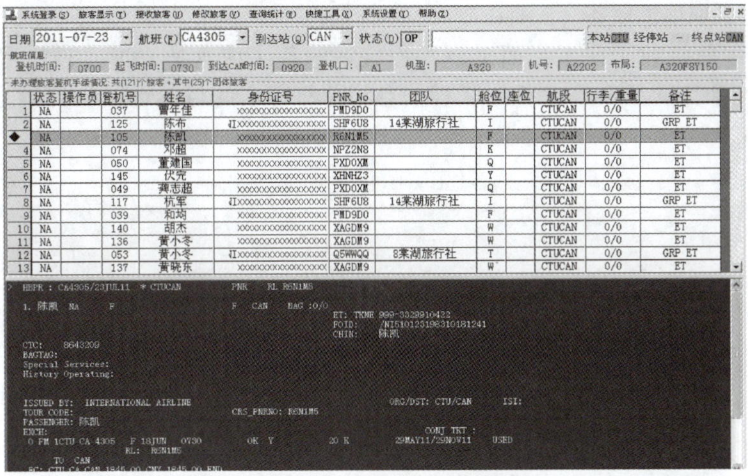

图 4-28 查看旅客信息

2. 高级接收旅客

（1）升降舱（Alt+U）。该功能可以实现对已值机或未值机旅客的升降舱（图 4-29）。

注意：升降舱操作前需检查目标舱位是否有 GS 配额。

（2）添加个人特服信息（Alt + V）。在该界面上可以为旅客添加各种特服信息（图 4-30）。

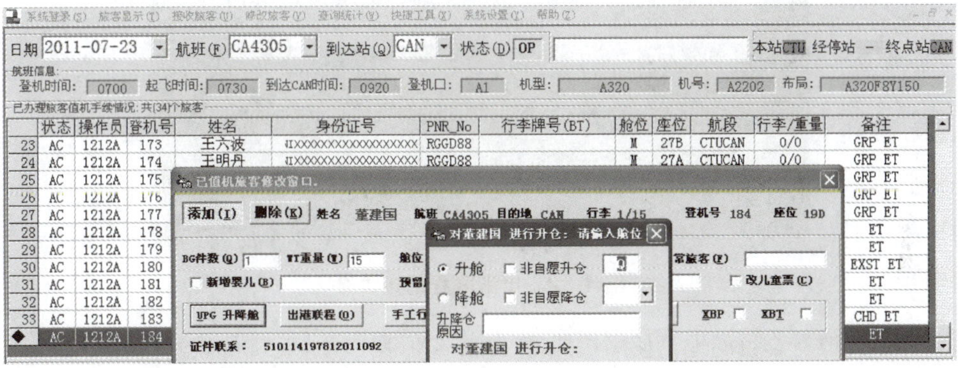

图 4-29 升降舱

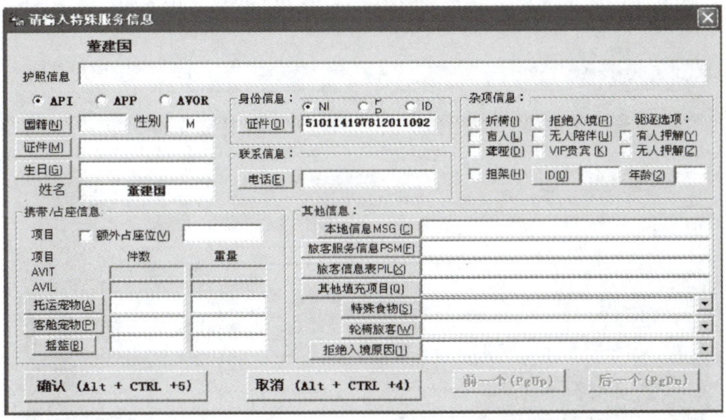

图 4-30 添加各种特服信息

（3）接收 / 添加出港联程（Alt+O）。

① 出港联程的接收。在主界面上，联程旅客的备注信息是“O”。选中联程旅客进入主接收界面，系统会自动显示该旅客的联程信息，并将行李的目的地默认为最远联程航站。如图 4-31、图 4-32 所示。

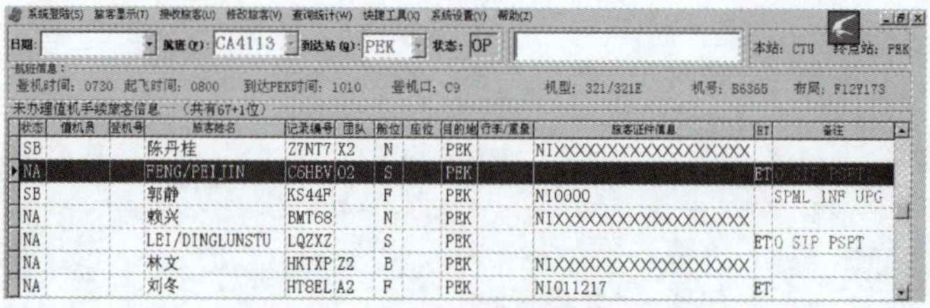

图 4-31　出港联程的接收 1

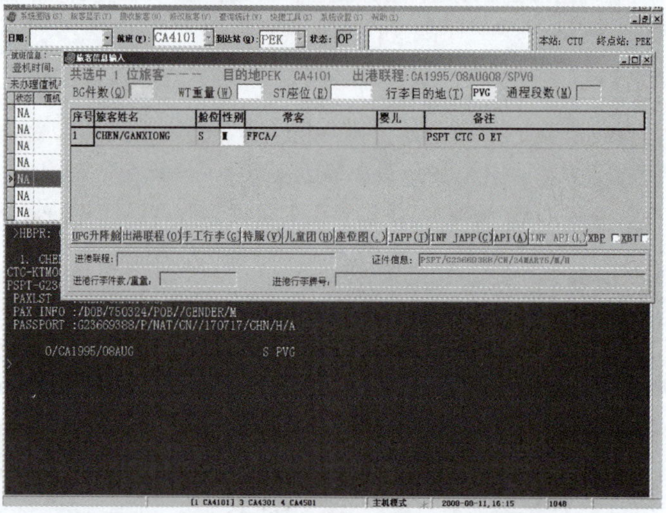

图 4-32　出港联程的接收 2

如果需要更改行李目的地，使用快捷键“Alt+T”手工填入正确的航站代码。

如果需要办理通程值机，采用快捷键“Alt+M”输入通程段数。

联程行李牌只支持 3 段航程，登机牌只支持 2 段。

② 多段联程，使用快捷键“Alt+O”编辑或查看详细的联程信息。如图 4-33 所示。

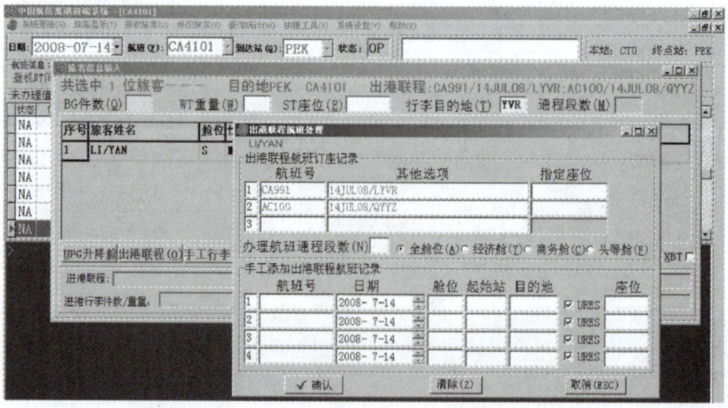

图 4-33　编辑或查看详细的联程信息

③ 手工添加出港联程航班记录。可在此界面中，手工填入航班号、舱位、目的地，并勾选上 URES 标志即可。如图 4-34 所示。

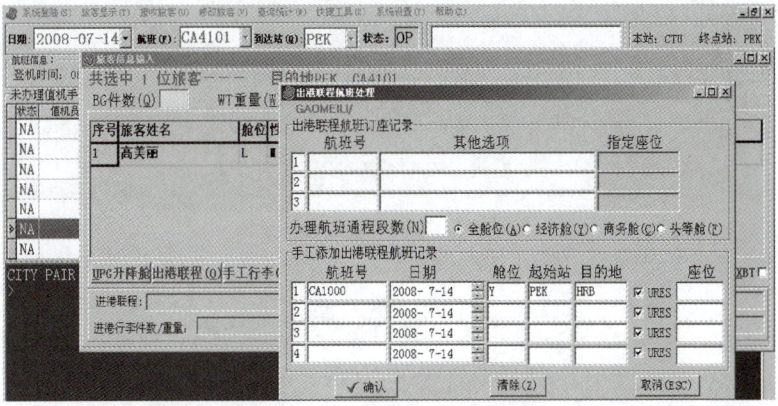

图 4-34　手工添加出港联程航班记录

（4）添加手工行李（Alt+G）。如果旅客需要添加手工行李，采用此快捷键可以添加手工行李牌号。行李件数 / 重量记入系统，但是不打印行李牌。如图 4-35 所示。

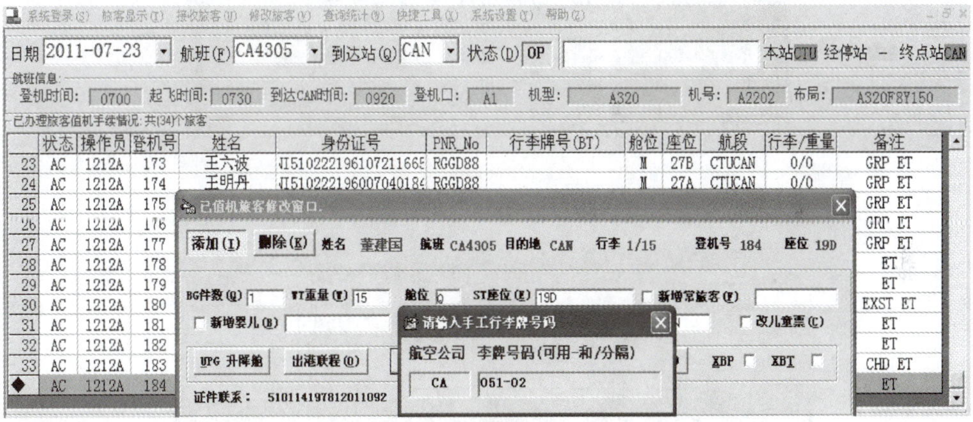

图 4-35　添加手工行李

（5）改儿童团（Alt+H）。如果选中的多名旅客都需要更改成为儿童“C”，可以采用此快捷键简化操作。

（6）切换座位图 / 刷新（Alt+.）。在值机过程中，需要查看当前座位图信息，可执行此快捷键。

（7）API 信息的输入。API 是 advanced passenger information 的简称，一些国家从国土安全方面考虑，要求抵达或离开该国的所有航班发送 API 报文。

各国对 API 报文提供的旅客基本信息要求不尽相同，通常包含以下信息：姓名、性别、国籍、出生日期、护照号、护照过期日等。如图 4-36、图 4-37 所示。

（8）候补接收纸票旅客（F12）。接收无订座旅客时，值机员须通知控制人员释放 Go-Show 限额后方可进行接收。如果在不释放限额的情况下选择“是”，这些旅客将进入“未值机旅客列表”，状态为 SB。如图 4-38 所示。

输入姓名和身份证号后，直接按回车接收，如图 4-39 所示。

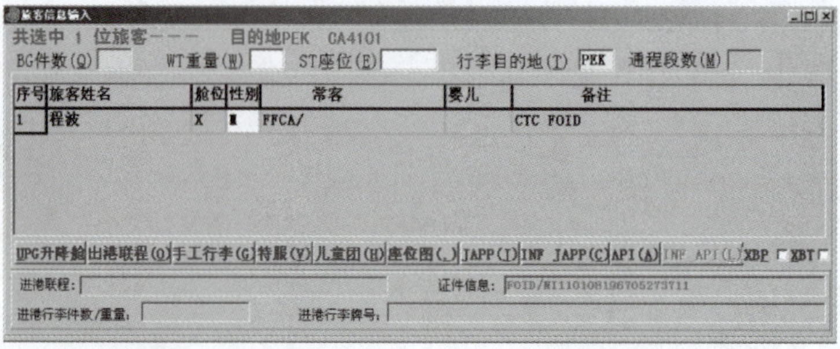

图 4-36 API 信息的输入 1

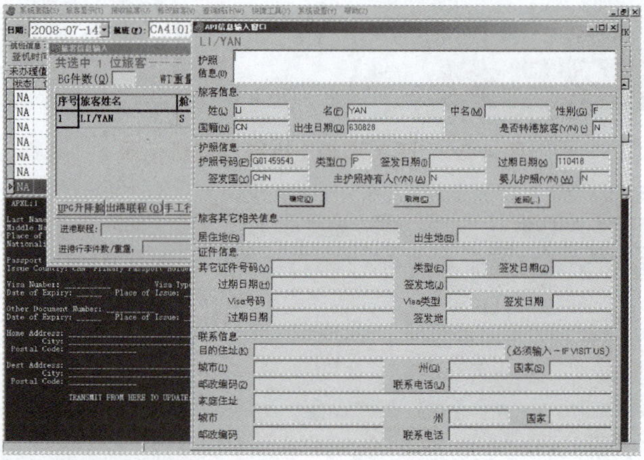

图 4-37 API 信息的输入 2

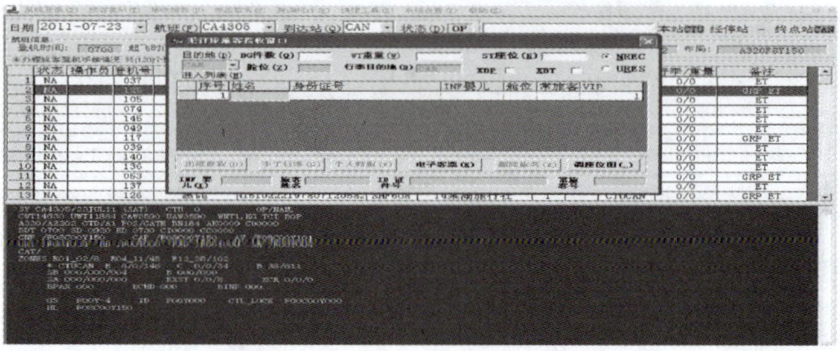

图 4-38 候补接收纸票旅客

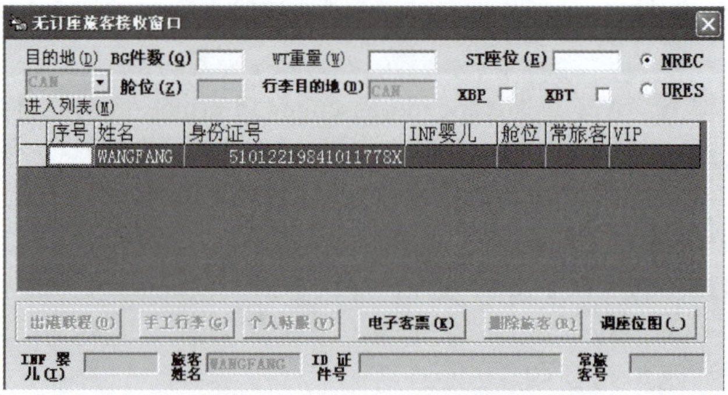

图 4-39 无订座旅客接收窗口

（9）正常接收电子客票旅客（Ctrl + E）。本系统支持电子客票旅客的接收，包括 Go-Show 模式接收。采用快捷键 Ctrl+E，弹出如图 4-40 所示的电子客票查询界面。

可输入记录编号、旅客姓名、身份证号、电子票号任一条件。

图 4-40　电子客票查询界面

（六）修改 / 删除旅客

1. 单个旅客信息修改

首先确认进入“已值机旅客列表”，或者选择“全部旅客列表”中的已值机旅客。按空格使其高亮后，直接按回车，或者通过快捷键“F9”，打开信息编辑窗口。如图 4-41 所示。

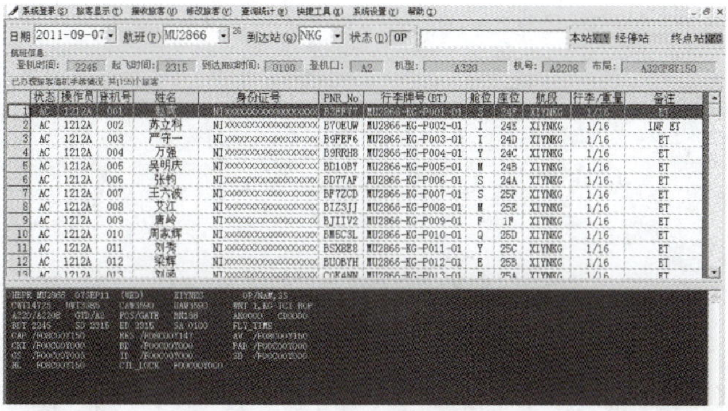

图 4-41　打开信息编辑窗口

2. 删除旅客

在“已值机旅客列表”中选中要删除的旅客，通过快捷键“Ctrl+Delete”弹出删除旅客提示窗口，选择“是”，系统将把旅客更改为未值机状态。如图 4-42 所示。

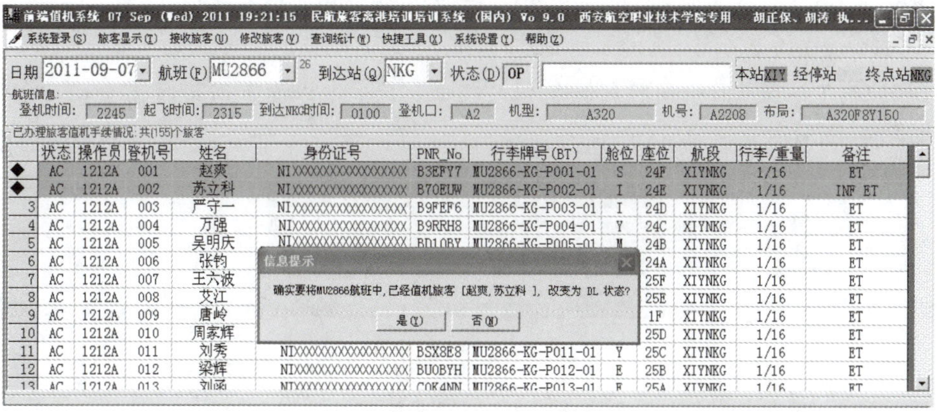

图 4-42　删除旅客

3. 删除行李

在“已值机旅客列表”中选中要删除行李的旅客后按回车，进入“旅客信息更改窗口”，将光标移至“删除”位置，可以通过“Tab”键往后切换，输入要删除的行李件数、重量后按回车，系统将删除行李。

另外，还可以在此界面删除常客和婴儿等信息。如图 4-43、图 4-44 所示。

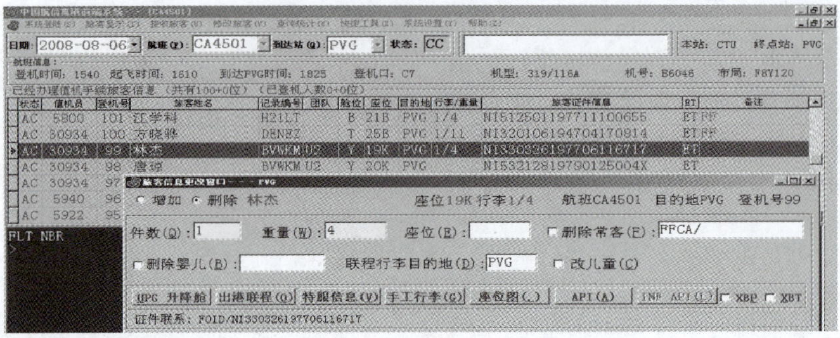

图 4-43　删除行李 1

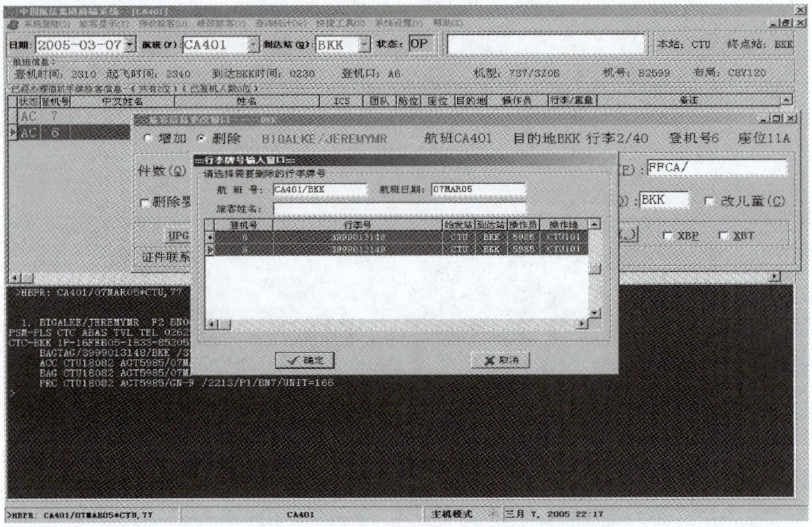

图 4-44　删除行李 2

（七）航班截载（Ctrl + I）

航班办理结束后，值机员执行快捷键“Ctrl + I”，主界面上航班状态会由“OP”改成“CI”，如图 4-45 所示。

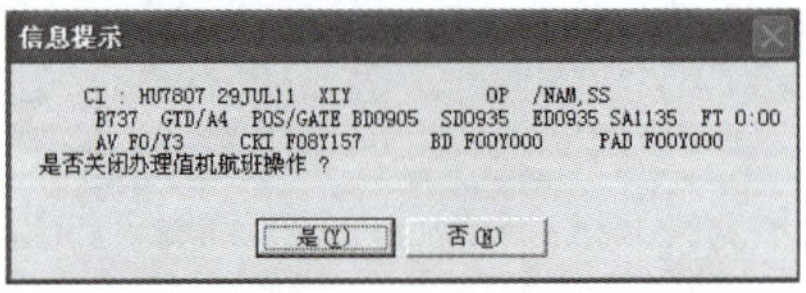

图 4-45　航班截载

如果要把 CI 或者 CL 航班状态改成 OP，也需要执行快捷键“Ctrl + I”。

案例分析

中国航信助力重庆江北国际机场 T3B 航站楼顺利通航，实现刷脸通关与智慧出行

2025 年 4 月 9 日，重庆江北国际机场 T3B 航站楼正式投用。在此项目中，中国航信承担了包括离港、安检、畅行刷脸通关、智慧中台等在内的 12 个系统的建设工作。

据悉，重庆江北国际机场 T3B 航站楼是迄今为止全国人脸应用场景最全的机场之一。T3B 航站楼项目共新增 14 条安检通道和 71 个登机口。每个安检口都设有安检验证闸机，为旅客提供基于生物特征识别技术的智能安检服务，可实现旅客自助“刷脸”通行。T3B 新建航站楼内登机口共安装 151 套自助闸机，自助闸机采用先进的人脸识别技术，能够精确识别旅客身份，通常每位旅客通过闸机仅需 3 ～ 5 秒，实现“无感通关”。

这一智能化、便捷化的服务创新来自中国航信人脸识别服务畅行平台。该平台以人脸识别技术为核心，为旅客构建了专属信息数据库并将其作为唯一身份标识，通过加密及防篡改等安全技术处理，实现旅客在机场各环节的身份与行程智能识别，让旅客通过人脸识别即可完成全流程自助化出行。

为保障项目顺利完成，自现场具备网络投产实施条件起至投运当天，中国航信保障团队实行 24 小时轮守驻场办公，时刻监控保障区域内网络设备的运行情况，全程跟进航站楼内的运行状态。

重庆江北国际机场 T3B 航站楼的成功投用，标志着中国航信在智慧机场建设领域再创新绩。未来，中国航信将继续秉持创新精神，为民航业的高质量发展贡献力量。

分析：中国民航离港系统有哪些弊端？你同意航空公司自主研发离港系统吗？

课后思考

1. 可视化值机常用功能键有哪些，有什么作用？
2. 请写出接收团体旅客和盲人旅客的操作指令。
3. 请简述值机座位图中不同代码分别代表的含义。
4. 请试述修改旅客记录分为哪几种情况。

复习题

模块四复习题

模块五

特殊旅客服务

课题一 特殊旅客服务认知

学习目标

明确重要旅客的分类标准；
明确并掌握病残旅客的分类；
熟悉并掌握不同类型的特殊旅客及其运输要求。

素养目标

培养民航服务意识与创新精神。

思政小课堂

践行真情服务理念，西北民航用心服务旅客，护航平安春运

2025年春运开启，西北民航各单位积极为旅客营造温馨出行氛围，创新打造服务产品，满足旅客多样化、差异化服务需求，用心服务旅客，护航平安春运。

西安机场开展青年志愿者服务春运“暖冬行动”，对接陕西省高校，广泛招募优秀大学生志愿者，协助开展旅客问询引导、安全提示、秩序维护、业务办理等工作。兰州机场春运期间推出“冬季暖心，出行无忧”冬衣寄存服务，在问询台设置便民箱，提供透明胶、口罩、放大镜等物品，配发爱心收纳袋帮助旅客整理收纳随身行李，在问询台提供暖心姜茶，在寒冷冬季给旅客送去温暖。敦煌机场强化春运首乘服务预约功能，通过抖音、微信公众号、问询电话等渠道提供首乘服务预约；强化首乘旅客值机服务功能，加强对首乘旅客行李托运常识特别是危险品、违禁品、超限行李等信息的告知，确保航空安全；做好首次乘机保障，在座位安排上尽可能满足首乘旅客的差异化、个性化需求。固原机场全力保障无陪儿童出行，实行无陪儿童“专人负责制”，专人帮助无陪儿童办理值机、引导过检、带领登机，从办理值机到航班起飞，工作人员全程陪护，做到了“优先登机、全程照看、无缝交接”。张掖机场安检站依据实时客流数据，灵活调配资源，适时增开安检通道，确保队伍快速有序前行；为特殊旅客设置“爱心通道"，让老、弱、病、残、孕等特殊旅客在安检过程中享受贴心关怀。

此外，西北民航各单位还积极营造春运氛围，广泛开展了春运"写春联送祝福""航空出行送福利""旅游迎春"以及商业"满减买赠"等惠民活动，广大旅客积极参与、纷纷点赞。

一、特殊旅客定义

特殊旅客是指给予特殊礼遇和照顾或由于健康、用药和精神状况，在旅途中需要特殊照顾并符合一定条件才能运输的旅客。

二、特殊旅客的分类

特殊旅客可以分为重要旅客和一般特殊旅客两大类。一般特殊旅客主要包括无成人陪伴儿童、病残旅客、孕妇、盲人、聋哑旅客、酒醉旅客、犯罪嫌疑人、特殊餐食旅客等。

三、特殊旅客服务一般规定

（1）为了保证安全，遵守国家法律法规和命令；或旅客因其行为、年龄、精神或健康情况不适合航空旅行，或使其他旅客感到不舒适或反感，或可能对其本人或其他旅客及财产造成任何危害或危险，航空公司有权依据自己合理的判断，拒绝运输这类已持有客票的民航特殊旅客及行李。

（2）特殊旅客运输规定是由各航空公司自行制定的。因此，接收特殊旅客运输之前，必须事先取得相关承运人的同意。特殊旅客的客票销售权仅限于航空公司直属售票处或其授权代理人。接收特殊旅客订座，均需在 PNR 的 RMK 或 OSI 项内注明给予照顾的内容。

（3）重要旅客、特殊旅客，只有在符合民航局有关旅客运输规则，并征得承运人同意的情况下，方可载运。

（4）由于特殊旅客需要特殊的照顾和服务，可能会影响对同一航班其他旅客的服务，因此每一航班对接收的各类特殊旅客（重要旅客除外）应有数量限制。对特殊旅客接收人数的控制由航班的控制部门负责。

（5）航班控制部门要在航班起飞前一天下午四点前将所有的特殊旅客情况，包括旅客的姓名、职务、随行人数、乘机日期、航班、起飞时间、订座舱位、PNR 订座记录编码、目的地、特殊服务要求和需要的特殊设备（轮椅、担架以及医药援助等）等，通过传真或拍发电报通知公司的航班生产调度或运行管理部门，或始发站当地航班运行管理部门。

案例分析

西安机场加强人文关怀　解决特殊旅客难题

特殊旅客是民航服务保障的重点群体，西安机场以"民航服务助力行业恢复年"主题活动、西北民航"首乘服务升级行动"为契机，持续加强对特殊旅客的关怀力度，从设施设备、服务产品、机场交通、医疗急救等方面推出多项服务举措，切实为特殊旅客解难题办实事，有效满足了广大特殊旅客的美好航空出行需求。

一是升级各类特殊旅客服务设施。改造国内安检区域特检室，完成 T2 东区安检区域及 T3 无障碍通道后端特检室升级改造工作，新增各类无障碍辅助设施；结合《民用机场母婴室规划建设指南》，制定航站区母婴室优化提升方案，加快推进机场母婴室升级改造，同时完成长途客运站乘车厅内母婴室的更新改造，全面改善母婴旅客出行环境。

二是创新特殊旅客服务产品。推出残疾旅客“安逸行”、老年旅客“乐享夕阳”、儿童团队旅客“一路畅童”等服务产品，同时加大与兄弟单位合作，恢复西安北客站航空旅客服务中心运营，与西安地铁十四号线合作推出“空轨联运”爱心接力服务，为各类特殊旅客提供全流程引导，确保旅客顺畅出行。

三是改善机场交通出行服务。扩充P1蓄车区车位至533个，强化高峰网约车运行保障能力；完成机场停车场空间规划与优化，对停车位进行科学布局和管理，设置旅客过夜停车场；联合东航推出“机票+泊车”专项服务，为旅客提供机票、停车一价全含服务，创新机场与航司合作模式，结合节假日旅客出行高峰，不定期推出车位升级、团队专属车位等服务产品，为旅客提供更多出行选择；在综合交通大厅（GTC）设置“小红伞”服务台，推行“一窗受理，全面服务”机制，高效、便捷地为各类旅客提供各类专项服务，确保旅客交通出行顺畅。

四是完善急症旅客绿色通道机制。与延安大学附属医院签订医疗合作协议，成功搭建24小时远程视频协助平台，医院可实时掌握患者病情，提前做好抢救准备，大幅提高了机场医疗急救服务能力。

分析：西安机场为特殊旅客提供了哪些服务？

课后思考

1. 请简述特殊旅客的定义及分类。

2. 关于特殊旅客运输有哪些一般规定？

课题二　重要旅客

学习目标

明确重要旅客的范围和分类；
掌握重要旅客的订座购票要求；
熟悉并掌握重要旅客的乘机手续办理；
掌握重要旅客的载运要求和迎送工作。

素养目标

培养民航服务意识与创新精神。

思政小课堂

林芝米林机场“桃韵服务”上线　打造出行新体验

2025年4月，在文旅融合发展的大趋势下，民航西藏自治区机场集团有限公司林芝米林机场分公司积极探索创新服务模式。在林芝第二十二届桃花旅游文化节期间，机场推出的一系列特色服务举措，不仅为游客营造了难忘的出行体验，更在提升机场服务品质、推动区域文旅协同发展方面积累了宝贵经验，为后续服务提升和行业发展提供了借鉴。

桃花节期间，林芝米林机场的值机柜台全部换上了桃花主题的屏显，为旅客带来了全新的视觉体验。除此之外，林芝米林机场还特别设计了“桃韵优先条”，将桃花元素以雅致的姿态巧妙融入旅客服务。其中，军绿色的军人依法优先条充分体现了对军人的尊崇和优待；橙色的公务舱优先条为公务舱旅客提供了更加便捷的服务；红色的高端、高舱旅客优先条则彰显了机场对高端旅客的尊重与关怀；而蓝色的优先条则专为生日旅客设计。林芝米林机场通过一系列创新举措，不仅展现了桃花节的独特魅力，也让旅客感受到浓浓的节日氛围。

此次推出的创新服务，不仅体现了林芝米林机场对旅客需求的深入理解和关怀，与桃花节“温馨、开放”的文旅形象相契合，也彰显了机场在推动区域文旅发展方面的积极作用。通过服务场景的延伸和升级，林芝米林机场将基础保障服务与文化赋能相结合，为桃花节注入了新的活力和魅力，让旅客在欣赏美景的同时，也能享受到更加贴心的精细化服务。

重要旅客是航空运输保障的重点，认真做好重要旅客运输服务工作是民航运输部门的一项重要任务。

一、重要旅客的范围

（1）省、部级（含副职）以上的负责人。

（2）各大军区级（含副职）以上的负责人。

（3）公使，大使级外交使节。

（4）由各部、委以上单位或我国驻外使领馆提出要求重新按重要旅客接待的客人。

（5）承运人认为需要给予此种礼遇的旅客。

二、重要旅客的种类

重要旅客一般分为三类：最重要旅客（VVIP）、一般重要旅客（VIP）、工商界重要旅客（CIP）。

1. 最重要旅客（very very important person，VVIP）

（1）我国党和国家领导人。

（2）外国国家元首和政府首脑。

（3）外国国家议会议长和副议长。

（4）联合国秘书长。

2. 一般重要旅客（very important person，VIP）

（1）政府部长，省、自治区、直辖市人大常委会主任，省长、自治区人民政府主席、直辖市市长或相当于这一级的党、政、军负责人。

（2）外国政府部长。

（3）我国和外国政府副部长或相当于这一级的党、政、军负责人。

（4）我国和外国大使。

（5）国际组织（包括联合国、国际民航组织）负责人。

（6）我国和外国全国性重要群众团体负责人。

（7）两院院士。

3. 工商界重要旅客（commercial important person，CIP）

（1）工商业、经济和金融界重要、有影响的人士。

（2）重要的旅游业领导人。

（3）国际空运企业组织、重要的空运企业负责人和承运人邀请的外国空运企业负责人。

知识链接

在很多航空公司中，通常将重要旅客分为以下三类：

（1）VIP 旅客：VIP 旅客是航空公司特别关照的对象，主要包括政府官员、外交使节、国际知名人士、企业高管以及有特殊需求的旅客。这类旅客往往享有优先登机、快速安检、专用休息室、优先行李服务等特殊待遇。航空公司会根据旅客的身份等级提供相应的服务，以确保其出行体验的舒适与尊贵。

（2）头等舱旅客：头等舱旅客通常是航空公司的高价值客户，他们通常具有较高的消费能力。这类旅客在航班上享有宽敞的座位空间、优质的餐饮服务、私人娱乐设施等。此外，头等舱旅客还可享受行李超重、优先登机、快速安检等额外服务。航空公司通过提供优质服务，旨在吸引并维系这一高端客户群体。

（3）常旅客会员：常旅客会员是航空公司根据旅客累积的飞行里程或消费金额，为其提供的会员等级服务。这类旅客通常包括商务人士、频繁出差的旅客等。航空公司会为常旅客会员提供里程兑换、积分奖励、优先值机、快速安检等福利，以提高旅客的忠诚度和复购率。常旅客会员制度的实施，有助于航空公司提高客户满意度，增强市场竞争力。

三、为重要旅客订座、购票

（1）重要旅客订座、购票，应予以优先保障。

（2）接收重要旅客订座时，应请经办人详细填写《旅客订座单》，了解清楚要客的职务、级别和需要提供的特殊服务。

（3）重要旅客需预订联程、回程座位时，接收订座单位应及时向联程、回程站拍发订座电报，并在 OSI 项中注明 VIP 等字样、职务（级别）和特殊服务的要求。

（4）联程、回程站接到重要旅客订座电报后，应保证座位并及时拍发答复电报。

（5）凡有重要旅客订座、购票的航班，不应随意取消或变更。如有变更，应尽早通知重要旅客的购票单位，并做出妥善安排。

四、为重要旅客办理乘机手续

（1）为重要旅客设置专柜，方便重要旅客办理乘机手续。

（2）值机部门应优先为重要旅客办理乘机、行李交运、联运等手续。一般发放前排座位，在未设头等舱的航班上，应尽可能地将较舒适的座位提供给重要旅客。

（3）在重要旅客登机牌上注明“VVIP、VIP 或 CIP”字样，便于做好服务工作。

（4）优先办理重要旅客的行李收运手续，确认行李完好后，贴挂“VIP”行李标志牌和“小心轻放”的标签；并与行李分拣员交接签收。如发现行李有破损的地方，应拴挂免除责任行李牌并请托运人签字。始发站和经停站在把行李装机时，应将重要旅客的托运行李装在靠近货舱舱门口的位置，以便到达站优先卸机交付。

五、重要旅客的迎送工作

（1）始发站、经停站和到达站的运输业务部门应亲自迎送重要旅客，如停机坪离候机楼较远，必要时要安排车辆接送。

（2）将重要旅客安排在贵宾室休息，并提供适当饮料和点心，由承运人接待的重要旅客，其费用由承运人负担。由其他单位接待的重要旅客，根据接待部门的要求提供的贵宾室、饮料、点心及其他服务的费用应向有关接待部门结算。

（3）做好重要旅客的安全保密工作。

（4）重要旅客有接送仪式或其他安排的，当地运输业务部门应按照负责接待或迎送单位的要求，配合做好有关迎送工作。

（5）重要旅客上下飞机的先后次序原则上按后上先下，但要考虑到重要旅客的迎送仪式和方便。必要时，当地运输业务部门指定服务员引导其他旅客上机或下机进入候机室。

（6）不愿公开身份的重要旅客乘坐承运人飞机时，免去迎送工作，按旅客要求办理。

知识链接

民航总局《关于重要旅客乘坐民航班机运输服务工作的规定》

重要旅客是航空运输保证的重点，认真做好重要旅客的运输服务工作是民航运输部门的一项重要任务。为了做好这项工作，特作如下规定：

第一条　重要旅客的范围

一、省、部级（含副职）以上的负责人；

二、军队在职正军职少将以上的负责人；

三、公使、大使级外交使节；

四、由各部、委以上单位或我驻外使、领馆提出要求按重要旅客接待的客人。

第二条　高度重视重要旅客运输服务工作

一、对重要旅客，值班领导要亲自迎送；对国务委员、副总理以上的重要旅客，各单位主要领导要亲自迎送。

二、航空公司，省局、航站要设立要客服务部门（含兼管部门），并将该部门的职责、电话号码等通知当地党、政、军等有关部门。

三、要客服务部门要选派有经验、表现好、责任心强的人员参加。

第三条　优先保证重要旅客的机票、座位

一、重要旅客订座、购票，应予优先保证。

二、接受重要旅客订座时，应请经办人详细填写“旅客订座单”，了解清楚要客的职务、级别和需要提供的特殊服务。

三、重要旅客需预订联程、回程座位时，接受订座单位应及时向联程、回程站拍发订座电报，并在OSI项中注明VIP字样、职务（级别）和特殊服务的要求。

四、联程、回程站接到重要旅客订座电报后，应保证座位并及时拍发答复电报。

五、凡有重要旅客订座、购票的航班，不应随意取消或变更。如有变更，应尽早通知重要旅客的购票单位，并做出妥善安排。

六、重要旅客取消旅行或改变乘机日期、航班时，原接受订座单位或值机部门应及时拍发变更电报，并通知各有关部门。

七、在国务委员、副总理以上重要旅客乘坐的航班上，严禁押送犯人、精神病患者乘坐。售票处和值机部门要严格把关，并通知货运部门，严禁在该航班上装载危险物品。

第四条　做好重要旅客的信息传递

一、重要旅客购票后，售票单位应及时（最迟在航班飞行前一天下午4时前）将重要旅客的姓名、职务、级别、随员人数、乘坐航班、日期、到达站、特殊服务等情况，通

值机服务礼仪——高端旅客

知始发站、中途站和到达站及重要旅客乘坐飞机所属公司的要客服务部门（部门代号为VP）。

二、始发站的要客服务部门应在重要旅客乘坐航班飞行前一天编制次日航班的重要旅客名单表，并于航班飞行前一日分别送给管理局、公司、机场或省局、航站、分公司的领导和各有关业务部门。临时收到的要客信息要及时补充通知。

三、始发站的值机部门在航班起飞后，应即拍发要客VIP电报，通知各有关中途站和到达站的要客服务部门，要客服务部门再通知驻机场各有关单位领导和各有关业务部门。要客电报应包括：航班、日期、飞机号码、要客姓名、职务、人数、行李件数和舱位等内容。

四、航班不正常时，始发站商务调度部门，应及时将航班延误情况发电告各有关经停站和到达站要客服务部门，要客服务部门应及时报告有关领导、部门和接待单位。

五、各单位要对有关人员加强保密教育，对保密的重要旅客乘机动态，尽量缩小知密范围。

第五条　优先为重要旅客办理乘机、到达手续

一、值机部门应优先为重要旅客办理乘机、行李交运、联运等手续。在未设头等舱的航班上，应尽可能地将较舒适的座位提供给重要旅客。

二、重要旅客的行李要贴挂“重要旅客（VIP）”标志牌。装卸时，要逐件核对，防止错运、丢失或损坏。始发站和经停站在装卸行李、货物时，要将贴挂“重要旅客（VIP）”标志牌的行李放置在靠近舱门口的位置，以便到达站优先卸机和交付。

三、重要旅客到达目的站后，应先向重要旅客交付交运行李。

第六条　做好重要旅客的地面接待服务工作

一、要客服务部门接到有重要旅客的通知后，应事先准备好贵宾休息室，并备妥供应物品。

二、要客服务部门应派专人协助重要旅客办理乘机手续和提取行李。

三、服务员必须掌握航班信息，及时将航班起飞时间通知重要旅客，并负责引导重要旅客上飞机。

四、航班延误时，应首先安排好重要旅客的休息和食宿。

五、贵宾休息室的服务人员要按规定着装，举止大方，热情有礼貌，主动、周到地做好服务工作。

第七条　做好重要旅客的机上服务工作

一、乘务组应事先掌握重要旅客身份和是否有特殊服务的要求，并根据掌握的情况研究具体服务方案。

二、乘务员要热情引导重要旅客入座并为其保管好衣帽等物品。

三、配餐部门应根据重要旅客特殊服务的要求，配备餐食和供应品，要保证食品新鲜、美味、可口。

四、乘务员要根据每位重要旅客的情况，主动、热情、周到地做好机上服务工作。

五、乘务员要加强客舱巡视，及时满足重要旅客的服务要求。

六、乘务员应引导重要旅客先下飞机，并热情送行。

六、航班延误时的工作要求

（1）航班延误时，对于未到达机场的重要旅客，及时通知接待单位或重要旅客本人，并及

时将航班延误情况报告给各有关经停站和到达站要客服务部门，要客服务部门应及时报告给驻机场各有关单位领导和各有关业务部门及接待单位。

（2）对于已到达机场办理乘机手续的重要旅客，运输业务部门或本公司驻当地营业部应组织人力对重要旅客进行重点照料。

（3）如果延误时间过长，运输业务部门还应配合接待部门做好必要的安排。

七、重要旅客运输其他规定

（1）重要旅客航班的载运限制。在国务委员、副总理以上重要旅客乘坐的航班上，严禁押送犯人、精神病患者乘坐。值机部门要严格把关，并通知货运部门，严禁在该航班上装载危险物品。

（2）在接收婴儿、儿童及无成人陪伴儿童时，应严格按规定办理，座位不得超售。

（3）报载时需特别说明：重要旅客姓名、职务、座位号、目的地、行李件数 / 重量及随行人数。

（4）始发站的值机部门在航班起飞后，应在 5 分钟内拍发要客（VIP）电报，通知各有关中途站和到达站的要客服务部门。要客电报应包括：航班，日期，飞机号，要客姓名、职务、人数、行李件数和舱位等内容。

案例分析

重要旅客服务流程

兰州中川国际机场 T3 投运，“乘心如意”品牌携八项承诺亮相

2025 年 3 月 16 日，兰州中川国际机场三期建成投运之际，以旅客需求为导向，全面提升服务品质，发布八大服务承诺：

① 交通换乘无缝衔接：打造“空铁联运”快捷通道，实现高铁、机场大巴、网约车等无缝接驳；无托运行李旅客可直达高铁站免二次安检；机场大巴覆盖全部航班，停车楼 24 小时开放并提供 30 分钟免费停车。

② 乘机服务暖心周到：全流程人脸识别、自助值机；首乘及特殊旅客“一站式”爱心服务；值机、安检排队时间不超过 10 分钟；24 小时免费开放旅客夜间休息区。

③ 货行服务细致入微：行李装卸标准化，提供“港到门”“门到港”服务；国内航班行李全流程跟踪，旅客到达后 10 分钟内开始交付，30 分钟内完成；货邮推出“八享”专属服务。

④ 候机环境舒适宜人：免费 Wi-Fi 全覆盖，充电设施充足；标识清晰、座椅多样，打造宽敞整洁的候机空间。

⑤ 中转服务快速无忧：中转间隔 40 分钟保障无托运行李旅客成行，60 分钟以上保障行李同机运输；中转旅客免提行李，三餐时段发放免费餐券，隔夜中转提供免费住宿。

⑥ 商业服务诚实守信：零售餐饮 100% 明码标价，特产店设“同城同质同价”专柜，“兰州牛肉面”单价不超 15 元，质量问题 7 日内退换货。

⑦ 航延服务规范有序：航班信息每 30 分钟更新，餐食住宿保障多样舒适。

⑧ 服务监督快速响应：24 小时客服热线（96556）专人值守，投诉 48 小时内解决。

此外，兰州中川国际机场深度融合智慧民航理念，通过智能测量行李、全流程人脸识别、官方抖音实时互动等数智化手段，打造高效便捷的出行体验。

分析：兰州中川国际机场的“乘心如意”品牌的特点是什么？

课后思考

1. 简述重要旅客的范围和分类。

2. 为重要旅客进行订座、购票有哪些要求？

3. 重要旅客航班有哪些载运限制要求？

课题三 婴儿、儿童及孕妇旅客

学习目标

理解并掌握婴儿、儿童和孕妇的乘机条件；

掌握婴儿、儿童的购票、值机及座位安排规定；

熟悉婴儿、儿童、孕妇旅客的运输程序。

素养目标

培养民航服务意识与创新精神。

思政小课堂

畅通生命通道，一场“生命接力”

——贵阳机场医救中心成功救治转运一名突发疾病婴儿

2024 年 6 月 6 日，贵阳机场医救中心成功抢救并转运了一名年仅 1 岁 9 个月的突发疾病婴儿。当日上午，在接到贵阳机场运行控制指挥中心（AOCC）的通知后，贵阳机场医救中心值班医生张胜杰、护士何琴、司机林义在 2 分钟内紧急出动，不到 5 分钟赶到现场，到飞机滑行 606 机位等待。等待过程中，医护人员及时与指挥室联系了解患者情况，提前做好相关抢救设施设备及药品准备。

10:42，医护人员紧急登机后，立即了解婴儿病史，并进行生命体征监测、上氧、用药等，所有抢救措施一气呵成。通过观察病情变化，医护人员判断该婴儿需要边抢救边快速转运至综合医院进一步治疗，医疗团队合力将婴儿转运至早已待命的急救车。

在严密的监护下，婴儿快速安全转移至贵州省人民医院儿科急诊进一步救治，最终脱离危险、转危为安。整个救治和转运过程，贵阳机场医护人员应对有度、协调有力，婴儿父母真挚表示：“感谢贵阳机场医护人员履职尽责！”

贵阳机场医救中心坚持党建引领安全，严格贯彻“人人讲安全，个个会应急——畅通生命通道”的精神，通过开展风险隐患排查、岗位大练兵、测试应急响应时间、推行接诊两分钟出动等工作举措，畅通贵阳机场应急生命通道。同时，协同各运行保障部门梳理急救通道开放流程，确保在有旅客突发疾病或遭遇意外时，医护人员能够迅速响应，为病人提供及时有效的救治，守护每一位旅客的安全健康。

一、婴儿服务

1. 定义

婴儿旅客是指在旅行开始之日乘机人年龄未满 2 周岁的人，其服务代码为 INF。

由于新生儿的抵抗力差，呼吸功能不完善，飞机升降时气压变化大，对身体刺激大，因此，对婴儿乘坐飞机要有一定的限制条件，一般航空公司不予承运出生不足 14 天的婴儿和出生不足 90 天的早产婴儿。

2. 购票及乘机规定

婴儿不单独占用座位，票价按适用成人正常票价的 10% 计收，按成人正常票价 10% 付费的婴儿无免费行李额，仅可免费携带一摇篮或可折叠式婴儿车；每一位成人只能携带一名婴儿享受这种票价，超过限额的婴儿应按相应的儿童票价计收，可单独占座，享有所持客票等级规定的免费行李额。

3. 值机规定

航空公司及机场值机服务部门应优先为携带婴儿的旅客办理乘机手续，在办理乘机手续时，应索取婴儿的“出生证明”以核实其年龄。应将携带婴儿的旅客安排在婴儿排（飞机上多提供一个氧气面罩的排）或可安装婴儿摇篮的座位，切忌安排在飞机的紧急出口座位，为婴儿发放无座位号的婴儿登机牌。

4. 接收数量及座位安排

为了保证航空公司的客舱服务质量，航空公司对航班接收婴儿旅客的数量加以限制。原则上要求每一航班接收婴儿的数量应少于该航班机型的总排数，每排旅客座位只允许安排一位婴儿，并且必须确保可以为每一位婴儿提供独立的氧气装置。

具体的座位安排，原则上要求安排携带婴儿的旅客远离机上头等舱和公务舱座位区域，以免飞行中婴儿的哭闹会影响到高端舱位旅客的乘机体验。

二、无成人陪伴儿童服务

（一）定义

无成人陪伴儿童是指年龄在 5 周岁至 12 周岁以下的无成人陪伴、单独乘机的儿童。年龄在 5 周岁以下的无成人陪伴儿童不予承运（年龄在 12 周岁以上至 15 周岁以下的儿童，若其父母申请，也可按无成人陪伴儿童办理）。

无成人陪伴儿童的服务代码为 UM，适用舱位（Y 舱）正常票价的 50% 购票。占有座位并享有所持客票座位等级规定的免费行李额。

（二）接收运输条件

（1）无成人陪伴儿童必须由儿童的父母或监护人陪送到上机地点并在儿童的下机地点安排人员迎接。

（2）如果运输的全航程中包括两个以上的航班时，一定要取得有关承运人的同意。由儿童的父母或监护人安排人员在中转地接送或照料，并将接送人的姓名、地址和电话号码提供给承运人。

（3）如果儿童的父母或监护人在航班的中转站安排人员接送或照料有困难，要求由承运人在当地照料儿童时，应预先提出并经承运人同意后才可以。

（4）办理无成人陪伴儿童手续时，应由儿童的父母或监护人填写“无成人陪伴儿童乘机申请书”，内容包括：儿童姓名、年龄，始发地，目的地，航班号，日期，送站人和接站人姓名、电话、地址等项目。值机员接受申请并核实无误后，方可办理乘机手续（不同机场服务程序略有不同）。

（三）无成人陪伴儿童的值机程序

（1）检查无成人陪伴儿童运输申请书的内容及经停站和到达站迎接儿童的指定接送人是否已证实。

（2）无成人陪伴儿童的运输，不同航空公司的不同机型、不同航线、不同航班，对票价、每个航班的限制接收人数（表 5-1）、年龄等的规定均有差别。

表 5-1　某航空公司机型对无成人陪伴儿童的数量限制

机型	舱位		
	F	C	Y
B777A	—	不接收	8 人
B757	—	不接收	5 人
B737	—	—	5 人
A321	不接收	—	5 人
A320	—	不接收	5 人

（3）起飞前 30 分钟停止办理无成人陪伴儿童特殊服务。座位尽量安排在靠近乘务员工作区的通道座位（紧急出口座位除外），原则如下。

① 安排在随机服务员或乘务员便于照料的位置。

② 靠近机上厨房，最好是通道座位。

③ 若有可能，应与其他旅客分开座位。

④ 若座位满座，应安排在靠近女乘客的座位。

⑤ 不得安排在紧急出口座位。

（四）无成人陪伴儿童的服务程序

（1）无成人陪伴儿童服务需由家长 / 监护人在购票时主动提出申请，首先出示儿童有效证件及拟购票信息，填写无成人陪伴儿童申请单（或交接单），经航空公司确认接收后办理购票手续。

（2）填写内容包括儿童姓名、所乘航班号、目的地、送行及接站家长姓名和电话，如有行李托运，还应填写行李件数及行李牌号码；如旅客有特殊要求，还应在交接单上注明，如晕机等。

东航：无成人陪伴儿童

（3）填写无成人陪伴儿童登记本和服务卡，并把服务卡挂至儿童胸前。

（4）通知内场服务员，引导无成人陪伴儿童办理乘机手续，进行安全检查，送至特殊旅客休息室休息等候上机。

（5）内场服务员接到上客通知后，先将无成人陪伴儿童送上飞机与空乘进行交接，递交交接单的机组联。

（6）外场服务员接到乘务员转交的无成人陪伴儿童后，将其送到大厅出口处交给家长，并请家长在交接单上签字，如家长未到，服务员将儿童带到到达厅问询处休息，并通知广播室及时广播寻找家长。

知识链接

南方航空无成人陪伴儿童 / 青少年相关规定

一、定义

无成人陪伴儿童，指开始旅行之日年满 5 周岁但未满 12 周岁的，没有年满 18 周岁且有民事行为能力及陪护能力的成年旅客在同一舱位等级陪伴乘机的儿童。此类儿童必须办理无成人陪伴儿童运输的相关手续，南航方可接收运输，且只能在不换机的前提下承运。

年龄在五周岁以下的无成人陪伴儿童，不予承运。

无成人陪伴青少年，指开始旅行之日年满 12 周岁但未满 18 周岁，没有年满 18 周岁且有民事行为能力及陪护能力的成年旅客在同一舱位等级陪伴而单独乘机，并申请了无成人陪伴服务的青少年。

二、申请航班范围

在南航的国内、国际及地区直达（不含经停）航班且是南航实际承运的航班上提供无成人陪伴儿童和无成人陪伴青少年服务。

三、申请舱位

头等舱、公务舱、明珠经济舱及经济舱均可提供无成人陪伴儿童及青少年服务。

四、申请时限

无成人陪伴儿童/青少年服务的承运必须在订座时提出。国内航班无成人陪伴儿童及青少年服务请于航班起飞前24小时申请，国际航班请于航班起飞前48小时申请。

五、数量限制

由于承运人对无成人陪伴儿童/青少年负有责任，并需全航程提供安全周到的特殊服务及照顾，因此每一航班承运的无成人陪伴儿童/青少年数量会有限制。

六、服务收费标准及适用票价

（1）无成人陪伴儿童票价：

国内航班：成人适用普通票价的50%。

国际及地区航线：票价按适用的无陪伴儿童运价收取。

（2）无成人陪伴青少年票价及服务费：

国内航班：按照成人普通票价计收。

国际及地区航线：分为票价和服务费两部分收取。票价：按照成人适用票价。服务费：每航段（以客票显示为准）收取服务费用350元人民币或等值货币。

七、证件要求

儿童凭有效身份证件购票，如身份证、户口簿（16岁以下）、护照，并持与购票时一致的证件原件办理乘机手续。接送机时，接送机人须持有效身份证件原件在机场办理接送机手续。

如购买国际客票，须在购票前充分了解旅行国家的入境、出境、过境信息，适用法规及其他重要旅行信息。确保旅行时携带所有有效旅行证件（护照、签证、相关证明等）并遵守旅行国家的入境、出境、过境或其他法规要求。

八、申请方式

（1）申请无成人陪伴儿童/青少年服务时，儿童的父母或监护人应填写无成人陪伴儿童申请书（一式两份）。旅客可以通过南航App和微信公众号等线上渠道，或南航直属售票部门和客服中心办理。

（2）无成人陪伴儿童/青少年应由儿童/青少年的父母或监护人陪送到乘机地点，并在儿童/青少年的下机地点安排人予以迎接和照料，并向南航提供在航班到达站安排的接送人姓名、联系地址、电话。为应对航班可能出现的不正常情况，接送人需留在机场内直至航班起飞后方可离开。

九、变更与退票

已订妥无成人陪伴儿童/青少年服务的旅客，变更航班、日期或取消该项服务，须按客票使用规定办理；变更客票后如仍需此服务，请按申请程序重新办理服务手续。

三、孕妇服务

由于在高空中飞行，空气中氧气成分相对减少，气压降低，因此孕妇运输有一定的限制条件。

1. 孕妇旅客的运输条件

（1）怀孕32周或不足32周的孕妇乘机，除医生诊断不适宜乘机者外，可按一般旅客运输。

（2）怀孕超过32周的孕妇乘机，一般不予接收，如有特殊情况，怀孕超过32周但不足36周（部分航司为35周）的孕妇乘机，应提供包括下列内容的医生诊断证明：旅客姓名、年龄；怀孕时间；旅行的航程和日期；是否适宜乘机；在机上是否需要提供特殊照料的事项。

上述诊断证明书，应在旅客乘机前 72 小时内填开，并经县级以上的医院盖章和该院医生签字方能生效。

（3）预产期在 4 周以内，或预产期不确定，但已知为多胎分娩或预计有分娩并发症者，不予接收运输。

2. 孕妇旅客值机服务流程

航空公司及机场地面服务人员在接到有关特殊旅客（孕妇）运输通知后，应按通知中所述旅客要求的服务事项作相应的安排。办理乘机手续时，检查必备文件，如诊断证明书和特殊旅客服务需求单是否齐备和符合要求。值机员应尽可能为孕妇旅客提供方便出入和服务的座位。如孕妇不能提供有效的医院证明，为确保孕妇及胎儿安全，航空公司不予承运。

案例分析

孕妇突发不适　航班提前落地

“2820，我机上一位孕妇突发不适，落地后需要救护车救助。”1 月 6 日 21 时 04 分，常州奔牛国际机场塔台接到厦门至常州的 MU2820 航班机组请求。机场紧急协调机动空域，争取最短直飞路径，开辟了一条“空中绿色通道”，引导该航班提前降落。

为保障孕妇安全，机场运控中心接到机组信息后，迅速通知医务室做好急救准备，协调地面保障人员，在指定停机位接收孕妇，并提供必要的医疗救治。21 时 34 分，MU2820 航班滑行至指定停机位，机场应急保卫部医疗救护中心医护人员登机，对身体不适的孕妇进行了初步检查，判断其可能有先兆流产的风险。“我们将孕妇转运至常州市妇幼保健院，途中医护人员持续监测孕妇身体状况，并随时准备应对可能出现的紧急情况。”常州奔牛国际机场应急保卫部医疗救护中心医生谢织仙告诉记者，目前孕妇及其腹中胎儿均安然无恙。

临近春运，随着客流增加，常州机场提醒严重贫血、心脑血管疾病、呼吸系统疾病、精神类疾病等患者，短期内做过手术的人群，以及孕晚期的旅客谨慎登机。如若登机，需在计划飞行前咨询医生，评估飞行的安全性；随身携带必要的药物和医疗文件，以备不时之需；飞行过程中保持适当的水分摄入，同时避免长时间静坐，适时活动以促进血液循环，确保自身舒适。

分析：碰到特殊旅客紧急救援，机场如何与航空公司联动？

课后思考

1. 简述婴儿和无成人陪伴儿童的定义。
2. 简述婴儿和无成人陪伴儿童的票价及数量限制。
3. 试述孕妇旅客乘机需具备的条件。

课题四　病残旅客

学习目标

理解并掌握病残旅客的定义和分类；

掌握病残旅客的接收承运条件；

掌握担架旅客、失明旅客、聋哑旅客、精神病人的运输。

素养目标

培养民航服务意识与创新精神。

思政小课堂

拉萨贡嘎国际机场特殊旅客服务让出行更有温度

拉萨贡嘎国际机场十分重视无陪儿童服务工作，出港的无陪儿童在B01特殊服务柜台办理乘机手续，工作人员将仔细核对无陪儿童有效身份证件，申请书，接送机人的姓名、联系方式、住址，以及行李等基本信息，并为无陪儿童佩戴无陪标识挂袋，穿上定制的专属黄色马甲，同时安排专门的服务人员全程陪伴无陪儿童通过安全检查、顺利登机。对于进港的无陪儿童，航班落地后会有专人到飞机上进行交接，陪同无陪儿童取完行李后安全地送到接机家长手中。无论何时，无陪儿童始终都在服务人员的细心照看下、视野范围内，能够让家长们安心、放心。2024年单日最高保障无陪儿童200余人次，未出现一次工作失误。

拉萨贡嘎国际机场设有完善的残疾人服务设施，如斜坡步道、盲道、无障碍电梯等，使残疾旅客畅行无阻。目前，机场配备有常规轮椅24个、可以进入客舱的窄型轮椅4个，以及可以将旅客提升至与客舱门齐平的升降平台车。保障相关旅客前，西藏机场集团旅客服务部会提前了解每个航班的特殊旅客办理情况，相应地安排专业特服人员进行协助。

拉萨贡嘎国际机场还对独自出行的老年旅客、孕妇旅客、高反旅客等特殊旅客给予关心和帮助，主动询问需求，加强与医护人员的联动，切实为他们提供舒心、便捷的服务。

经过长期的经验积累，拉萨贡嘎国际机场总结形成了“孕妇轮椅旅客怕摔倒、无陪儿童怕走失、残疾旅客给尊严、老年病患旅客给关注”的特殊旅客服务经验。

一、病残旅客的定义

由于在精神或身体上有缺陷（或病态）而无自理能力，或其行动需要他人照料的旅客，称为病残旅客。如果是一名年事甚高的旅客，即使该旅客没有疾病，也应作为该类特殊旅客处理，给予特殊服务。

一般规定：

（1）身体患病、精神患病、肢体伤残均视为病残旅客；

（2）年迈的老人，虽然身体并未患病，但在航空旅行中显然需要他人帮助时，亦视为病残旅客，给予适当的照顾；

（3）带有先天残疾，已习惯于自己生活的人，如肢体残疾人、聋哑人等，不应视为病残旅客。

二、病残旅客的分类

依据病残的性质及程度，病残旅客可以分为以下4种：

（1）疾病旅客（MEDA）：指身体患病或精神患病者。

（2）肢体伤残旅客：指肢体受伤致残的旅客。

（3）失明旅客（BLAND）：指患有眼疾而导致失明的旅客。

（4）担架旅客（STCR）：指在飞机上无法在客舱座位上就座，必须处于水平状态的旅客。

此外，需要轮椅的病残旅客，分为以下 3 种：

（1）WCHC：客舱轮椅旅客，C 指客舱座位。此类旅客完全不能自己行动，需要别人搀扶或抬着才能进到机舱内的座位上，并且前往或离开飞机、休息室时需要轮椅。在上下客梯和进出客舱座位时需要背扶。

（2）WCHS：客梯轮椅旅客，S 指客梯。旅客在机舱内可以进出客舱座位，但上下客梯时需要背扶，远距离前往或离开飞机、休息室时需要轮椅。

（3）WCHR：停机坪轮椅旅客，R 指停机坪。此类旅客能够自行上下客梯，并在机舱内可以走到自己的座位上去，但远距离前往或离开飞机时，如穿越停机坪、站台或前往休息室，需要轮椅。

三、不予承运的病残旅客

1. 不予承运情况

（1）患甲类传染性疾病，如鼠疫、霍乱、天花等，或给其他旅客造成不便的。

（2）精神病患者。易发狂，可能对其他旅客或自身造成危害者。

（3）面部严重损伤，有特殊恶臭或有特殊怪癖，可能引起其他旅客厌恶者。

（4）可能对旅客自身或其他旅客和财物造成不必要的损害者。

（5）旅客身体或医疗状况（包括神经或精神状况）使他们在旅行中没有专门协助无法自理者。

2. 患有下列疾病的旅客，除为了挽救生命，经承运人同意进行特别安排者外，不予承运

（1）处于极严重或危急状况的病患者，如严重的心力衰竭，出现发绀或心肌梗死者（在旅行前六周之内曾发生过心肌梗死者）。

（2）严重的中耳炎，伴随有耳咽管阻塞症的患者。

（3）近期患有自发性气胸的病人或近期做过气胸造影的神经系统疾病患者。

（4）大纵隔瘤、特大疝肿及肠梗阻的病人；头部损伤、颅内压增高及颅骨骨折者；下颌骨骨折，最近使用金属线连接者。

（5）在过去 30 天内患过脊髓灰质炎的病人；延髓型脊髓灰质炎患者。

（6）带有严重咯血、吐血、出血、呕吐及呻吟症状的病人。

（7）近期进行过外科手术，伤口尚未完全愈合者。

（8）酒精或其他毒品成瘾者；患有精神病，易伤人或有自伤行为者。

（9）血红蛋白量在正常值的 50%（Hb8g/dL）以下的贫血病人。

（10）癌症中晚期患者。

（11）严重的心脏病患者。

四、接收病残旅客的条件

有些旅客患有的疾病或身体状况对其他旅客和机组成员会产生不良影响，且各承运人对载运病残旅客都有自己的规定，接收病残旅客乘机必须谨慎。接收病残旅客，一般需具备下列条件。

1. 诊断证明书

病残旅客要求乘机，须有医生认可，同时交验“诊断证明书”一式三份：由市、县级或相当于这一级的医疗单位填写，并有医生签字、医疗单位盖章，如需使用机上氧气瓶，还需注明旅客所需氧气的流量。“诊断证明书”在班机起飞前 96 小时内填开有效。病情严重的旅客，诊断证明书在航班起飞前 48 小时内填开有效。

2. 病残旅客乘机申请书

病残旅客要求乘坐航班，需填写“特殊（病残）旅客乘机申请书”一式三份，以表明如果旅客在旅途中病情加重、死亡或给其他人造成伤害时，由申请人承担全部责任。

病残旅客乘机申请书应由旅客本人签字，如本人书写有困难，也可由其家属或其监护人代签。如有特殊要求（如需在飞机上输液等），请在特殊旅客乘机申请书上注明。

病残旅客乘机，原则上由医生或护理人员陪同，以便旅途中照料旅客。除精神病人外，符合条件的可单独旅行。

五、病残旅客的运输

详细了解旅客的身体及精神状况，必要时可请机场急救 / 医护中心进一步确诊。报载时，需特别说明。对不能承运的旅客，做好解释工作。

（1）做好相应的准备工作。

（2）座位安排在舒适、便于行动及乘务员照顾的位置（紧急出口除外）；地服人员应在座位布局（表）上标明病残旅客座位号，并向当班乘务员作简要交代，安排病残旅客提前登机以免影响到其他旅客的运输。担架旅客必须安排在指定的座位。陪伴人员应与病残旅客同时办理乘机手续。

（3）轮椅旅客乘机，其携带的轮椅必须托运。

（4）每一航班（支线航班拒运）的每一航段上，限载一名担架旅客或两名轮椅旅客（WCHS 和 / 或 WCHC）。

（5）客舱一般不准携带氧气袋。如患病旅客需要随身携带急救氧气袋，应持医生证明，并在特殊旅客乘机申请书上注明，经承运人同意后，方可携带一至两袋。

（6）联程运输时，病残旅客（原则上不含担架旅客）在航班衔接地地面停留时间不应少于 150 分钟。

六、担架旅客

1. 订座、购票

担架旅客的订座不得迟于航班起飞前 72 小时。如在 72 小时内申请，需在主管部门答复后方可接收。应向主管部门询问执行旅客所申请航班任务的飞机能否拆座，未得到肯定答复时，不得对旅客做出任何承诺。

担架旅客的票价，由担架旅客的个人票价和担架附加票价两部分组成。个人票价按一个经济舱的公布普通票价计收，不得使用特种票价或折扣票价；担架附加票价，不论安放担架需占用的座位数是多少，对旅客使用担架的航段，加收 5 ～ 6 个成人单程经济舱普通票价。每一陪伴人员，根据实际乘坐的座位等级适用票价计收。担架旅客的免费行李额为 120kg。各航空公司接收担架旅客的规定略有不同。

2. 值机

当接到担架旅客通知后，机场值机部门在办理乘机手续时，应做好以下安排：

（1）提早了解预留、拆座的座位数等有关信息。

（2）安排值机人员协助旅客或其家属办理乘机手续。

（3）通知有关单位准备好所需的车辆、人员，按时到场。

（4）落实拆座情况，必要时，值机员须上机检查。

（5）拆座必须避免影响紧急门的使用和乘务员的服务。

（6）担架旅客应先安排登机，最后下机。

（7）飞机起飞后，应发电告知本站各有关单位及各中途站、到达站等相关部门。

3. 运输

担架旅客只能安排在经济舱载运，担架附近空余座位，如相邻一排或一列，锁定不再销售。在每一航班的每一航段上，只限载运一名担架旅客。担架旅客必须至少由一名医生或护理人员陪同旅行。经医生证明，病人在旅行途中不需要医务护理时，也可由其家属或监护人陪同旅行。

七、失明旅客

（一）定义及分类

失明旅客是指有双目失明缺陷的旅客，不是指眼睛有疾病的旅客，对于眼睛有疾病的旅客，按照病残旅客办理。

航空公司通常把失明旅客分为有导盲犬引路的盲人旅客和无成人陪伴的盲人旅客。有成人陪伴旅行的失明旅客，航空公司一般视为正常旅客运输。

（二）运输条件

1. 有导盲犬引路的盲人旅客的运输条件

（1）经承运人同意携带的导盲犬或者助听犬，连同其容器和食物，可以免费运输而不计算在免费行李额内。

（2）带进客舱的导盲犬或者助听犬，必须在上航空器前为其戴上口套和系上牵引绳索，并不得占用座位和让其任意跑动。

（3）在中途不降停的长距离飞行航班上或者在某种型号的航空器上，不适宜运输导盲犬或者助听犬的，承运人可以不接收运输。

（4）必须具备中华人民共和国及运输过程中涉及的其他有关国家，对运输小动物出境、入境和过境所需的有效证件。

（5）旅客应当对导盲犬、助听犬承担全部责任。非航空公司原因造成的导盲犬、助听犬受伤、丢失、延误、患病或者死亡，承运人不承担责任。

（6）导盲犬、助听犬运输不办理声明价值。

（7）导盲犬、助听犬运输应填写特殊行李通知单，通知机长和配载部门。导盲犬、助听犬的收运情况应向经停站和到达站拍发电报。

2. 无成人陪伴的盲人旅客的运输条件

（1）必须自己能够走动，有照料自己的能力，用餐时不需他人帮助。

（2）始发站应由其家属或照料人陪送到上机地点；在到达站应由其家属或照料人在下机地点迎接。

（三）运输要求

（1）根据售票处拍发的“特殊旅客运输”电报通知，检验盲人旅客是否符合运输条件，并验收“特殊旅客乘机申请书”。

（2）每一航班的每一航段上，限载运一名无成人陪伴的盲人旅客；同一航班上盲人旅客和聋哑旅客不得超过 2 名。

（3）座位安排尽可能为窗口位或靠近乘务员工作区的位置。

（4）填写“特殊旅客服务通知单”交给乘务员；报载时需特别说明，以便配载部门向经停站或到达站拍发电报。

（5）如旅客携带导盲犬，应在登机牌上注明。

八、聋哑旅客

聋哑旅客是指因双耳听力缺陷不能说话的旅客，不是指有耳病或听力弱的旅客。

（1）年满 16 周岁的聋哑旅客乘机，航空公司将按一般旅客运输。

（2）无成人陪伴的聋哑旅客可携带的助听犬按照导盲犬运输，但必须在订座时提出，同时提供必要的检疫注射证明和检疫证明书，并经航空公司同意后，方可携带。

案例分析

宜宾五粮液机场暖心服务　助力聋哑旅客顺利出行

2024 年 11 月 27 日晚，宜宾五粮液机场航站楼迎来一个特殊的团队，他们是 18 位聋哑旅客。安全检查站和地面运输服务部得知相关信息后，迅速组织工作人员开设专检通道，办理值机服务，并引导过安检，安检人员通过手势比画方式与特殊旅客进行沟通，协助旅客摆放接受检查的物品并不时提醒有禁止随身携带的物品需要拿出，有序引导其通过安全检查，最终帮助他们顺利登机，过检后旅客用手语向安检人员表示感谢，安检人员也用微笑回应，安检人员的举动获得了在场其他群众的赞许。

宜宾五粮液机场积极践行“真情服务”理念，针对首乘旅客、老年人、儿童、孕妇、残疾人等特殊旅客，把贴心的差异化服务融入平时的工作细节中，切实提升旅客出行的获得感、幸福感和安全感，深入贯彻“人民航空为人民”服务宗旨。在严守安全底线、遵守行业标准的基础上不断提升服务质量，为特殊旅客提供咨询引导、打包托运、协助优先过检等服务，让服务更具人性化，体现了对特殊旅客的深切关爱与尊重。

下一步，宜宾五粮液机场将持续提高工作人员的业务技能和服务水平，将关爱与尊重融入每一个细节，确保每一位旅客都能感受到暖心的出行体验。

九、精神病人的运输

原则上不运输精神病人，特别是在发病期间的精神病人；如病情严重或影响其他旅客的安全，应谢绝购票登机。

精神病人家属向航空公司提出运输申请时：

（1）必须经过公司主管安全的经理批准；在公司认可的医院或医务人员认为精神病人病情稳定且在采取一定医疗措施后宜乘机旅行的情况下，精神病人方可乘坐航班。

（2）必须要有能控制病人的人员（三倍于病人）陪同。

（3）如精神病人需在起飞前服用镇静剂，航班必须在镇静剂作用有效期内完成。

（4）每个航班可同机承运三名（含三名）以下的精神病人。

（5）精神病人不得与重要旅客同乘一个航班。

（6）公司在运送精神病人的航班上安排两名安全员执行任务，并由机组指派专人负责服务。

案例分析

家长带孤独症孩子乘机遭拒载 残障人士出行如何保障？

2025 年 4 月 1 日下午，两位母亲携两名孤独症孩子乘机时被“拒载”，被迫改乘更晚的其他航班。得益于国内近些年大力推进的无障碍建设，残障人士被拒载的情况已颇为罕见，但这起偶发案件仍然呈现出当前的服务瑕疵。由来已久的问题是，为什么残障人士被视作潜在的风险点？在确保飞行安全的同时，如何更好保障残障人士的出行权利？

两家长带两名 22 岁孤独症孩子走绿色通道被告知“拒载”。被拒载的结果让家长们十分惊讶。他们和孩子都有比较丰富的乘机经历，大多数情况是自主办理登机程序，此前也在上海浦东、杭州萧山等机场体验过绿色通道。这是他们第一次因为孩子的孤独症被“拒载”。

一般情况下机组不会掌握旅客的个人情况，只有小部分特殊旅客登机，如通缉犯押解遣返、VIP乘客、无陪儿童、孕妇、使用轮椅等情况，地服才会通知机组。而机场方面与机组之间的沟通涉及多方面，各地机场、地服之间的服务意识和能力差别较大，中间环节的疏漏都可能导致拒载发生，但对外通常由机组"背锅"。由于涉及飞行安全红线，航司及机组同样拥有拒载的权利。《公共航空运输旅客服务管理规定》明确，旅客的行为有可能危及飞行安全或者公共秩序的，承运人有权拒绝运输。但考虑到旅客情况的多样性、复杂性，拒载权的使用边界屡次引发讨论。

分析：面对某些特殊旅客，承运人如何合理行使拒载权？

课后思考

1. 简述病残旅客的定义和分类。
2. 请阐述病残旅客接收承运的条件。
3. 请问担架旅客的值机要求有哪些？
4. 请简述失明旅客的定义、分类及运输条件。
5. 请问精神病人运输需符合哪些条件？

课题五　其他特殊旅客服务

学习目标

熟悉特殊老年旅客的值机规定；
掌握酒醉旅客、犯人旅客的乘机规定；
掌握遣返旅客、肥胖旅客的运输规定；
掌握特殊餐食旅客的服务流程和要求。

素养目标

培养民航服务意识与创新精神。

思政小课堂

民航公安机关深入推进"机闹"专项整治

近年来，民航领域扰乱机舱秩序，甚至危害飞行安全的事件时有发生。有的乘客不遵守航空器安全管理规定，在使用中的航空器内吸烟、霸座；有的乘客因调整座椅靠背、放置行李、使用卫生间、对客舱服务不满等原因在使用中的航空器内逞强耍横、起哄闹事、损毁财物、殴打辱骂机组人员，严重扰乱机舱秩序；有的乘客违规开启应急舱门或者破坏航空器与飞行安全相关的关键设备功能，导致航班备降、返航或者中断运行，给飞行安全带来重大隐患。"机闹"案事件，已严重威胁到民航安全秩序，损害旅客安全出行权益，广大旅客和人民群众反映强烈。

为依法严厉打击"机闹"违法犯罪行为，强化法律支撑，2024年年初，最高法、最高检、公安部联合印发《关于依法惩治在使用中的航空器内实施违法犯罪行为的指导意见》（公通字〔2024〕3号），明确提出依法从严惩治吸烟、霸座、殴打辱骂机组人员、违规开启应急舱门等扰乱航空器客舱秩序，危害飞行安全的各类“机闹”违法犯罪行为，切实保障人民群众民航出行安全。

整治“机闹”，维护航空安全秩序专项行动事关航空安全和人民群众切身利益。民航公安机关将加强协作配合，保持“空中严控”高压态势，全力提升机上处置能力，依法严厉打击“机闹”等扰乱航空安全秩序的违法行为，不断巩固深化打击整治成效，坚决维护人民群众合法权益。

一、特殊老年旅客

（一）乘机一般规定

（1）原则上特殊老年旅客是指年龄超过 65 周岁、需要一定特殊照顾的旅客。

（2）对于在空中需要特殊照顾和陪护，但行动方便，不需要借助轮椅或担架的特殊老年旅客，可以参照无人陪伴儿童的运输程序予以承运，但应与无人陪伴儿童合计数量，在每个航班上不得超过公司各机型对无人陪伴儿童的数量限制。

（3）对于需要地面接送，而在客舱不需要特殊照顾和陪护的特殊老年旅客，其承运数量不受限制。

① 地面服务人员应做好地面引导和接送工作，并在需要时与客舱乘务员进行交接。

② 在飞行过程中不需要为此类旅客提供特殊照顾和陪护，不承担正常旅客以外的任何责任，但对于需要与客舱乘务员交接的特殊老年旅客，应完成与客舱乘务员的交接手续和工作。

（二）值机服务

（1）遇有特殊老年旅客时，首先应向其家属了解老年旅客的身体状况，有无心脏病或其他不适合乘机的病况，是否能够自行走动等。

（2）通知候机室服务员准备好轮椅，联系安全检查部门。

（3）快速准确地为特殊老年旅客办理乘机手续，座位要安排在便于乘务员服务的位置。

（4）航班上客时查看特殊老年旅客是否登机，同时向乘务组交代老年旅客的情况、座位号、到达站和需要特殊服务情况。

（5）航班起飞后拍发特殊旅客通知电报。

二、酒醉旅客

（1）因酒精、麻醉品或其他毒品中毒，明显会给其他旅客带来不愉快或造成不良影响的旅客，属于酒醉旅客。

（2）旅客是否属于酒醉旅客，承运人有权根据旅客的外形、言谈、举止自行判断决定。

（3）在旅客上机地点，对于酒醉旅客，航空公司有权拒绝其乘机。

（4）在飞行途中，如果发现旅客处于醉态，不适于旅行或妨碍其他旅客的旅行时，机长有权令其在下一个经停地点下机。

（5）上述酒醉旅客被拒绝乘机需要退票时，按自愿退票处理。

三、犯罪嫌疑人

由于犯人是受到国家现行法律管束的，在处理犯人运输时，必须与有关公安部门，以及通过外交途径与有关外交部门取得密切联系。在办理犯人运输中，应注意符合我国有关法律、法令和对外政策，以及有关国家的法律。

（一）接收犯人运输的批准权限

运输犯人必须由运输始发地最高一级的运输业务部门负责人根据有关规定审核批准。如运输始发地点没有上述运输业务部门，应由始发站负责人批准。在国外由办事处负责人批准，如果需要通过外交途径与有关国家外交部门取得联系和配合时，必须事先请示主管部门，遵照主管部门指示办理。

（二）接收犯人运输的限制条件

（1）执行押解犯罪嫌疑人任务实行“谁押解、谁负责”的原则，监送人员在运输的全航程中，对所监送的犯罪嫌疑人负全部责任。未采取防范措施、不能确保安全的，不准乘坐民航班机。

（2）公安机关押解犯罪嫌疑人，一般不准乘坐民航班机。确实需要乘坐民航班机押解犯罪嫌疑人的，必须报经押解单位所在地或押解出发地省、自治区、直辖市公安厅、局批准。

（3）押解警力应三倍于犯罪嫌疑人，必须落实各项安全防范措施，可以使用必要的械具，防止失控。

（4）运输犯罪嫌疑人，只限在运输始发地申请办理订座售票手续。

（5）每个航班可同机押解三名（含三名）以下的犯罪嫌疑人。

（6）有警卫对象、重要旅客乘坐的民航班机禁止押解犯罪嫌疑人。

（三）值机工作要求

（1）值机员须查验旅客的押运证明，同时核查押运犯罪嫌疑人是否已向航空公司申请并获得批准。

（2）押解人员和犯罪嫌疑人必须提前登机，为押解人员和犯罪嫌疑人安排客舱尾部的三人座，让被押解人员坐中间座位。他们的座位不能靠近或正对任何出口，不能在机翼上方的舷窗出口旁。到达目的地后最后下机。

（3）押解人员乘机时不得携带武器，在进入机舱前以及整个飞行途中将犯罪嫌疑人戴上手铐，并尽可能适当伪装，以免影响其他旅客。

（4）值机员应将航班有犯罪嫌疑人信息报给航班乘务员，做好交接记录，并提醒机组注意，不要使犯罪嫌疑人接近可能造成危害的物品。例如，对犯罪嫌疑人、押解人员不得提供含酒精的饮料，不得给其提供刀、叉等可能具有伤害性的餐具。

（5）在任何情况下不得将犯罪嫌疑人铐在机舱座位或航空器内其他无生命的物体上。

（6）拍发电报通知各经停站和到达站。

四、遣返旅客

遣返旅客是指由于旅客违反入境国家政府或有关当局规定而拒绝其入境或命令其离境的旅客。遣返旅客包括两种：拒绝入境的旅客和离境旅客。运输相关规定如下：

（1）根据规定，旅客应自行办妥遣返目的地国家的入境手续。除非完全由于承运人的过失或疏忽所致，否则承运人不负遣返责任。

（2）多数国家政府规定，原入境承运人必须把其载运的非法入境旅客载运出境。因此，如系承运人责任，则应承担遣返旅客的运输。

（3）遇有上述情况发生，承运人应首先了解旅客被遣返的原因，及时妥善处理；如有可能，向有关当局索取遣返出境书面命令。

（4）根据空运企业间的惯例，如果该承运人是遣返旅客遣返目的地承运人，又是该旅客原入境航班的交运承运人，旅客的付款方式是运费到付，则该承运人应负责向遣返旅客收取遣返航程的票款和其他地面费用。

（5）航班关闭后，向有关航站拍发电报。

五、特殊餐食旅客

为了满足少数民族旅客、宗教信仰旅客等有特殊餐食需要的旅客，航空公司会提供特殊餐食服务。

特殊餐食服务工作流程及要求：

（1）旅客申请特殊餐食必须在购票或订座时预订；根据航空公司规定，有特殊餐食要求的旅客可以在航班起飞前 24 小时，在售票点或售票网站申请预订特殊餐食。

（2）旅客在机场临时申请特殊餐食必须符合航班始发地或经停点的配餐最短时间规定，每位旅客在一个航段上只能申请一人份特殊餐食（第二份是婴儿餐除外），也不能临时更改特殊餐食品种。

（3）犹太餐不接受临时申请，最迟须在航班起飞前 48 小时（含）提出预订请求。

（4）值机员在航班开始办理前通过计算机系统或商务调度了解特殊餐食预订情况。

（5）值机员在接收每位旅客时，应查看计算机系统中有无特殊餐食信息（控制室预先输入），并当面与旅客进行情况核实。

（6）及时报生产调度部门，并填写“特殊服务通知单”，一式三份，一份存档，两份放在业务包内送上飞机与乘务长交接。如果遇到航班延误、取消或航班调配，预订的餐食可能会受到影响。

（7）航班关闭后，与生产调度部门核对该航班的所有特殊餐食信息。

（8）航班结束后无须拍发电报。

国航特殊餐食代码表见表 5-2。

表 5-2 国航特殊餐食代码表

特餐四字代码	英文全称	中文全称	中文注解
AVML	vegetarian Asian (Hindu) meal	亚洲素餐	通常由来自亚洲次大陆的旅客选定，通常是亚洲生产的蔬菜，不包括肉或海鲜
BBML	baby meal	婴儿餐	含肉类、蔬菜或水果类
BLML	bland meal	清淡餐	菜肴包括低脂肪和低纤维食物。避免油炸食物、黑胡椒、含气植物、芥末、咸菜、大蒜、坚果和含咖啡因或酒精的饮料。适合有胃肠疾病的乘客进食
CHML	child meal	儿童餐	菜肴含有儿童喜欢的食物。避免过咸、过甜食品
DBML	diabetic meal	糖尿病餐	菜肴是低糖食物，适合糖尿病人食用。不含有任何种类的糖
FPML	fruit platter meal	水果餐	菜肴只包括水果。包括新鲜水果、糖渍水果和水果甜品
GFML	gluten intolerant meal	无麸质餐	菜肴是为麸质过敏和不耐的客人准备的（麸质是存在于小麦、大麦、燕麦、黑麦等中的蛋白质）。面包、汁类、奶油蛋羹、蛋糕、巧克力、饼干、谷物及其制品严禁使用
HNML	Hindu meal	印度教餐	印度教餐不包括牛肉或猪肉，但包括羊肉、家禽、鱼和牛奶制品。此餐是专为少数可吃肉的印度旅客准备的
KSML	Kosher meal	犹太教餐	一切准备按犹太教饮食习惯，并购自有信誉的制造商（请注意：需提前 48 小时申请）
LCML	low calorie meal	低卡路里餐	菜肴包括瘦肉、低脂肪奶制品和高纤维食物。糖、奶油、汁类、蛋黄酱、脂肪食品禁止使用
LFML	low fat meal	低脂肪餐 / 低胆固醇餐	菜肴适合需要减少脂肪摄入量的客人食用。不含油炸食品、肥肉、奶制品、加工食品、浓汁、内脏、带壳水产品、蛋黄和焙烤制品
LSML	low salt meal	低盐餐	菜肴中的盐有一定的控制量，是为患有高血压、闭尿症和肾病的乘客准备的。食品不含盐、蒜盐、谷氨酸钠、苏打、腌渍咸菜、罐头肉和鱼、奶油、芝士、贝壳类、土豆泥、肉汁类、鸡粉、面包、罐头蔬菜

续表

特餐四字代码	英文全称	中文全称	中文注解
MOML	Moslem meal	穆斯林餐	菜肴不含有猪肉、熏肉、火腿、肠类、动物油脂、酒精及无鳞鱼类等。所有的家禽和其他动物在被宰杀和烹饪时需要按照伊斯兰教的有关规定
NLML	low lactose meal	低乳糖餐	餐肴不包括乳糖及奶类制品，亦没有任何相关材料。不含奶酪、酸奶、黄油、人造肉制品、蛋糕及饼干、奶油类甜品和布丁、土豆泥、太妃糖、巧克力和奶油
RVML	vegetarian raw meal	生蔬菜餐	餐食仅以水果及蔬菜为原料，不含有任何动物蛋白原料
SFML	seafood meal	海鲜餐	专为喜欢海鲜的旅客定制，菜肴包括一种或多种海鲜，不含其他肉类制品
SPML	special meal	特殊餐食	此代码无任何具体含义，必须与具体说明一起使用。例：SSR SPML CA NN1 PEKHKG 109 K06DEC PAX NEED A MOML，BUT NO SALT/P1?
VGML	vegetarian vegan meal	纯素餐	纯素餐也被称为“vegan meal”。餐食中不能含有任何的动物或动物制品。菜肴不包括肉或奶制品、鸡蛋、奶酪及相关制品，可食用人造黄油
VJML	vegetarian Jain meal	耆那教餐	专为耆那教徒提供，是严格的素餐，用亚洲方法烹制。无任何根类植物如洋葱、姜、大蒜、胡萝卜等，无任何动物制品
VLML	vegetarian lacto-ovo meal	西式素餐	菜肴不包括肉（海鲜）及其制品，但包括日常的黄油、奶酪、牛奶和鸡蛋
VOML	vegetarian oriental meal	东方素餐	东方素餐是按中式或东方的烹饪方法制作。不带有肉（包括鱼、野味等）、奶制品或任何生长在地下的根茎类蔬菜，如生姜、大蒜、洋葱、大葱等

值机服务礼仪——特殊旅客

六、肥胖旅客

（1）需要占两个座位的肥胖旅客乘机，必须预先向航空公司售票处提出申请，经座位控制部门与航卫处、生产调度部门确认适合承运后，方可办理售票手续。票价应按相应舱位等级全票价的 2 倍收取。

（2）售票手续办理完后，座控部门在航班起飞前一天 16 点前拍发“特殊旅客（肥胖旅客）运输通知”电报给始发站的生产调度和航班运行管理部门。

（3）生产调度和航班运行管理部门应提前安排上机拆座位扶手，改装加长安全带。

知识链接

要乘客上飞机前称体重，是歧视吗？

2024 年 2 月，芬兰航空在赫尔辛基机场实行自愿称重，引发公众争议和广泛的讨论；同时，新西兰航空也在 2023 年开始要求国际航班乘客称重。有人批评指出此举可能侵犯个人尊严和隐私，但也有声音表示这是确保飞行安全的必要手段。到底“需不需要执行称重”“怎么样去执行”，都是航司需要深入探讨的议题——航司需要在飞行安全和保护乘客隐私之间找到一个平衡点，并在其中发现新的商业机会。

飞机的安全运行依赖复杂且准确的物理计算来确定起飞、飞行和降落等不同阶段所需的推力和燃油量。飞机结构的承载力、航程的计算、起飞所需跑道长度、气象条件等对飞行的影响，都需要考虑到机上每一公斤的重量变化。因此，精确的重量测量对于飞行安全至关重要——重量估算不准确会导致超载或是负载分布不均，从而使得飞行性能低下、操作响应不当，甚至引发安全事故。

各国民航监管机构一般不限制乘客体重，航司一般也不会因体重收取额外费用。极端的案例是南太平洋的萨摩亚航空（Samoa Airways）。他们的票价计算方式是根据乘客的体重和航程距离来收费，也就是说，体重大的乘客支付的机票费用也会水涨船高。

现在也有一部分航司开始特殊对待“占用空间较多的乘客”——例如要求购买额外座位或自费升级到更宽敞的座位。然而，这种做法并不普遍，也引起了不少隐私和歧视方面的争议。

案例分析

向飞机扔硬币致航班延误？危害航空安全或承担刑事责任

2023 年 10 月 29 日 9 时，南航 CZ3121（广州—北京大兴）航班在上客期间，机务人员发现有旅客往飞机投掷硬币并立即进行安全检查，在机腹附近区域发现两枚硬币。为确保飞行安全，公司决定推迟起飞，对飞机开展全面检查，在确保未发现其他隐患后，航班于 13:29 起飞，16:00 安全抵达目的地。涉事旅客已被机场公安带走配合调查。南航提醒广大旅客朋友，乘坐飞机时务必遵守民航法律法规，禁止做出危害航空安全的行为。

向飞机扔硬币不但不能祈福，还会危害航空安全。硬币是小而坚硬的金属体，耐磨损性很强。当飞机发动机启动时，强大的吸力会把硬币吸到发动机内部，硬币高速移动会与高速旋转的发动机部件相碰撞，产生一连串的贯通伤，严重威胁整架飞机的安全。

为了“祈福”朝飞机扔硬币，不仅没有常识，还违法。按照《中华人民共和国治安管理处罚法》的规定，这种行为将会被处警告或者 200 元以下的罚款，情节较重的将会处 5 日以上 10 日以下的拘留。因为行为人实施的违法行为给航空公司带来了实际损失，航空公司有权利要求行为人进行赔偿。更为严重的后果是，这种行为还有可能会承担刑事责任，当然这个前提是他是故意要去破坏航空器的，那就涉嫌构成破坏交通工具罪。根据《中华人民共和国刑法》第 116 条和第 119 条的规定，破坏火车、汽车、电车、船只、航空器，足以使这些交通工具发生倾覆、毁坏的危险，尚没有造成严重后果的将会处 3 年以上 10 年以下的有期徒刑，如果造成了严重后果，将处 10 年以上的有期徒刑、无期徒刑甚至是死刑。

分析：请问此案件带来哪些影响，航空公司应如何杜绝此类事件发生？

课后思考

1. 简述犯人旅客运输的限制条件。
2. 请问酒醉旅客和特殊老年旅客的乘机规定有哪些？
3. 请阐述特殊餐食旅客服务的流程。
4. 请简述肥胖旅客的乘机规定。

复习题

模块五复习题

模块六

行李服务

课题一　行李运输认知

学习目标

掌握行李的定义和分类；

熟悉禁止运输、限制运输及不得进行行李托运的物品；

理解并掌握国内 / 国际免费行李额规定；

理解并掌握逾重行李费、声明价值附加费计算；

掌握逾重行李票的填开。

素养目标

培养爱国爱岗精神，弘扬民航“工匠”精神。

思政小课堂

厦航“三超”行李治理工作：让行李守规矩　为飞行护平安

“三超”行李管控一直是行业的“老大难”问题。2024 年，民航局在全行业开展“三超”行李进客舱专项治理行动，厦航总结长期以来的“三超”行李治理思路，取得了突出成效。厦航结合过往经验，梳理形成了“三超”行李“543”管控体系，围绕售票、值机柜台、行李劝导岗、安检、登机口 5 道防线，紧盯重点机型、重点航线、重点时段、重点航站，健全联动、奖惩、复盘 3 种机制，在厦门基地开展系统性治理工作，取得了显著成效。

厦航将治理的重点之一放在行前预警环节。根据航班客座率情况，系统自动触发预警，主动向全航班旅客发送短信，提示客舱行李携带标准，并提醒客舱行李溢出后行李延误风险，引导旅客主动办理托运手续。此外，厦航联合厦门机场在多平台上主动宣传“三超”行李治理，现场标识、宣传告示、广播提醒等多种手段并举，让更多旅客自觉对“三超”行李说“不”。在候机楼出发厅，地服值班人员持续密切关注旅客随身行李携带情况，及时告知旅客乘机携带标准。在登机口，地服人员加大登机前巡视力度，优化登补流程，与客舱密切配合，确保旅客随身行李摆放规范。

“三超”行李劝导岗作为厦航治理“三超”行李的重点，设立在厦门机场 T3 航站楼国内出发层前往安检大厅的显著位置。除了在现场设置行李重量秤及标准行李尺寸限制筐，帮助旅客更直观地判断行李是否超规，厦航地服部还优选沟通能力出众的员工进行专项培训，组建“三超”行李治理专项组，针对高客座率航班进行重点管控，用专业的话术和耐心的态度化解旅客的不解。

行李运输是旅客运输工作的组成部分，它是随着旅客运输的产生而产生的。行李运输工作的好坏直接影响到旅客的生活、旅行需要，以及飞行安全、航班正常和服务质量。行李运输差错事故所引起的赔偿会给航空公司带来经济损失，也有损于航空公司的声誉，甚至造成严重的政治影响。因此，加强行李运输管理、预防行李运输差错事故发生，已成为提高航空客运质量的重要环节。

一、行李的定义和分类

（一）定义

行李是指旅客在旅行中为满足穿着、使用、舒适和便利等需要而携带的必要或适量的物品和其他个人财物。

（二）行李的分类

根据运输责任分为托运行李、自理行李和随身携带行李。

1. 托运行李（checked baggage）

托运行李是指旅客交由承运人负责照管和运输的行李。托运行李要满足以下规定：

（1）承运人负责照管，装在飞机货舱，不与旅客在一起。

（2）承运人对托运行李的包装和内物有严格的规定。

（3）重量限制：50 千克 / 件；体积限制：不得超过 40 厘米 ×60 厘米 ×100 厘米 / 件，不得小于 5 厘米 ×15 厘米 ×20 厘米 / 件。超过上述规定的行李，需事先征得承运人同意才能托运。

（4）超过免费行李额的部分要向承运人支付逾重行李费。

（5）在到达站由旅客凭行李牌识别联自行认领。

2. 自理行李（unchecked baggage）

自理行李是指经承运人同意由旅客带入客舱自行照管的行李。自理行李要满足以下规定。

（1）旅客自行照管，装在飞机客舱，与旅客同行。

（2）行李性质特别，或易碎易损、价值贵重，或保密性强，如易碎物品、贵重物品、外交信袋等。

（3）重量限制：每一旅客携带的自理行李重量不能超过 10 千克；体积限制：20 厘米 ×40 厘米 ×55 厘米 / 件。要求能放入封闭式行李架内或前排座位底下，不妨碍客舱服务和旅客活动。

（4）要求与托运行李合并计重，挂自理行李牌。

3. 随身携带行李（carry on/cabin baggage）

又称手提行李，是经承运人同意由旅客自行携带乘机的零星小件物品。随身携带行李要满足以下规定：

（1）旅客自行照管，装在飞机客舱，与旅客同行。

（2）随身携带行李是旅客在旅途中需要使用而携带的个人物品，如一定量食品、书报、照相机、大衣等。

（3）重量限制：每一位旅客携带的手提行李重量不能超过 5 千克；体积限制：20 厘米 ×40 厘米 ×55 厘米 / 件；件数限制：持有头等舱客票的旅客可携带两件，持有公务舱和经济舱客票的旅客可携带一件。超过以上限制的随身携带行李，应作为托运行李托运。

（三）不得作为行李运输的物品

根据民航规定，下列物品不得作为行李或夹入行李（包括托运行李和自理行李）内托运，也不得作为免费随身携带物品带入客舱运输。

1. 危险品

指国家规定的禁止运输的物品，包括爆炸品、气体、易燃液体、易燃固体、自燃物质和遇水释放易燃气体的物质、氧化剂和有机过氧化物、毒性物质和传染性物质、放射性物质、腐蚀性物质、磁性物质、具有麻醉 / 令人不快或其他类似性质的物质、容易污损飞机的物品以及规定不得作为行李运输的其他危险物品。

2. 枪支、军用或警用械具类

军用枪、公务用枪、民用枪、其他枪支、军械、警械，国家禁止的枪支、械具，以及上述物品的仿制品。

3. 管制刀具

中国民族自治地区的少数民族旅客由于生活习惯需要佩戴、使用的藏刀、腰刀、靴刀等刀具，只适用于始发站和终点站均在民族自治地区内的航班作为托运行李运输。

4. 其他杂项物品

活体动物（小动物、导盲犬、助听犬除外）；带有明显异味的鲜活易腐物品（如海鲜、榴梿等）；国家法律规定禁止出境、入境或者过境的物品；包装、形状、重量、体积或者性质不适宜运输的物品；航空公司规定不适宜作为行李运输的其他物品。

（四）不得作为托运行李运输的物品

下列需要专人照管的物品，不得作为托运行李或夹入行李内托运，而应作为非托运行李带入客舱运输。对旅客违反此规定而造成的损失，或此类物品的任何遗失、损坏，或政府对任何此类物品的没收，航空公司不承担责任。

（1）重要文件、商业文件和资料。

（2）有价票证、货币、可转让票据、珠宝。

（3）贵重金属及其制品。

（4）古玩字画。

（5）易碎易损坏物品、易腐物品。

（6）样品、绝版印刷品或手稿。

（7）旅行的有效证件或文件。

（8）电子产品、数码产品、摄像机原配件等。

（9）移动电话、随身听唱机、计算机软硬件等。

（10）个人需要定时服用的处方药。

（五）限制运输的物品

下列物品只有在符合航空公司运输条件的情况下，并经航空公司同意，方可接收运输。

（1）精密仪器、电器等物品，应作为货物托运，如按托运行李运输，必须有妥善包装，并且此类物品的重量不得计算在免费行李额内。

（2）体育运动用器械，包括体育运动用枪支和子弹。

（3）小动物、导盲犬和助听犬。

（4）外交信袋、机要文件。

（5）旅客旅行途中使用的折叠轮椅或电动轮椅。

（6）管制刀具以外的利器、钝器，例如菜刀、水果刀、餐刀、工艺品刀、手术刀、剪刀以及钢锉、铁锥、斧子、短棍、锤子等，应放入托运行李内运输，不得随身携带。

（7）干冰，含有酒精的饮料，旅客旅行途中所需的烟具、药品、化妆品等。

二、免费行李额

免费行李额是根据旅客所付票价、乘坐舱位等级和旅客乘坐的航线而享受的可免费运输的行李重量。

（一）国内航线免费行李额

持成人票或儿童票的旅客免费行李额：头等舱旅客 40 千克；公务舱旅客 30 千克；经济舱旅客 20 千克。

（1）持婴儿票的旅客无免费行李额。

（2）持免票、折扣票的旅客，按其座位等级享受相应的免费行李额。免费行李额与座位等级有关，而与折扣的幅度无关。如 Y 舱 8.5 折机票为 20 千克免费行李额。

（3）构成国际航线的国内航段，每位旅客的免费行李额按适用的国际航线免费行李额计算。

（4）行李的重量以千克为单位，不足 1 千克时，尾数四舍五入。逾重行李的收费以元为单位，元以下四舍五入。

（二）国际航线的免费行李额

1. 计重制免费行李额规定

（1）适用范围。世界通用，除去：

① 经 SA 航线自巴西到香港 / 泰国；

② 经 SA 航线自巴西到南非；

③ 巴西到欧洲 / 中东；

④ 跨越太平洋、IATA 一区与二区之间的航线（但自俄罗斯亚洲地区至加勒比 / 中美 / 南美、法属波利尼西亚与南美之间的运输适用重量概念）。

（2）成人免费行李额：

F/P：40kg（88lb） C/J：30kg（66lb） Y：20kg（44lb）

（3）婴儿免费行李额。除承运人另有规定外，国际航协规定按成人票价 10% 付费的婴儿有 10kg 的免费行李额，并允许带一个全折叠轻便婴儿车或婴儿手推车。

（4）病残旅客。病残旅客可以免费携带一张轮椅或他们所依赖的辅助器械。

（5）F、C 或 Y 舱混合旅行。在整个航程中，旅客部分航程乘头等舱，部分乘公务舱或经济舱，每一航段的免费行李额为其所付票价等级相应的免费行李额。

2. 计件制免费行李额规定

（1）适用范围。

① 自 / 至加拿大、美国 / 美国领土的运输，自西非的运输除外。

② IATA 一区和三区之间的运输（但自俄罗斯亚洲地区至加勒比 / 中美 / 南美、法属波利尼西亚与南美之间的运输适用重量概念）。

（2）成人免费行李额。

① 头等舱和公务舱旅客。每人可免费托运两件行李，每件体积（三边之和）不超过 158cm（62in），每件重量不得超过 32kg。

② 经济舱旅客。每人可免费托运两件行李，每件体积（三边之和）不超过 158cm，但两件体积（三边总和）不得超过 273cm（107in），每件重量不得超过 32kg。

（3）婴儿免费行李额。持婴儿票的旅客可免费托运一件行李，但三边之和不超过 115cm（45in），另外还可以免费托运折叠式婴儿车或婴儿手推车一辆。

（4）特殊行李项目。以下物品不管其实际尺寸大小都要作为一件三边之和为 158cm（62in）的行李对待：

① 一个睡袋或一床铺盖。

② 一个帆布（皮）背包。

③ 一对滑雪板，带两根滑雪杖和一双滑雪靴。

④ 一个高尔夫球袋，包括高尔夫球棒和一双高尔夫球鞋。

⑤ 一个行李袋或一个 B-4 型袋子。

⑥ 一辆适当包装的自行车（单座旅行车或赛车，非电机驱动），假定把手固定在旁边，脚踏去掉。

⑦ 一对标准的滑水板或一副障碍滑水板。

⑧ 经适当包装的钓鱼用具，数量不超过两根钓鱼竿、一卷轴、一副抄网、一双钓鱼鞋和一个钓鱼用具箱。

⑨ 运动枪支，数量不超过一个步枪箱子，内装步枪不超过两支，子弹不超过 5kg，一个射击垫子，噪声消除器和小型步枪工具。或两支猎枪和两个猎枪箱子或一个手枪箱子，内装手枪不超过 5 支，子弹不超过 5kg，噪声消除器，一个手枪望远镜和小型手枪工具。

⑩ 长不超过 100cm（39in）的任何手提乐器。

（5）病残旅客。病残旅客可以免费携带一张轮椅或他们所依赖的辅助器械。

（6）F、C 或 Y 舱混合旅行。在整个航程中，旅客部分航程乘头等舱，部分航程乘公务舱或经济舱，每一航段的免费行李额为其所付票价等级相应的免费行李额。

（三）免费行李额的合并计算情形

搭乘同一航班前往同一目的地的两位以上的同行旅客，如在同一时间、同一地点办理行李托运手续，其免费行李额可以按照各自的客票等级标准合并计算。免费行李额的合并计算，也称为合并行李（pooling of baggage）。

例 6-1

一名儿童 Y 舱，两名成人 F 舱，共有免费行李额多少？

答：20+40+40=100 千克

（四）其他免费行李额计算的情形

（1）旅客自愿提高或降低舱位等级，免费行李额按改变后的舱位等级所规定的免费行李额办理；旅客非自愿提高或降低舱位等级，仍享受原客票舱位等级所规定的免费行李额。

（2）担架旅客的免费行李额为 60 千克。

（3）额外占座旅客的免费行李额，按其所占座位的票价等级占用座位数确定。

（4）额外占座的行李没有免费行李额。

（5）包舱旅客的免费行李额按其舱位等级和包舱座位数计算。

三、逾重行李费

逾重行李，是指旅客托运行李超出免费行李额标准的那部分行李，旅客携带逾重行李乘机应当支付逾重行李费。

在国内运输中，逾重行李重量以千克为单位，运费以元为单位，小数点以后的数字均四舍五入；逾重行李费率按填开逾重行李票之日所适用的公布直达单程成人正常经济舱票价的 1.5% 计算，保留两位小数。

1. 逾重行李费率

逾重行李费率按照经济舱单程成人普通票价的 1.5% 计算，尾数保留到元，元以下四舍五入。即：

$$逾重行李费率 = 适用单程经济舱票价 \times 1.5\%$$

例 6-2

当前北京至广州的直达单程成人经济舱票价为 1770 元人民币，这段航程上的逾重行李费率是多少？

$$逾重行李费率 = 1770 \times 1.5\% = 26.55（元/kg）$$

2. 逾重行李费计算

应收逾重行李费 =（托运行李的重量 − 适用的免费行李额）× 适用的逾重行李费率

例 6-3

某旅客乘飞机从北京至广州，该旅客持 F 舱客票，票价为 3910 元，经济舱票价为 1770 元，交运行李 53.7 千克，计算逾重行李费。

逾重行李重量 = 53.7 − 40 =13.7 千克（计费重量 14 千克）

逾重行李费率：1770 × 1.5 % =26.55（元 / 千克）

逾重行李费 = 26.55 × 14 =371.7 元（实收 372 元）

课堂练习 6-1

逾重行李费计算

乘机旅客何欣，于 2024 年 9 月 2 日乘坐广州至上海的 ZH1866 航班，该旅客持 Y 舱客票，票价为 2100 元，交运行李一件，重 35 千克。计算逾重行李费。

课堂练习 6-2

旅客的旅程是 SHA—TAO—PEK，全程携带行李重量 60 千克，计算逾重行李费（其中 SHA—TAO 是头等舱，TAO—PEK 是经济舱，经济舱票价 SHA—TAO 是 740 元，TAO—PEK 是 710 元，SHA—PEK 是 1130 元）。

3. 逾重行李票

国内逾重行李票由财务联、出票人联、运输联和旅客联构成。财务联为财务结算用；出票人联为出票人存查用；运输联为运输逾重行李的凭证及航空公司之间结算用；旅客联为旅客提取逾重行李和报销的凭证。逾重行李票在填开完毕交给旅客之前应撕下财务联和出票人联，旅客持逾重行李票办理逾重行李托运手续时，工作人员撕下运输联。逾重行李票样式如图 6-1 所示。

逾重行李票

EXCESS BAGGAGE TICKET

旅客姓名: **NAME OF PASSENGER** 　　　　**客票号码:** **TICKET**

航段 SECTOR	承运人 CARRIER	航班号 FLIGHT NO.	重量 WEIGHT	费率/千克 RATE/KG	运费金额 CHARGE	声明价值附加费 DECLARED VALUE	合计收费 TOTAL
自 至 FROM TO							
日期 DATE		经手人 ISSUED BY		盖章 SIGNATURE			

图 6-1 航空公司逾重行李票样式

（1）“重量”栏：填写逾重行李的重量。

（2）“费率 / 千克”栏：填写该航段的逾重行李费率。

（3）“运费金额”栏：填写逾重行李费，其值是逾重重量与逾重费率的乘积。

（4）“声明价值附加费”栏：如旅客为托运行李办理了声明价值，在此栏填写声明价值附加费。如没有办理声明价值，此栏可空着不填。

（5）“合计收费”栏：填写总收费，其值是逾重行李费与声明价值附加费的和。

知识链接

国航逾重行李数字化联运产品顺利投产

2023 年 8 月，国航与深圳航空、山东航空逾重行李数字化联运服务产品正式投产，向全面实现多航企逾重行李无纸化联运迈出重要一步，将更好助力旅客便利出行。

开展 EMD 逾重行李联运业务是顺应旅客出行需求，符合发展趋势的必然选择。作为国内民航运输的一项新型服务，国航逾重行李数字化联运服务产品以 EMD 电子凭证为载体，取代纸质行李票，实现跨航企之间的逾重行李联运服务数字化，从而有效解决旅客在逾重行李运输中遇到的转机、换乘、联程等问题，实现了国内逾重行李在多城市、多航企、多航段间的自由、全流程运输，使旅客获得更加顺畅的行李运输体验。

四、声明价值行李运输

根据航空公司运输规定，旅客托运的行李在运输过程中发生损坏、灭失时，承运人按照每公斤最高赔偿限额赔偿。当旅客托运行李的每千克实际价值超过承运人规定的每千克最高赔偿限额时，旅客有权要求更高的赔偿金，但必须在托运行李时办理行李声明价值，并付清声明价值附加费。办理过声明价值的行李，如在运输途中由承运人原因造成损失，承运人应按照旅客的声明价值赔偿。

（一）国内声明价值行李运输的规定

（1）声明价值的条件：托运行李每千克价值超过人民币 100 元时。

（2）声明价值不能超过行李本身的实际价值，最高限额为人民币 8000 元。如承运人对声明价值有异议而旅客又拒绝接受检查时，承运人有权拒绝收运。

（3）自理行李、随身携带行李和小动物不办理行李声明价值。

（4）声明价值的计费重量为公斤，不足 1 千克者进到 1 千克，但实际重量应保留至小数点后一位。

（5）办理声明价值的行李重量不计入免费行李额内，应另外收费。

（6）声明价值附加费：旅客声明价值中超过最高赔偿限额部分价值的 5‰。

公式为：

声明价值附加费 =（行李声明价值 −100 元人民币 × 声明价值行李重量）× 5‰

以元为单位，不足元者应进整为元。

例 6-4

某旅客为其一件 10 千克行李声明价值 2100 元，其声明价值附加费为多少？

声明价值附加费 =（2100−100 × 10）× 5‰ =5.50 元

进位后应收取 6.00 元。

由于办理声明价值行李的重量不能包括在免费行李额内，所以应单独过秤，全部重量按逾重行李交付运费，也即办理声明价值的行李应按照逾重行李收取逾重行李费。

例 6-5

旅客乘坐广州—上海航班 Y 舱，托运行李 15 千克，声明价值 3000 元人民币，逾重行李费率 10 元 / 千克，求总收费。

答：声明价值附加费（3000 － 100×15）×5‰ =7.5 元 ≈8 元

逾重行李费：15×10=150 元

总收费：8+150=158 元

例 6-6

某旅客自成都至哈尔滨旅行，乘坐经济舱，共有一件行李，声明价值 6000 元人民币，重量为 6 千克。计算逾重行李费和声明价值附加费（成都至哈尔滨经济舱客票票价为 2280 元）。

分析：尽管该旅客只有 6 千克行李，但由于声明价值行李不计入免费行李额内，故也应算作逾重行李。

逾重行李费 =2280 ×1.5%× 6 =205.20 元，应收 205.00 元

声明价值附加费：（6000−100×6）×5‰ =27.00 元

共计收费：205.00+27.00=232.00 元

课堂练习 6-3

旅客李伟，于 2024 年 4 月 23 日乘北京至广州的 HU7809 航班，该旅客持 F 舱客票，票价为 3910 元，经济舱票价为 1770 元，交运行李二件，共 53.7 千克。旅客为其中一件 10 千克行李申报价值 5000 元。根据上述信息计算逾重行李费、声明价值附加费。

课堂练习 6-4

某旅客乘坐上海至巴黎航班，携带两件行李，分别重 18 千克和 13 千克，其中 13 千克的行李声明价值为 1000 美元，乘客乘坐经济舱。该乘客有多少逾重行李？计算逾重行李费和声明价值附加费（上海至巴黎经济舱票价为 7540 元人民币，当日汇率 1USD=6.6CNY）。

分析：该旅客携带行李 31 千克，乘坐经济舱，应该有 20 千克免费行李额，逾重行李只有 11 千克，但由于 13 千克的行李声明价值，必须按逾重行李收费。

（二）国际声明价值行李运输的规定

（1）声明价值的条件：托运行李每公斤价值超过 19 特别提款权（19SDR）。

（2）最高限额 5000 美元，猫、狗和笼中的鸟为 250 美元。

（3）其他与国内相同。

（4）声明价值附加费：旅客声明价值中超过最高赔偿限额部分价值的 5‰。

公式为：

声明价值附加费 =（行李声明价值 −19SDR× 声明价值行李重量）×5‰

以元为单位，不足元者应进整为元。

例 6-7

某旅客 PEK—PAR，全程 Y，交运 28 千克行李，其中 5 千克办理声明价值，声明价值 2320CNY，逾重费率 116CNY/ 千克，兑换率 19SDR=203.1328CNY，求声明价值附加费和总收费。

答：

声明价值附加费：（2320−203.1328×5）×5‰ =6.52168≈7 元

逾重行李费：116×8=928 元

总收费：7+928=935 元

案例分析

行李箱超 2 厘米加收 700 元女子大闹机场

2024 年 8 月 21 日，上海浦东机场，一趟飞往日本的航班登机时，一名女性旅客的随身行李箱因超规 2 厘米被要求支付 700 元超规行李费。该旅客在登机口与航司地勤人员发生争执。

航空公司随后发布情况说明：该旅客的机票包含 20 千克免费托运行李额；在值机和登机时，地勤工作人员多次提醒其随身行李箱超规，建议其办理托运，该旅客仍坚持不托运。在登机环节，登机口工作人员再次提醒旅客行李超规，可以办理托运。后经反复劝说，最终，旅客将随身行李装入公司提供的袋子后拎上飞机。超规行李箱留在浦东机场，由公司妥善保管。

2024 年初，民航局下发了《关于开展“三超”行李进客舱专项治理行动的通知》，其中，“三超”指的是超大、超件、超重。各家航司都有相关行李政策，在购票时也有明确告知。

该工作人员还表示：“其实，我们在值机时都会展示手提行李进客舱的规则，也会让旅客现场进行测量，超大、超重、超件行李进入客舱更易造成登机及下机时发生拥堵，且占用额外的客舱空间也降低了旅客乘机体验，还有可能影响航空安全。”

分析：对于此次事件，你怎么看待？

课后思考

1. 简述行李的定义和分类。
2. 简述哪些行李不可以进行托运，哪些物品属于限制运输物品。
3. 请试述国内航线免费行李额的规定。
4. 请阐述逾重行李票如何填开。

课题二　行李收运的流程

学习目标

熟悉行李的包装及收运要求；
理解并掌握行李牌及行李标志的种类；
理解并掌握行李分拣、装卸的规定；
理解并掌握行李交付、保管的要求；
理解并掌握行李不正常运输的处理方式。

素养目标

培养爱国爱岗精神，弘扬民航“工匠”精神。

思政小课堂

巴彦淖尔机场创新推出“徒手服务、先行一步”行李保障服务

2025 年 4 月，巴彦淖尔机场创新推出“徒手服务、先行一步”行李保障服务，通过“行李前置

托运”模式，直击家庭旅客、商务人士及快游群体的出行痛点，实现从值机到登机的全流程行李无忧服务。

精准锚定三大需求场景。日常保障数据显示：家庭旅客因兼顾儿童安全易面临行李丢失风险；商务人士平均单次往返酒店取行李耗时超30分钟；快游群体则普遍受困于行李寄存、托运的烦琐。巴彦淖尔机场据此靶向设计服务产品，打通行李运输“最后一公里”。

全链条便捷服务闭环。旅客可通过服务热线、微信客服预约，提交航班信息、身份证明及行李图片后，工作人员即按约上门取件。现场签署授权单并核验安全，同步完成机场托运手续。旅客抵达机场仅需领取登机牌即可登机，真正实现“空手出行”。

多维价值释放成效显著。服务推出后，商务旅客误机率明显下降，整体手续办理时间缩短60%。通过收运端口前移，机场延伸城市候机服务网络，同步以市场化模式实现服务创收，反哺服务升级。目前机场正联合市旅游局推进“空手旅行”城市推广计划，赋能区域文旅发展。

此项服务标志着巴彦淖尔机场从被动响应转向主动服务，持续探索场景创新，深化“徒手服务”品牌内涵，打造更高效的航空出行体验。

一、拒绝运输权

（1）旅客的托运行李、自理行李和免费随身携带行李，如属于或夹带有不得作为行李或夹入行李内运输的任何物品，航空公司有权拒绝接收该行李的运输。

（2）旅客的托运行李，如属于或夹带有不得作为托运行李运输的物品，航空公司有权拒绝接收该行李作为托运行李运输。

（3）旅客携带了限制运输的物品，如旅客没有或拒绝遵守航空公司的限制运输条件，航空公司有权拒绝接收该行李的运输。

（4）旅客的托运行李、自理行李和随身携带物品，如因其形态、包装、体积、重量或特性等不符合承运人的运输条件，应请旅客加以改善；如旅客不能或拒绝改善，航空公司有权拒绝接收该行李。

二、行李的包装

行李的包装在保证行李运输质量和飞行安全中起到非常重要的作用，因此，承运人对旅客的行李包装制定了具体的规定。在收运行李时，应严格检查行李包装，对不符合包装要求的行李，应要求旅客改善行李包装、拴挂免除责任行李牌或拒绝收运。

（一）行李的包装要求

托运行李必须包装完善、锁扣完好、捆扎牢固，能承受一定的压力，能够在正常的操作条件下安全装卸和运输，并应符合下列条件，否则承运人可以拒绝收运。

（1）行李箱、行李袋和手提包等必须加锁。

（2）两件以上的包件不能捆为一件。

（3）行李上不能附插其它物品。

（4）竹篮、网兜、草绳、草袋等不能作为行李的外包装物。

（5）行李包装内不能用锯末、谷壳、草屑等作衬垫物。

（6）行李上应写明旅客的姓名、详细地址、电话号码。

（二）包装不符合要求的处理

（1）如旅客托运行李包装不符合要求，首先应建议旅客改善包装。

（2）如旅客不可能或不愿意改善包装，而对飞机货舱或其中的货物、行李、邮件又没有污损的危险时，可经旅客书面同意，拴挂免除责任行李牌，以免除承运人相应的运输责任。

（3）如旅客不可能或不愿意改善包装，由此会对飞机货舱或其中的货物、行李、邮件造成污损的危险时，承运人有权拒绝运输。

三、行李的收运

（一）收运行李要求

（1）旅客必须凭有效客票托运行李。承运人应在客票及行李票上填写托运行李的件数和重量。

（2）在航班当日办理乘机手续时收运行李。如旅客要求提前托运，可满足旅客要求，但要事先约定。

（3）对旅客托运的每件行李应拴挂行李牌，并将行李牌识别联交给旅客。经承运人同意的自理行李，其重量应与托运行李合并计重并分别填入客票，拴挂自理行李牌后，交由旅客带入客舱自行照管。

（4）旅客托运有运输责任争议的行李，承运人应经旅客书面同意，拴挂免除责任行李牌，以免除承运人相应责任。

（5）超过免费行李额的行李，应收取逾重行李费，并填开逾重行李票。

（6）为特殊行李加贴行李标签。

（二）收运行李注意事项

（1）了解行李的内容是否属于行李的范围，行李内有无夹带禁运、限制携带物品或危险物品。

（2）了解行李是否属于声明价值行李，是否应请旅客办理声明价值行李运输手续。

（3）托运行李必须经过行李安全检查后方可收运。

（4）乘坐国际航班的旅客，其托运行李必须事先办妥海关手续方可收运。

（5）旅客的托运行李一般应随旅客同机运出，如果逾重行李过多，受载量条件的限制无法做到同机运出，应向旅客说明，在后续班机上运出，并将行李重量、件数、行李牌号发电报通知到达站。

（6）不属于行李范围内的物品，应按货物托运，不能作为托运行李。

四、行李称重

（1）行李收运时，应将旅客的托运行李和自理行李分别称重，计算重量。

（2）行李重量以千克为单位，不足 1 千克的，尾数四舍五入。

（3）行李称重要准确，行李逾重要收取逾重行李费的，称重时应将重量告知旅客。

五、行李挂牌

行李牌是旅客托运行李的运输凭证。行李牌从使用方法上分为两类：拴挂式行李牌和粘贴式行李牌。从功能上分类，主要有直达行李牌与免除责任行李牌。直达行李牌从制作方式上分为手工行李牌和条形码行李牌。目前国内、国外机场应用最多的是粘贴式的条形码行李牌，手工行李牌已经非常少见了，多在离港系统发生故障时紧急备用。

1. 条形码行李牌

条形码行李牌共分为五个部分，其用途分别为：

（1）旅客行李领取联。值机员在收取旅客行李时，将这部分撕下后黏附在旅客的登机牌或机票上交付旅客，并作为旅客留存的托运行李凭证。旅客凭此联在到达站领取托运行李。包含的信息有所属航空公司、行李件数 / 重量、行李始发站和目的站、航班号及日期、行李牌号码。

（2）留存联。该联由值机员撕下留底，主要有两个功能：一是主要用于，如果办理乘机登记手续的系统出现故障不能使用条形码行李牌，在手工办理乘机登记手续时，将这一联撕下留底，以便承运人了解和掌握旅客托运行李的情况。二是以备个别旅客由于某种原因没有登机，迅速找出其托运行李牌号码，通知装卸人员将其托运行李拉下。

（3）备用保险联。值机员将这一联撕下贴在行李上的明显部位，以便在行李的拴挂联意外脱落后，把此联作为托运行李的识别信息或运输凭证。因为只是备用保险，所以此联只有行李牌号码。

（4）托运行李拴挂联。该联拴挂在行李把手上，是拴挂在被托运行李上的重要标签，作为行李运输的凭证。包含有航班号、日期、航空公司二字代码、行李牌号码、本次航班所属航空公司、旅客姓名、工作人员代码、行李件数和重量、行李的始发站和目的站等全部信息。

（5）集装箱标示联。此联粘贴在装运该件行李的集装箱门口的卡纸上，供拉卸行李时准确、快速地找出该件行李。这是因为少部分旅客因为边检、安检等个人原因，即便在办理登机手续、领取登机牌后，仍有可能发生终止旅行的状况，这时行李已经被装入集装箱，甚至已经被装上即将起飞的航班，旅客如果不能成行，行李应一并拉下。这种情况下，就需要装卸工人尽快找到被拉下旅客的行李。

2. 免除责任行李牌

在收运行李时，发现下列情况之一者应拒绝收运，如旅客仍坚持要托运，则必须拴挂“免除责任行李牌”，免除承运人的责任。

（1）行李超大、易碎、易腐。

（2）包装不符合要求（包括所有纸箱包装物）。

（3）行李在托运前已破损。

（4）不能作为客舱行李的危险物品（如小刀、扳手等工具和利器）。

（5）迟运的行李。

（6）客舱超大行李。

（7）无锁或锁已失效。

以上行李收运时，都应使用免除责任行李牌，并在牌上注明相应情况，以免除相应责任，同时向旅客声明并请旅客在该行李牌相应位置签名。

3. 行李标志

（1）重要旅客行李标志。重要旅客及其随行人员的托运行李，除拴挂行李牌外，还要拴挂“重要旅客”标志牌。对挂有“重要旅客”标志牌的行李，严加保管，实行后装先卸。

（2）“头等舱旅客”行李标志。头等舱旅客的托运行李，除拴挂行李牌外，还要拴挂“头等舱旅客”标志牌以示区别，实行后装先卸，使头等舱旅客的托运行李在到达时能最先交付旅客。

（3）“公务舱旅客”行李标志。公务舱旅客的托运行李，除拴挂行李牌外，还要拴挂“公务舱旅客”标志牌以示区别，实行后装先卸，使公务舱旅客的托运行李在到达时能先于经济舱旅客的行李卸下并交付。

（4）“装门口”行李标志。为提高运输服务质量，对于不愿意透露身份的重要旅客以及头等舱旅客和在经停站立刻转换飞机的中转旅客的托运行李，除拴挂行李牌外，还应拴挂“装门口”行李标志牌，以便这些旅客的托运行李在目的地或中转站迅速卸下飞机。挂有“装门口”行李标志牌的行李应后装先卸，装在货舱门口处。

（5）旅客名牌。在行李运输中，由于种种原因，行李牌有时会脱落，造成行李错运、丢失。为了便于寻找旅客丢失的行李，承运人要求旅客在托运行李前，在每一件行李上拴挂旅客名牌。承运人在旅客购票或办理乘机手续时，发给旅客“旅客名牌”。旅客应按承运人要求预先填妥旅客名牌上的旅客姓名、电话号码、地址，并在每一件托运行李上拴挂或粘贴旅客名牌。承运人在收运行李时，应检查旅客的托运行李有无旅客名牌。

（6）易碎物品标志。承运人为了提高行李运输质量，对旅客托运的易碎物品，除拴挂行李牌外，还应粘贴易碎物品标志，以便于装卸人员识别。在装卸时轻拿、轻放，确保行李运输质量。

（7）无成人陪伴儿童行李标志。无成人陪伴儿童的托运行李应加挂“UM”行李标志。

（8）中转行李标志。在旅客的联运行李上应加挂“TRANSFER”中转行李标志。

（9）团体旅客行李标志。为了保证团体旅客行李运输的安全迅速，对团体旅客托运的行李，除拴挂行李牌外，另外加挂（贴）“团体旅客”标志牌。如同一班机上有两个以上团体旅客时，应挂不同颜色的“团体旅客”标志牌。

六、行李安全检查

旅客的行李和免费随身携带物品必须经过安全检查。航空公司为了运输安全原因，可以会同旅客对其行李进行检查，但对旅客所携带行李的内容，不承担检查责任。必要时，可会同有关部门进行检查。如果旅客拒绝接受检查，承运人有权拒绝运输该行李。

目前，民用机场都成立了安全检查部门，负责检查旅客及其行李物品。但值机员也应配合安检的工作，共同把好托运行李检查关。

行李服务礼仪——行李破损

1. 托运行李检查

旅客的托运行李要通过安检仪器的检查，如果行李通过安检仪器时发出警报，值机员应立即请旅客留下，等候安检员过来进一步问询检查。必要时，安检员可请旅客开箱查看。

2. 客舱行李检查

旅客进入隔离区前，随身携带的行李物品（包括自理行李）必须经过安全检查。安全检查的目的是防止旅客携带禁运物品、限制运输的物品、液体物品等登机，危及空防安全和飞行安全。机场安全检查部门负责客舱行李的安全检查工作，行李应通过安检仪器的检查，旅客本人要经过安全门，必要时还要接受安检员金属探测器的检查。对于拒绝安全检查的旅客，承运人有权拒绝其乘机。

七、行李的分拣、运载和装卸

（一）行李的分拣

按行李的到达站分拣行李。分拣后的行李应整齐地垛码在行李拖斗车或集装箱内，并与客运值机柜台核对行李件数。

分拣时发现行李牌脱落的处理：

（1）根据行李上拴挂的有关标志，如团体行李牌上标明的团体名称，确定行李的目的地。

（2）通知客运值机柜台，根据行李上的旅客姓名地址标牌，查对旅客名单报或舱单，确定行李目的地。

（3）确定目的地后的行李，应拴挂速运行李牌运出，并发报通知行李的目的站。

（4）无法确定目的地的行李，应及时通知行李查询部门，将行李暂时存放于行李仓库，待有关站查询时按迟运行李处理。

使用集装箱时，应该根据载重结算部门的通知，在航班起飞前两小时做好准备。分拣前，每个集装箱都要先挂（贴）好标明航班号和目的站的集装箱标签；集装箱标签的内容要用粗笔填写清楚。

（二）行李的运载

（1）旅客的托运行李，应与旅客同机运送，如旅客未能乘机或取消旅行，应卸下该旅客的托运行李（严禁“人不走，行李走”）。

（2）旅客的托运行李如不能与旅客同机运送，应向旅客说明，并优先安排在载量允许的后续航班上运送。

（3）旅客的逾重行李在其所乘飞机载量允许的情况下，应与旅客同机运送。如载量不允许，而旅客又拒绝使用后续可利用的航班运送，航空公司可拒绝收运旅客的逾重行李。

（三）行李的装卸

1. 装卸工作的基本要求

（1）行李的装卸严格做到轻拿轻放，大不压小，重不压轻，木箱不压纸箱。在任何情况下，都不允许摔扔和坐压行李，严禁翻看、偷拿行李内的物品。

（2）装卸时，如发生或发现行李破损，应立即说明原因并按规定填制行李装卸事故签证，并采取必要的补救措施。出港行李发生或发现破损，经修整符合运输条件后方能运出。运出时，应发报通知行李目的地及有关转运站。

（3）雨雪天作业时，要使用有篷的拖车或用盖布将行李盖好，以防行李被雨雪淋湿。

2. 行李装机

（1）根据行李装机单上所列明的航班号、飞机号、到达站、行李的件数和装载舱位，准确装机。

（2）在同一货舱内装载两个或两个以上到达站的行李时，应该分别按到达的次序装机，不得混装。

（3）货物、邮件、行李装载在同一货舱时，应先装货邮然后再装行李，不允许货邮堵塞行李，以免影响行李卸机速度。

（4）挂有头等舱旅客、公务舱旅客、重要旅客的行李牌的行李应最后装机，并放置在靠货舱门口位置，便于到达站优先卸下交付给旅客。使用集装箱（板）时应尽可能装在同一箱（板），在行李多的时候可单独装箱（板）。

（5）行李装机要垛码整齐，装机后应系好网带，以防止飞行过程中行李滑动散落，影响飞行安全和舱门的开启。

（6）行李装机工作应在航班规定起飞时间（关机门时间）前完成。装机工作完成后，装卸班（组）长应在装机单上签字，保证装机工作符合装机单要求，行李件数准确无误，物件完整无损。

（7）不能按装机单指定的舱位装机时，立即通知载重结算部门进行调整，装卸人员不得自行变更装机舱位。

3. 行李卸机

（1）行李卸机工作要迅速安全。根据卸机工作单列明的行李件数 / 重量、装载舱位和航班预计到达时间，安排好人力和设备。卸机时可根据行李数量的多少采取一次卸完运回或边卸边运的办法，使旅客能及时提取行李。全部行李必须在班机到达后的规定时间内卸完。

（2）对挂有头等舱旅客、公务舱旅客和重要旅客行李标志的行李，优先卸机，卸机后要优先运回交付给旅客。

（3）卸机时要注意查看包装易与货物混同（如用纸箱、木箱包装）的行李上的行李标志。对过站飞机，特别要认真查看行李牌上的到达站名，防止错卸漏卸。

（4）根据卸机工作单核对是否按指定舱位卸机，所卸下的行李数量是否相符，由装卸班（组）长签字并作记录备查。

（5）如是国际航班国内段的行李，应按始发站通知的位置及时将行李卸送到国内进港行李厅。

八、行李的交付和保管

（一）行李的交付

（1）交付时间：从停靠算起，宽体机第一件行李 20 分钟内交付旅客，全部行李 1 小时内交付完毕。其他飞机第一件行李 15 分钟内交付旅客，全部行李 45 分钟内交付完毕。

（2）到达旅客凭行李领取联提取托运行李。行李发放部门的工作人员在旅客领取行李后，离开出口前，应认真查验核对旅客的行李领取联与行李上的行李牌号码是否相符。

（3）如果行李牌脱落，而且对旅客所提取行李有疑问，承运人有权要求旅客交验客票及行李票和行李领取联。

（4）旅客遗失行李领取联，应立即向承运人挂失。旅客如要求领取行李，承运人应请旅客交验客票、行李票以及有关证件或其他必要的证明（如行李箱钥匙或密码，以及提供行李内物信息），经核查无误后可以交付并作记录备查。如在声明挂失前行李已经被冒领，承运人不承担责任。

（5）旅客在领取行李时，如没有提出异议，即视为托运行李已完好交付。

（6）旅客的托运行李发生遗失，或者在领取时发现行李破损、短缺，应立即提出异议，并由旅客本人与行李查询部门工作人员共同填写运输事故记录，然后按行李不正常运输的相关规定进行处理。

（二）行李的保管

（1）当班未能装机或到达后无人认领的行李，必须妥善保管。

（2）当行李搬入库房时，应在行李上拴挂多收行李牌，在上面注明航班的有关信息。

（3）在行李保管期间，任何人不可私自开启行李。需要时应在得到值班领导同意后，会同班（组）长一起检查清点行李，并做好有关记录备查。

（4）与旅客同机到达目的站的行李，旅客应在当日提取，如当日未提取，从行李到达的次日起收取保管费。

（5）未与旅客同机到达的行李，自行李实际到达机场的次日起，免费保管 3 天，过期核收保管费。

（6）由于承运人过失造成行李延误到达，在行李到达后，应予免费保管。

（7）自行李到达的次日起，超过 90 天仍无人认领，承运人可按照无法交付行李的有关规定处理。

（8）对于旅客行李中的易腐物品，承运人有权在行李到达 24 小时后予以处理。

九、行李收运后不正常情况的处理

（一）违章行李的处理

旅客的托运行李、自理行李和随身携带物品中凡夹带不得作为行李运输的物品或相关国家规定的禁运物品、限制携带物品或危险物品等，其整件行李称为违章行李。

违章行李的具体处理程序如下：

（1）在始发站发现违章行李，航空公司有权拒绝收运；如已收运，有权取消运输，或将违章夹带物品取出后方可运输，已收逾重行李费不退。

（2）在经停站发现违章行李，应立即停运，已收逾重行李费不退。

（3）对违章行李中夹带的相关国家规定的禁运物品、限制携带物品或危险物品，交有关部门处理。

（二）行李改运的处理

行李改运的具体处理程序如下：

（1）旅客改变航程，行李应随旅客作相应变更。

（2）已收取的逾重行李费多退少不补。

（3）已交的行李声明价值附加费不退。

（三）行李退运的处理

（1）旅客在始发站要求退运行李，须在行李装机前提出。如果旅客临时退票，则必须同时退运已托运的行李。以上均退还已收的行李费。

（2）旅客在中途站要求退运，已收的行李费不退。但如旅客系因病退票或由于承运人原因造成的旅客非自愿退票，则可以从已收取的行李费中扣除已使用航段的行李费后退还余额。

（3）办理声明价值的行李退运时，已交的声明价值附加费在始发站予以退还。在中途站不论是由于何种原因，一律不退还。

案例分析

某航空公司地勤被曝将乘客行李扔下楼梯

2024 年 7 月，一段关于某航空公司地勤人员扔乘客行李的视频在网上引起热议。视频中，一名航空公司地勤人员从楼梯上把多名乘客的行李扔下楼梯，行为粗暴。

7 月 18 日，该航空公司企业事务部就此事回应称，航司留意到，网上流传有机场工作人员未按照标准程序搬运行李的视频，并随即展开调查，证实地勤服务供应商的一名员工涉及此事。“我们得悉该公司已将该员工调离相关岗位，并等待进一步调查结果。”该航空公司还表示，涉事员工目前没有被开除，只是调离岗位。

其表示，航司向受影响的乘客衷心致歉，并会责令地勤服务供应商加强整体员工培训及监督，以确保不会有同类事件发生。

同日，管理部门表示非常关注此事，并已经向相关地勤服务公司了解情况。并强调，对相关行为绝不容忍，将加强监管并严正要求有关公司作出适当处理。

分析：请谈谈你对此案例的看法，机场如何避免野蛮装卸行李？

课后思考

1. 简述拒绝运输权所包含的内容。
2. 简述托运行李包装的要求。
3. 请试述行李交付和保管的基本要求。
4. 请阐述违章行李、退运行李的处理程序。

课题三　特殊行李的运输

学习目标

熟悉并掌握小动物的运输条件及包装要求；

掌握导盲犬、助听犬乘机规定；

理解外交信袋、电动轮椅、体育运动用枪支及子弹的运输要求；
熟悉高尔夫球具 / 滑雪用具 / 钓鱼用具的运输规定；
掌握液态物品运输的相关要求。

素养目标

培养爱国爱岗精神，弘扬民航“工匠”精神。

思政小课堂

架起空中“生命通道”——上饶机场成功完成首例人体器官运输保障任务

2025 年 4 月 4 日，一场与时间赛跑的“生命接力”在上饶三清山机场上演。当日，承载着捐献者大爱与患者希望的 CA1896 航班从该机场顺利起飞，成功将一颗急需移植的活体心脏转运至北京。

据了解，接到保障任务后，上饶三清山机场立即启动人体器官运输保障应急预案，开辟绿色通道，确保器官转运全程“零延误”。当天上午 9 时，医疗团队携带器官转运箱从上饶市中心医院出发。9 时 30 分，团队抵达机场后，机场派员全程“一对一”引导，仅用 7 分钟，完成从进入航站楼到值机及安检等乘机手续的办理。

为确保这颗心脏在活性时间内安全送达，上饶三清山机场与空管部门提前协调航班优先放行，安排距离跑道最近的停机位，并实时监控航路天气，地服人员提前 30 分钟完成医疗团队的行李装载，并粘贴醒目优先标识。10 时 31 分，CA1896 航班比原计划提前 4 分钟起飞。

托运的特殊行李

据介绍，面对这场与时间赛跑的“生命接力”，机场迅速启动人体器官运输保障应急预案，开辟绿色通道。安检、地服、运控等多部门联动，提前部署航班优先放行、医疗人员快速通关等关键环节，最终确保器官转运全程“零延误”。

一、禁运、不得作为行李托运和限制运输的物品

（一）不得作为行李运输的物品

指民航局规定不能在航空器上载运和国家规定的禁运物品。

如：枪支、军用或警用械具类；管制刀具；易燃和有毒的压缩气体、腐蚀性物体（酸类、碱类）、病原剂（传染性细菌、病毒和带有病原体的物质）、爆炸物（弹药、烟火、爆竹和照明弹）、易燃的液体和固体（引火器、加热器和燃料、火柴、易引起燃烧的物质）、氧化剂（漂白粉、过氧化物）、毒品（海洛因、鸦片）、有毒物品（氰化钾、砷、有毒农药、有毒化学试剂、灭鼠药剂）、放射性物质（放射性同位素、含有放射性的医疗或研究样品）等等。

上述物品在任何情况下都不得作为行李运输或夹入行李内托运，也不得作为随身携带物品带进客舱。承运人在收运行李前或在运输过程中，发现行李中装有不得作为行李或夹入行李内运输的上述物品，可以拒绝收运或随时终止运输。

（二）不得作为托运行李运输的物品

重要文件和资料、外交信袋、证券、货币、汇票、贵重物品、易碎 / 易腐物品，以及其他需要专人照管的物品不得作为托运行李或夹入行李内托运。承运人对托运行李内夹带上述物品的遗失或损坏，按一般托运行李承担赔偿责任。

（三）限制运输的行李物品

指旅客携带的某些行李物品，有可能危害人员和飞行安全或超出承运人的运输规定（如超

过重量限制或超过体积限制），这些限制物品如采取一些必要措施或在特定的情况下，经承运人允许，可以承运。

（1）按照承运人运输规定，旅客的随身携带物品和托运行李内不得夹带枪支弹药。有关部门特别批准的、运动用小型武器 / 弹药，经承运人同意，可作为托运行李托运，一般不超过 5 公斤。

（2）自行车一般应作为货物交运，如经过承运人允许作为托运行李托运时，应将车轮卸下，捆绑在车身上。

（3）病残旅客所用的医用小型氧气瓶、氧气袋和假腿、假臂活动所需的小型二氧化碳压缩气体应事先取得承运人同意方可携带，每一病残旅客可携带 2 瓶（袋）。

（4）旅客乘坐国内航班时，液态物品禁止随身携带（航空旅行途中自用的化妆品、牙膏及剃须膏除外）。航空旅行途中自用的化妆品必须同时满足三个条件（每种限带一件、盛放在单体容器容积不超过 100 毫升的容器内、接受开瓶检查）方可随身携带，牙膏及剃须膏每种限带一件且不得超过 100 克（毫升）。旅客在同一机场控制区内由国际、地区航班转乘国内航班时，其随身携带入境的免税液态物品必须同时满足三个条件（出示购物凭证、置于已封口且完好无损的透明塑料袋中、经安全检查确认）方可随身携带，如果在转乘国内航班过程中离开机场控制区则必须将随身携带入境的免税液态物品作为行李托运。

（5）乘坐从中国境内机场始发的国际、地区航班的旅客，随身携带的液态物品每件容积不能超过 100 毫升。盛放液态物品的容器，应置于最大容积不超过 1 升的（建议规格 20 厘米 × 20 厘米）、可重新封口的透明塑料袋中。每名旅客每次仅允许携带一个透明塑料袋，超出部分应交运。盛装液态物品的透明塑料袋须单独接受安全检查。

（6）经承运人同意，每一旅客携带的放在需冷冻的物品内的干冰不得超过 2.5 千克。

（7）托运含有酒精的饮料时，酒精体积百分含量≤ 24% 的，托运数量不受限制；24% ＜酒精体积百分含量≤ 70% 的，每人每次托运总量不超过 5 升（约 4 千克）；酒精体积百分含量＞ 70% 的，禁止托运。

（8）旅客可以携带旅途所需的助听器、心脏起搏器等供人体功能使用的电子设备，可在空中使用。为了避免对飞机内电子领航器和通信设备造成干扰，旅客携带的手提无线电收 / 发报机、电视机、收音机和手机等电子设备不得在空中使用。

（9）旅客携带的利器，如菜刀、大剪刀、大型水果刀、工艺品刀、少数民族的佩刀 / 佩剑（不含凶器）以及一些容易被误认为凶器的物品等限制物品应放入托运行李内托运。无托运行李或因时间紧迫来不及放入托运行李内的，旅客应主动将限制物品交安全检查部门装入“限制物品保管袋”内，送交乘务长保管，待飞机到达后，交还旅客本人。

二、活体小动物的运输

活体小动物指家庭驯养的狗、猫、家禽或其他小型温驯动物。经承运人允许，可以作为托运行李或自理行李运输。野生动物、具有形体怪异和易于伤人等特性的动物，不得作为托运行李或自理行李运输。

（一）活体小动物的运输条件

（1）在订座或购票时提出申请，并提供动物检疫证明，经承运人同意后方可托运。

（2）国际运输的小动物还应具备出境、入境有关国家的必要证件，包括健康证明、注射预防针免疫证明、出境 / 入境许可证明和动物检疫证明等。

（3）活体小动物及容器、食物的重量不得计入免费行李额内，按适用的运价收取逾重费，导盲犬、助听犬除外，为免费运输。

（4）装运小动物的容器必须符合承运人要求。

（5）旅客携带小动物应当在乘机当日，按照承运人指定的时间，将活体小动物自行运至机场办理托运手续。

（6）旅客携带的活体小动物，除经承运人特许外，一律不能放在客舱内运输。

（7）承运人允许旅客携带活体小动物进入客舱，须满足如下条件：

① 每一航班同一航段的独立客舱，只允许一只活体小动物作为客舱行李。

② 容器体积不超过 31 厘米 ×31 厘米 ×41 厘米。

③ 小动物必须放在主人的座位下面。

（8）运输活体小动物的责任界定如下：

① 旅客应对其所托运的活体小动物承担全部责任。因不符合承运人要求或不符合出入境国家有关规定而被拒绝承运或被拒绝出境、过境、入境，以及在运输途中除承运人原因外发生的逃逸、受伤、死亡等一切损失，承运人不承担责任。

② 托运活体小动物的旅客应负责其在全旅程中各站经停时的喂食、饮水及其活动等各项工作。

（二）运输小动物的包装要求

（1）容器的体积适合货舱装卸，并能防止小动物破坏、逃逸或将身体某一部位伸出容器以外损伤人员、行李、货物或飞机。

（2）能保证小动物站立和适当活动，保证空气流通，不致使其窒息。

（3）能防止粪便渗溢，以免污染飞机、机上设备及其它物品。

（三）活体小动物的收运

（1）检查小动物的包装是否符合要求，如不符合要求，应要求旅客改善包装，否则可以拒绝收运。

（2）检查运输小动物必须具备的证件。

（3）计收逾重行李费，填开逾重行李票。

（4）拍发载运电报：在旅客名单报中携带小动物的旅客信息后注小动物名称和后缀。后缀“C”表示小动物装客舱，后缀“B”表示装货舱。例如：ALEX DOG B，表示 ALEX 先生的狗装在货舱；SMITH BIRD C，表示 SMITH 先生携带的小鸟装在客舱。

在载运电报中注明小动物装舱位置，“AVI”表示“活动物”，如：AVI5，表示活体动物装在 5 号货舱。

知识链接

多家航司推出宠物进客舱服务

近些年，随着“宠物友好”理念逐渐得到推崇，航司宠物运输服务频繁“升级”，“宠物航班”多次登上热搜，引发广泛热议。海南航空在 2018 年 1 月就推出宠物进客舱相关服务。2024 年 2 月，首都航空推出宠物客舱陪伴服务；同年 4 月，金鹏航空正式启动宠物进客舱运输服务；5 月，祥鹏航空、北部湾航空、西部航空、天津航空等航司集中推出宠物进客舱服务。宠物航线发展之初，海南航空航线只覆盖了 9 个城市，现在已扩大至 20 多个城市。

除了航司增多、航线扩展之外，价格也有所上涨。2018 年海南航空对宠物航线定价为 800 元 / 航段 / 每只宠物，目前价格涨至 1430 元，记者对比发现国内多家航司的价格也均在 1400 元左右，且浮动较小，鲜有折扣。均价 1400 元的宠物机票价格是不包含座位的“无座”票，记者梳理各大航空公司规定发现，宠物进入客舱需佩戴口罩并全程待在指定款式的软质宠物箱中，宠物箱置于座位下方，全程禁止打开。若想升级占座，则需要根据航空公司的要求，额外付 400 ～ 600 元不等。

海南航空在 2024 年 8 月运营了“宠物包机航班”，顺利搭载了 50 位爱宠人士与 26 只宠物，就很好地规避了宠物和其他旅客之间的矛盾；四川航空的宠物包机航班上还配备了 10 名专业人员和 2 名宠物医疗师，让宠物更安全舒适。在庞大的运输量中，如何平衡旅客与宠物的关系，给旅客带来更便利的服务，给宠物提供更贴心的照顾，是下一步要思考的命题。

（四）导盲犬、助听犬的运输规定

导盲犬或助听犬，是指经过专门训练能够为盲人导盲或为聋人助听的狗。盲人或聋人旅客在旅途中必须依靠它们的帮助，具体规定如下：

（1）携带导盲犬或助听犬的盲人或聋人旅客需在订座或购票时提出申请，并提供动物检疫证明，经承运人同意后方可收运。

（2）经承运人同意，携带的导盲犬或助听犬连同其容器和食物可免费运输，不计算在旅客的免费行李额内。

（3）进入客舱的导盲犬或助听犬，必须在上飞机前为其戴上口套和系上牵引绳索，并不得占用座位和任意跑动，装在货舱内运输的，其容器必须符合承运人要求。但是，在长距离飞行中途不着陆的航班上，承运人可以拒绝导盲犬或助听犬带进客舱。

（4）旅客应对其运输的导盲犬或助听犬承担全部责任。在运输过程中除承运人原因外发生的逃逸、受伤、死亡等一切损失，承运人不承担责任。

三、外交信袋的运输

由外交信使携带的外交信袋装有国家的外交机密文件，在大使馆与领事馆之间以及领事馆与本国外交部之间传送运输。外交信袋运输工作关系到国家与国家之间的外交关系，承运人运输外交信袋必须给予高度重视。

外交信袋一般由外交信使押运，作为外交信使的随身携带物品或自理行李运输，由外交信使自行照管。根据外交信使的要求，承运人也可以按照托运行李办理。当外交信袋数量较多，且必须由外交信使随身携带时，也可占用座位运输。

（一）外交信袋作为自理行李运输

外交信袋及外交信使本人的行李作为自理行李运输，总重量不得超过 30 公斤。放置在行李架上或座椅下面，以不妨碍其他旅客和客舱服务为限。超过免费行李额部分应付逾重行李费。

（二）外交信袋作为托运行李运输

外交信袋作为托运行李运输，按照托运行李运输的一般规定收运。承运人只承担一般托运行李的责任。

（三）外交信袋占用座位运输

外交信使携带的外交信袋以及本人的随身携带物品的总重量超过 30 千克时，外交信袋应作为占用座位行李运输，并按照下列规定办理：

（1）外交信袋运输需要占用座位时，必须在订座时提出，并征得承运人同意方可运输。

（2）外交信袋应拴挂自理行李牌，单独发有“供外交信袋用”字样的登机牌。在安排座位时，应与外交信使安排在同一排，建议安排靠窗座位，不能安排在紧急出口处。

（3）外交信袋占用每一座位的重量限额不得超过 75 千克，每件体积和重量的限制与托运行李相同，占用的座位没有免费行李额。外交信袋运费按下列两种方法计算，取其高者：

① 根据占用座位的外交信袋实际重量，按照逾重行李费率计算运费；

② 根据占用座位的外交信袋占用的座位数，按照运输起讫地点之间，与外交信使所持客

票票价级别相同的票价计算运费。

（4）收取占用座位运输的外交信袋运费，可以填开逾重行李票，也可以填开客票。

填开逾重行李票：

① 在“付费重量”栏内填实际重量；

② 在“特定”栏的“大件行李”栏内填“×”，在 SEAT（S）前填写占用座位的数字。

逾重行李票的其它项目按照一般规定填写。

填开客票：

① 每占用一个座位填开一张客票；

②“旅客姓名”栏填旅客的姓名，后加注“DIPL CBBG”，如：SMITH/C. DIPL CBBG；

③ 在“签转”栏填写旅客的客票号码；

④ 客票的其它项目按照一般规定填写。

（5）占用座位运输的外交信袋应拴挂自理行李牌，单独发放有座位排座位号的登机牌，并在登机牌上注明“供外交信袋用”字样。

（6）外交信袋占用座位运输，应在旅客名单报和座位占用电报中注明。

四、占座行李的运输

占座行李，是指那些由于重量和体积超限而对旅客又十分重要，需要和旅客一起在飞机客舱内运输的行李。占座行李运输的一般要求如下：

（1）行李占座时，旅客必须在订座或购票时提出，经航空公司同意后支付相应的费用。

（2）占用座位的行李没有免费行李额。

（3）旅客的占座行李必须与旅客同行，并能提供占座行李的机票或逾重行李票。

（4）占座行李不能安排在紧急出口座位。

（5）每一占座行李总重量不得超过 75 千克，且长、宽、高分别不得超过 100 厘米、60 厘米、40 厘米，并符合行李的包装要求。

（6）所占座位的舱位等级应与旅客所持客票的舱位等级相同。

占座行李的收费一般采用下列两种办法计算，并取其中价格较高的运费：

方法 1：占座行李费 = 占用座位的行李实际重量 × 逾重行李费率。

方法 2：占座行李费 = 占用座位数 × 与该旅客所持票价等级相同的票价。

例 6-8

旅客高华在订座时提出需要行李占座。占用座位的行李实际重量为 70 千克。该旅客购买的机票为头等舱全价票 2000 元。试问，该旅客占座行李需要交费多少？请问该旅客乘机当天，可以携带多少公斤的免费行李？（已知头等舱全票价是经济舱全票价的 1.5 倍。）

答：

经济舱全价票：2000 ÷ 1.5≈1333 元

逾重行李费率：1333 × 1.5%≈20.00 元 / 千克

方法 1：占座行李费 = 占用座位的行李实际重量 × 逾重行李费率

= 70 × 20.00=1400 元

方法 2：占座行李费 = 占用座位数 × 与该旅客所持票价等级相同的票价 =2000 元

因此，该旅客占座行李需要交占座行李费 2000 元。

五、体育运动用枪支 / 子弹运输

（1）体育运动用枪支、子弹作为托运行李，必须在订座或购票时提出，经航空公司同意后，方可办理。

（2）旅客应在乘机当日航班离港时间 90 分钟以前将物品自行运到机场办理托运手续。

（3）体育运动用枪支、子弹凭省、市以上体委部门的证明收运。

（4）收运枪支、子弹，应将枪支内的子弹取出，枪支与子弹分开包装，包装须经航空公司认可。

（5）旅客托运体育运动用枪支、子弹的重量，不得计算在免费行李额内，应按逾重行李计收运费，每位旅客子弹限量为 5 千克。

（6）收运体育运动用枪支、子弹应通知安检部门并由他们与机长交接。

（7）团体旅客的子弹不得集中包装托运，必须分别装箱。

（8）收运体育运动用枪支、子弹，应填写特殊装载机长通知单（行李）。

（9）枪支、子弹在收运、装机、卸机、交付过程中，应有专人照看和监管。

（10）应将枪支、子弹的收运情况通报配载部门，以便向经停站和到达站拍发电报。

六、折叠轮椅 / 电动轮椅运输

折叠轮椅、电动轮椅是行动不便的旅客在旅行中使用的助步工具。

（1）折叠轮椅、电动轮椅必须作为托运行李运输。

（2）折叠轮椅、电动轮椅可以免费运输而不计算在免费行李额内。

（3）电动轮椅是靠蓄电池来提供动力的，电池内的溶液具有很强的腐蚀性。电动轮椅在办理托运时，必须符合下列条件：

① 电池必须断路，两极用胶带包好以防短路，并牢固地附于轮椅上；

② 轮椅两侧贴上“向上”标识，以避免倒置；

③ 轮椅在装卸过程中始终保持直立，并应在货舱内进行固定，以防滑动；

（4）经航空公司同意并事先安排的上下机过程中使用自带轮椅的旅客（例如团体轮椅旅客），其轮椅按下列办法处理：

① 待旅客登机使用完轮椅后，在登机口收运轮椅；

② 收运轮椅应拴挂行李牌，并将行李牌的识别联交付旅客；

③ 将收运的轮椅装入货舱门口位置；

④ 到达站应首先将托运的轮椅卸下，运至登机口，供旅客下机时使用；

⑤ 收运上下机使用的自带轮椅应填写“特殊行李通知单”，通知机长；

⑥ 应将轮椅的收运情况通报有关部门（如配载等），以便向经停站和到达站拍发电报。

七、高尔夫球具 / 滑雪、滑水用具 / 钓鱼用具运输

（一）高尔夫球具

随着航空公司对高端旅客运输的重视，对其所携带的一些特殊行李也有相关优惠措施。其中，高尔夫球具运输的一般要求如下：

（1）一套高尔夫球具通常包含高尔夫球棒、高尔夫球袋和一双高尔夫球鞋。

（2）高尔夫球具只能作为托运行李运输。

（3）每位旅客托运的高尔夫球具中只有一套享受特别运价。

（4）高尔夫球具特别运价的收费规则包括计重制收费和计件制收费两种。

① 计重制收费规则。

特别运价按 6 千克计收逾重行李费；当一套高尔夫球具不包括在旅客的正常免费行李额内，单独计算时，按特别运价计收；当一套高尔夫球具包括在旅客的正常免费行李额内时，因高尔夫球具导致的逾重行李部分，取按特别运价计算与按正常逾重行李计算二者价低者；任何

超过 15 千克的高尔夫球具，超出部分按正常逾重行李计收。

② 计件制收费规则。

一套高尔夫球具（重量和体积应符合计件制托运行李的规定）超出正常免费行李额时，按固定费率的 50% 收取逾重费。

（二）滑雪、滑水用具

随着航空公司对旅客个性化运输需求的重视，对其所携带的一些特殊行李也有相关优惠措施。其中，滑雪、滑水用具运输的一般要求如下。

（1）一套滑雪用具包括一副雪橇、一副雪杖和一双雪靴或一个滑雪板、一双雪靴。

（2）一套滑水用具仅包括一个滑水板。

（3）滑雪 / 滑水用具只能作为托运行李运输。

（4）每位旅客托运的滑雪 / 滑水用具中只有一套享受特别运价。

（5）滑雪 / 滑水用具特别运价的收费规则包括计重制收费和计件制收费两种。

① 计重制收费规则。

特别运价按 3 千克计收逾重行李费，当一套滑雪 / 滑水用具不包括在旅客的正常免费行李额内，单独计算时，按特别运价计收；当一套滑雪 / 滑水用具包括在旅客的正常免费行李额内时，因滑雪 / 滑水用具导致的逾重行李部分，取按特别运价计算与按正常逾重行李计算二者价低者。

② 计件制收费规则。

一套滑雪 / 滑水用具超出正常免费行李额时，按固定费率的 33% 收取逾重费。

（三）钓鱼用具的运输

随着航空公司对旅客个性化运输需求的重视，对其所携带的一些特殊行李也有相关优惠措施。其中，钓鱼用具运输的一般要求如下：

（1）钓鱼用具包括一个工具箱、钓鱼用篮子或帆布袋、一副鱼竿及包装袋或盒子。

（2）钓鱼用具应妥善包装。

（3）一套钓鱼用具可计入免费行李额内。

（4）钓鱼用具特别运价的收费规则包括计重制收费和计件制收费两种。

① 计重制收费规则。

逾重钓鱼用具不足 15 千克时，按 4 千克收取逾重费；超过 15 千克的部分，按普通费率收取。

② 计件制收费规则。

按普通费率收费。

八、干冰的运输

（1）干冰可作为行李托运或作为手提行李带入客舱。

（2）用于低温冷藏或放在易腐物品内的干冰，可随冷藏物品携带，但每位旅客随身携带的干冰总重量不得超过 2.5 千克。

（3）旅客携带干冰乘机，按安检部门公布或解释的有关规定办理。

九、随身携带液态物品的运输

原中国民航总局于 2007 年颁布了《关于限制携带液态物品乘坐民航飞机的公告》（以下简称《公告》）。该公告是对随身携带液态物品乘机的要求。《公告》自 2007 年 5 月 1 日起实施，2003 年 2 月 5 日发布的《中国民用航空总局关于对旅客随身携带液态物品乘坐民航飞机加强管理的公告》同时废止。

现将《公告》的有关事项摘录如下：

一、乘坐中国国内航班的旅客，每人每次可随身携带总量不超过1升的液态物品（不含酒类），超出部分必须交运。液态物品须开瓶检查确认无疑后，方可携带。

二、乘坐从中国境内机场始发的国际、地区航班的旅客，其携带的液态物品每件容积不得超过100毫升。

盛放液态物品的容器，应置于最大容积不超过1升的、可重新封口的透明塑料袋中。每名旅客每次仅允许携带一个透明塑料袋，超出部分应交运。

盛装液态物品的透明塑料袋应单独接受安全检查。

需在国外、境外机场转机的由中国境内机场始发的国际、地区航班旅客，在候机楼免税店或机上购买液态物品，应保留购物凭证以备查验。所购物品应盛放在封口的透明塑料袋中，且不得自行拆封。国外、境外机场对携带免税液态物品有特殊规定的，从其规定。

来自境外需在中国境内机场转乘国际、地区航班的旅客携带液态物品，适用本条规定。其携带入境的免税液态物品应盛放在袋体完好无损、封口的透明塑料袋中，并须出示购物凭证。

三、在中国境内乘坐民航班机，酒类物品不得随身携带，但可作为托运行李交运。酒类物品的包装应符合民航运输有关规定。

四、有婴儿随行的旅客携带液态乳制品，糖尿病或其他疾病患者携带必需的液态药品，经安全检查确认无疑后，可适量携带。

五、旅客因违反上述规定造成误机等后果的，责任自负。

案例分析

东航甘肃分公司优化提升行李运输服务

东航甘肃分公司深入推进“三超”行李进客舱专项治理行动，通过“掌上东航”手机App可自动“标红”显示客座率超过85%的航班，便于对可能出现行李溢出的航班进行预判和精准识别，提前确定风险点并加强防控力量。地面和客舱加强分工协同，地服部坚持一个环节一个环节地抓，针对超件、超大、超重行李按照问询、值机、安检前端、登机口分环节进行劝阻拦截，及时引导旅客办理托运手续；客舱部在航前准备阶段对客舱行李摆放提出要求，明确行李存放标准及乘务人员职能职责，严格根据客座率及行李托运率采取应对措施，切实保证行李存放安全。今年以来，分公司没有发生因“三超”行李问题造成的旅客投诉和负面事件。

东航甘肃分公司采取三项措施强化行李运输全流程管控。一是抓源头，加强东航《“行李无忧”服务规范手册》及“行李最佳实践3.0”活动方案的宣贯培训，规范操作，强化监督；关注行李运输各数据节点，统计、分析、运用行李全流程跟踪数据，有效加强行李实时监控，进一步减少行李破损、滞留等异常情况；联动机场加强对行李分拣设备的检修和维护，减少系统对行李运输的影响。二是强技能，开展行李服务技巧和事后破损处置技巧专题培训，提升各单位处置能力；组建“行李服务专家团队”，为行李不正常运输提供专业的服务保障。三是强问责，建立高额行李破损赔偿调查问责机制，进一步加强对行李差错的调查和问责；合理管控行赔费用，尽最大可能满足旅客要求，提高行李善后服务品质。

分析：请谈谈东航甘肃分公司行李运输服务的创新点。

课后思考

1. 请简述活体小动物运输的包装要求。
2. 外交信袋、体育运动用枪支及子弹、电动轮椅有哪些运输规定？
3. 高尔夫球具、滑雪/滑水用具、钓鱼用具运输如何进行收费？
4. 国内航班的液态物品运输有哪些运输要求？

课题四　行李不正常运输

学习目标

熟悉迟运行李的定义及运输要求；
掌握少运行李的定义及处理程序；
理解并掌握多收行李的分类及各项处理规定；
掌握行李破损、内物被盗、自理或随身携带行李遗失的处理；
掌握行李运输电报的格式。

素养目标

培养爱国爱岗精神，弘扬民航“工匠”精神。

思政小课堂

东航行查员赵春红：全心全意服务旅客的女版“福尔摩斯”

2025 年 3 月，东航江苏公司地面服务部行李查询分部行查员赵春红被评选为 2024 年度东航服务工作先进个人。这份殊荣是对她工作 17 年来扎根平凡岗位、真情服务旅客的充分肯定及积极鼓励。

2025 年大年初二那天，赵春红在巡视期间发现，一位带着幼儿的旅客因为行李箱锁扣出问题而焦躁不安。经过仔细观察，赵春红发现行李箱内外多个锁扣均被卡住。凭借多年积累的专业技能和丰富经验，她在短短 10 分钟内便为旅客更换好了新锁扣，还告知旅客避免类似问题再次发生的小窍门。事后，旅客对她竖起了大拇指，并大力称赞东航优质服务。

2024 年 9 月的一天，一位旅客乘坐澳大利亚墨尔本至南京的东航航班，不慎将笔记本电脑遗忘在了飞机上。他焦急万分，通过各种渠道联系地面工作人员。下班前的赵春红得知旅客诉求后，迅速“投入战斗”。她分析，该航班机型为宽体机，落地后过站清洁时间较长。一方面，她联系当天值班的客舱清洁人员协助仔细查找；另一方面，她细细还原该旅客经过的所有区域和可能接触的各个环节，以扩大查找范围。最后，经过多方协作，笔记本电脑在飞机客舱内被找到，用时仅 20 分钟。

还有一次，一位旅客托运的钓鱼竿在航班落地后不见了踪影。现场多方参与查找，依然毫无结果。面对棘手难题，赵春红丝毫没有退缩。冷静分析后，她打破常规思维，决定先从行李外观入手。她反复查看监控视频，排查相关信息，抽丝剥茧般逐步缩小查找范围。原来，由于行李形状特殊、摆放位置不佳，钓鱼竿被卡在了行李转盘的拐角处。经此一战，同事们都尊称她为女版“福尔摩斯”。

赵春红坦言，多年来，突发状况和疑难问题总是会不期而至，不断考验着工作人员的综合能力。“唯有从旅客的角度出发，用‘四精服务’理念去面对大家的诉求。”据统计，赵春红每年处置的疑难事件多达 200 余起。每一起事件背后都彰显了她强烈的责任感和过硬的本领。

在行李运输过程中，由于工作人员的疏忽、机械或其他原因造成的运输差错事故称为不正常情况的行李运输，包括迟运、错装、错卸、漏装、漏卸、丢失、破损等。

行李运输事故记录（PIR），是少收行李、多收行李、行李破损及行李内物被盗等行李运输不正常情况的原始记录，也是行李查询与赔偿工作的依据。

国际行李查询部门（LL）是负责处理国际行李不正常运输工作的部门；国内行李查询部门（LN）是负责处理国内行李不正常运输工作的部门。有些航空公司分公司及航站设立行李查询中心（LZ），协助各地处理本航空公司的行李查询工作和行李赔偿工作。

一、迟运行李

在始发站由于漏装行李或由于旅客迟到等原因，使旅客的托运行李未能随旅客同机运出，称为迟运行李。

迟运行李不包括旅客的逾重行李，或由于飞机载量原因而被安排在后续航班运出的托运行李。

迟运行李的处理要求：

（1）在行李不正常运输登记表（表 6-1）上编号、登记。

（2）安排后续航班将迟运行李运往目的地。

（3）拍发运送行李电报给行李目的站，以便在旅客到达之时及时通知旅客。

（4）对行李牌上联脱落无法确定行李目的站的迟运行李，应等待其它航站发来的查询电报，确定行李的目的地后，安排后续航班运往行李的目的地。

（5）迟运行李运出前，应填写并拴挂速运行李牌（expedite tag）。

（6）代理其他承运人处理迟运行李时，应通知该航空公司驻本站代表。

（7）中转站收到迟运行李后，按照速运行李牌上列明的航班号 / 日期转运。

（8）到达站收到迟运行李后，立即通知旅客提取。迟运行李提取后，将收到日期和交付日期用电报通知迟运行李的中转站和到达站。

表 6-1　行李不正常运输登记表

______年______月

航班 / 日期	颜色 / 形状	不正常原因	处理结果	备注

二、少收行李

到达站没有收到按照规定应该随旅客同机运达的托运行李，称之为少收行李。

少收行李是由于始发站行李漏装、行李错装或行李牌脱落无法辨认行李的目的地而没有装上飞机；中途站错卸行李；到达站漏卸行李或行李与货物混淆被卸到仓库或其它地方等原因，造成旅客提取行李时找不到自己的托运行李。

少收行李的处理程序：

（1）查验旅客的客票和行李牌识别联。请旅客交验客票及行李牌识别联，记录旅客姓名、旅行路线、客票上填写托运行李的件数 / 重量、行李牌识别联上的目的地、有无改变航程、客票是否签转等情况。

（2）弄清少收行李的外包装形状、颜色和制作材料等特征；如是联程行李，还要向旅客询问行李的转运情况，最后看见行李的地点，是否已在联运站发现短少行李。

（3）查看多收行李记录、外站发来的多收行李和运送行李电报。

（4）按行李查找地点的顺序查找行李：

① 查看行李到达大厅与行李传送带周围有无遗留行李；

② 通知行李装卸队检查货舱、集装箱内（必要时还可检查客舱）是否有漏卸行李，并检查行李仓库；

③ 向货运仓库询问有无误将行李卸到货物仓库内，必要时向海关查询；

④ 沿到达行李的运输路线查找。

（5）填写“行李运输事故记录”（PIR，property irregularity report）。它是少收行李、多收行李、行李破损及行李内物被盗等行李运输不正常情况的原始记录。由于“行李运输事故记录”是行李查询与赔偿工作的依据，在填制时，应力求做到准确、详尽。

（6）填写“少收行李处理登记表”。

（7）根据具体情况预付旅客适当的临时生活用品补偿费。

由于承运人的原因使旅客的托运行李未能与旅客同机到达，造成旅客旅途生活的不便，承运人可根据实际情况在经停地或目的地等候行李期间，给予旅客适当的临时生活用品补偿费，作为购买洗漱用具和换洗衣物等生活用品的费用。

① 一次性发给的临时生活用品补偿费一般标准为人民币 100 元，承运人也可参照当地物价制定本航空公司的补偿费标准。

② 对重要旅客、重要商务旅客和知名人士的临时生活用品补偿费经请示可适当增加。

③ 临时生活用品补偿费在下列情况下发给：

A. 旅客提出要求；

B. 过站旅客（即本站不是旅客永久居住地）；

C. 行李当天不能运达；

D. 不是逾重行李因载量不足被拉卸。

④ 支付临时生活用品补偿费时，填写“日用品补偿费收据”（一式三份，图 6-2），请旅客签收。旅客联交给旅客；存根联附在“行李运输事故记录”上；财务联作报销用，交财务部门。

日用品补偿费收据

RECEIPT FOR ACCOMMODATION
FOR DAILY NECESSITIES

编号
PIR NO

兹有我（签名人）在乘坐________班旅行时，未收到我的托运行李，愿接收__________航空公司支付的如下金额以购买日用品。我理解并同意将来如找不到我的行李，算入对我的赔偿款项内。
THE UNDERSIGNED, RECEIVIED FROM__________AIRLINES, THE FOLLOWING SUM FOR THE PURCHASE OF TEMPORARY NECESSARY PERSONAL ITEMS DUE TO THE NONDELIVERY OF MY CHECKED BAGGAGE DURING THE COURSE OF MY TRAVEL ON__________LIGHT. IT IS UNDERSTOOD AND AGREED THAT ABOVE PAYMENT WILL BE APPLIED AND CREDITED TO ANY EUTURE ADJUSTMENT MADE TO ME, IN THE EVENT THAT MY BAGGAGE IS NOT LOSATED.

旅客姓名 客票号码
Name of Passenger________________ Ticket serial No.
地址
Address
航班/日期
Fight/Date
行李牌号码
Bagg. Tag serial No.
金额
The sum of
旅客签字
Passenger's signature
经手人 批准人签字
Prepared by

图 6-2　日用品补偿费收据

（8）拍发有关少收行李查询电报。包括：

① 第一次少收行李查询电报（AHL，advise if hold）。

② 第二次少收行李查询电报（RENEW TRACER）。

③ 泛查行李电报（OFFLINE TRACER）。

④ 仍需查找行李电报（SND，still need message）。

⑤ 最后查询行李电报（FINAL TRACER）。

（9）通知旅客：经过查询，如果找到行李，应立刻通知旅客提取；若一周之后（即发生少收行李后第七天）仍无结果，应以信函或电话、电报等方式，将查询情况通知旅客，并寄上“遗失物件问卷（MISSING PROPERTY QUESTIONNAIRE）”一式两份，请旅客填妥后退回行李查询部门。

（10）少收行李结案：如果少收行李在本站找到或被外站找到，并且被运送至拍发少收行李查询电报的行李查询部门，该部门应该向所有的“AHL”“RENEW TRACER”“OFFLINE TRACER”“SND”“FINAL TRACER”收报部门拍发结案电报（CFI，close file information）。如果本航空公司有行李查询中心（LZ）部门，还应向行李查询中心拍发结案电报，表示此案例至此已了结，少收行李处理结束。

三、多收行李

（一）定义

多收行李是指航班的行李交付工作已经完毕，仍无人认领的行李。包括：

（1）错运行李：挂有目的站为非本站的行李牌错运到本站的行李。

（2）速运行李 ：挂有速运行李牌需要中转至目的站的行李。

（3）无人认领行李：挂有目的地为本站的行李牌的行李，但无人认领。

（4）无行李牌行李：没有挂任何行李牌的行李。

（二）收到“多收行李”的工作程序

（1）填写“多收行李记录卡”，并拴挂在多收行李上，入库备查。

（2）在多收行李处理登记表（表 6-2）上编号、登记。

登记时仔细查看行李外包装是否完整无损、有无上锁；行李上有旅客姓名、地址、电话号码的，应尽量详细地作好记录。对破损和无锁的行李进行包扎或上铅封后过磅称重，并作好记录。

（3）将多收行李登记本与少收行李登记本上记录的情况进行对照分析，从中找出少收的行李。

（4）拍发多收行李电报。

表 6-2　多收行李处理登记表

多收编号	旅客姓名及电话	原行李牌号码	颜色 / 类型	始发站	航班 / 日期	填表人	原少收查询编号	处理摘要及日期	本室经手人	海关签章

（三）错运行李的处理

（1）属其他站错运至本站的多收行李，可按原行李牌上的目的地，选择合理的运输路线和航班运往行李的目的地。

（2）拍发运送行李电报至行李目的地或有关中转站，并在电报最后注明是错运行李。

（3）如果本站没有至行李目的站的航班，也无法通过其它航班中转，可将行李退回原发运站。

（4）填写和拴挂速运行李牌，保留原行李牌。

（四）无人认领 / 无行李牌行李

（1）核对其他站发来的少收行李查询电报或到达站的旅客名单报（TPM）。

（2）查看行李上的旅客姓名、地址、电话标贴牌或其他能识别旅客姓名、地址的标志和行李颜色、类型等。必要时，经领导同意后，可以开启包装查看行李内物（必须两人以上在场），以便从中得到有关线索，设法与旅客本人或单位有关人员联系。

（3）如果暂时无法找到失主，应在多收行李报表上登记运达航班号、日期、行李颜色 / 形状、行李的内容等，并拴挂多收行李记录卡，过磅入库。

（4）在航班到达后 4 小时内向运达航班的始发站、中途站拍发多收行李电报（OHD），最迟不得超过飞机到达后的第二天中午 12:00。

（5）多收行李在航班到达 72 小时后仍无人认领或没有找到失主，向有关航站和行李查询中心拍发 SHL 电报。

（6）去函与失主联系，并请旅客提供以下情况：

① 乘坐的航空公司、航班号、日期；

② 行李颜色、类型和行李物品；

③ 是否属于托运行李；

④ 是否已向承运人报失，在哪里报失的。

（7）找到失主之后，应通知失主前来领取。如果失主在外地，可按照速运行李的运送要求处理。

（8）多收行李从开始保管之日起，超过 90 天，可按无法交付行李处理。

多收行李、旅客遗留的自理行李和随身携带物品，以及由于安全原因禁止携带的物品，这些行李、物品经过多方查找仍无法找到失主，保管期又超规定时限 90 天的，可以作为逾期无人领取行李、物品（即无法交付行李）处理。

① 行李查询部门负责逾期无人领取行李、物品的处理工作。在处理前要认真做好清点、登记工作，并上报有关部门批准；属于国际运输的无法交付行李还应会同当地海关进行处理。

② 无法将行李交给海关时，要求逐件列单，与海关经办人员办理交接手续。

③ 如属军用品、违禁品、文物、金银珠宝以及其它重要文件、资料等应向有关部门办理无价移交，不得擅自处理。

④ 属于行李运输事故，并已由承运人作出赔偿的行李，可以变卖，所得款项全部归作出赔偿的承运人所有。

⑤ 对逾期无人领取行李、物品，任何单位或个人不得私自挪用或变卖、购买和违章处理。

⑥ 处理所得金额应扣除行李保管费、处理费、关税后，余额交财务部门。逾期无人领取行李、物品在处理之日起 30 天内旅客前来认领，经确认后可将余款交还失主。

⑦ 填写无人领取行李 / 物品登记表（表 6-3）。

（9）其他承运人航班运来的无主行李，可以移交给该承运人处理。

表 6-3　无人领取行李 / 物品登记表

查询编号	登记日期	行李 / 物品名称	行李牌号码	形状 / 颜色	航班 / 日期	自 / 至	处理结果	经手人	海关

知识链接

机场行李箱“无人认领”转手千元卖掉？多家机场：无稽之谈

花一千元买来机场遗失行李箱结果开出4万元物品？有关“无人认领行李箱盲盒”的话题冲上热搜。在机场、车站丢了行李，转手就会被卖？这些“行李箱盲盒”是真有其物还是商家炒作？把别人丢了的东西拿来卖，真的合法吗？

法治网报道，义乌机场地勤保障部负责到达行李业务的工作人员曾回应，“我们只是接收站点滞留的（无人认领的）行李，一般保存7天，超过7天就会退回旅客的始发站。”义乌机场工作人员强调，机场不会随便处理旅客行李箱，更不会直接进行买卖。

央视财经也报道称，广州白云机场行李查询处工作人员表示，行李如果有贴行李条，会退到它的始发站，始发站存得久一点，存两三个月是可以的，超过90天会交给航空公司处理。

澎湃新闻则报道称，上海某机场的失物招领处工作人员表示，如果物品是充电宝的话，一般保管时间只有一周，普通物品保管时间是半年，贵重物品如电脑、手机、相机等的保管时间是一年。如果超过期限，仍然无人认领，就会交给其他部门“处理”。

机场、航司也表示，由于仓库空间和人力有限，行李箱无人认领时间过长，通常会交给第三方进行处理。那么第三方公司擅自将行李箱进行出售，是否存在问题？

当然，“无人认领行李箱”本身的真实性也仍然存疑。不少网友认为这其实只是商家的炒作和噱头，利用消费者猎奇和“占便宜”的心理，销售二手垃圾。对此，律师指出，如果是人为制造的“无人认领”的行李箱，以盲盒形式出售，那么消费者购买后落差很大的话，商家就涉嫌欺骗，消费者可以寻求消协的帮助。

（五）速运行李

1. 运送要求

（1）运送速运行李必须按照速运行李牌的要求详细填写有关项目，并拴挂在行李上，保留原行李牌。

（2）可利用本航空公司或其他承运人的最近一次班机免费运送。尽可能使用原航空公司航班运送。

（3）其他承运人的速运行李，如果行李包装不符合运输规定，可拒绝接收。运送其他承运人的速运行李，如果发生损坏、丢失，承运人不负赔偿责任。

（4）本航空公司的速运行李委托其他航空公司运送，应办理交接手续。

（5）海关监管的速运行李，运送时需办理海关手续。

（6）速运行李发运前，应拍发运送行李电报给到达站行李查询部门以及有关中转站。必要时，还应给遗失行李的旅客打电话、写信或发电报，通知旅客行李的运送航班、日期和目的地。

2. 交付要求

（1）目的站收到速运行李后，应尽快通知旅客提取或按旅客要求，在征得当地海关同意后，将行李送至旅客住地。

（2）行李交付旅客时，应查对旅客的领取凭证和证件。请旅客在速运行李牌上签收，收回旅客所持的“行李运输事故记录”（PIR）。

（3）协助旅客办理海关手续，将行李亲自交付旅客，尽量避免转手交付。

（4）属于其他承运人的速运行李，收到行李后，应交给该承运人处理，双方办理交接手续。

（5）旅客可委托他人来认领速运行李，但被委托人必须出示委托书、旅客护照或证件的复印件以及被委托人的身份证件。

（6）在交付时，旅客提出赔偿要求，应根据责任与赔偿有关规定办理。

四、行李破损

（一）行李破损的定义

旅客的托运行李在运输过程中，行李的外部受到损伤或行李的外部形状改变，因而使行李的外包装和 / 或内装物品的价值受到损失，称之为行李破损。

行李破损分为明显破损和不明显破损。明显破损是指行李外包装有明显的破损痕迹或外包装变形。不明显破损是指行李外包装完好或看不出有破损的痕迹，但是内物受损。

旅客在提取行李时，提出所托运的行李内物部分被盗或丢失，并要求承运人赔偿。因一时难以明确责任，承运人应详细询问旅客，并请旅客书面提出被盗或丢失的物品及其价值。属于承运人责任的，应负责赔偿。

（二）行李破损的处理

发生行李破损，应立即查明行李破损的原因，明确责任。如果属于在运输过程中的正常现象，应向旅客解释，例如轻微的摩擦、凹陷或表面沾染少量的污垢等。这些轻微擦碰，承运人不负运输责任。

（1）在装卸或传送行李时发生或发现行李破损，应会同行李装卸人员填制行李事故签证单，并采取必要的补救措施。如果行李破损发生在始发站，一般要求将破损的行李修复后运输；如果一时无法修复，在运出时，应拍发行李破损报（DMG），通知行李目的站和有关转运站。

（2）旅客提取行李时，提出行李破损，应会同旅客检查行李外包装和内物的破损或遗失情况，尽可能明确责任。检查内容：

① 有无人为开、撬现象，破损痕迹的新旧。

② 行李本身的包装是否符合航空运输的规定。

③ 整件行李的重量是否超过其包装所能承受的负荷。

④ 有无拴挂“免除责任行李牌”，是否已免除相应的责任。

⑤ 将破损行李过秤，核对旅客客票上填写的托运行李重量与实际重量是否相符，以确定行李的内物是否短缺。

（3）属于承运人责任的行李破损应会同旅客填制“行李运输事故记录”（PIR），一式两份，一份交旅客收执，作为索赔的依据，一份留行李查询部门存查。代理其他航空公司业务时，增加一份交该航空公司。

（4）如果行李的外包装完好无损，旅客提出行李内物破损，并要求赔偿，除非旅客能提出证实是承运人的过失所造成外，承运人可不负赔偿责任。

（5）如代理其他承运人处理破损时，填妥“行李运输事故记录”后，可由该承运人驻本站代表直接处理。

（6）挂有“免除责任行李牌”的行李发生破损，应查对“免除责任行李牌”上打“×”的项目，如果属于免除责任的破损，承运人可不负赔偿责任。

（7）行李破损登记：发生或发现行李破损，应立即填写“行李装卸事故签证”或“行李运输事故记录”，并根据破损行李赔偿标准的有关规定办理赔偿。每月终了填写行李损坏登记表（表 6-4）。

表 6-4 行李损坏登记表

日期	编号	旅客姓名	客票号码	航班号 / 日期	航程	行李牌号码	行李损坏情况	处理情况（赔偿金额）	经手人备注

五、行李内物被盗或丢失

（1）旅客在提取行李时，提出所托运的行李内物部分被盗或丢失，并要求承运人赔偿。因一时难以明确责任，承运人应详细询问旅客，并请旅客书面提出被盗或丢失的物品及其价值。属于承运人责任的，应负责赔偿。

（2）旅客在领取行李时，如果没有提出异议，即为托运行李已经完好交付。事后旅客又提出行李内物被盗或丢失，承运人应协助旅客查找，除非旅客能提供证明是承运人的过失所造成外，承运人可不承担任何责任。

（3）旅客在托运行李内夹带现金、贵重物品等，一旦丢失或被盗，如属于承运人责任，按一般托运行李承担赔偿责任。

（4）发现托运行李内物短缺，应立即通知装卸部门和运输部门的值班领导到现场查看情况，检查该航班到达行李的交付过程，记录卸机、运送行李和交付行李的经办人员名单，尽可能找到疑点。短缺严重的要向公安部门或保卫部门报案。

（5）会同旅客填制“行李运输事故记录”（PIR），一式两份，一份交旅客作为赔偿凭证，一份为查询部门存查。如承运人责任已解决，仅填制一份作存查之用。

（6）填制行李内物短缺报告，作为对“行李运输事故记录”的补充。

（7）填制行李内物短缺赔偿工作表，为了较准确地判断托运行李内物被盗或丢失应赔偿的金额，此表与 PIR 和行李内物短缺报告共同构成调查和赔偿的依据。

（8）向有关航站行李查询部门拍发托运行李内物被盗或丢失电报（P/LOST）。

（9）托运行李被盗或丢失一旦找到后，应当面交付旅客。旅客提取时，需办理签收手续。

（10）有关站收到查询电报后，应立即协助查找。若找到，可按“速运行李”运送到查询站。贵重物品、易碎物品或小件物品应交乘务长带到目的站。

六、遗失／遗留自理行李、随身携带物品

自理行李、随身携带物品是指经承运人同意由旅客自行负责照管的行李物品。这些行李物品的遗失不属于承运人的运输责任范围，但承运人可根据旅客提供的情况和线索，协助旅客查找。找到后，通知旅客前来提取。旅客遗留的自理行李、随身携带物品应尽快找到失主；一时无法找到失主，应交由行李查询部门保管和处理。

（一）遗失自理行李和随身携带物品的处理

（1）根据旅客提供的情况和线索，协助旅客查找。

（2）与有关的机务人员、乘务人员、机上清洁人员、候机室服务人员和海关、安检、边防部门联系。

（3）请旅客留下姓名、地址，遗失物品名称、数量、品牌及型号等。

（4）不填写“行李运输事故记录”，但要根据旅客提供的情况作好记录、编号、登记。

（5）向有关站发查询电报。

（二）遗留自理行李的处理

旅客遗留的物品（包括自理行李、随身携带物品等）应交由行李查询部门保管和处理。

（1）旅客的遗留物品应做好交接手续，进行编号、登记、拴挂多收行李记录卡、过磅，并上铅封入库。

（2）查看物品，并对其内容列出清单。如果发现失主姓名、地址，应通知失主认领。

（3）向有关站拍发多收行李电报（OHD）。

（4）有关站回电或来电查询，应认真查对，并将遗留行李物品按多收行李处理。如找到失主，应将遗留的行李物品拴挂速运行李牌运送到离失主最近的航站。

（5）如果找不到失主，旅客遗留的行李物品保管 90 天后，作为无法交付行李处理。但鲜活易腐物品不受上述时间限制，可根据具体情况经请示领导后及时处理。

（6）代理其他承运人的班机上发现旅客遗留的行李物品，可转交给该承运人驻本站代表处理。

七、行李运输业务电报

（一）少收行李查询电报

（1）少收行李查询电报识别码包括 AHL（ADVISE IF HELD BAGGAGE TRACE）、SND（STILL NEED）、O/L TRACE（OFF LINE TRACE）和 FNL TRACE（FINAL TRACE）。其主要内容及用途是少收行李航站向相关航站发出的行李少收信息，请求帮助查询信息。少收行李查询电报的收电地址是有关航站的行李查询部门。

（2）电报格式：

少收行李查询编号

NM 旅客姓名

IT 旅客姓名缩写

TN 行李牌号码

TC 行李颜色／类型

RT 航线／查询地点

FD 航班号／日期

BI 行李箱品牌／箱外标志

CN 行李内容

FI 备注

（3）电报格式举例：

QD CTULNMU
.PEKLNMU 141021
AHL
PEKMU10631
NM LI/NAN
IT LN
TN MU432156
TC BU01PSX
KT CTU/PEK
FD MU5406/14FEB
BI SAMSONITE/HILTON HOTEL STICKER
CN CLOTHES/SHOES/MEDICINE
FI FWD PEKLNMU
=

例 6-9

AHL
TDY O/E AHL 1 PC BAG
FR 11050601
NM ZHANG HONG
TN CA383474
TC BU22CHW
RT PEK/XNN
FD CA1207/06MAY
CN FOOD YIWU
FI PLS CHK N FWD XNNLN T/D XNN L/S PEK
TKS COOP

行李查询电报

（二）多收行李电报

（1）多收行李电报识别码包括 OHD（ON HAND BAGGAGE TRACE）和 SHL（STILL HELD）。其主要内容及用途是多收行李航站发出行李多收信息寻找失主。多收行李电报的收电地址是运送多收行李航班的始发站、经停站、后续航站的行李查询部门。

（2）电报格式：

发电航站的英文三字代码，承运人英文二字代码，多收行李查询编号
NM 旅客姓名
IT 旅客姓名缩写
TC 行李牌号码
RT 多收行李的航站 / 可能遗失行李的航站
FD 多收行李到达航班号 / 日期
BI 行李箱品牌 / 箱外标志
CN 行李内容
FI 备注

（3）电报格式举例：

QD SHALNMU

.PEKLNCA 141612
OHD
PEKCA12345
NM ZHANG/XIAOMING
IT ZXM
TN CA432165
TC RD01CWX
RT PEK/SHA
FD CA1502/14FEB
BI SAMSONITE
CN CLOTHES
FI
=

例 6-10

OHD
TDY O/E OHD 1 PC BAG
FR 11050601
NM ZHANG HONG
TN CA383474
TC BU22CHW
RT PEK/XNN
FD CA1207/06MAY
PLS CHK TKS COOP

（三）运送行李电报

（1）运送行李电报识别码的英文全称为FORWARDING MISHANDLED BAGGAGE MESSAGE，简称FWD。其主要内容及用途是运送不正常运输行李时，发运站将运送行李的信息通知运达站，运送行李电报的收电地址是行李运达站行李查询部门。

（2）电报格式：

OHD 多收行李识别代号及本站（持有行李站）多收行李查询编号
AHL 少收行李识别代号及运达站 少收行李记录编号
原行李牌号码 / 旅客姓名 / 多收行李到达航班号 / 日期
运送航班号 / 日期 航程
速运行李牌号码
备注

（3）电报格式举例：

QD CANLNCA
.PEKLNCA 140810
FWD
OHD PEKCA14605
AHL CANCZ2612
CA236543/ZHANGXIAOMING/CA1302/14FEB
O/B CZ3301/15FEB PEK/CAN
EXT CZ543267

SI PLS ACK RCPT

=

格式说明：运送行李电报也可按照多收行李电报的格式拍发，在备注中注明速运行李牌号码。

课堂练习 6-5

2024 年 11 月 9 日，旅客吴小莉乘坐 CZ6732 由广州至三亚，到机场时发现行李未同机到达。旅客行李为红色帆布拉杆箱（RD22WCH 型），行李品牌为 POLO 牌，行李牌号码为 CZ780069，行李内物为衣物。请据此写出电报内容。

AHL
TDY O/E AHL 1 PC BAG
NM WU/XIAO LI
TN CZ780069
TC RD22WCH
RT CAN/SYX
FD CZ6732/9NOV
CN CLOTHES
BI POLO
FI PLS CHK N FWD SYXLN T/D SYX L/S CAN
TKS COOP

课堂练习 6-6

看以下电报，说明每一部分代表的内容。

AHL
FR XIYLN0802015
NM JIANG/HUA MR
TN HU48596
TC BK22CWX
RT HAK/CKG/XIY
FD HU7267/10SEP
BI NAME CARD
CN NIKON CAMERA /BOOK/SUITS
FI FWD XIYLL8X TAG/DEST XIY L/S HAK

案例分析

临沂机场“寻包侠”吕璐：一天助两位旅客找回错拿行李

2025 年 2 月 8 日，临沂机场到达厅内突然传来一阵焦急的呼喊声。一位男士匆匆跑来，神情慌张。旅客服务部行查室值班人员吕璐立即上前了解情况，安抚旅客情绪，并引导他详细描述行李特征和航班信息。

原来，赵先生乘坐的是大连飞往临沂的 GJ8235 航班。由于背包颜色和款式相似，另一位旅客误拿了赵先生的包，包内装有1.6万元现金。发现行李被错拿后，赵先生焦急万分，但错拿行李的旅客已不知去向。

吕璐迅速带领赵先生前往公安民警值班室。通过监控视频，民警很快锁定了错拿行李的旅客。在公安人员和行查值班人员的见证下，两位旅客的背包最终物归原主。赵先生对吕璐的敬业精神和高效服务连连点赞，竖起大拇指表示感谢。

就在同一天16:00左右，值班人员吕璐再次接到旅客张先生的求助。张先生托运的行李在提取处被他人错拿，行李内有7.5万余元现金及其他贵重物品。吕璐立即通过行李箱上的旅客信息，利用离港系统查找联系方式。由于系统受限，她又联系航空公司寻求帮助，并协同机场公安多方排查，最终成功联系到错拿行李的旅客，将行李完好无损地交还给张先生。

分析：你认为如何能有效避免行李错拿？

课后思考

1. 请问迟运行李的定义及处理要求是什么？
2. 简述多收行李的分类及处理规定。
3. 当发现内物被盗或丢失时，应该如何去做？
4. 请简述行李破损的处理程序。

课题五　行李服务的责任和赔偿

学习目标

理解行李的赔偿责任归属；
熟悉并掌握行李赔偿的地点、时限、限额要求；
理解并掌握办理行李赔偿的程序和要求。

素养目标

培养爱国爱岗精神，弘扬民航“工匠”精神。

思政小课堂

东航西北地服助旅客快速找回遗失物品获赠锦旗

2025年4月15日，东航西北分公司地服部行李服务分部收到一面印有“2小时紧急跨国追踪，完璧归赵，东航速度，中国温度”字样的锦旗，简单几个字凝聚着旅客陈女士对地服部工作人员优质服务的肯定和感谢之情。

这件暖心的故事发生在4月5日，当天地服部行李服务分部工作人员张静在保障MU874吉隆坡—昆明—西安航班时突然遇到一位旅客的求助，经过了解才得知旅客陈女士在吉隆坡机场登机时不慎将自己随身的行李遗失，看着此刻一脸焦躁的旅客，张静赶忙暖心安抚旅客情绪，同时待陈女士取完托运行李后快速引导旅客前往行李查询柜台，此时正在柜台忙碌的班组长韩萌了解情况后对旅客说：“请您放心，我们一定全力帮您找行李。”随后便迅速帮助旅客办理行李查询手续，耐心询问旅客行李外观特征以及在登机过程中有没有将行李放在座位上，同时快速在行李查询工作群里联系吉隆坡行李查询工作人员，通过旅客对遗失行李特征以及遗失地点描述，经过多次联系查找，不放过一个角落，功夫不负有心人，终于在2小时后，通过查询工作群里发来的照片确认旅客遗失行李已在登机口找回，并安排第二天最早的航班将行李运回。

一直以来，东航西北地服部以优质、高效的服务受到了国内外旅客的高度赞扬。今后，地服部将继续以满足旅客需求为核心，持续打造特色服务，用“有温度”的服务点亮服务品牌。

在运输的过程中，由于承运人的过失使旅客的行李全部或部分遭受损坏、丢失、短缺或延误运输，承运人应负赔偿责任。旅客的自理行李、随身携带物品经承运人同意由旅客自行负责照管，除非旅客能提出证明是承运人的过失所造成损失外，承运人不负赔偿责任。

一、行李的赔偿责任

（一）承运人的责任

（1）旅客交运的行李在运输过程中发生丢失、破损、短少或延误等差错事故，承运人应负赔偿责任。

（2）如丢失的行李只是全部交运行李的一部分，不管其丢失的价值如何，只能按该部分丢失的重量在全部行李重量中的比例承担责任。如果行李部分破损，应赔偿破损部分的价值或付修理费。

（3）承运人交付行李时，如果旅客没有对行李的完好提出异议，并未填写“行李运输事故记录”或“破损行李记录”，承运人不承担责任。

（4）对于逾重行李的逾重部分，如未付逾重行李费，承运人对该部分不负赔偿责任。私自带上飞机的捎带物品，无论发生丢失还是破损，承运人一律不负任何责任。

（5）对于旅客在托运行李内夹带的属于航空公司规定的不得作为托运行李运输的物品的丢失或损坏，航空公司只按一般托运行李承担赔偿责任。

（6）在联程运输中，航空公司仅对发生在航空公司承运的航线上的行李的损失承担赔偿责任。

（7）免除责任。由下列情况造成行李的损失，除能证明是航空公司的过失外，承运人不负赔偿责任：自然灾害或其他无法控制的原因；包装方法或容器质量不良，但从外部无法观察发现；行李本身的缺陷或内部物品所造成的变质、减量、破损、毁灭等；包装完整，封志无异而内件短少、破损；旅客的自理行李和手提行李。

（二）旅客的责任

（1）旅客未遵守国家的法律、政府规章、命令及民航运输的有关规定。

（2）行李内装有按规定不能夹入行李的运输物品。如由于旅客的行李本身有缺陷，或行李内装有承运人规定禁运物品、限制运输物品、危险品，以及容易污损的其它物品，造成承运人的损失以及其他旅客或行李的损失，应由该旅客承担赔偿责任。

（三）行李赔偿的限额

（1）旅客的托运行李全部或部分损坏、遗失或延误运输时，不论旅客所持的客票为全票、折扣还是免费，均按损失行李的实际价值赔偿，但是每千克的赔偿金额国内运输以人民币100元为限。退还未使用航段的逾重行李费。

（2）托运行李如已办理声明价值，赔偿额以声明价值为限，声明价值附加费不退。

（3）发生损失、需要赔偿行李的件数和重量，以行李牌领取联上的件数和重量为准；如果旅客遗失了行李牌领取联或旅客声称其行李重量超过规定的免费行李额时，除非旅客持有有效的逾重行李票，否则，每一旅客的损失行李最多只能按旅客享受的免费行李额赔偿。

（4）当托运行李部分遗失时，除非旅客持有有效的逾重行李票，否则不管其实际重量如何，只能以该旅客享受的免费行李额以内行李实际重量减去已运达交付给旅客的其他部分行李的重量来计算其需要赔偿的重量。例如：乘坐头等舱的旅客交运行李两件，重量均不知，其中一件遗失。那么，计算赔偿重量的方法为：以该旅客的免费行李额 40 千克，减去已运达交付的行李重量（经称重为 32 千克），则该件遗失行李最多只能按 8 千克赔偿。

（5）按照计件办法联程运输的托运行李发生损失时，除交付逾重行李费者外，每件行李的赔偿额以 32 千克为限。

（6）由于承运人过失造成的每一旅客的自理行李或随身携带物品损失的赔偿限额，国内运输为 3000 元人民币，国际运输为 400 美元。

二、提出赔偿要求的时限和地点

1. 受理赔偿的地点

一般情况下，受理旅客行李赔偿的地点为旅客的目的站或事故发生的航站。特殊情况航班的始发站也可受理赔偿，但是，必须事先与原处理不正常行李运输的航班取得联系，并且得到该航站正式委托以后才能受理。

2. 提出异议的时限

（1）对于行李损失 / 污损，应当在交付行李时立即向承运人提出索赔要求，最迟不得超过从收到行李之日起 7 天。

（2）对于行李的遗失，从行李应当交付收件人之日起 7 天以后至 21 天内以书面形式提出索赔要求。

（3）对于行李的延误，最迟不得超过从行李应当交付给旅客之日起 21 天。

3. 诉讼

（1）托运行李的毁灭、遗失、损坏或者延误，旅客有权对第一承运人、最后承运人以及发生毁灭、遗失、损坏或者延误的运输区段的承运人提出诉讼。上述承运人应当对旅客承担连带责任。

（2）航空运输赔偿责任的诉讼应从飞机到达目的地之日起，或从飞机应当到达之日起，或从运输停止之日起两年内提出，否则就丧失追诉权。

知识链接

南方航空国内行李赔偿的规定

（1）南航的责任

a. 旅客的托运行李从托运时起到交付时止，如发生延误、丢失或者损坏，南航应当承担责任。

b. 南航证明为了避免延误损失的发生已经采取了一切必要的措施或者不可能采取措施的，不承担责任。

c. 托运行李的损失完全是由行李本身的自然属性、质量或者缺陷造成的，南航不承担责任。

d. 由于旅客行李内装物品造成该旅客伤害或其行李损害，南航不承担责任。由于旅客行李内装物品对他人造成伤害或对他人物品或南航财产造成损害，旅客应当赔偿南航的所有损失和由此支付的一切费用。

e. 对于旅客在托运行李内夹带的物品的丢失或损坏，南航只按一般托运行李承担赔偿责任。

f. 在联程运输中，南航仅对发生在南航承运的航线上的行李的损失承担赔偿责任。

（2）赔偿限额

a. 旅客的托运行李全部或部分损坏、丢失，赔偿金额每千克不超过人民币 100 元。如行李的价值每公斤低于 100 元时，按实际价值赔偿。

b. 旅客丢失行李的重量按实际托运行李的重量计算，如果无法确定丢失的行李重量，每一旅客的丢失行李最多只能按该旅客享受的免费行李额赔偿。

c. 行李损坏时，按照行李降低的价值赔偿或负担修理费用。行李箱损坏，赔偿金额按行李箱自身重量每千克不超过人民币 100 元。

d. 由于发生在上、下飞机期间或飞机上的事件造成旅客的行李灭失，南航承担的最高赔偿金额每位旅客不超过人民币 3000 元。

e. 办理行李丢失赔偿时，对赔偿行李收取的超额行李费应退还。

f. 构成国际运输的国内航段，行李赔偿按适用的国际运输行李赔偿规定办理。

g. 已赔偿的旅客丢失行李找到后，南航应尽快通知旅客。旅客可将自己的行李领回，退还全部赔款，但临时生活用品补偿费不退。发现旅客有明显的欺诈行为，南航有权追回全部赔偿。

（3）赔偿要求

旅客的托运行李丢失或损坏，应按本条件 17.3.4 的期限向南航或南航地面服务代理人提出赔偿要求，并随附客票或行程单（影印件）、行李牌识别联、行李运输事故记录、证明行李内容和价格的凭证以及其他有关的证明。

（4）索赔期限

托运行李发生损失时，如有索赔要求，有权提出索赔的人应当在发现损失后向南航书面提出异议。托运行李发生遗失的，至迟应当自收到托运行李之日起 7 天以后至 21 天以内提出；破损或污损行李必须在离开行李认领区域前向承运人（或其代理人）提出申明，办理运输事故记录，并且在提出申明之日起七天以内提出索赔；托运行李发生延误的，至迟应自托运行李交付旅客处置之日起 21 天内提出。

三、办理赔偿的程序和要求

行李在运输过程中发生丢失、损坏、毁灭和延误，旅客应按法定时限向承运人提出赔偿请求，承运人的行查部门负责受理赔偿。

（一）受理赔偿的办理程序

行李赔偿表示行李查询工作已结束，一般在行李遗失的第 2 周开始受理。具体的赔偿程序如下：

（1）旅客以书面形式提出赔偿申请。内容包括旅客姓名、乘坐的航班 / 日期、遗失或损坏行李的件数 / 重量、遭受损失物品的实际价值的凭证和要求赔偿金额。

（2）旅客提交客票旅客联（复印件）和“行李运输事故记录”。必要时，提交逾重行李票（复印件）。

（3）根据旅客提供的遗失物件问卷，拟定出赔偿金额，报上级主管部门。

（4）通知旅客办理赔偿。

（二）办理赔偿的时间要求

（1）赔偿案件受理后，应迅速按规定予以办理；如需要上报审批的案件，应在受理后三日内提出处理意见并连同全部材料上报，按审批权限审批后，办理赔偿手续。

（2）对需上报审批的赔偿案件最迟必须在受理旅客提出赔偿要求后的 21 天内将赔偿决定答复旅客。

（三）办理赔偿的文件要求

1. 办理遗失行李赔偿必须具备的条件

（1）行李运输事故记录。

（2）旅客的书面索赔要求，即行李索赔单。

（3）丢失行李内物调查表。

（4）行李实际损失价值的必要证明（如发票）。

（5）各种来往电报（所有查询电报和有关地点的回电或复印件三份以上）。

（6）行李牌的行李领取联（或其复印件）。

（7）全程各段客票复印件。

（8）行李赔偿费收据，收据上应有旅客签名。

（9）如果是逾重行李或声明价值行李的赔偿，还应有逾重行李票或声明价值附加费收据（或其复印件）。

（10）行李保险单原件（如果有购买保险的）。

2. 办理破损行李赔偿必须具备的文件

（1）应要求旅客提供在提取行李时，对其行李完好提出异议所做的事故记录；否则可不予受理。

（2）行李装卸事故签证。

（3）行李损失价值的必要证明（如购买行李箱的发票）。

（4）行李牌的领取联（或复印件）。

（5）如果是已声明价值的行李，应附声明价值附加费收据（或复印件）。

（6）如果是已购买保险的，附行李保险单（原件）。

（7）行李赔偿费收据，并请旅客在收据上签名。

（8）通知赔偿的电报。

（9）客票（复印件）。

案例分析

限量版行李箱摔坏，航司按公斤赔偿 500 元合适吗?

2024 年 3 月 26 日，郑女士反映，自己乘坐某航空航班从广州返回上海，限量版的行李箱在托运过程中被摔得“面目全非”，但航空公司却以内部规定为由，只能“按公斤赔偿 500 元”。《国内航空运输承运人赔偿责任限额规定》《中国民用航空旅客、行李国内运输规则》等法规，其中也有“对旅客托运的行李和对运输的货物的赔偿责任限额，为每公斤人民币 100 元”的规定。

我国《民用航空法》是规范民用航空活动的顶层立法，这部法律对航空运输承运人的责任，明确的是“应对行李的损失、损坏或延误负责”，法律并没有设置每公斤仅赔 100 元的限价“天花板”。

值得注意的是，在发生纠纷的过程中，除了航司要尽到相应的信息告知责任之外，消费者也要强化自身权益保护意识。此事中，虽然持有限量版的行李箱，但郑女士习惯于普通托运，而且一直是“平安无事”，结果却发生意外事件。虽然郑女士与航空公司方面进行交涉，但耗费时间、精力等成本也不在少数。

其实，对于行李箱本身价格比较昂贵，或者箱子内有贵重的物品，旅客不妨购买航空行李险。中国国际航空公司等在《货物运输总条件》中明确，“赔偿限额为该托运货物的运输声明价值”“有证据证明实际损失低于运输声明价值的，我们将按实际损失赔偿”。

在托运有关行李时，旅客可以办理货物运输声明价值，并支付附加费，一旦发生纠纷，按照有关合同和声明来索赔，将省去不少麻烦。

分析：谈谈你对此行李赔偿案例的看法，你认为中国民航需要对行李赔偿进行改革吗？

课后思考

1. 简述哪些事故属于承运人的行李赔偿责任。
2. 简述受理行李赔偿和提出异议的地点与时限要求。
3. 请阐述行李赔偿的处理程序和要求。

复习题

模块六复习题

模块七

民航客票实操

课题一　民航电子客票认知

学习目标

掌握电子客票的概念；
理解电子客票的优势；
熟悉电子客票行程单的内容。

素养目标

培养职业道德与职业操守。

思政小课堂

民航旅客运输服务推广使用全面数字化的电子发票

2024 年 11 月 9 日，国家税务总局、财政部、民航局联合对外发布公告，自 2024 年 12 月 1 日起，在我国民航旅客运输服务领域推广使用全面数字化的电子发票——航空运输电子客票行程单（以下简称“电子行程单”），将进一步便利广大旅客出行和单位报销。

国家税务总局征管和科技发展司有关负责人介绍，税务部门认真贯彻落实中办、国办印发的《关于进一步深化税收征管改革的意见》关于“有序推进铁路、民航等领域发票电子化”的部署要求，顺应广大旅客需求，在前期铁路客运领域推广使用全面数字化的电子发票后，我们又扩展到民航旅客运输服务领域。

电子行程单全面推广使用后，旅客通过电子行程单自动化、智能化开具及交付服务，满足不同类型的需求，无需再获取纸质行程单，节省了纸质行程单邮寄费用。单位财务人员可以通过电子行程单开展无纸化报销、入账、归档、存储等业务，实现相关业务“网上办”；单位可通过登录电子发票服务平台，查询电子行程单对应的增值税税额并按规定勾选抵扣，免去按照总价进行换算的计算程序，减轻工作量。未来随着纸质行程单的使用大幅度减少，行程单的印制、发放、作废回收、打印系统维护、邮寄等成本也将大幅度降低。

为方便旅客和单位，民航旅客运输服务领域推行使用中设置了2024年12月1日至2025年9月30日的过渡期。过渡期内，纸质行程单、电子行程单、其他发票并行使用。需要注意的是，纸质行程单、电子行程单、其他发票三者之间不可重复开具。

一、电子客票的概念

电子客票是纸质机票的一种电子映像，英文为electronic ticket，简称ET，是一种不通过纸质机票就能实现客票销售、旅客乘机及相关服务的有价凭证。电子客票将旅客信息电子化后存储在航空公司订座系统的电子客票数据库中，同时将普通纸质机票的票面内容显示在订座和离港的终端上。和传统机票一样，电子客票能够实现客票销售、旅客乘机、业务结算等功能，区别就在于电子客票是一种虚拟机票，是一组电子号码记录，旅客凭借这组数字和身份证就可以直接办理值机、安检和登机等手续。

1994年，世界上第一张电子客票在美国西南航空公司诞生，以其使用便利、防丢防假、印制运输管理成本大大降低和结算速度显著提升等突出优势迅速占领市场。2002年3月28日，中国南方航空公司率先推出国内第一张电子客票（本票电子客票）。国际航空运输协会（IATA）于2004年6月推行电子客票，该计划启动时，全球只有18%的机票是电子客票。2004年9月1日，海航在国内率先推出BSP电子客票。根据IATA全球实施电子机票的统一部署，从2008年6月1日起，包括中国在内的全球机票代理机构全面停售纸质机票。而目前IATA庞大的会员航空公司中，已经100%可以销售电子客票。这标志着民航客票电子优化取得了成功。目前，国际上航空公司直销普遍采用电子客票方式，代理人电子客票销售的比例也已达到了100%。

知识链接

为确保飞行和航空运输安全，国家规定民航客货运输均实行实名制。旅客购买机票、办理乘机手续、通过安全检查，货主发运货物、收货人提取货物时，必须提供有效身份证件。哪些证件才是乘机的有效证件呢？

有效身份证件包括法定身份证件和其他有效证件，法定身份证件可分为三大类：居民身份证件、军人类证件和护照类证件。

1. 居民身份证件

居民身份证是航空旅行中使用最多的证件，包括国内大陆地区的居民身份证和临时居民身份证。

目前使用的居民身份证为第二代居民身份证。

临时居民身份证适用于应申领居民身份证而尚未领到证件的人，以及居民身份证丢失、损坏未补领到证件的人，在其有效期内效力等同于居民身份证，有效期分为阿拉伯数字填写的“3个月”和汉字填写的“一年”两种。

2. 军人类证件

军人类证件包括军官证、警官证、士兵证、文职干部证、离（退）休干部证、军官退休证、职工证、学员证。

法定不予颁发居民身份证的现役的人民解放军军人、武装警察部队官兵的有效身份证件为中央军事委员会颁发的军官证、警官证、士兵证和文职干部证。

人民解放军、武装警察部队的离（退）休干部，如果未移交到地方，军队的离（退）休干部证是其有效身份证件。

地方公安部门不为人民解放军在编职工颁发居民身份证，由解放军后勤部颁发的“中国人民解放军职工证”是其有效身份证件。解放军现已不再新招聘在编职工。

人民解放军、武装警察部队院校学员，取得军籍时居民身份证即注销，所在院校颁发的学员证是其有效身份证件。

3. 护照类证件

护照类证件包括护照、港澳同胞回乡证、港澳居民来往内地通行证、中华人民共和国往来港澳通行证、“台湾居民”来往大陆通行证、大陆居民往来台湾通行证、外国人居留证、外交官证、领事官证、海员证等。

4. 其他有效证件

有些证件并不是法定身份证件，但可以用于旅客购票、乘机和办理客、货运业务，这些证件包括以下几类：

（1）全国人民代表大会代表、全国政协委员，凭当届全国人大代表证、全国政协委员证可购票乘机；

（2）出席全国或省、自治区、直辖市的党代会、人代会、政协会、工代会、青代会、妇代会和劳模会的代表，凭所属县、团级（含）以上党政军主管部门出具的临时身份证明可购票乘机；

（3）旅客的居民身份证在户籍所在地以外被盗或丢失的，凭发案、报失地公安机关出具的临时身份证明可购票乘机；

（4）年龄已高的老人（按法定退休年龄掌握），凭接待单位、本人原工作单位或子女、配偶工作单位（必须是县、团级以上单位）出具的临时身份证明可购票乘机；

（5）16岁以下未成年人凭学生证、户口簿或者户籍所在地公安机关出具的身份证明可购票乘机；

（6）两岁以下的婴儿和2周岁至12周岁的儿童凭户口簿、暂住证、出生证或独生子女证办理购票和乘机手续；

（7）军人和武装警察退出现役时，军官证、警官证、文职干部证、士兵证等收回，居民身份证尚未办理，其军官和文职干部转业证、士兵退伍证，自签发之日起，半年内可作为购票及办理乘机手续的有效证件；

（8）持中华人民共和国护照的居民，无身份证者，在护照签证有效期内，可凭护照办理购票乘机手续；

（9）如旅客执行紧急公务，或危急病人急需乘机；但又不能出具有效身份证件，经航空公司和当地机场最高领导批准，可予以办理购票及乘机手续。

二、电子客票的特点和优势

1. 电子客票的特点

（1）电子客票实际上是普通纸质机票的一种电子映象，是普通机票的一种替代品。纸票将相关信息打印在专门的机票上，而电子客票则将票面信息存储在订座系统中。电子客票采用全部电子化的结算流程，不需要纸质票联就能完成结算。

（2）电子客票可以像纸票一样，执行出票、作废、退票、换票等操作。售票员可以随时提取电子客票，查看客票的信息，包括姓名、航段、票价、签注等。

（3）旅客只要出示有效身份证件就可以办理乘机手续。

2. 电子客票的优势

电子客票之所以能在短时间内快速发展并得到航空公司和旅客的青睐，主要在于它具备了相对于传统纸质机票的诸多优势。与普通客票相比，电子客票的优势如下。

（1）服务共赢。电子客票为航空公司和旅客带来了诸多利益。对于旅客，有更多的选择和便利，旅客可通过互联网购买机票和使用银行卡支付票款，无须再到售票柜台去付款，不用送票、取票，直接到机场凭有效身份证件办理乘机手续；对于航空公司，可以更加有效地降低成本、节省时间，实现票证管理的电子化，同时，也便于航空公司开展个性化服务。

（2）节约成本。使用纸票的成本包括印刷费、运输费、保管费、回收费、人工统计费、人工结算费等，纸票成本将近 30 元，而使用电子客票成本可节约 2/3 以上。电子客票不需要机票打印设备，也可以为航空公司节约固定成本。根据国外航空公司的统计，电子客票的营销成本仅为纸票成本的 10% 左右。

（3）安全便捷。纸票容易丢失、损坏，一旦丢失、损坏就无法登机，电子客票存储在订座系统中，不存在造假、遗失情况。此外，纸票可能被涂改、伪造，电子客票则不存在类似的问题，任何对于电子客票的修改操作都将在订座系统中有专门记录，可以随时查询，电子客票不会因为打印字迹模糊等原因影响旅客使用。

（4）管理高效。纸票需要复杂的管理过程，票证的印刷、分发、监督、回收都需要大量的人力、物力。电子客票有统一、方便的票证管理系统，通过电子数据进行票证管理，使管理更加便利、高效。

（5）节能环保。使用电子客票不会消耗纸张，也就不会有垃圾等污染物。不需要打印，也就避免了打印造成的噪声污染，有利于实现无纸化办公。

与此同时要看到，电子客票的流程与业务也具有与纸票基本相同的复杂性，因为它的使用也涉及运输、市场、安检、财务、结算、常客等多个业务部门和职能部门，电子客票系统与航空公司的订座系统、运价系统、离港系统、财务系统、结算系统、常客系统和银行支付系统等多个系统直接关联，同时也与客运的相应业务和服务有关，因此必须有足够的系统支持，保证实现电子客票生命周期内的全程管理。

三、电子客票的种类

电子客票按照运输类型分为国内电子客票和国际电子客票，按使用对象分为航空公司本票电子客票和 BSP 电子客票。

1. 航空公司订座系统填开的本票电子客票

本票电子客票（ICS-ET）由航空公司自行分配，其票面信息的右上方显示“ARL-D”或“ARL-I”，表示国内客票或国际客票。

ICS 是航空公司人员使用的航空公司订座系统。ICS 是一个集中式、多航空公司的系统。每个航空公司享有自己独立的数据库、独立的用户群、独立的控制和管理方式，各种操作均可以加以个性化。ICS 载有航班班期、票价数据、订座信息等航司海量核心数据，为航司人员提供航班班期管理、座位控制、运价发布管理以及订座功能等。

2. 代理人订座系统填开的 BSP 电子客票

BSP 电子客票（BSP-ET）由 IATA 统一分配，供机票代理人销售使用，其票面信息的右上方显示为“BSP-D”或“BSP-I”，表示国内客票或国际客票。

BSP 表示的是开账与结算计划（billing and settlement plan），这是 IATA 根据协会会员航空公司的要求，为适应国际航空运输的快速发展，扩大销售网络，规范销售代理人的行为，为航空公司提供公平竞争的平台，而建立的供销售代理人使用的一种中性机票销售和结算的系统，它所推行的电子客票就是BSP电子客票。

四、电子客票行程单

电子客票行程单是旅客购买电子客票的付款凭证或报销凭证，采用一人一票制，不作为机场办理乘机手续和安全检查的必要凭证使用。

电子客票行程单票面内容（如图7-1）包括：印刷序号、旅客姓名、有效身份证件号码、签注、航程、承运人、航班号、座位等级、日期、时间、客票生效日期、有效截止日期、免费行李、票价、民航发展基金、燃油附加费、其他税费、合计、电子客票号码、验证码、保险费、销售单位代号、填开单位（盖章）、填开日期等。

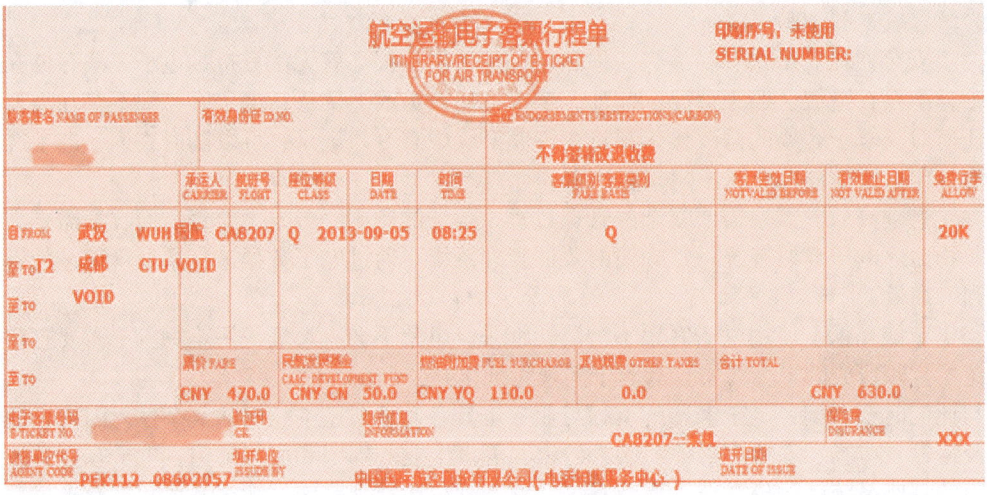
航空运输电子客票行程单
ITINERARY/RECEIPT OF E-TICKET FOR AIR TRANSPORT
印刷序号：未使用
SERIAL NUMBER:
旅客姓名 NAME OF PASSENGER
有效身份证 ID NO.
签注 ENDORSEMENTS RESTRICTIONS(CARBON)
不得签转改退收费

		承运人 CARRIER	航班号 FLIGHT	座位等级 CLASS	日期 DATE	时间 TIME	客票级别/客票类别 FARE BASIS	客票生效日期 NOT VALID BEFORE	有效截止日期 NOT VALID AFTER	免费行李 ALLOW
自 FROM	武汉 WUH	国航	CA8207	Q	2013-09-05	08:25	Q			20K
至 TO T2	成都 CTU	VOID								
至 TO	VOID									
至 TO										
至 TO										

票价 FARE	民航发展基金 CAAC DEVELOPMENT FUND	燃油附加费 FUEL SURCHARGE	其他税费 OTHER TAXES	合计 TOTAL
CNY 470.0	CNY CN 50.0	CNY YQ 110.0	0.0	CNY 630.0

电子客票号码 E-TICKET NO.　验证码 CK.　提示信息 INFORMATION CA8207--乘机　保险费 INSURANCE XXX
销售单位代号 AGENT CODE PEK112 08692057　填开单位 ISSUED BY 中国国际航空股份有限公司（电话销售服务中心）　填开日期 DATE OF ISSUE

图7-1 电子客票行程单解读

电子套票行程单的解读

航空运输电子客票行程单（以下简称行程单）纳入发票管理范围，由国家税务总局负责统一管理，套印国家税务总局发票监制章。经国家税务总局授权，民航局负责全国行程单的日常管理工作。行程单打印系统由民航局授权中国民航信息网络股份有限公司开发，公共航空运输企业也可自行开发本公司行程单打印系统，经民航局审验合格后使用。开发单位负责系统运行维护与技术支持，提供查验行程单真伪的网站、热线电话或短信等服务。公共航空运输企业和航空运输销售代理企业在旅客购票时，应使用统一的打印软件开具行程单，不得手写或使用其他软件套打，打印项目、内容应与电子客票销售数据内容一致，不得重复打印，并应告知旅客行程单的查验途径。行程单遗失不补。

案例分析

CDS：航空分销结算平台的新选择

国内参与分销结算的38家航空公司都已经加入了CDS平台。CDS一方面结算周期短，方便航空公司回笼资金；另一方面有利于增强航空公司的销售管控能力。CDS系统对销售代理较为友好。其采用现金充值模式，代理人不用提前准备机票款的担保金，有效降低了代理人的资金压力。加上整个CDS系统的开放度高，不管是航空公司还是销售代理企业，都可以很直观地了解到整个机票款的内部结算流程，业务流程管控上更现代化。

CDS 系统有效融合互联网、微服务、容器化、自动化等多种先进技术，保证以主流的技术架构支撑、引领业务的发展，同时在设计上保证设备和系统的可靠性，最大限度减少因信息基础设施、应用服务等故障而造成业务无法正常进行的现象发生。此外，在整体设计上，CDS 通过业务中台支撑需求的快速迭代与创新，通过技术中台支撑业务中台，提供智能化自动运维服务。为适应未来发展，CDS 系统在建设阶段就充分考虑了业务规模和结构的发展变化，各项服务均具有平滑的扩展能力、良好的可移植性，各大功能模块更是能重复利用，大大降低了系统扩展的复杂性。

作为国内自主研发的结算平台，CDS 在运营中收集和产生的数据将仅在中国境内传输和储存，不允许境外机构、组织或者个人的任意访问和调用，在维护国家安全、民航数据安全和旅客个人信息权益方面更具有可靠性，最大程度降低了因数据出境可能产生的数据泄露、破坏和非法使用风险，避免对国家安全、经济运行和社会稳定造成安全威胁。

分析：与 BSP 相比较，CDS 的特点是什么？

课后思考

1. 什么是电子客票？其与纸质客票的区别有哪些？
2. 电子客票有何优势？

课题二　旅客订座记录

学习目标

理解旅客订座记录的定义；
掌握旅客订座记录的构成内容；
掌握 PNR 基本项的建立。

素养目标

培养职业道德与职业操守。

思政小课堂

一个“00 后”东航售票柜台地服员的首个暑运

售票柜台服务是一项严谨、细致的工作，过硬的业务能力、细心的工作作风、良好的沟通能力是高效做好票台工作的法宝。徐贝妮从作为学徒开始就严格要求自己，努力学习岗位知识和业务技能，熟悉系统操作方法，熟记各类业务流程，“快、准、稳”是她对自己最基本的要求。作为售票柜台服务人员，国内国际机票现场出票、退改签、逾重行李缴费、特殊旅客运输服务申请等业务操作都要熟记于心。当航班出现延误或取消等特殊情况时，常常遇到不同的旅客同时表述着自己不同的需求的情况，但徐贝妮总能灵活变通、快速反应，主动、高效地服务好每位旅客的业务办理需求，耐心细心地解答每位旅客的疑惑。

凌晨 5 点 10 分，徐贝妮到达售票柜台做好一天的工作准备。她仔细核对好前一天航班的款项账目，清点备用金，将当天的航班时刻表打印出来交给引导员，引导员将根据时刻表在各个航班即将截载前通过广播提醒旅客尽快办理值机手续，面对每个来到售票柜台办理业务的旅客，她总是微笑着说道："您好，请问有什么可以帮到您？"

8月14日，一行9人急匆匆地跑到东航售票柜台，其中一位是旅行社工作人员，他非常着急地表示今天已经错过了一趟航班，当天宁波飞银川的航班只剩MU9211一班，只能赶紧来柜台求助。

距离航班的截止时间仅剩8分钟，手机上的各购票软件已停止售票，徐贝妮迅速在系统中查询舱位、录入旅客信息并让同事徐炎巧将情况上报班组长。在徐贝妮为成人旅客出票期间，同步高效完成儿童票的出票，最终两人协作出票8张仅用时6分钟。其间，班组长联络相关保障单位沟通这一特殊情况，畅通旅客安检、登机、行李装卸的绿色通道，安排人员全程引领8名旅客顺利登机。

一、旅客订座记录的定义和构成

1. 旅客订座记录的定义

旅客订座记录（passenger name record，PNR）用来记录旅客的旅行需要，包括处理订座和流程控制的所有必要信息，如旅客姓名、人数、旅行地点、时间、承运人、联系方式等。同时，它也是一个基本记录，各部门可以从中获得其他相关信息，如航班配餐需要量、机场各种登机清单、特殊处理的需求等。旅客订座记录最主要的作用是订座，还可以出票、建立常旅客信息、订旅馆，以及记录其他旅客相关信息。

2. 旅客订座记录的构成

旅客订座记录的构成主要如下：

姓名组	NM
航段组	SS、SD、SA、SN
联系组	CT
出票组	TK
备注组	RMK
特殊服务组	SSR
其他服务信息组	OSI
票价组	FN
票价计算组	FC
付款方式组	FP
旅游代码组	TC
备注信息组	EI
婴儿姓名组	XN

二、PNR 基本项的建立

PNR包括基本项和其他项，建立好基本项后，就可以在计算机订座系统中生成记录了，即生成一个有效的PNR。

1. 姓名组

姓名组（NM）是组成旅客订座记录（PNR）必不可少的组项，它记录了旅客姓名、所订座位数、称谓、特殊旅客代码（见表7-1）等内容。

格式：

成人及儿童：

>NM：该姓名的订座总数 旅客姓名（特殊旅客代码）

婴儿：

>XN：IN/ 婴儿姓名 INF（出生年月）/ 跟随旅客序号

格式说明：

A. 姓名组由英文字母或汉字组成；

B. 若输入英文字母的姓名，姓与名之间需用斜线（/）分开（中文姓名无此限制）；

C. 旅客英文姓名均应由英文 26 个字母组成，每个旅客姓名最多只能有 1 个斜线（/）；

D. 对于输入英文字母的姓名，姓不得少于两个字母；

E. 旅客名单按照姓氏的字母顺序排列；

F. 旅客姓名长度最大为 23 个字符；

G. 散客记录最大旅客数为 9 人，旅客数大于 9 人的记录为团体旅客。

表 7-1 常见特殊旅客代码

代号	含 义	代号	含 义
INF	婴儿	CBBG	占座的客舱行李
CHD	儿童	COUR	商务信使
STCR	使用担架的旅客	DIPL	外交信使
UM	12 岁以下无人陪伴儿童	EXST	额外占座的旅客
SP	病残旅客需要助手的		

【示例 1】 输入多名旅客（ZHANG JIAN、ZHANG QIANG、LIU QUN、LIU WEI）。

输入指令：

>NM：1ZHANG/JIAN 1ZHANG/QIANG 1LIU/QUN 1LIU/WEI

系统输出：

3.LIU/QUN 4.LIU/WEI 1.ZHANG/JIAN 2.ZHANG/QIANG

5.SIA/T SIA TEST ABCDEFG

6.SIA999

【示例 2】 婴儿姓名输入（成人王璐璐，婴儿王笑笑）。

输入指令：

> NM：1 王璐璐

>XN：IN/ 王笑笑 INF（23MAY）/P1

系统输出：

1. 王璐璐

2. SIA/T SIA TEST ABCDEFG

3. OSI YY 1INF WANGXIAOXIAO/P1

4. XN/IN/ 王笑笑 INF（23MAY）/P1

5. SIA999

2. 航段组

直接建立航段组（SS）：直接建立航段组是当营业员知道待订航班的所有信息（如航班号、日期、航段、舱位、座位数及起飞时间）时，直接进行航段组建立的操作。SS 指令需要在航班信息查询 AV 指令的前提下使用。

指令格式：

>SS：航班号 / 舱位 / 日期 / 航段 / 行动代码 / 订座数 / 起飞时间 / 到达时间

格式说明：

（1）使用 SS 直接建立航段组时，对于中国民航的航空公司的航班，代理人只能订取系统中实际存在的航班。

（2）对于外国航空公司的航班，代理人可以任意订取，即使该航班实际并不存在，也可以建立。故用 SS 订取外国航空公司的航班时，营业员应事先了解详细的航班情况。

知识链接

航空公司票价的等级

票价级别是以机票价格（折扣）来划分，依次分为：头等舱、公务舱、经济舱以及经济舱以下的子舱位。不同服务等级、有效期、旅客类型的机票价格不同，主要是用不同的舱位代号来区分的。

航空公司票价一般分为头等舱、公务舱和经济舱三种等级。每种等级依据票价的不同、旅客类型的不同及旅行的有效期长短用不同的英文字母表示。

头等舱代号一般为 F、A、P 等；公务舱代号一般为 C、D、J、Z 等；经济舱的代号较多，一般为 Y、M、N、L、K、V、X、T 等（航空公司不同，代号也不一定相同）。

不同的舱位代号都有对应票价和限制条件，分别拥有不同的座位数量。

世界上各个航空公司在舱位代号的选择上无统一的规定。旅客只要预订了规定的舱位，就可使用相应的价格。

【示例 1】 申请订取 CA1315 航班，Y 舱，28NOV，北京到广州的一个座位。

输入指令：

>SS：CA1315/Y/28NOV/PEKCAN/NN1/0730/1030

系统输出：

1. CA1315 Y FR28NOV PEKCAN DK1 0730 1030 772 S 0 R E T3--
2. SIA/T SIA TEST ABCDEFG
3. SIA999

间接建立航段组（SD）：利用航班时刻表、指定日期班机时刻表或航班座位可利用情况建立航段组。间接建立需要先将航班信息提取出来，再根据旅客的要求选择适当的班次。

指令格式：

>SD：航线序号 舱位等级 行动代号 订座数

【示例 2】 旅客陈佳影预订 9 月 30 日北京到广州的客票，假设前面已建立了姓名组，现在为其建立航段组。

步骤 1：查询航班。

输入指令：

>AV：H/PEKCAB/30SEP

系统显示：

30SEP（WED）PEKCAN

1- CA1321 PEKCAN 0900 1200 340 0 M DS# FA AS CA DS YA BA HA KA LS MS QS TS GS XS WS VS

2 WH2137 PEKCAN 1030 1310 300 0 M DS# FA YA BA RA HA Z5

3 CZ3102 PEKCAN 1210 1500 777 0 M DS# CA DS YA WA KA HA MA GS QS VS BS ZS

4 XO9311 PEKCAN 1250 1555 TU5 0 M AS# YL KL HL MQ

5+ CZ346 PEKCAN 1435 1720 77B 0 M DS# FS AS C6 D6 Y1 KA MA GS ZS

步骤 2：建立航段组（为旅客选择 CA1312 航班）。

输入指令：

>SD：1F1

系统显示：

1. CA1321 F WE30SEP PEKCAN DK1 0900 1200 DK1 340 S 0 R E T3—
2. SIA/T SIA TEST ABCDEFG
3. SIA999

3. 联系组

联系组的功能是记录各种联系信息，方便查询代理人及旅客信息。PNR 中的联系组分为两部分：

（1）代理人联系信息。

代理人联系信息是营业员在订座时，计算机系统自动生成的，包括代理人所在城市、名称、电话及负责人。该信息便于航空公司与代理人之间的联系。因此若代理人联系组的信息有所改变，应及时与中国航信相应部门联系，及时更改，以保证系统信息的准确性。

（2）旅客联系信息。

旅客联系信息由营业员手工输入，记录旅客的联系电话，便于代理人与旅客联系。

指令格式：

>CT：城市代码 /T 电话

格式说明：

城市：订座 OFFICE 所在城市。

联系方式备注：

>CT：电话 /P#

>CT：T/ 电话 /P#

P# 是订单中旅客序号，无特指时可以省略。

【示例】旅客联系方式 15026695689。

输入指令：

>CT：XIY/T 15026695689

系统显示：

1. 陈佳影
2. CA1351 F WE30SEP PEKCAN DK1 0900 1200 340 S 0 R E T3--
3. SIA/T SIA TEST ABCDEFG
4. XIY/T 15026695689
5. SIA999

4. 出票组

出票组注明旅客的出票情况，已出票的将给出票号，未出票的则写明具体出票的时限，到达出票时限时计算机系统向相应部门拍发电报，提示营业员出票，否则会被航空公司取消。

【指令格式】

>TK：类型 / 时间 / 日期 / 单位

【格式说明】

类型：有已出票（T）和出票时间限定（TL）两种。

时间：指定计划出票时间。

日期：指定计划出票日期。

单位：指定计划出票单位。

【示例1】已出票。

输入指令：

>TK：T/999123456789

【示例2】时间限定出票。

输入指令：

>TK：TL/1200/26NOV/SIA999

5. PNR的生效

在修改或建立新的PNR时，用封口指令@或\，使修改或建立的PNR生效。在封口之前，PNR虽然显示在屏幕上，但并未正式生效，只有封口后，才可以继续建立其他记录。它是生效PNR必不可少的一步。

【指令格式】

>@参数　或　>\参数

【格式说明】

参数有两种：

（1）当订单中有不连续的行程时，可以通过I参数跳过检查生成PNR。

（2）当订单中有航班变化提示时，可以通过K参数清理航段信息生成PNR。

【示例】接上面陈佳影旅客订座系统中的操作，系统显示如下：

输入指令：

>@

系统输出：

N6B4M　-E0T　SUCCESSFUL，BUT　ASR UNUSED FOR 1　OR MORE SEFMENTS

CA1351　F　WE30SEP　PEKCAN　DK1 0900　1200

航空公司使用自动出票时限，请检查PNR。

用RT指令提取旅客订座记录信息如下：

>RT：N6B4M

1. 陈佳影　N6B4M
2. CA1351　F　WE30SEP　PEKCAN　DK1　0900　1200　　E　T3--
3. SIA/T SIA　TEST　ABCDEFG
4. XIY/T 15026695689
5. TL/1200/26NOV/SIA999
6. RMK　CA/FRDKS
7. SIA999

三、电子客票识别

提取电子客票记录使用DETR指令，DETR指令用于显示电子客票、打印电子客票行程单及发票。当超过一条电子客票记录满足DETR指令输入的查找内容时，将列出所有有效的电子客票记录。如果只有一条符合查询要求的电子客票记录，系统会显示这张电子客票的详细信息。

提取电子客票票面指令如表7-2所示。

表7-2　提取电子客票票面指令

编号	指令格式	指令说明
1	DETR：TN/票号	按照票号提取电子客票记录

续表

编号	指令格式	指令说明
2	DETR：NM/ 旅客姓名	按照旅客姓名提取电子客票记录
3	DETR：NI/ 身份证号	按照身份证号提取电子客票记录
4	DETR：CN/PNR 记录编号	按照航空公司订座记录编号提取电子客票记录
5	DETR：TN/ 票号，H	在 ICS 的数据中提取电子历史记录
	DETR：TN/ 票号，F	提取电子客票旅客的身份识别号码

按照票号提取电子客票记录，输入指令格式，电子客票票面内容显示如图 7-2 所示。

```
▶DETR:TN/785-2237766138
ISSUED BY:CHINA SOUTHERN AIRLINES      ORG/DST:CAN/LHW       BSP-D
E/R:不得签转，变更退票收费
PASSENGER:詹童童
EXCH:
0  FM:1CAN  CZ    3205  Z  28AUG  0835  OK          20K  OPEN FOR USE
               RL:HYVT6S   /MEFCW9CA
   TO:LHW
FC:28AUG12CAN  CZ  LHW950.00CNY950.00END
RARE:                  CNY:    950.00| FOP:CASH
TAX:                   CNY:  50.00CN| OI:
TAX:                   CNY:100.00YQ|
TOTAL:                 CNY:   1100.00| TKTN:785-2237766138
```

图 7-2　电子客票样式

【说明】

（1）DETR：TN/785-2237766138：通过电子客票票号提取电子客票票面信息。

• DETR：订座系统提取指令。

• TN：电子客票号 Ticket No. 的缩写。

• 785-2237766138：电子客票号。

（2）ISSUED BY：出票人。

（3）ORG/DST：始发站 / 目的站。

（4）ET 标识。

BSP-D：BSP 中性国内客票。

BSP-I：BSP 中性国际客票。

ARL-D：航空公司本票电子客票——国内。

ARL-I：航空公司本票电子客票——国际。

（5）E/R：Endorsements/Restrictions 的缩写，表示签注或限制。

（6）PASSENGER：旅客姓名。

（7）EXCH：换开凭证，即如果该客票是由其他有价凭证换开，如旅费证（MCO）、预付票款通知（PTA）或其他客票，则在此标注。

（8）FM：1CAN CZ 3205 Z 28AUG 0835 OK 20K OPEN FOR USE。

自广州、南航承运、航班号 3205、座位等级 Z、航班日期 8 月 28 日、航班时刻 8:35、座位已订妥、免费行李额 20 千克、客票未使用。

（9）RL：HYVT6S /MEFCW9CA。

HYVT6S：航空公司订座系统（ICS）订座记录编号。

MEFCW9CA：代理人分销系统（CRS）订座记录编号。

（10）FC：28AUG12CAN CZ LHW950.00CNY950.00END：运价计算栏。

知识链接

在为旅客订妥座位后，还需要机器完成出票操作，电子客票出票指令为 ETDZ。

【指令格式】

>ETDZ：打印机序号

备注：每一台打印机在本部门都有相应的序号，如 1、2。

【指令格式示例】

指令格式 1：>ETDZ：1　　指令解释：>ETDZ：打印机序号。

指令格式 2：>ETDZ：1/P1，INF　　指令解释：>ETDZ：1/P1，婴儿标识。

指令格式 3：> ETDZ：1/P1，ADL　　指令解释：>ETDZ：1/P1，成人标识。

指令格式 4：>ETDZ：1/P1/P3/P5　　指令解释：选择打印。

1. 预先订妥座位出票流程

第一步：提取订座记录。

第二步：更改座位状态。

【指令格式】>：航段序号 RR

备注："RR" 状态为再确认状态。

第三步：删除出票时限组。

【指令格式】XE：时限组序号

备注：系统要求出票时限记录中不能有手工输入的出票时限，否则无法出票，系统会给出相应提示；系统自动返回的出票时限不受影响。

第四步：输入 PNR 的打印项。

第五步：出票。

2. 直接出票

第一步：显示当前建立的出票 PNR（没有封过口）。

第二步：直接出票。

电子客票出票成功的标识是 "ELECTRONIC TICKET ISSUED"，如果没有出现该提示信息，表示该电子客票没有出票成功，出票代理人可用 TSL 指令查看出票失败的票号，在当天还可以用出票重试 ETRY 指令将出票失败的 PNR 重新出票，建议代理人出票以后提取 PNR 并核对。

课堂练习 7-1

请为旅客陈吉宁预订 6 月 27 日北京至上海南航 F 舱的机票，其联系方式为 010-12345678，身份证号码为 123456196402171234，该旅客是北京市市长。出票时限为航班起飞前两天中午 12 点，订座单位 OFFICE 号为 SIA999。写出相关的操作过程。

课堂练习 7-2

旅客姓名：杨乐、杨云、杨丹。联系方式：13656781234。行程：10 月 3 日，北京至广州，CZ3108，8 折机票 YB1360.0 不得签转。出票时限：10 月 1 日中午 12 点。身份证：123456196402171234，123456199012121222，123456199309173422。要求：输出 FC、FN、FP。按要求为旅客建立 PNR。

课堂练习 7-3

根据如图 7-3 所示的电子客票票面，请回答问题。

```
▶DETR:TN/880-2124814511
ISSUED BY:HAINAN AIRLINES      ORG/DST:PEK/WNZ      BSP-D
E/R:不得签转
TOUR CODE:
PASSENGER:沙璋
EXCH:                          CONJ TKT:
0  FM:1PEK  HU   7251  X  04APR  0850  OK           20K  USED/FLOWN
           RL:B08M1   /VT091
  TO:WNZ
FC:04APR11PEK  HU  WNZ780.00CNY780.00END
RARE:                CNY:   780.00  FOP:CASH
TAX:                 CNY:  50.00CN  OI:
TAX:                 CNY:  90.00YQ
TOTAL:               CNY:   920.00  TKTN:880-2124814511
```

图 7-3　电子客票票面显示内容

（1）该客票填开单位是____________。

（2）始发地 / 目的地是__________，旅客姓名是__________。

（3）签注：__________；电子客票状态：__________。

（4）航班号：__________；航班时刻：__________；航班日期：__________；座位等级：__________。

（5）票价：__________；税费：__________；付款方式：__________。

（6）CRS 订座记录编号：__________；ICS 订座记录编号：__________；电子客票号：__________；是__________BSP 中性客票。

课后思考

1. 旅客订座记录构成主要有哪些项目？
2. 提取电子客票记录的指令格式主要有哪些？

课题三　客票变更、签转和退票

学习目标

理解客票变更的含义和相关规定；
理解客票签转的含义和相关规定；
理解退票的定义和分类；
掌握旅客退票时间的规定及退票费的计算方法。

素养目标

弘扬民航“工匠”精神。

思政小课堂

东航长三角“区域通”：起飞前 4 小时改行程不愁，机票可“用新退旧”

每到 7、8 月份，民航运输迎来旺季，商务、旅游、学生假期等出行需求相互叠加，航空客流将明显增加。为此，东航不断创新服务，满足旅客出行需求。在 2024 年暑运来临之际，东航发布长三角“区域通”服务，即日起符合条件的东航及旗下上海航空实际承运的旅客，如果飞往上海、江苏、浙江、安徽四省市全部民航机场，或者从上述四省市机场出发，因行程临时有变，能够在上述区域内变更自己的始发或者目的地机场，而不需要支付退票费，可以全额退票。

东航长三角“区域通”产品的推出，起飞 4 小时前都可变更行程，而且时间、地点、航班的选择范围较大。需要注意的是，东航长三角“区域通”目前只支持国内航班。选用这一服务的旅客，需要提前取消原票的订座，最迟应在新票出票之后的 24 小时以内，并且在原票航班计划起飞时刻 4 小时之前，取消原票航班的订座。在使用长三角“区域通”进行免费退票时，旅客选择退票理由，应选择“区域通”，并备注自己新票的 781 打头票号“781-xxxxxxxxxx”。前后两次购买的机票，需要是同一渠道。旅客的原票如果是在东航 App、小程序、官网等官方渠道购买的，应当通过相同的东航官方渠道购买新票，并在新票使用完毕后，通过该东航官方渠道办理原票的全额退款。如果是在某家代理渠道购买的，应当通过相同的购票渠道购买新票，并在新票使用完毕后，通过该购票渠道办理原票的全额退款。

随着航空旅行的逐渐普及，选择乘坐飞机的旅客越来越多，一旦旅客购买了机票，由于种种原因不能完成旅行，就面临着退票、变更等问题。旅客对退票与变更的规定了解不多，就造成涉及这方面的投诉也越来越多。那么，退票与变更有哪些具体规定呢？

旅客购妥定期客票后，改变客票未使用部分的航程、日期、承运人、票价级别等统称为客票变更。旅客客票发生变更涉及处理、签转、换开等多个环节。

一、客票变更

旅客购票后，如果要求改变航班、日期或舱位等级，称为客票变更。

（一）变更的种类

客票变更分为自愿变更和非自愿变更两种。

旅客购票后，由于旅客本人原因需要改变航程、航班、乘机日期、离港时间或舱位等级的，称为自愿变更（经医疗单位证明旅客因病要求变更的除外）。

由于天气，空中交通管制，机务维护，航班调配，航班取消、提前、延误，航程改变或承运人未能向旅客提供已经订妥的座位（包括舱位等级），或未能在旅客的中途分程点或目的地停留，或造成旅客已经订妥座位的航班衔接错失，旅客要求变更客票的，均属于非自愿变更。

（二）客票变更的一般规定

（1）旅客购票后，要求变更的客票必须在客票有效期内并且客票乘机联为未使用状态。变更航程或乘机人，均应按退票处理，重新购票；变更承运人，按客票签转有关规定处理；要求变更航班、乘机日期、航程，必须在原定航班离港时间前提出，承运人可按有关规定给予办理。

（2）旅客购票后，如要求改变舱位等级，可在航班有可利用座位和时间允许的条件下予以积极办理，并换开新客票。根据更改舱位后的票价填开客票，票款的差额多退少补。如从较低舱位等级变更为较高舱位等级，或从较低票价变更为较高票价，需向旅客收取票价差额。如从较高舱位等级变更为较低舱位等级或从较高票价变更为较低票价，则按自愿退票处理。

（3）对特种票价的客票，不得违反票价限制条件，如旅客要求改变航班、日期，应符合该特种票价所规定的条件。

（4）革命伤残军人优惠客票不得办理自愿变更。

（三）客票变更的处理及收费规定

1. 自愿变更舱位等级

旅客购票后，如要求改变舱位等级，承运人及其销售代理人应在航班有可利用座位和时间允许的条件下予以积极办理，票款的差额多退少补。

2. 非自愿变更舱位等级

为旅客安排有可利用座位的承运人后续航班，费用的差额多退少不补。

3. 自愿变更航班、乘机日期

旅客购票后，如要求改变航班、乘机日期，承运人应根据实际情况积极办理。目前各公司对自愿变更的处理规定各有差异，一般如旅客提出变更的时间较早或购买的正常客票可免费变更。

4. 非自愿变更航班、乘机日期

征得旅客及有关承运人的同意后，办理签转手续，为旅客安排有可利用座位的承运人或其他承运人后续航班。

二、客票签转

旅客购票后，如要求改变原客票的指定承运人，称为客票签转。签转也分自愿签转和非自愿签转。

（一）自愿签转的一般规定

（1）旅客自愿要求改变承运人，在符合下列全部条件的情况下，承运人可以予以签转：

① 旅客使用的票价无签转限制；

② 旅客未在航班规定离港时间前 72 小时内改变过航班、日期；

③ 旅客应在航班规定离港时间 24 小时（含）以前提出；

④ 新承运人与原承运人有票证结算关系且新承运人的航班有可利用座位。

上述签转如未经承运人特别授权，承运人的销售代理不得为旅客办理签转。

（2）凡不符合以上条件的旅客要求改变承运人，一律按自愿退票的规定办理。

（3）除另有规定外，特种票价客票一般不予签转。

（4）承运人有权办理签转手续的部门为承运人办理国内业务的售票部门和运输业务部门，承运人授权签转的代理人的售票部门和运输业务部门。

（5）客票签转后，对原已订妥的续程航段座位，由签转客票承运人负责取消。

（二）非自愿签转的规定

（1）旅客非自愿签转，承运人应征得旅客及新承运人的同意后，方可签转。

（2）征得旅客及有关承运人的同意后，办理签转手续，票款的差额多退少不补。

（3）若无其他直达航班，可变更原客票列明的航程，安排原承运人或其他承运人的航班将旅客运达目的地或中途分程点，票款、逾重行李和其他服务费用的差额多退少不补。

三、退票的定义及规定

1. 退票的定义

旅客购票后，由于旅客原因或承运人原因，不能在客票有效期内完成部分或全部航程，而要求退还部分或全部未使用航段的票款，称为退票。

退票分为自愿退票与非自愿退票。由于旅客原因，未能按照运输合同完成航空运输，在客票有效期内要求退票，称为自愿退票。由于下列原因引起的旅客退票，称为非自愿退票，包括：承运人取消航班；承运人未按班期时刻表飞行；班机未在旅客所持客票上列明的目的地或分程地点降停；航班衔接错失；承运人要求旅客中途下机或拒绝旅客乘机（因旅客证件不符合规定或违反有关国家政府或承运人要求、规定者除外）。非自愿退票的原因还包括天气原因、政府原因和旅客健康状况（经医疗单位证明不能旅行）原因等。

2. 退票的一般规定

（1）旅客要求退票，应在其客票有效期内向承运人提出。

（2）票款只能退给客票上列明姓名的旅客本人，当客票上列明的旅客不是该客票的付款人，并且客票上已列明了退票限制条件，应按列明的退票限制条件将票款退给付款人或其指定人。

（3）旅客退票应出示本人有效身份证件，如退票收款人不是客票上列明的旅客本人，应出示旅客及退票收款人的有效身份证件。

（4）由于承运人未能按照运输合同提供运输，对旅客未能使用的全部或部分客票，承运人应办理非自愿退票。旅客在航班的经停地点自动终止旅行，该航班未使用航段作自动放弃，票款不退，但其他航班未使用航段的乘机联仍可用于运输或退票。如果旅客购妥联程或回程的一本客票，要求退某一航段而保留其他航段，全航程作退票处理，另购新票。

（5）旅客健康情况经医生证明不适宜乘机时，如要求办理退票，可按非自愿退票的规定办理。

（6）由于票价原因有特殊限制或规定的机票，不予办理退票；在客票的乘机联中注明“不得退票”的机票，不予办理退票。

（7）购票时用现金，退票时也用现金；购票时用支票（旅行社可以使用支票），退票时也用支票（付支票税）。

（8）退票应填写收费单，BSP 客票还应填写 BSP 退款申请／授权书，用于结清航空公司和代理人的退款交易。

3. 退票的时间和地点

旅客要求退票，应在其客票有效期内向承运人提出，否则承运人有权拒绝办理。

（1）旅客自愿退票，应在下列地点办理。

①在出票地要求退票，只限在原购票的售票处或原购票销售代理人处办理。

②在出票地以外的航班始发地或终止旅行地要求退票，可在当地的承运人售票处办理；如当地无承运人售票处，可在经承运人特别授权的当地销售代理人售票处办理。受理退票的售票处必须获得旅客原购票的售票处和承运人财务部门的书面授权后方可办理。

（2）持不定期客票的旅客要求退票，只限在原购票的售票处办理。

（3）旅客非自愿退票，原则上在原购票售票处或原购票销售代理人处办理，特殊情况下可在航班始发地、经停地、终止旅行地的承运人售票处或引起非自愿退票事件发生地的承运人地面服务代理人处办理。

四、自愿退票费的收取

由于旅客本人原因，包括旅客未能及时出示有效身份证件、旅客违反国家和承运人有关规定而被拒绝乘机，以及旅客不能在客票有效期内完成部分或全部航程而要求退票，称为自愿退票。

（一）自愿退票办理的规定

自愿退票情况下，航空公司向旅客收取退票费，退票费以票面价格为基准，按承运人有关规定计收。自愿退票费计算原则：

（1）客票全部未使用，扣除相应航段明折明扣舱位的退票费后，余额退还旅客。

（2）客票已部分使用，扣除客票已使用航段明折明扣舱位票价和未使用航段明折明扣舱位的退票费后，余额退还旅客。

（二）退票费收取标准

因旅客购票后放弃旅行，会给航空公司带来座位虚耗的风险，民航局规定航空公司可以对自愿退票旅客收取相应的退票费。自愿退票根据提出退票的时间不同，收取不同的退票费。民航发展基金和燃油附加费全额退还。

1. 客票未经使用

① 在航班规定离港时间 24 小时（含）以前，收取客票价 5% 的退票费（不定期客票的退票也按此标准计收退票费）。

② 在航班规定离港时间前 24 小时以内至 2 小时（含）以前，收取客票价 10% 的退票费。

③ 在航班规定离港时间前 2 小时以内，收取客票价 20% 的退票费。

④ 在航班规定时间离港时间以后，收取客票价 50% 的误机费。

对自愿变更过航班、日期的客票，应将旅客退票时间距航班规定离港时间，及各次自愿变更航班的时间距其所变更的航班规定离港时间加以比较，选择其中最短的一次作为计算旅客退票费的时间依据。

2. 客票已使用一部分

① 旅客在航班的经停地自愿终止旅行，该航班未使用航段的票款不退。

② 旅客持联程、中途分程或来回程票，在去程航班经停地自愿终止旅行时，客票失效部分只算到联程、分程或去程站，续程或回程部分仍属有效。

③ 旅客在联程站、分程站停止旅行，要求退续程或回程航段客票，按自愿退票的规定收取各航段的退票费。

自愿退票的处理

3. 儿童、婴儿的退票

持儿童客票的旅客要求退票，按成人客票的规定办理，以票面价计收退票费。

持婴儿客票的旅客要求退票，免收退票费。

4. 革命残废军人（警察）的退票

革命残废军人（警察）要求退票，免收退票费。

以上退票费收取标准是全民航通用标准，各航空公司执行有一些差异，但执行的收费标准不得高于通用标准（特价机票除外）。如某些公司统一收取 5% 的退票费，或者值机前免费退票等。目前，退票费的收费标准都是以旅客所购客票的舱位等级为标准、按照一定的百分比计收的，实际销售过程具体的收取规定应直接咨询相关航空公司。

（三）自愿退票的计算

例 7-1

某旅客全程使用南航航班旅行，航程为 XMN—CAN—KMG，其中 XMN—CAN 购买 6.5 折票，CAN—KMG 购买 5.0 折票，旅客到了广州以后中断旅行，提出退票，请问应收多少退票费？（CAN—KMG1010.00 元）

分析：旅客到达广州后提出退票，已经完成的航段费用不用考虑。根据南航的规定，5.0 折票退票时按票面价 50% 收取退票费，因此：

$$\text{CAN—KMG：}1010.00\times 50\%=\text{CNY}505.00$$

应收取的退票费为 505.00 元。

例 7-2

某旅客旅行航程为 SHA—WUH—URC，上海—武汉由东航承运，武汉—乌鲁木齐由南航承运，均按 6.0 折购票，旅客开始旅行前提出退票，应收多少退票费？（SHA—WUH1260.00

元，WUH—URC2050.00 元）

分析：旅客自愿退票，分别考虑东航和南航对退票的规定。

SHA—WUH：1260.00×20%=CNY252.00

WUH—URC：2050.00×50%=CNY1025.00

退票费合计：252.00+1025.00=CNY1277.00

课堂练习 7-4

旅客购买西安—北京的航班，在航班经停太原时旅客要求退票。西安—北京 1050.00 元，西安—太原 660.00 元，太原—北京 590.00 元，应退多少钱？

五、非自愿退票费的收取

非自愿退票的原因，主要包括航空公司取消旅客已预订的航班，取消航班约定的经停（含旅客的出发地、目的地、经停地），未能在合理的时间内按照班机时刻进行飞行造成旅客已预订过座位的航班链接错失，更换旅客的舱位等级（多退少补），未能提供已预订座位，以及旅客因病退票。

（一）非自愿退票办理的规定

（1）由于承运人原因，旅客要求退票，在航班始发地应退还全部票款；在航班经停地应退还未使用航段的全部票款，但不得超过原付票款金额，均不收取退票费。

（2）客票全部未使用，退还未使用全部原付票款。

（3）客票部分已使用，退还未使用航段票款。

（4）若班机在非规定的航站降落，旅客要求退票，原则上退降落站至旅客目的地的票款，但退款金额以不超过原付票款为限。

（5）因健康原因经医疗单位证实不适宜乘机而要求退票，此种退票虽属旅客本人原因，但不是旅客的意愿，所以仍属于非自愿退票，按照非自愿退票的规定办理。旅客因病要求退票，须提供县级（含）以上医疗单位出具的医生诊断证明，在航班始发地提出，退还全部票款；在航班经停地提出，退还未使用航段的全部票款，均不收取退票费。如果病情突然发生，或在航班经停站临时发生病情，一时无法取得医疗证明，也必须经承运人认可后才能办理。患病旅客的陪伴人员要求退票，按患病旅客退票规定办理。

在航班经停地退还未使用航段全部票款，是指退还旅客从航班经停地到目的地的全部票款，而不是扣除从始发地到经停地的票款后退还余额。

（二）非自愿退票的计算

例 7-3

旅客 A 购买成都到哈尔滨的机票，全程票价 CNY2280.00，航班经停西安，其中成都—西安票价 CNY630.00，西安—哈尔滨票价 CNY1680.00，在从成都飞往西安的途中，由于天气原因备降银川，且计划飞往哈尔滨的起飞时间为第二天 12 点，旅客在银川要求退票，银川—哈尔滨票价 CNY1840.00。

此处符合非自愿退票条件第二条，应向旅客退降落站银川至哈尔滨的全部票款，即 CNY1840.00。

例 7-4

旅客刘红于 8 月 2 日在北京购买了国航客票，详情如下：

全程票价 CNY2310.00，其中北京—西安 CNY1050.00，西安—上海 CNY1260.00。由于天气原因，西安—上海的航班备降大同，旅客在大同要求退票，应退还旅客多少钱？大同—上海

CNY1450.00。

分析：由于旅客在客票上未列明的备降机场（即中途站大同）终止旅行，应退还大同至客票上列明的目的地上海的全部票款，免收退票费。但所退金额不得高于旅客原付的西安—上海的票款。由于大同—上海的票价高于旅客原付的西安—上海的票价，故应退回给旅客CNY1260.00。

课堂练习 7-5

旅客购买了长沙—西安的机票，航班经停北京，由于飞机机械故障取消飞行，旅客要求退票，应退款多少？长沙—西安 CNY1480.00 元，长沙—北京 CNY800.00 元，北京—西安 CNY600.00 元。

六、收费单

航空公司的退票收费单、变更收费单以及误机收费单的格式一样，统称为收费单。收费单一式三联，由会计联、出票人联（或称换取服务联）及旅客联（或称报销联）组成。收费单的样式如表 7-3 所示。

表 7-3　× × 航空公司退票、误机、变更收费单

编号：

航空承运变更情况		应收应退款		
原承运航空公司		退票使用栏	客票价款	
原客票号			应收退票费	
原承运日期			实际退款	
原航班号		应收误机费		
变更后承运航空公司		应收变更费		
变更后客票号		加盖公章	制单地点：	
变更后承运日期				
变更后航班号			制单单位：	
备注：				

制单日期：　　　　旅客姓名：　　　　经办人：

案例分析

机票退改签纠纷频发　订票平台和消费者该如何担责

北京一青年在某线上订票平台购买了一张国际航班机票，共支付人民币 17716 元，包含 14272 元机票费用及 3444 元税费。因行程变动，起飞前 6 小时左右，刘译向平台提出退票申请，第二天收到了 14430 元退款，退款明细显示"需扣除税费 3286 元"。

根据平台退改签规则，"提前 3 小时退票，票面全退，可退税款 158 元；不足 3 小时，退款 930 元，可退税 158 元"。该青年认为，平台的退改签规则标注不清，使自己误以为"票面全退"的意思是"款项全退"，因此诉至法院，要求平台退还扣除的 3286 元。

平台则认为，已经向该青年展示了相关退改签规则，保障了旅客的知情权，已尽到了义务。

北京四中院审理认为，该青年在订票平台购票，与平台之间成立了网络服务合同关系，平台经营者有义务在提供服务过程中保障消费者的知情权和选择权，当通过平台订立的合同出现履行不能、履行瑕疵时，平台应当全面、真实、准确、及时披露服务信息，协助消费者更好保

障权益。订票平台在刘译订票时，已经清晰地展示了“退改签规则”，后续按照“退改签规则”退款，而该青年将“票面全退”理解为“款项全退”属于自己的误解，因此平台履行了维护消费者权益的责任，该青年的诉讼未获一审法院的支持，该青年上诉后，北京四中院终审维持原判。

分析：本例中旅客在购票时应如何避免发生此类情况？

课后思考

1. 签转与变更有何区别？
2. 哪些情况的变更属于非自愿变更？
3. 旅客自愿退票有什么时间规定？
4. 对于不同的时间，退票费的标准是如何规定的？

课题四　团体旅客客票的处理

学习目标

理解团体旅客的概念；
理解团体旅客订座及购票的一般规定；
掌握团体旅客退票的规定及退票费的计算方法。

素养目标

弘扬民航“工匠”精神。

思政小课堂

国航宣布调整国内客票退改手续费

2023 年 11 月，国航新版退改签收费标准实施，经济舱退改签费用大幅降低，让不少旅客欣喜不已。国航公布的规定显示，退改签费用将根据时间和舱位等级进行调整。时间段划分有所调整并且时间计算精确到分钟，分别为航班起飞前 7 天（含）之前、航班起飞前 7 天（不含）至 48 小时（含）、航班起飞前 48 小时（不含）至 4 小时（含）以及航班起飞前 4 小时（不含）至航班起飞后。此次调整主要是降低了经济舱的退改手续费，而头等舱、商务舱、超级经济舱的变化不大。购票页面显示的收费标准也进行了调整，部分舱位的退改手续费有所改变。

在国航现行客票退改规则中，根据舱位不同，分别在航班起飞前 14 天、起飞前 14 天到 48 小时、起飞前 48 小时至 4 小时、起飞前 4 小时至起飞后四个时段内，执行不同的退改收费标准。而新版规则中，起飞前 14 天改为了起飞前 7 天，更加人性化，让旅客能够有更多的灵活性。在旅行过程中，退改签是一项非常重要的服务，因此，旅客在购票时需要了解航空公司的退改签规则，以免在旅行过程中出现麻烦。在航空公司推行新规则的同时，我们也需要思索如何在保证旅客权益的同时，促进航空公司的可持续发展。

航空公司在减少旅客退改签费用的同时，也需要重视机票销售和服务质量。在市场竞争激烈的情况下，提高服务质量、优化资源配置、创新服务模式，都可以帮助航空公司在竞争中处于优势地位，进而实现可持续发展。

一、团体旅客订座

团体旅客是指同一组织的人数在10人以上（含10人），航程、乘机日期、航班相同，并支付相同团体票价的旅客。购买婴儿、儿童及特种客票的旅客不得计在团体人数内。

团体旅客订座的规定：

（1）团体旅客应按照承运人规定在航班规定起飞日前提出订座，订座时应提供团体名称、航班号、日期、舱位等级。所有开放航班对旅游部门都接收订座。如需要增加航班、包机、更改机型等，应向承运人有关生产部门申请。

（2）当承运人尚未证实团体旅客所需要的航班座位时，订座部门或销售代理人不得在后续的订座中分散地索要所需座位。

（3）已订妥座位的团体旅客应在承运人规定或预先约定的时限内购票，否则原订座位不予保留。大多数航空公司依据不同航线的销售情况设定了团体旅客预订和出票的时间限制。

二、团体旅客购票

团体旅客购票的规定：

（1）团体中的每一位旅客均应单独填开一本客票。

（2）团体客票除应符合一般客票填写规定以外，还应遵循以下规定：签注栏填写团体人数、团号和票价类别；票价级别栏填写出票代号。

（3）团体旅客已经订妥的座位，应在规定或预先约定的时限内购买客票，否则原所订座位不予保留。

三、团体旅客客票变更

团体旅客客票变更的规定：

（1）团体旅客购票后，如自愿要求改变舱位等级，经承运人同意后方可办理，票款差额多退少补。

（2）团体旅客自愿要求变更航班、日期，应按自愿退票办理。

（3）团体旅客中部分旅客自愿变更，造成继续旅行的旅客不足10人，则已不具备团体旅客应享有的优惠条件，继续旅行的旅客应补付普通票价和原付团体票价的差额，换开新客票。

（4）团体旅客中部分成员因病要求变更，如有医疗单位证明，按非自愿变更处理。

四、团体旅客退票

团体旅客对航空公司的座位利用率、座位虚耗等影响较大。因此，航空公司对团体旅客的票价有特别的优惠，对团体旅客的退票也有特殊的限制。

（一）团体旅客自愿退票的规定

1. 退票地点

（1）团体旅客自愿退票只限在原购票的售票处办理。

（2）团体旅客非自愿退票，可在原购票地、航班始发地 / 经停地 / 终止旅行地的承运人售票处或引起非自愿退票事件发生地的承运人地面服务代理人售票处办理。

团体旅客购票后自愿要求退票，按承运人有关规定收取退票费。

2. 整团自愿退票的规定

（1）在航班规定离港 72 小时（含）以前，收取客票价 10% 的退票费。

（2）在航班规定离港前 72 小时以内，至规定离港前一天 12:00（含）以前，收取客票价 30% 的退票费。

（3）在航班离港前一天中午 12:00 以后至航班规定离港时间以前，收取客票价 50% 的退票费。

（4）持联程、来回程客票的团体旅客要求退票，分别按上述三条规定收取各航段的退票费。

（5）在航班规定离港时间以后，客票作废，票款不退。

3. 部分成员自愿退票的一般规定

（1）如乘机的旅客人数不少于该团体票价规定的最低团体人数，按上述整团自愿退票规定收取部分成员的退票费用，其余旅客继续乘机。

（2）如旅客人数少于规定的最低团体人数，按下列规定办理：

① 如果客票全部未使用，应将团体旅客原付折扣票价总金额扣除剩下的乘机旅客按当时开放的散客票价计算的票款总金额后，再扣除按团体旅客自愿退票的规定应收取的退票费，差额多退少补，并为继续乘机的旅客重新填开客票。即：

应退或应补金额 = 原付票款总额 - 退票手续费 - 剩余旅客按当时开放的散客票价的票款。

② 如客票部分未使用，应将团体旅客原付折扣票价总金额扣除该团体使用航段的票款后，再扣除乘机旅客按当时开放的散客票价计算的未使用航段票款总金额及团体旅客自愿退票所规定的退票费，票款的差额多退少补。即：

应退或应补金额 = 原付票款总额 - 已使用航段票款 - 剩下旅客按当时开放的散客票价计算的未使用航段票款 - 退票费。

例 7-5

某旅行社与航空公司达成协议，组团人数在 30 人以上时，享受 7 折机票，30 人以下的团队只能享受 9 折机票。现该旅行社组织了一支 31 人的旅行团，从甲地到乙地双飞五日游（甲乙两地之间的票价为 1000 元）。临近返程时，团队中两名成员因故不回甲地，提出退票。应怎样退费？（不考虑民航发展基金、燃油附加费）

分析：旅行团付总款 =1000 元 ×70% × 31 人 ×2=43400 元。

来程应付款 =1000 元 ×70%×31 人 = 21700 元。

回程退票 2 人，团队只有 29 人，不能享受 7 折机票，只能按 9 折付款，故回程应付款 =1000 元 ×90%×29 人 =26100 元。

来回程应付总款 =21700+26100 =47800 元。

实际付款低于应付款，不予退费。

例 7-6

上例中如果 10 人提出退票，应如何退费？（不考虑民航发展基金、燃油附加费）

分析：所付总款和来程应付款不变，回程也只能享受 9 折机票。

回程应付款 =1000 元 ×90%×21 人 =18900 元。

来回程应付总款 =21700+18900=40600 元。

实际付款高于应付款，高出 43400-40600=2800 元。

团队旅客在航班离港前一天提出退票，应收 30% 的退票费，退还 70% 的票款，实际应退款 =2800×70%=1960 元。

通过两个例子可以看出，团体旅客中部分成员退票，如果影响到了团队规定的人数，几乎不能退费，只有在退票人数很多时，才有可能退金额很少的款项。

例 7-7

有一个 15 人的旅行团，乘坐 3 月 20 日上海—北京航班，时间是 12:00。单人正常票价 1000 元，该团可以享受 8 折优惠。3 月 19 日 13:00，有 6 人要求自愿退票。问应退给旅客多少？若有 4 人自愿退票呢？

分析：若 6 人退票，剩下的旅客人数不足团体最低人数 10 人。

原付票款总额 =1000×0.8×15=12000 元。

旅客在航班离港前一天中午 12:00 后至航班规定离港时间前提出退票，费率为 50%。

退票手续费 =1000×0.8×50%×6=2400 元。

剩余旅客按当时开放的散客票价的票款，为 1000×9=9000 元。

应退或应补金额 =12000-2400-9000=600 元，即退回旅客 600 元。

若 4 人退票，剩余旅客人数超过团体最低人数，原付票款 =1000×0.8×4=3200 元。

退票手续费 =1000×0.8×50%×4=1600 元。

应退金额 =3200-1600=1600 元，即退回旅客 1600 元。

课堂练习 7-6

某一个团的旅客人数为 12 人，享受 8 折客票（最低人数要求 10 人），票款原价为 1000 元，团中有 6 名旅客在航班规定离港时间的 2 天前自愿退票，计算应退还给团体旅客多少票款。

课堂练习 7-7

有一个 18 人的旅行团，乘坐 11 月 20 日长沙—北京航班，时间是早上 8 点。单人正常票价 900 元，该团可以享受 7.5 折优惠。11 月 19 日下午 4 点，有 9 人要求自愿退票。应退给旅客多少费用？若有 4 人自愿退票呢？

团体旅客退票

（二）团体非自愿退票的规定

团体旅客非自愿或团体旅客中的部分成员因病要求退票，应按照个人旅客非自愿退票的规定办理，不收取退票费。

五、团体旅客误机

对于团体旅客误机的处理，各承运人规定不同。有的规定团体旅客误机，客票作废，票款不退；也有的规定误机发生在航班规定离港时间以前，收取客票价 50% 的误机费，误机发生在航班规定离港时间以后，客票作废，票款不退。

课堂练习 7-8

某旅客团队 22 人，票价优惠后为每人次 620 元。由于旅客原因误机，误机费用应如何处理？

案例分析

临时跟团旅客退票遭拒，航空公司回应赴泰国机票能否退改

2025 年 1 月，有安徽旅客反映，他们一行 20 多个朋友组成了一个临时团，通过旅行社预订了 2 月 27 日前往泰国清迈的机票，机票价格每人 2300 元，次日决定取消行程，要求退票，但遭到拒绝。理由是“临时团队票不退不改签”。

航空客服人员对此表态称，团体票退票需联系消费者最初联系的购票途径，目前也没有关于前往泰国机票的特殊退票政策。该旅客认为，航空公司的这一做法并不合理，“临时团队票不退不改签”是航司的单方面要求，属于“霸王条款”。

“这个其实应该归属于游客和旅行社之间的纠纷。”有航司从业人员对记者解释称，一般来说，旅客临近起飞再改票，会造成舱位波动，越晚改期，剩余空座销售可能越难，所以航空公司会设置不同梯队的改票规定，来平衡成本与收益，越晚退改成本越高。“我们和旅行社之间的是叫做包座位合同。比方旅行社来买20个位置，这个座位你卖给谁、怎么卖自己定。即便卖不掉、空着，那也是旅行社要承担的风险。”

旅行社工作人员强调，游客参与团队游，即与旅行社签协议，参与其组织的旅游活动，其间涉及旅游产品的价格、退改等政策，都是依据旅行社与航司、酒店之间长期签有的合同协议规定，比如出发前几天可以无损退、临近多少天要扣百分之多少，团队游报名时都会告知旅客。

分析：临时团队票不退不改签这一政策是否合理？

课后思考

1. 团体旅客订座有哪些一般规定？
2. 团体旅客购票有哪些一般规定？
3. 团体旅客客票变更有哪些一般规定？
4. 团体旅客自愿退票，在不同时间段应如何收取退票费？

复习题

模块七复习题

管理技能篇

模块八 <<<

民航客运收益管理

课题一 收益管理认知

学习目标

掌握收益管理的概念；
了解收益管理的发展历程；
理解适合实施收益管理的行业特征；
理解航空公司实施收益管理的必要性和可行性。

素养目标

培养职业道德与职业操守。

思政小课堂

民航局发文规范春运机票价格：避免频繁调价、价格大幅波动

2024年春运假期国内机票量价齐升，民航局出手加强票价管理。中国民航局给民航各地区管理局、各运输航空公司、中国航空运输协会等下发《关于加强2024年春运期间民航价格管理的通知》，要求加强春运期间民航价格管理。

民航局要求加强春运期间价格管理：避免频繁调价、价格大幅波动，扰乱正常的市场秩序。要求各运输航空公司提前分析研判2024年春运期间航空运输市场面临的新形势，加强市场动态监测，深入分析市场供需状况、旅客流量和流向。要加大重点时段、热门航线运力储备和供给，及时采取措施，科学调配运力，制定合理的价格和销售策略，有效引导市场预期，充分满足旅客航空出行需求，确保航空运输市场价格平稳、竞争公平有序。

要加强价格自律，规范价格行为。实行政府指导价的国内航线运价，不得超过政府规定的基准价及上浮幅度；实行市场调节价的国内航线运价，不得超过公布运价。国际运价不得超过经核准和备案的公布运价。各运输航空公司要落实明码标价要求，及时、准确、全面地公布运价水平及适用条件。不得相互串通、操纵市场价格；不得捏造、散布涨价信息，哄抬价格，推动价格过高上涨；不得以低于成本的价格倾销；不得虚构原价、虚假标价、虚假打折、采用误导性价格标示、隐瞒价格附加条件；不得开展虚假宣传等不正当竞争行为；不得从事垄断协议、滥用市场支配地位等垄断行为；避免频繁调价、价格大幅波动，扰乱正常的市场秩序。

一、收益管理的概念

1. 收益和收益管理的概念

收益，是衡量航空公司经营成果的一个很重要的指标。严格地讲，衡量收益有两个指标，即每客英里与每座英里，计算公式如下：

每客英里（或公里）收入 = 运输收入 / 客英里（或公里）

每座英里（或公里）收入 = 运输收入 / 座英里（或公里）

通常，除特别说明外，收益是指每旅客单位英里（或公里）的收入，即上述第一个指标：每客英里（或公里）收入。即

$$\text{Yield} = \text{Revenue/RPKs} \text{ 或 } \text{Yield} = \text{Revenue /RPMs}$$

式中 RPKs——收入客公里；

RPMs——收入客英里。

一般而言，航班总收入是载运率与收益水平共同作用的结果，而较高的载运率不一定意味着高的航班收入，当低价位旅客比例过大时，航班收益水平被侵蚀，航班总收入降低；相反，提高票价水平或减少低价位旅客数量可以提升收益水平指标，但同样未必实现高收入，因为航班载运率可能因此降得过低，此时高收益的获得是以较低的载运率为代价的。因此寻求载运率和收益的平衡点正是航空公司收益管理的真谛，该平衡点实质上是载运率和收益二者的最优组合。

在航空公司实行单一票价的情况下，收益高就意味着收入高。航空公司可以通过计算收益的高低来确定经营状况的好坏。但在航空公司向市场提供多种票价的情况下，有时收益多少并不代表航空公司的利润水平。因为，收益的高低取决于各级票价水平的高低和与之对应的座位数的多少，高收益的获得可以通过提高各级票价的水平或减少低票价的座位销售量来达到，而以上两种途径中任何一种均无法保证航空公司经营收入的增加。所以，在实行多舱位管理的情况下，收益的高低并不能反映利润水平的高低，显然，追求收益最大化不是也不应是航空公司收益管理的目标。对航空公司来说，追求利润的最大化是他们的主要目标，因此，收益管理所追求的目标也应是利润的最大化。事实上，收益管理的直接目标是航班收入的最大化。就一个既定的航班而言，由于分摊给它的固定成本是基本不变的，多载运一个旅客所引发的变动成本的增加也是很小的，所以，航班收入的最大化也就相当于航班利润的最大化。

因此，在谈到收益管理时，不能仅从字面的意义来理解，不能将它错误地认为是追求航班收益的最大化，因为实际上它是指航班收入的最大化管理过程。

所谓收益管理亦称收入管理（yield management 或 revenue management），收益管理是指航空公司通过运用预测和优化等科学手段，对价格和座位进行适时有效管理，使自己经营的每一航段的每个座位以最好的价格出售，从而实现企业整体收益最大化的管理方法。而按收益管理的鼻祖——美利坚航空公司的表达方式，收益管理是一套在正确的时间、正确的地点，把正确的产品销售给正确的旅客的方法，是为实现收入最大化而进行的有选择地接收和拒绝订座的过程。收益管理在民航业的应用，从本质上说是一种营销方式的变革。它将形式上一致的座位，人为地加以区分，以满足不同消费层次旅客的需求，兼顾客票销售收入与客座率的高低，从而达到航班收入最大化的目的。即收益管理是一种试图以最大盈利方式分配一趟航班的

座位，以达到用固定生产能力来匹配各细分市场的潜在需求（如普通旅客、旅行者、超级节约者）的先进的管理方法。航空客运收益管理的两个基本要素是多级舱位和多种票价。可以说，收益管理就是如何对多级舱位和多种票价进行有效的管理。

收益管理涉及的两个核心问题是：差别定价（pricing）和座位存量控制（seats inventory control）。座位存量控制是对未来任一飞机上不同等级票价所对应的座位数的限制过程，就是航空公司为适应不同旅客群体的需求及他们不同的票价支付能力而在订座系统中设置若干数量不同的可调的订座舱位，从而给旅客创造更多的乘机机会，并设法使旅客订座的各舱位的票价比例最为合理，以达到收益的最大化。座位存量控制在收益管理中是一项极为重要的工作。由于票价和舱位对应，故座位存量控制的正确与否直接影响到航班的销售。采用等级镶嵌的舱位设置，可以使各订座等级的航班相互联系，避免出现高舱位关闭而低舱位开放的情况，同时简化了编目航班的控制管理。

差别定价是依据顾客需求的多样性以及在不同时刻座位对于旅客的价值的差别等因素，将运输产品（座位）设定为不同价格的过程。如果航空公司的销售采取单一的价格体制，那肯定不能满足社会多层次的需求，航班的收益将不可能达到最大。民航旅客主要分为商务客和休闲客两大类。商务客一般对价格不太敏感，也就是说他们需求的价格弹性很小。对待这类客人，收益管理强调使用各种限制条件，防止他们向低票价流窜，尽可能地将机票以全价售出，否则航空公司将白白流失本应可以获得的收入。而对于一般的休闲客，他们正好相反，其需求的价格弹性很大，可以按照不同的航线、季节、起飞时间、航班、机型等细分舱位等级，以满足市场不同层次的需求，那么航班的收益必然远大于单一的运作体制，特别是在需求旺季。

2. 正确认识收益管理

首先，收益管理的目的是实现收入的最大化。然而，收入的最大化并不意味着利润的最大化，因为利润的取得是收入和成本共同作用的结果，这一结论是不容置疑的。研究航空客票折扣销售，之所以将收入最大化作为收益管理的目标，是由航空运输这一特殊行业决定的。航空旅客运营过程中，一般可以认为，当航班被确定和公布之后，其运营成本的绝大部分就已经确定，旅客的增加或减少对运营成本的影响是微乎其微的。航空部门成本的稳定性，决定了实现收入最大化的同时便实现了利润最大化，收入最大化同利润最大化是统一的。

另外，收益管理的着眼点是每个微观市场，目标是寻求微观市场中供给与需求之间的平衡点。将每一航班增加的收入集合起来，实现运营总收入的增长。因此，收益管理是建立在正确的战略决策、合理的航班组合与线路规划、良好的航班计划的基础之上的，是一种精细工程。

3. 收益管理的产生

收益管理并不是一开始就有的，而是随着航空业发展和竞争的加剧而产生的。总的说来，民航机票的管理经历了手工订座、电脑订票、折扣票价、航空放松管制四个阶段后才走到今天的收益管理阶段。

手工订座，出现在航空运输早期，当时乘坐飞机与今天的公共汽车一样，先到先上，到时间起飞，预订座位则是通过打卡的方式记录下来。

20 世纪 60 年代中期，IBM 分别与美利坚航空公司（AA）和达美航空公司（Delta）合作，开发了世界上第一个电脑订票系统，并在很短时间内淘汰了手工订座。后来由于出现了有些订了座位的旅客不来登机，给航空公司造成了不少浪费，航空公司开始实行超售（overbooking）。

随着航空业的发展，航空公司越来越多，航线和航班也越来越多。为了吸引旅客，1975 年美利坚航空公司开始实行折扣票价用来吸引旅客，增加旅客人数。当时美利坚航空公司称之为“超级省钱票”（super-saver fares）。与此同时，波音公司提出了“多余座位管理法”，鼓励航空公司采用折扣票。但很快，航空公司就发现，并不是人数越多，座位数越满，收益就越大，如果让折扣票旅客坐满了飞机，那么即使是满载也可能会亏本。面对这一问题，美利坚航空公司提出了一种有使用限制的折扣票价。通过制定一系列限制条件，使得那些能够付高价的旅客无法向低价旅客转移，同时又能从其他交通工具上吸引大量的旅客，将那些本来要虚耗的座位售出，提高航班的座位利用率。美利坚航空公司的新运价政策在市场上取得了巨大的成功，随后很多航空公司也采取了同样或类似的运价政策，民航机票开始了折扣票价时期。

1978 年 10 月 24 日，美国签署了航空放松管制法，废除了对航线和票价的所有管制。20 世纪 80 年代中期，欧洲开始效法，进入了航空放松管制阶段。由于解除了约束，航空公司之间的竞争变得异常激烈。在 1992 年最终爆发了民航史上著名的“92 航空血战”，1992 年 4 月美利坚航空公司凭借其雄厚的实力，首先挑起票价战，试图靠降低票价争取客人，美国西北航空和其他的航空公司也纷纷效仿。参战的各航空公司共卖了 4.7 亿张折扣票，损失 20 亿美元。然而这场票价战的最大获利者却是没有参与“血战”的大陆航空公司，大陆航空公司之所以能够在这场恶性竞争中如此从容，一定程度上是依靠其在一年前安装使用的一套客运收益优化系统（passenger revenue optimization system）。这套系统是根据数学模型、古典微观经济学概念、统计理论以及运筹学理论而开发。它将预测、优化、数据库管理有机融为一体，并配有决策辅助中心，有效地做到了座位控制，这也正是航空收益管理的雏形。许多航空公司也由此认识到了收益管理的重要性，航空收益管理的真正兴起也就是从这个时候。

航空公司不断扩张，生产能力迅猛增长，越来越多的航班上出现了空余座位。航空公司开始采取降低票价（俗称折扣票）的办法来吸引更多的旅客。但实践中人们发现，并不一定是空位越少效益就越好。航空公司由此开始对折扣票加以限制条件，使折扣票价逐渐发展成为多级票价结构。价格结构的调整带来的新问题是：如何将座位分配不同等级的票价，才能收入最高、效益最大？这就出现了座位的分配和控制问题。旅客类型和需求千差万别，折扣票及其限制条件也变得越来越复杂。如何设置各种折扣票、采取哪些更为精细的座位控制方法才能获得最大的收益等问题成为人们研究的焦点。这就是收益管理思想的雏形。

航空收益管理的作用是明显的。各大航空公司在自身条件不同的情况下，运用收益管理年收入增长达到了 3% ～ 5%；美利坚航空公司使用全航程收益管理，每年带来了上亿美元的额外收入；达美航空公司采用收益管理后，第一年就增加了 3 亿美元的收入。

4. 收益管理的发展

收益管理在不同时期有不同的特点，收益管理研究对象与相应时期的航空运输业务问题也不尽相同，如表 8-1 所示。

表 8-1 收益管理研究对象和相应时期的航空运输业务问题

时间	航空运输业务问题	收益管理研究对象
20 世纪 60 年代	旅客订座取消、订座后未登机且未取消	
20 世纪 70 年代	折扣票价	座位分配
20 世纪 80 年代	中心 - 辐射式网络	网络收益管理（虚拟嵌套、投标价控制）
20 世纪 90 年代	航空联盟、代码共享 Internet	联盟收益管理、座位拍卖

早期萌芽阶段（20 世纪 60 年代）的研究主要集中在超售以及与其相关的预测上；20 世纪 70 年代随着折扣票价的出现，研究重点转移到座位分配（折扣分配）上；20 世纪 80 年代出现的中心 - 辐射式航空运输网络使得研究人员转向网络收益管理——起始点（origin-destination，O&D）控制；20 世纪 90 年代开始将定价和航班计划等其他运输计划功能与座位控制结合起来，拓展传统的收益管理（座位超售和座位分配）概念。美利坚航空公司作为成功应用收益管理研究的先驱代表，从 1963 年开始应用各种收益管理技术，经过 25 年的发展，于 1988 年构建了第一个完整的收益管理系统——DINAMO（dynamic inventory and maintenance optimizer）系统，一直使用到现在。第一个实时的起始点收益管理系统是 SAS 航空公司的 True O&D 系统，

于1993年投产。20世纪90年代末，我国学者开始接触并研究收益管理，2001年4月中国南方航空公司与美国PROS公司合作，引进PROS收益管理系统，成为中国第一家应用收益管理系统的企业。

由于航空公司最先研究与应用收益管理并取得很大成功，收益管理很快被广泛应用于酒店、货运、汽车租赁和旅游等领域。

5. 收益管理系统

收益管理系统是计算机辅助支持系统，融合了数据采集、数据管理、需求预测、超售、座位优化控制和报表评估等功能。

1965—1975年，大多数航空公司实现了订座系统的计算机化。计算机在民航管理中的引入和发展，给航空运输业运营管理方式带来了一场革命。这不仅改变了原有的手工订座方式以及原始粗放的座位控制方法，而且彻底改变了航空公司的销售方式和分销网络，实现了座位集中化管理和控制。将旅客的有关信息直接输入计算机系统，大大方便了对航班的事先安排和座位的控制，同时也使航空公司可以积累、保存详尽的旅客信息，为进一步研究旅客需求以及市场变化规律提供宝贵的资料。被认为是收益管理有效手段之一的旅客超订方式，就是依据对上述资料的预测结果而进行的。因此，计算机订座系统是实施收益管理的物质依托，收益管理是计算机系统管理职能不断发展的结果。

收益管理系统根据已经起飞航班的订座曲线规律和未来航班的现有订座水平，预测现有航班安排下各舱位的旅客需求量。依据不同舱位的价格水平，做出座位存量优化控制方案。在确定座位存量优化控制方案时，要考虑到不同舱位的No-Show水平和超订水平，从而综合优化座位分配安排，并将此结果加载到订座系统之中。

二、适合实施收益管理的行业特征

航空公司之所以能率先实行收益管理，是由其行业特征所决定的。西方学者归纳出行业使用收益管理需要具备如下特征：

1. 产品具有时效性

产品或服务过时后没有任何价值，它们不能通过存储来满足顾客在未来的需要，如果产品或者服务在一定时间内销售不出去，企业将永久性损失这笔潜在的收入。例如，航班起飞后，航空公司就不能再出售该航班的机票，该航班空闲的座位就失去了其潜在的价值。

2. 提供产品的能力相对有限

提供产品或服务的能力有限，追加新的产品或服务能力需要较长的时间或大量的投资。例如，航空公司的服务能力（拥有的飞机数量）是有限的，想要增加能力（增加飞机数量）需要投入大量资金和经历较长的购买周期。这一特征适于采用收益管理的原因是显而易见的，能力有限才会引出提高能力利用率的问题。

3. 客户的需求可清楚地分类

客户可以按职业、收入水平、消费特点、对价格的敏感程度等因素划分为不同类型，即进行市场的细分。也就是说，不同类型的客户可以以不同的价格接受无差异或差异很小的产品或服务。当然，这种市场的划分和价格差异应该是客户所能理解和接受的，通常情况下可以利用客户购买产品和服务时间的不同来划分市场，根据距离产品出售的最后期限以及具体的需求状况，或者通过提供不同的折扣价格来吸引不同市场中的客户，让不同的客户用不同的价格买到无差异或略有差异的产品或服务。

4. 产品可预售

如果所有的产品或服务是在统一的时间内一次性出售，就很难对客户的行为特征进行分析，也不能完成市场的合理划分。例如在航空市场，机票的价格是随时间和需求的变化而不断调整的。在每个订票请求到达时，收益管理系统可以权衡是提前将机票以低价售出，还是将机票预留给后到的愿意出高价购买的旅客。

5. 产品固定成本高、变动成本低

提供产品或服务的变动成本很低，一般应大大低于分摊的固定成本。产品定价的范围较大（只要高于变动成本即可）。例如，航空业就是这样一个典型的行业，飞机座位的固定成本十分高昂，而变动成本却较低，只是机上餐饮和一些服务。因此一旦飞机座位的销售收入超过了由固定成本决定的盈亏平衡点之后，销售出的每个座位，其售价与变动成本之间的差异就是航空公司的利润。

6. 产品需求波动性较大

收益管理可以起到平衡需求的作用，在需求高峰期，企业可以通过提高产品或服务的售价来增加总收入，而在需求低迷时，通过适当降低产品价格又可以刺激需求以提高产品的利用率。通常产品需求呈周期性连续变化，因此管理者可以根据历史数据预测需求高峰和低谷的出现。

三、民航客运的行业特征

航空公司之所以率先实行收益管理，是由航空公司独特的运营特点决定的。一般而言，航空公司具有以下特征。

1. 航空运输产品的不可储存性

航空运输产品与其它行业产品最大的不同点就是座位的不可储存性。如果某个航班的座位在飞机起飞前没有完全售出去，剩余的座位是不可能保存起来留待以后再售的，这些座位将会白白地“浪费”掉，其潜在收入就永远失去了。因此，降低航班座位虚耗可以有效地提高航空公司的经营效率，增加公司的利润。

2. 航空运输产品的预售性

通过订座系统，航空公司可以在飞机起飞前就将其产品（座位）销售到旅客手中，使旅客能够在到达机场之前就将航班座位订妥。然而，正是由于这一特点，航空公司经常无法准确地把握其航班的销售情况，有些订妥航班座位的旅客常常由于某种原因临时取消或改变行程，其原有的座位由于来不及销售给其他旅客而被白白地虚耗掉，给航空公司带来不必要的损失。因此，航空公司应当准确地预测未来旅客预订的趋势，将航班座位虚耗减少到最低限度。

3. 相对固定的生产能力

在通常情况下，航空公司在一条航线上投入的机型及班次是相对固定的。由于运力（飞机的座位数）的限制，在市场需求旺季，航空公司常常不能满足旅客的订座需求，一些旅客因而无法按其意愿订上座位。因此，航空公司应及时确定最佳的订座限额，有效地分配及合理地利用相对固定和有限的飞机座位。

4. 市场需求的多样性

旅客按照消费行为可以分为多种类型，有些旅客对价格比较敏感，如旅游者；有些旅客则对服务比较在意，如商务客。航空公司应当将其市场按照旅客的不同需求进行划分，为不同类型的旅客确定不同的运价等级。实践证明，市场划分得越细，价格差异就会越大，收益管理的作用也就越显著。

5. 同一航班中不同旅客的需求性

由于航空公司航线网的形成，在某一具体航班上，旅客也可以按其行程分为不同的类型。一部分为直达（或称“起止点”）旅客，另一部分为中转旅客。不同类型的旅客其销售运价存在着很大的差别。在一般的情况下，直达机票的运价水平要远远高于中转机票的比例分摊水平，

国际机票的价格要远远高于国际航班国内段的机票价格。因此在航班销售过程中，航空公司应对旅客的行程进行有效的控制和管理，尽可能多地将座位销售给直达旅客及国际航线旅客。

6. 航空运输市场需求的波动性

航空运输市场的需求受时间因素的影响非常大。在同一条航线上，一年中的每一个季节、一周中的每一天，甚至一天中的不同时刻旅客的需求都有所不同。因此，航空公司应通过各种手段，尽量缓解这一需求的不稳定性。在市场淡季（低需求期）刺激需求增长，提高服务能力的使用率；而在市场旺季（高需求期）则应尽可能地增加营运收入，将限制性服务的总收入最大化。

7. 航空运输产品的高固定成本、低变动成本性

对于某一具体的航班来说，几乎所有的成本（包括飞机成本）都可以看成是固定成本，而旅客服务的变动成本，如餐食、特殊服务等，所占的比例相对较小。也就是说，在一条航线上增加一个班次的成本会很高，而在某一航班中多销售一个座位的成本却很低（例如为一位飞机乘客提供餐食的费用几乎可以忽略）。因此，航空公司应当尽可能多地销售现有航班中的座位，以增加收入，而不能仅仅依靠增加班次来求得市场份额，因为航空公司的最终目的是追求利润最大化。

8. 竞争的非理性

航空公司是个竞争激烈的行业，为了抢占市场份额，有些航空公司不惜低价倾销，挑起机票大战，其它航空公司则往往迫于无奈而跟着降价，最终导致两败俱伤。因此，航空公司应积极采用各种先进的管理方法和手段，使竞争更加理性化。

这种特征曾经使航空公司感到手足无措。直到收益管理理论出现之后，航空公司才开始找到解决问题的方法。收益管理正是针对上述民航客运市场的行业特点而发展起来的。比如说，从市场需求多样性出发，航空公司可以掌握不同的旅客类型及其不同的需求，从而制定出合理的舱位等级和票价结构，实行多级票价和多舱位管理。同时，航空公司还可以通过预测，为较晚订票的旅客留下一定数量的（价格比较贵的）座位，并将本来多余的座位适时地降价处理。这样，既可以刺激消费，又可以化损失为收益。而根据航空运输市场需求的不稳定性，航空公司可以采取多种策略，对旅游旺季、淡季以及高峰季节进行分别管理，实施一些季节性调价甚至进行特殊管理等等。总之，收益管理不仅能帮助航空公司管好现有客源，同时还可以利用本来闲置的座位刺激消费，开拓新的市场。

案例分析

现在基于O&D的收益管理对于需求价值的判断基本上主要是基于历史数据的行程（行程的O&D是什么）、舱位、行程的价钱以及与行程相关的其他一些属性，比如最短最大停留，预测需求也是以行程属性为基础，对于此种模式可以粗略地认为是基于行程的收益管理。基于行程的收益管理几乎不考虑从旅客维度体现的信息并将其应用到具体的收益管理内容中去。

那么未来以旅客价值为核心的收益到底与现在基于行程的收益有什么不同呢？首先，在收集数据阶段，或许要收集旅客的收入状况、身份情况、同行人数、婚姻情况、地理位置，甚至是性别等旅客信息。或许还要收集旅客的查询数据、预订数据、支付数据、值机数据、行李数据、机上服务的数据、离港成行后的数据，甚至一些旅行评论等数据。或许还要继续收集航班属性方面的数据、产品库存方面的数据、竞争情况的数据等。所有的这些收集，都是为了要尽可能地了解旅客属性和真实需求。

其次，在收益预测阶段，基于收集的海量的旅客维度数据，预测的是未来某种类型的旅客对于产品的需求是什么，到底需要什么样的产品，此类型的旅客在此次出行中价值水平到底如何，有多少此种类型的旅客。当然，预测的理论和方法会比现在的预测方法复杂得多，难度也很高。只有预测到了旅客需求，才能为下一步“优化”我们提供的产品做准备，而所谓的“优

化"也就是下一步所讲的"实施动态报价和打包"。

总之，以旅客为核心解决的是收益理念中如何了解"人"的问题。

分析：如何理解未来可能的收益管理是以旅客价值为核心？

课后思考

1. 收益管理的核心问题是什么？
2. 适合实施收益管理的行业特征有哪些？
3. 航空公司实施收益管理的必要性和可行性是什么？
4. 航空公司具有哪些行业特征？

课题二 差别定价策略

学习目标

掌握差别定价的定义与原理；

理解差别定价的限制条件；

理解需求的价格弹性对票价折扣的影响；

理解旅客流动比率对票价折扣的影响。

素养目标

培养安全意识与爱岗敬业精神。

思政小课堂

湖南航空自研新一代运价管理系统上线

动态定价是航空公司收益管理的重要手段。湖南航空率先推出了符合自身精细化定价需求的运价管理系统，其中动态运价功能打破舱位限制，实现的实时生效功能可大幅提高航司定价的灵活性和即时性，获得业内一致认可，并在民航圈掀起了一阵"动态运价"系统建设浪潮。

湖南航空全面升级的运价管理系统可实现全场景全渠道覆盖、精细化价格管理、全自动发布、销售生态整合等功能，其中两舱动态运价的应用大幅提升两舱均价和客座率。可让新版系统同时支持公布运价、私有运价的集中管理，支持固定运价、规则运价、动态运价等各类运价，实现统一调控，支持BSP、B2B、B2C、旗舰店等全渠道的运价控制。在确保计算性能的同时，支持价格在规则范围内动态变更，打破舱位限制，可基于自身销售进度、旅客画像、渠道特征等信息动态浮动价格，以获得最合理的运价输出，进而提高价格灵活度。疏通OA审批流程，使得运价申请、审核、发布、校验、备案全流程线上统一管理，同时系统完成easyFare、OTA、销售系统对接，可实现运价的自动化发布，大幅降低人工操作失误率，规范湖南航空的运价管理机制。运价系统对内完成收益系统、销售平台、运价系统、官网、客服等系统的无缝衔接，对外完成航信、OTA、代理系统的互通互联，全面融入湖南航空信息一体化大生态，系统价值得到正向放大。

如果把收益管理问题逐一分解，它可以概括为六句话：多种票价和多级舱位管理是收益管理的基础；运价使用限制条件是收益管理的前提；预测和优化是收益管理的灵魂；舱位调控是收益管理的核心；信息技术是收益管理的手段；人员素质是收益管理的关键。

收益管理之所以从 20 世纪 80 年代起在国外航空公司中大行其道，就是因为它是以分析市场的规律性为前提，精确预测市场变化，准确估计旅客行为，力求捕捉每一个增加收入的机会。收益管理是一个应用性课题，同时也是一个边缘研究课题，它结合了市场营销学、经济学、数学规划、运筹学、决策学等多学科的理论和方法。它不仅随着这些基础学科的发展而发展，同时由于它与实际应用的紧密联系，反过来又推动了这些基础学科的研究和发展。

一、差别定价概念

1. 差别定价定义

1977 年，美利坚航空公司利用“剩余座位”理论向市场推出了世界上第一个折扣运价方案，并把这个方案取名为“超级省钱票价”，在向商务旅客售出正常运价的同时，向休闲旅客推出价格较低的折扣票，开始了航空公司细分市场的尝试。“超级省钱票价”特点是：如果旅客在出发前一个月或两个月就购买机票，同时愿意在回程之前，在外地至少停留 14 天，美利坚航空公司就给予多达 45% 的折扣。当然其可售数量是受到限制的。实践证明，“超级省钱票价”获得巨大的成功。1978 年，美国政府放松航空管制，美国的航空公司有了更多的机会施展折扣“拳脚”。它们借助订座系统的威力，逐一分析旅客的订座情况及其对价格的敏感程度，从而将全额与折扣两个等级的票价扩展到多个等级。

在随后的竞争中，航空运输市场细分的有关理论逐步完善，在空间位移需求的共性下，按照旅客对价格 / 时间的敏感程度，对机型、起飞时间、转机等不同的需求，对旅客进行进一步划分，根据不同旅客类型的需求弹性，对不同的旅客提供带有不同使用条件的运价，以达到既满足不同价位上旅客的需求，又防止高票价旅客滑落到低运价区间，从而使航班收益最大化的目的。这种基于旅客的需求而对市场进行细分的定价方法称为“差别定价”，这是有别于在航空管制时期航空公司用航线平均成本加上社会平均利润率的定价方法。

2. 差别定价原理

差别定价设计以市场划分、旅客构成和价格敏感程度为基础，引进量化分析，借助电脑决策系统实现精准定价与收益优化。为此，航空公司首先需要分析旅客的构成。航空旅客虽然是多种多样的，但归结起来无外乎两大类：商务客和休闲客。不同类型的旅客当然就会有不同层次的需求。商务客一般不介意票价高低，因为商务旅行一般都事关紧要，但商务客却非常重视以下几点：一是能否随时取得机位，以应付突发性的出差任务；二是航班班次密度，商务客希望能够随时往返，不必因为等候班机而贻误时机或浪费时间，因而航班密度频繁的航空公司最受欢迎；三是能否随时取消或更改订座；四是机舱服务水准；五是商务客时间宝贵，希望能够快速办理登机手续和提取行李。而休闲客与商务客正好相反，最关心票价是否经济实惠，其它各项反倒不太重要。机票太贵，旅客可能选择其它运输方式或选择其它机票比较便宜的旅游度假点，甚至待在家里不出去旅游了。

既然旅客有不同的价格承受能力，那么最理想的销售方式当然是差别定价。如果实行统一定价，那些可以承受更高价格的旅客就白占了便宜，航空公司损失不小；同时也把一部分价格承受能力较低的旅客拒之门外。因此，针对不同的消费市场，航空公司应当区别对待。如果航班上座率较高，还谈不上多大损失；如果航班上座率较低，空余位置较多，损失较大。因为这些空位不可能留待下次出售，飞机起飞后，就成为“烂苹果”，不值一分钱。与其让位置空着，还不如趁“苹果”没有烂掉以前，赶紧卖给那些承受能力较低、原本不打算坐飞机旅行的旅客，能收多少算多少。

当市场上仅提供一种运价时，航空公司所得的收入等于旅客人数乘以票价，在降低运价、刺激需求时，运价降低到一定程度后，需求的增长就不能再弥补运价降低带来的损失，由于航空公司固定成本占了营运成本很大比例，边际成本很低，使得在市场竞争的激烈环境下，极易爆发价格战，在运价单一的情况下，航空公司的亏损不可避免。如果在市场上同时提供多种运价，这时航空公司的收入等于多种票价乘以对应旅客人数的总和。一般情况下，多种票价的收入总和大于单一票价的收入，这就是差别定价的理论基础。从理论上说矩形细分得越多，面积就越大。当然航空公司也必须考虑细分的可实施性以及细分所付出的成本。

二、差别定价的限制条件

航班的收入变化主要来自两方面：一方面是因价格变化而增加的收入；另一方面是因旅客流动而损失的收入。只有当因流动而损失的收入小于因价格变化而增加的收入时，航班收入才能增加。当完全相同的产品出现高低两种价格以后，只有限制条件才能阻止承受能力较高、理应购买高票价的旅客不去购买便宜票，减少因流动而带来的损失。

限制条件是收益管理的关键，没有限制条件或有不起作用的限制条件的多种票价结构无异于降价销售。故而多种票价必须附带相应的限制条件，并严格执行这些限制条件。

头等舱和公务舱的旅客一般不介意票价的高低，却十分介意其他条件，如能否随时取得机位，航班班次密度，能否随时取消或更改订座，服务水平，能否快速办理登机手续和到达后及时提取行李等。针对不同类型的旅客特点，航空公司可以制定一些限制条件把他们尽量区分开来，让他们各就各位，不得擅自从高往低“流窜”等。

常用的限制条件有：

差别定价限制条件

（1）提前购票限制。商务旅客往往临时决定出差旅行，提前较长时间购票的可能性不大，而游客通常会较早安排休闲度假计划。因此大多数折扣机票都会有提前购票的限制，航空公司会根据不同折扣幅度要求旅客必须提前一星期、两星期、一个月、两个月或更长时间购买机票。

（2）在外停留时间限制。商务旅客通常来去匆匆，很少能在外地停留一星期以上的时间，同时也不太愿意在外地度过周末。而休闲度假旅客大都愿意利用周末假期出游，且多数游客度假时间长达一星期甚至更长时间。因此，很多折扣机票对旅客在外地的停留时间有限制，有的要求必须在外地度过周末，有的要求最短停留时间为一星期。与最短停留时间相对应的是最长停留时间限制。没有限制条件的正常机票有效期为 1 年，对于不同折扣机票，客票有效期通常会缩短至 30 天、45 天、90 天或半年。

（3）退票、签转和更改航班限制。商务旅客行程常有变化，退票、签转和更改航班的事情常有发生。因此航空公司一般不会限制全价票的退票、签转或更改航班，而对持折扣机票的旅客，通常会做出限制。例如：不得签转和更改航班、提高退票手续费直至不可退票。如国航从北京到上海某航班的成人 7.2 折公务舱的退改签限制条件如图 8-1，全票价公务舱的退改签条件为图 8-2。

成人票	退票费	2021年09月07日07:30前	2021年09月19日07:30前	2021年09月21日03:30前	2021年09月21日03:30后
		¥251/人	¥501/人	¥752/人	¥1002/人
	同舱改期费	2021年09月07日07:30前	2021年09月19日07:30前	2021年09月21日03:30前	2021年09月21日03:30后
		¥251/人	¥251/人	¥501/人	¥752/人
	签转条件	不得签转。			

图 8-1　某航班成人折扣公务舱的退改签限制条件

成人票	退票费	2021年09月07日07:30前	2021年09月19日07:30前	2021年09月21日03:30前	2021年09月21日03:30后
		¥0/人	¥349/人	¥349/人	¥698/人
	同舱改期费	2021年09月07日07:30前	2021年09月19日07:30前	2021年09月21日03:30前	2021年09月21日03:30后
		¥0/人	¥0/人	¥349/人	¥698/人
	签转条件	允许签转，如变更后承运人适用票价高于国航票价，需补齐票价差额后进行变更，同时收取变更手续费;如变更后承运人适用票价低于国航票价，可按自愿退票办理.如按照自愿变更办理，差额不退，同时收取变更手续费.			

图 8-2　某航班成人全票价公务舱的退改签限制条件

（4）出发时间限制。通常在淡季、平季和旺季的机票价格是不同的。淡季价格只能适用于淡季，如果要更改至其他季节使用，则需补交差价，甚至同一天中不同时段的航班也有淡、旺之别，持折扣票的旅客只能乘坐某个时段航班，如需变更到价格较高航班，则需补交差价。

（5）旅客身份限制。航空公司折扣机票有时是针对特定旅客身份的，例如按职业区分，有学生、教师、退休人员和军人优惠；最常见的旅客身份优惠是团体旅客优惠。

（6）与提前购票相对应的是候补登机的限制。航班起飞的前一两天，如果空位较多，航空公司可以以优惠价格出售给明显不属于商务旅客范畴的旅客，如青年学生、合家旅游等。持有候补登机限制的折扣票旅客可以提前购票，但不能提前订好座位，只能在机场候补，只有当航班出现旅客 No-Show 情况时，旅客才可以登机。这种类型的折扣票通常只限于旺季航班很满的情况，旅客会有一些风险，他们可能会连续几天不能登机，而商务旅客是绝对不会冒这个风险的。

设置限制条件是为了将航空客运市场分割成互相隔离的子市场，在不同子市场上制定不同价格，同时限制低价子市场的座位转卖到高价子市场，这样可以实现各子市场收益最大化，从而总收益也达到最大化。

三、票价折扣

初期的差别票价只有一两个类型，票价的折扣幅度也是航空公司凭经验而制定的。例如 20 世纪 70 年代末，美利坚航空公司推出了世界上第一个差别运价方案，其主要内容是：如果往返程旅客在出发前一个月以上购买飞机票，并且在到达地至少停留 14 天，美利坚航空公司就会为旅客提供高达 45% 的折扣。到了 90 年代末期，美利坚航空公司的折扣票价体系已经变得很复杂了。

在设计折扣票价的幅度时，航空公司除了考虑竞争对手的因素外，主要需要考虑的因素有两个：一是需求的价格弹性，二是旅客流动比率。

1. 需求的价格弹性

在经济学中，人们用需求的价格弹性值来反映价格和需求量之间的关系，即在其他条件不变的情况下，商品需求量对价格的变化而反映出的敏感度称为需求的价格弹性，并由此得出价格政策和收入之间的必然联系，即

收入 = 需求量 × 价格

需求的价格弹性 = 需求量变动的百分比 / 价格变动的百分比

经济学家根据该比值的特点将需求的价格弹性值分为 5 种类型：完全弹性、富有弹性、单元弹性、缺乏弹性和完全无弹性。其中完全弹性、单元弹性和完全无弹性只具有理论意义，实际中几乎不存在。而通过对富有弹性和缺乏弹性这两种实践中大量存在的情况的研究，人们发现了价格弹性和收入之间确实存在着某种规律，见表 8-2。

表 8-2　收入和价格弹性的关系

价格策略	缺乏弹性的产品	单元弹性的产品	富有弹性的产品
降价策略	减少总收入	总收入不变	增加总收入
涨价策略	增加总收入	总收入不变	减少总收入

根据以上分析，只要知道某一产品的价格弹性，企业就可以自行根据价格和收入间的关系来制定其产品的定价策略。这一表格我们可以从微观经济学的角度借助需求曲线来更直观地进行分析。一般地讲，市场价格与需求成反比例关系，价格下降，需求的数量就上升；价格上升，需求的数量就下降。为了说明价格对数量的影响，使用“需求曲线”，需求曲线是一条向右下方倾斜的曲线，它表明在其它条件不变时，需求与价格之间的反比例关系。

在其它条件不变的情况下，商品需求量对价格的变化而反映出的敏感程度称为需求的价格弹性。如果需求是弹性的，价格的变动造成全部收入相反地变动。无弹性需求的效果相反，价格上升，全部收入将会增加，而需求下降导致收入减少，即价格对需求影响很小。

需求的价格弹性用于衡量座位的需求数量对价格因素变化的反应程度。由于需求的价格弹性不同，当票价下降的幅度变化时，旅客的增长幅度不同。如果票价折扣幅度较大，而旅客的增长幅度却较小，这将导致航班的收益不但不增加反而会减少，这时就应该减小机票的折扣幅度。换言之，对于富有价格弹性的子市场，航空公司应该考虑加大飞机票的折扣幅度以使总收益增加；反之，对于缺乏价格弹性的子市场，航空公司应该考虑减少飞机票的折扣幅度以使总收益增加。

2. 旅客流动比率

旅客流动比率指高票价旅客群体向低票价旅客群体流动的比率，即使严格规定折扣票价的使用限制条件，也不能完全阻止高票价旅客群体流向低票价旅客群体。限制条件不同，旅客流动比率不同。如果旅客流动比率较大，说明子市场分隔不成功，将导致航班的收益不但不增加，反而会减少，这时就应该修改限制条件，严格划分子市场。

销售限制条件就是对不同折扣机票提出的不同的约束条件，即这张客票在购买和使用的时候有一定的限制，通过对客票的限制达到对旅客进行限制的目的。所以，这里说的限制条件并不是用来限制客票销售的，而是用来鼓励旅客多买高等级的座位，加强推销力度。其出发点是保住原有购买高票价的旅客市场，并有条件地挖掘新的市场，寻求新的需求。航班上的座位，不像有形商品可以储存，待适当时机再推销出去，航班起飞后，其所有空余座位使用价值便等于零，也就是说我们只能在飞机起飞以前，使用限制条件以实现在最适当的时机，以最准确的价位将最合适的座位销售给最需要的旅客。下面通过一个例子说明设置销售限制条件在多等级票价中的重要性。

例 8-1

某航线有如下市场需求特征：市场供给 1 个航班，150 座，市场需求如表 8-3。当票价为 1000 元时，市场有 100 名旅客；当票价为 800 元时，市场除了原来的 100 名旅客外，又增加了 20 名（票价为 1000 元时，他们不买票），总人数为 120 名；当票价为 600 元时，又增加了 20 名旅客，总人数为 140 名；当票价为 400 元时，总人数为 160 名。

表 8-3　不同票价水平的市场需求

机票类型	票价 / 元	市场规模 / 人	单一票价收益 / 元	RM 的收益 / 元
A	1000	100	1000×100=10 万	1000×100+800×20+600×20+400×20=13.6 万
B	800	120	800×120=9.6 万	
C	600	140	600×140=8.4 万	
D	400	160	400×160=6.4 万	

因此，要保证收益的最大化，必须尽量减少原有需求部分收益的流失，就必须启用销售限制条件。可采用购票时间限制、使用日期航班限制、停留时间限制、中途分程限制等。配合各种销售限制条件，就可以把市场不同层次的需求吸引过来，成为航班收益增长的一种手段，争取实现收益最大化。要达到这一目的，还必须明确认识到采用限制条件是为了在尽量保证航班原有收益不流失的前提下增加航班收益。航空公司现在要在整体上调整销售策略，要改变原来以产品为基础的销售策略（以航班舱位 F、C、Y 为定价基础），逐步建立以旅客需求为基础的销售策略，在相同的航空物理舱位中，允许按不同的购票时间、购买条件和航班时刻设立不同等级的机票价格和售票数量，以满足对机票价格具有不同需求的人们，实现航空公司收益最大化的目的。

3. 实例：票价折扣设计

某公司决定为 A—B 航线设计差别定价。该航线的全票价为 1000 元，平均每个航班的需求量为 100 个旅客，A 和 B 两个城市都是大型的政治、经济中心城市，以商务和公务旅客为主。市场调查发现，当 A—B 航线票价发生变化时，航线旅客量的变化见表 8-4。

表 8-4　票价变化时航线旅客量变化

票价折扣幅度 /%	A—B 航线旅客量增长幅度 /%
10	1
20	3
30	6
40	10

市场研究还发现，在不同的购票限制条件下，A—B 航线旅客的流动比率不同，具体数据见表 8-5，请为 A—B 航线选择最佳的票价折扣幅度和对应的限制条件。

表 8-5　在不同的购票限制条件下 A—B 航线的旅客流动比率

序号	限制条件	旅客流动比率 /%
1	无限制	46
2	提前 14 天购票	30
3	提前 28 天购票	28
4	提前 14 天购票 + 中午旅行	20
5	提前 28 天购票 + 中午旅行	18
6	提前 14 天购票 + 停留 7 天	17
7	提前 28 天购票 + 停留 7 天	16
8	提前 14 天购票 + 中午旅行 + 停留 7 天	14
9	提前 28 天购票 + 中午旅行 + 停留 7 天	12

很显然，有两个方面的因素影响着航班的收益变化：一方面是因刺激需求使旅客量增加而增加的收入；另一方面是因高票价旅客群体流向低票价旅客群体损失的收入。只有当因旅客流动而损失的收入小于因刺激需求而增加的收入时，航班收益才能提高。因此，可以算出 A—B 航线在不同票价折扣幅度下，流动旅客人数的限制，见表 8-6。

表 8-6　A—B 航线流动旅客人数限制

票价折扣幅度 /%	旅客流动人数必须少于
10	9
20	12
30	14
40	15

根据市场调查数据，可以得出 A—B 航线在不同票价折扣幅度下适合的限制条件，见表 8-7。

表 8-7 A—B 航线在不同票价折扣幅度下适合的限制条件

票价折扣幅度 /%	适合的限制条件编号
10	无
20	无
30	9
40	8、9

由表 8-7 可知，在 A—B 航线上只有 30% 和 40% 两个折扣幅度可供选择。

① 选择折扣幅度为 30% 时，只能选择限制条件 9，此时收益增加为：

$$6\times700-12\times(1000-700)=600\text{ 元}$$

② 选择折扣幅度为 40%，限制条件为 8 时，收益增加为：

$$10\times600-14\times(1000-600)=400\text{ 元}$$

③ 选择折扣幅度为 40%，限制条件为 9 时，收益增加为：

$$10\times600-12\times(1000-600)=1200\text{ 元}$$

所以，A—B 航线最佳的票价折扣幅度和对应的限制条件是：票价折扣幅度为 40% 且提前 28 天购票 + 中午旅行 + 停留 7 天。

差别定价要求根据市场的不同地理位置、不同的旅行目的地、旅行者的不同需求来进行严密的市场细分，根据不同市场的价格需求弹性的大小，在需求弹性较小的市场中，制定较高的价格；而在需求弹性较大的市场中进行适当的折扣，从而使航空公司实现收益最大化。因此，必须摒弃原来不看市场单纯依靠“成本加成”的定价方法或只看市场不顾成本乱打折的做法，而是要根据市场需求特征建立起一套附加不同限制条件的多级票价结构体系，实行差别定价。同时，积极开发国内政府公务和商务旅客的公司合同票价，制定要求较高的国内休闲和探亲访友旅客购买和使用折扣票的限制条件，借助限制条件来排列客票折扣次序并准确地将其按销售时段分离：预售折扣票价最低，订座舱位等级也最低，购票时限最早，限制条件最苛刻；团体折扣票价次之，订座舱位、购票时限相对宽松，限制条件较松；公布票价（全价）最高，订座舱位优先权最大，随购随售，无限制条件。

案例分析

过去，我国民航推出“一种票价，多种折扣”政策，由于航空公司对市场不作认真细分，没有根据各类旅客的特征采取有效的限制措施，导致一部分高票价旅客购买低票价，多种折扣最终演变成“削价大战”，最终导致收入流失，民航效益严重滑坡。由此许多人否定了这种折扣票价，同时把“多等级票价”和“一种票价，多种折扣”等同起来，进而也否定和怀疑“多等级票价”。

（1）“一种票价，多种折扣”是由政府制定公布票价，航空公司在公布票价基础上进行折扣、优惠。在价格问题上既有政府行为，又有企业行为。企业没有成为真正的市场主体；“多等级票价”要求航空公司成为真正的市场主体，制定自己的票价体系，自己控制价格。

（2）“一种票价，多种折扣”的核心是“折扣”，在公布票价的基础上进行多种折扣；“多等级票价”的核心是差别定价，并不仅仅是“折扣”，有时在提供更优质服务的基础上可以有远远高于公布票价的价格。

（3）“一种票价，多种折扣”没有对市场进行细分，对需求的价格弹性不加区分地一律优惠打折，也没有严格的限制条件，当然就无法保证航空公司的收益。“多等级票价”要求进行严密的市场细分，根据不同市场的需求特征、价格弹性，制定不同的价格，对富有弹性的细分市场进行适当的折扣，对缺乏弹性的细分市场进行适当的程度不同的提价，并且附以严格的限制条件，防止收入流失，从而保证航空公司的收益优化。

分析：“多等级票价”是否等同于“一种票价，多种折扣”？为什么？

课后思考

1. 差别定价的限制条件有哪些?
2. 简述需求的价格弹性对票价折扣的影响。
3. 限制条件如何对旅客流动比率产生影响?
4. 设计折扣票价的幅度时,航空公司应考虑哪些因素?

课题三 航班座位优化控制

学习目标

掌握座位优化控制的相关概念;
理解座位资源配置的方法;
了解 EMSR 模型的原理;
掌握线性嵌套、平行嵌套和混合嵌套三种销售策略的特点。

素养目标

培养安全意识与爱岗敬业精神。

思政小课堂

2025 年全球航空市场展望:高端需求旺盛引发产品升级潮

根据国际航协的数据,全球航空公司 2024 年的净利润总计近 320 亿美元。业内人士表示,这在一定程度上要归功于全球飞机短缺限制了运力供给,但真正的推手是强劲的高端需求。

达美航空方面表示,消费者仍在优先考虑高端体验,高端产品目前的表现确实比经济舱好得多;英国航空方面则表示,其在高端舱位方面表现尤为出色;拉塔姆航空方面表示,高端舱位的运力明显增加,表明南美市场对高端产品需求旺盛;加拿大航空方面称,高端舱位收入增长超过了整体收入增长。

在高端需求的推动下,多家大型骨干航企发布了客舱升级计划。英国航空宣布投资高达 70 亿英镑的转型计划,其中一项是在空客 A380 飞机上打造全新的头等舱套间。作为空客 A380 飞机客舱翻新计划的一部分,其全新头等舱套间预计将在 2025 年底或 2026 年初首次亮相。新加坡航空将斥资 11 亿新加坡元对其 41 架空客 A350-900 飞机进行客舱升级。印度航空宣布启动超 4 亿美元的客舱翻新计划,翻新 27 架空客 A320neo 飞机和 40 架宽体机。

值得注意的是,不仅是网络型航空公司在抢抓高端市场的机遇,低成本航空公司同样加入了这一行列。印度靛蓝航空在 2024 年发布了一款新的商务舱产品,美国西南航空在 2025 年将首次提供空间更大的高级座位,捷蓝航空在 2026 年之前将在美国国内航班上增加头等舱座位。即使是像精神航空和边疆航空这样的超低成本航空公司,在未来几个月内也将进行重大调整。精神航空已经推出了头等舱产品;边疆航空正在进行一项大胆的战略转型,计划从 2025 年底开始在其机队中引入头等舱座位。

设计折扣票价及其使用限制条件，目的是扩大市场需求，限制高价顾客群体流向低价顾客群体，以增加航班收益。但是如果不限制折扣机票的销售数量，即使是严格执行了票价限制条件，也可能出现因为低价旅客群体占用过多座位致使愿意支付高价的旅客买不到座位的情况，从而导致航空公司的收益降低。由于旅客需求的价格敏感性和最低票价必须提前购买的限制，航空公司往往先出售折扣票，然后出售高价票。因此，航空公司决策者需决策多少座位以折扣价格出售，而多少座位应保留给购票时间较晚的高价旅客。

舱位座位分配就是将航班上的同等级物理舱位的座位按一定的比例进行分配，制定相应的多等级舱位价格进行销售。舱位座位分配的目的之一是确保有座位留给后订座的高收益需求旅客，限制和控制低票价座位的数量，最终能最大限度地保证航班座位得以利用，达到防止座位虚耗的目的。这种做法主要基于以下考虑：旅客对低价座位的需求量十分庞大，远超航班的实际运力，如不加以限制，就会挤占高收益需求旅客的座位；低收益需求旅客的订座时间却往往比高收益需求旅客早，有一定的订座时间差；如完全不考虑低票价旅客的需求，最终可能会因为高票价旅客需求的不足，从而导致座位的实际虚耗。

一、相关概念

1. 座位优化控制

航班座位优化控制是指基于旅客的需求预测，利用数学规划模型为不同的航段和票价组合计算座位销售上限，从而达到收益最大化的一种航空售票方式。座位优化控制是在市场细分和差别定价的基础上，根据各个子等级的需求预测结果，本着优先保证高收益需求的原则，把可销售的座位合理分配到各个子等级上去。它是航空公司收益管理的核心内容，通过座位优化控制，才能把航班座位在合适的时间，以合适的价格销售给合适的消费者，实现航空公司收入的最大化。

2. 订座限额

订座限额，指某个舱位等级最多能够销售的座位数量。

3. 保护座位

保护座位（protected seat，简称 PS）是针对某个或几个等级指定可用座位数，这些座位不允许销售给较低等级的旅客。在线性嵌套式销售策略中，某个等级的保护座位只允许销售给该等级或者高于该等级的旅客。

为了有效进行舱位分配管理，确保高票价旅客的订座需求，首先要根据历史数据，预测各等级舱位可能的旅客需求，然后再结合特定日期和特定航班的运力、当前的订座状况、旅客购票行为方式以及竞争对手的价格策略等因素，从高到低依次确定高票价舱位的座位保护数量。但高票价座位保护数量过高，就有可能出现过多的空余座位卖不出去，降低航班的收益水平，相反，如果保护数量过低，就有可能稀释掉高票价旅客的需求，同样也会造成收益损失。因此，航空公司必须运用恰当的方法，确定适当的高票价旅客的座位分配比例。

二、座位资源配置方法

座位存量控制的目的是确保在供大于求的情况下，把座位留给能给航班带来高收益的旅客，限制低票价座位的数量。这种做法主要是基于以下认识：旅客对低票价座位的需求量往往会超过航空公司现有的运力，为了在实现收益最大化的前提下尽可能地提高航班的座位利用率，航空公司会对同一架航班设置不同的价格等级加以限制。这时，航空公司会根据旅客需求的历史数据、旅客的票价需求、旅客到达的分布率，预测不同价位的旅客需求，然后再结合特定日期和特定航班的运力、当前的订座状况、旅客需求特点以及市场竞争的价格策略等因素，从高到低依次确定不同价位的座位存量保护水平。

座位资源配置，就是考虑在不同等级不同票价的舱位上分配座位数量。一般来讲，有三种考虑方法：收入优先、客座率优先和收益优先。

1. 收入优先

该方法强调多卖高价票，以这种方式售票，客座率往往比较低，因此尽管每张票的均价比较高，但是收益不一定高。

2. 客座率优先

该方法强调多卖票，由于不同票价之间的可售数量没有限制，因此售出的低价票数量一般情况下会比高价票多。以这种方式售票，尽管客座率较高，但是由于票的均价较低，因此收益也不一定高。

3. 收益优先

与上述两种单纯强调价格或者数量的配置方法不同，该方法强调的是两者的组合，在不同价位上出售不同数量的票，原则是尽可能在尽量高的价位上出售尽量多的票，以保证收益的最大化。航班座位优化控制属于收益优先的配置方法。

三、座位嵌套销售策略

1987 年美国麻省理工学院的 Belobaba 教授在其博士论文中提出了“期望边际座位收益”（EMSR）方法，建立收益管理预订限制（被称为 EMSRa 方法），在 1992 年又经过完善形成了“EMSRb”模型。期望边际座位收益（EMSR）方法成为航空公司舱位控制的经典方法。各子舱位按照价格形成一种嵌套式的结构，即当高等级子舱位的座位销售完后并且该等级还有订座请求时，可以利用低等级子舱位的座位进行销售。多等级舱位的销售方式是建立在每一类消费者都有各自消费特性的基础上，由于消费者自身特性不能为航空公司所观察到，所以在设计多等级票价体系时，对各等级机票附加了一些限制条件，如提前购票、目的地停留时间、往返程订票、退票改签收取费用等。等级越低的机票限制越多，这样一方面避免高等级舱位的购买者转向购买低等级舱位的机票，另一方面使得各等级的需求具有较强的独立性。这样客观上造成了各等级需求到达的先后性不是很明显时，当低等级子舱位的座位尚未售完而高等级子舱位的座位已经售完，可以利用未售完的低等级子舱位的座位满足高等级子舱位的需求。

航空公司座位的物理结构是按照出厂的座位布局进行设置的。物理分舱上，航空公司一般分为 3 个基本舱位：头等舱（F）、公务舱（C）和经济舱（Y）。为了提高收益水平，航空公司通常又按照不同的票价折扣将相同的基本舱位再分成不同的子舱位，比如国内常见的经济舱被分为 9 折、8 折、7 折等不同子舱位，分别赋予不同的舱位等级代号 B、K、M，不同子舱位可售座位的销售策略有 3 种：线性嵌套、平行嵌套和混合嵌套。

1. 线性嵌套

线性嵌套销售策略优先保障高等级舱位的旅客有更高的订座优先权。在线性嵌套销售策略中，只要低等级舱位有剩余座位，高等级舱位订座申请就不会被拒绝，高等级舱位有优先权，可以占用低等级舱位座位。各舱位订座限额可以从较低等级舱位的保护水平的累积中得到。在销售时，高等级舱位一直开放到航班关闭时才关闭，而低等级舱位在高等级舱位关闭后不能再销售；相反，只要有需求，高等级舱位可以从低等级舱位获得座位来销售。

例 8-2

假设某航班经济舱共有 100 个座位，由高到低共有 4 个舱位等级 Y、M、Q 、V，则线性嵌套策略下各舱位订座限额如表 8-8 所示。由此可以看出航班座位分配能够优先满足高等级舱位需求。

表 8-8　线性嵌套策略下各舱位订座限额

子舱位	保护座位数	订座限额
Y	25	100
M	25	75
Q	25	50
V	—	25

2. 平行嵌套

平行嵌套和线性嵌套不同，平行嵌套销售策略下每个子舱位都是一个独立的产品，与航班的其他子舱位产品分开销售，互不影响。各个子舱位之间的座位不能交互使用，即较低等级的舱位即使未售完，也不允许被较高等级的舱位使用。

例 8-3

假设某航班经济舱共有 100 个座位，由高到低共有 4 个舱位等级 Y、M、Q、V，则平行嵌套策略下各舱位订座限额如表 8-9 所示。

表 8-9　平行嵌套策略下各舱位订座限额

子舱位	保护座位数	订座限额
Y	25	25
M	25	25
Q	25	25
V	25	25

3. 混合嵌套

混合嵌套是线性嵌套和平行嵌套的组合，即部分子舱位之间是线性嵌套关系，部分子舱位之间是平行嵌套关系。

例 8-4

假设某航班经济舱共有 100 个座位，由高到低共有 4 个舱位等级 Y、M 、Q、V，子舱位 Q、V 之间是平行嵌套，Q、V 和 Y、M 之间是线性嵌套，则混合嵌套策略下各舱位订座限额如表 8-10 所示。

表 8-10　混合嵌套策略下各舱位订座限额

子舱位	保护座位数	订座限额
Y	25	100
M	25	75
Q	25	25
V	25	25

综合上述例子分析，如果市场上 Q 舱有 25 张票的需求，那么 3 种销售策略均可以满足需求；但如果市场上 Q 舱有 30 张票的需求，那么仅线性嵌套策略可以满足，平行嵌套和混合嵌套模式下，订座系统会拒绝订座请求。因此，从收益管理理论的角度出发，线性嵌套对增大收益最为有利；而平行嵌套在管理上最简单；至于混合嵌套，航空公司根据实际情况进行选择。

航空公司可以根据差别定价，按航班计划确定的航线设计相应的价格产品，确定每条航线上的多等级票价销售的运价通告、价格手册等。由于目前各航空公司采用的是票价和舱位等级相对应的方法，即不同的票价对应不同的舱位等级，故舱位布局的分配及座位优化控制在整个过程中极其重要，完成这一过程还必须与结算系统、收益系统、座控系统、航班计划系统结合在一起，从中获得数据支持，最终通过座控系统得到最高收益。

案例分析

国内航空公司近几年才实施收益管理，国内外的舱位控制特点不同。国外舱位控制的一个突出特点是，各个子舱位之间存在明显的划分。这些划分包括提前一定时间购票、目的地停留时间、来回程订票、不可退票改签等。由于这些限制使得购票者根据自己的需求进行选择，一般不会有属于某个等级舱位的乘客去购买其它子舱位的机票。自然而然，各个子舱位之间具有良好的独立性，各等级子舱位的需求量在特定的时期内较为稳定，可能存在一定的分布规律，一般都假设为正态分布。国内也将航班上的座位划分成多等级子舱位，但是这些子舱位之间没有明显的划分标准。乘客不是根据自己的需求选择相应子舱位的机票，而是由航空公司根据自己的判断将乘客划分到各个子舱位中。

国外舱位控制另一个突出的特点是多等级机票可以并行销售。虽然子舱位之间的票价不同，但是乘客会根据自己的需求特性，购买相对应子舱位的机票。这样形成的航班订座数据表现为各等级子舱位销售数据是否达到限制数量与等级无关，甚至会出现高价格子舱位达到限制数量而低价格子舱位未达到限制数量。而国内却与此不同，多等级机票必须是顺序销售。在同一时间不能有两种票价同时出现，因为乘客总会选择购买低价格的机票。这样在销售记录中会显示出一个特点：只要不是本航班销售所达到的最高等级子舱位，其下子舱位的机票销售数量都会达到限制数量。

分析：我国是否要采用与国外相同的舱位控制方法？为什么？

课后思考

1. 简述座位优化控制的概念。
2. 座位资源配置的方法有哪些？
3. 线性嵌套、平行嵌套和混合嵌套三种销售策略有何特点？
4. EMSR 模型的原理是什么？

课题四　航班超售管理

学习目标

掌握超售的相关概念；
理解超售的基本原理；
掌握旅客 No-Show 的原因；
了解超售的收益及风险；
理解考虑 DB 成本与不考虑 DB 成本的两种超售模型。

素养目标

培养职业道德与职业操守，弘扬民航“工匠”精神。

思政小课堂

旅客服务新规对超售等易于产生纠纷的环节提出明确要求

《公共航空运输旅客服务管理规定》（以下简称《规定》）的第七章对航班超售做出明确规定：

《规定》第七章第四十四条要求，因承运人超售导致实际乘机旅客人数超过座位数时，承运人或者其地面服务代理人应当根据征集自愿者程序，寻找自愿放弃行程的旅客。未经征集自愿者程序，不得使用优先登机规则确定被拒绝登机的旅客。

第四十六条要求，承运人的优先登机规则应当符合公序良俗原则，考虑的因素至少应当包括老幼病残孕等特殊旅客的需求、后续航班衔接等。承运人或者其地面服务代理人应当在经征集自愿者程序未能寻找到足够的自愿者后，方可根据优先登机规则确定被拒绝登机的旅客。

第四十七条要求，承运人或者其地面服务代理人应当按照超售处置规定向被拒绝登机旅客给予赔偿，并提供相关服务。

此外，在票务服务方面，为解决民航退票速度慢的问题，《规定》要求航空公司和航空销售代理人在7个工作日内办理完成退款手续，以提升旅客服务体验。

在乘机服务方面，《规定》要求航空公司和机场管理机构制定针对旅客突发疾病、意外伤害等情形的应急处置预案，最大程度保护旅客生命安全。

在投诉处理方面，此前，外国承运人和港澳台地区承运人的投诉处理时限为20个工作日，远高于国内承运人。本次修订明确所有被投诉企业的投诉处理时限均为10个工作日，确保对国内外运营主体的管理一视同仁。

旅客因超售自愿放弃行程或者被拒绝登机时，承运人或者其地面服务代理人应当根据旅客的要求，出具因超售而放弃行程或者被拒绝登机的证明。

因超售导致旅客自愿放弃行程或者被拒绝登机的，承运人应当按照本规定第二十四条第一款、第二十五条办理客票变更或者退票。

一、超售相关概念及原理

1. 超售相关概念

（1）超售。

超售是航空公司最早使用的收益管理方法，而且也是最基本的方法。超售是航空公司考虑航班离港之前旅客取消订座、退票和误机等各种情况，出售座位数超过相应票价舱位的实际座位数或超过飞机实有的座位，以期将座位虚耗和总期望成本降到最低的过程。其目的是减少座位虚耗带来的空位损失，提高座位利用率，优化效益。

（2）No-Show。

No-Show是指旅客购买了机票而由于种种原因不来登机或临起飞前退票。在飞机起飞前的任意时间间隔内机票的售出量是一个随机变量。很多时候，在飞机起飞前会出现订票旅客不到机场的情况，这种情况的发生有可能是主观方面的原因（最后时刻改变飞行计划），也可能是客观方面的原因（路上塞车错过时间、天气影响等）。这类旅客被称作No-Show旅客。No-Show是促使航空公司实行超售的主要原因。统计表明，航空公司No-Show比例为5%～15%。这种情况表明，如果航空公司不实行超售，会大大降低客座率，损失大量的经济收益，在竞争中处于不利的位置。

（3）Go-Show。

Go-Show是指由于订座系统和旅行社之间的沟通差错，或者联程旅客的第二程或第三程出行没有相应地通知订座系统，导致旅客有票来登机而订座系统中又没有记录。

（4）DB。

DB（denied boarding）也称“dumping passenger”，是指旅客购票后被拒绝登机。这是与超售相应而生的。如果航空公司实行了超售，那么飞机起飞时的机场旅客到达数是一个随机变量，其数值就有可能超过飞机的实际座位数。此时就会造成一部分旅客被某航班拒绝登机。

2. 超售的基本原理

座位超售在实际应用中具有一定的危险性，如果超售点定得过高，成行旅客人数超过了航班实际座位数，航空公司就需要对无法登机的旅客进行补偿，成本因此要增加。在理论上，最佳超售点为接收下一个顾客的边际收入等于增加一个超售的边际成本。实际上，该问题还受到旅客满意度约束，另外还需考虑顾客回流概率等情况。在20多年前，许多人认为超售是不道德的做法，认为这样会影响航空公司的声誉。理由其实很简单：超售可能会造成有些买了票的人上不了飞机。而在当时，一些航空公司在处理持票上不了飞机的“多余客人”时，确实也采用了不太道德的做法。如美国联合航空公司规定，如果航班出现多余客人的情况，先把老人和军人拉下来，因为这些人一般不会投诉。直到1978年，这种粗鲁的行为才被一种文明的做法取代，而这完全得益于美国经济学家Julian Simon所提出的“超售竞卖计划”（over sale auction plan）。而今，超售已成为最主要的收益管理方法了。

二、旅客No-Show原因

旅客No-Show造成航班离港人数低于实际订座数，其原因一般来说有以下几种。

1. 旅客误机

旅客误机并不一定是旅客晚到，也有可能是旅客行程有变，根本没有出发。旅客通常是买了全价票，但无法事先掌握自己的行程，所以较晚订票，临行前发现自己无法成行，又来不及取消订座或者是懒得取消，只好No-Show。航空公司最初还处罚订好座位不来乘机的旅客，但出现多等级差别票价之后，为了显示高低票价旅客待遇不同，航空公司允许较高票价的旅客No-Show。高票价旅客逐渐将No-Show视为自己的权利，即使行程有变，也懒得通知航空公司或代理取消或更改订座。这种旅客虽然对航空公司价值较高，但也可能对航空公司的损失较大，特别是在旺季。与此相反的是休闲旅客，他们通常较早订座，购买的是折扣票，因此受到更改、取消等的限制，这种旅客一般不会No-Show。

2. 重复订座

有些旅客可能会同时与多家代理联系订票，而各个代理都给其办理了订座，造成重复订座。订座系统可以很容易发现同一航班的重复订座并予以取消，但很难发现不同航班的重复订座。

3. 虚假订座

在旺季机票紧张的时候，有些旅行社为了抢生意，往往捏造旅客姓名和订票资料来抢座位，如果占的座位没有人要，旅行社又忘了取消，就给航空公司造成了空位损失。虽然，航空公司对这类虚假订座查处很严，但还是有漏网之鱼。

4. 错过衔接航班

中转旅客必须有一定的中转时间，如果前段航班延误，旅客就可能不能按计划转乘下一航班。虽然有时前一航班会拍发延误旅客电报，通知下一航班取消订座，但是如果取消的座位不能及时卖出去，就会造成空位损失。

5. 订座未证实

联程旅客到达外地后，由于各种原因，可能改变回程计划。过去，航空公司为了避免这类座位虚耗，都要求旅客抵达外地后提前若干时间（一般72小时）重新证实座位，否则不予保留座位。一些航空公司在座位控制能力提高以后，为了表现自己的服务特色，为旅客提供方便，主动取消了这种“再证实”规定，也就加大了座位虚耗的可能性。

三、超售的收益及风险

1. 超售收益

超售的收益是显而易见的。美利坚航空公司在1992年通过有效超售，不仅使1000万名旅客能在第一时间选乘合意的航班，也给本公司带来了2亿5千万美元的额外收入。因此，以美国的航空业为例，1978年全美的航空公司年超售人数只有10万人次左右，到了1986年便达到近百万。而 1997 年，仅美国大陆航空公司的超售人数便高达百万。今天，除了日本等极少数国家仍禁止在国内航线上超售外，这种方法已被西方大多数航空公司所普遍采用。

从竞争的角度来说，旅客订不到你公司的座位就会跑到别的航空公司去，而你订满了的航班由于旅客 No-Show，致使起飞时还有不少空位，航空公司将遭到两头损失。尤其是当被拒绝的旅客事后打听到他没有订上的航班其实尚有空位时，他对你公司的不满也就可想而知了。

订满和飞机起飞时客座率 100% 是不同的两个概念，订满的飞机是指无座可卖了。由于不是每个订了票的人都来上飞机，所以订满的航班并不一定有 100% 的客座率。即使在淡季，也有许多航班起飞前是被订满的。如果不超售或少超售，航空公司的收益必然受损。

2. 超售风险

超售在带来收益的同时，航空公司也面临着 DB 风险。面对 DB 旅客，航空公司需负责为 DB 旅客提供合适的航班使其完成行程，包括当 DB 旅客转乘其他航空公司航班时，负责补齐票价差额。同时，在 DB 旅客转乘下一航班之前的这一段时间里，航空公司需负责其食宿及一定的通信费用。当航空公司的处理不能令旅客满意时，会影响旅客对航空公司的忠诚度，影响航空公司的信誉。以上补偿措施给航空公司带来的成本就是 DB 成本，包括食宿费用、通信费用、票价差额、赔偿金额及信誉损失，其中信誉损失一般随 DB 人数的增加而超比例增加。所以，与座位虚耗相比，航空公司更不愿意 DB 发生。

航空公司要做好超售，需要确定准确的超售数额，使 DB 的可能性减少到最低水平，同时也使虚耗座位的数量减少到最小。从理论上说，超售越多，座位虚耗的可能性越小，但拒绝登机的可能性越大。超售越少，DB 的可能性越小，但座位虚耗的可能性会越大。应该把可售座位数定在什么水平上才能达到最优化的结果，是航空公司在超售中首先要解决的问题。

旅客 DB 会给航空公司带来风险，面对旅客 DB，航空公司可以采取以下处理措施。

（1）更改服务等级。即升 / 降舱的办法，这种方法是利用同一航班上其他舱位的剩余座位来安排 DB 旅客，当发生降舱时，要给予一定的经济补偿。

（2）更改服务航班。即在更改服务等级的处理之后仍然存在 DB 旅客时，将本航班上的这些 DB 旅客转移到本公司后续航班或其他公司的航班上。所以在进行每个航班的超售决策时要考虑是否有后续航班。

（3）拒绝服务。即在前两种超售处理之后仍然有旅客的要求得不到满足，因而不得不拒绝提供运输服务，这种情形下一般将被拒绝服务的超售旅客分为自愿旅客和非自愿旅客两类，这两类旅客都要提供经济补偿，只是后者的风险成本更高，在国内航空运输有关法律不健全的情况下，后者可能出现类似于美国超售初期的法律纠纷。在国际上一般采用拍卖的方式来处理这种情况下的超售旅客，这一方法最早由 Simon 提出，其方法是在旅客中以拍卖的形式选取自愿接受经济补偿的超售旅客，航空公司的代理人进入候机室或机舱解释说明需要自愿者推迟其旅行并获得其个人希望的补偿，每个旅客出最低标价（旅客愿意接受不登机而等待下一个航班的最低价），这样航空公司从中挑选标价最低的旅客作为 DB 人选，并且付给补偿。国外航空公司实践证明，这是一个有效的解决方案，而且很少出现非自愿者被拒绝登机，并且许多旅客愿意接受更少的补偿，这样就进一步降低了超售的风险成本。航空公司可以在地面服务人员中，设立一位现场经理，赋予他特权，处理竞拍。平时可以通过印制宣传单向旅客宣传这种竞拍方式，还可以制作调查表，了解旅客期望的最低标价。

知识链接

国外飞机超售现象普遍存在，航空公司对登不上飞机的旅客都有补偿措施。

美国有人等着被超售

美国航空法律规定，超售的航空公司要对滞留的旅客进行赔偿。航空公司超售对公司和旅客都不利，既耽误了旅客的时间又损害了公司的形象。不过，这种无奈的情形发生时，双方会寻求一种“两厢情愿”的方式来解决。即征询一些愿意改签机票的“志愿者”，给予他们300美元代金券的补偿。300美元足够一张单程甚至往返机票的价钱，一些没有急事的旅客乐得拿了代金券改签另一个航班。

在美国，网络上还有专门教授人们如何拿到“代金券”的“秘籍”，比如提前到机场跟工作人员报名表示如果超售愿意改签；有针对性地选择航班，像早间航班超售率会高于晚间航班，假期航班的超售率也比较高，选择超售率高的公司，等等。看来，从航空公司超售中获得省钱良机的大有人在。

日本给合作旅客发奖金

在日本的航空业界，对于“超售率”并没有相关规定，而是由各大航空公司根据经验自行定夺。如有旅客因超售而无法登机的状况出现，航空公司就要展开现场协调了。如果超售不多，那么航空公司就可能会把部分旅客的经济舱升级为公务舱。如果超售状况严重，那么协调员就会在旅客中间展开说服工作，找容易说服的对象。

而对于造成旅客无法登机的赔偿制度，日本各大航空公司的标准是统一的，即对于当天转乘其他航班的旅客，给予1万日元或者7500里程的赔偿；对于转乘次日航班的旅客，在考虑当晚住宿费用的基础上给予2万日元或者1.5万里程的赔偿。即便是旅客进行退票放弃旅行，也可以接受这一补偿。此外，航空公司在售票阶段还会特意征集一些愿意在超售情况下取消飞行的旅客，一旦发生超员情况，航空公司会首先与这些旅客进行协调。当然，旅客在同意放弃飞行的同时，也会得到航空公司方面支付的“合作奖金”。

四、超售模型

要做好超售，确定准确的超售数额至关重要。只有这样，才能使DB的可能性降至最低水平，同时也使空位的数量减少到最小。这里有一个很重要的概念就是空位损失（spoiling cost，或称虚耗），它与空位是完全不同的两个概念。空位损失是指本来有旅客需求但起飞时没有卖出去的座位，通常是由买了票的旅客未登机或先买了票后又退票的人造成的；而空位是指本来就没有需求的座位。超售越多，空位损失的可能性就越小，但同时DB的可能性就会越大；反之，超售越少，DB的可能性就越小，但空位损失的可能性就会越大。可见，超售必须建立在科学预测的基础上。而收益管理系统就可根据规定的超售比例及预测功能，迅速计算出较为准确的销售额，从“超售”与“空位损失”之间寻找出一个最佳的平衡点，既可以最有效地利用空位，又可以将拒绝登机损失降到最小。

超售主要考虑两类客人：一是No-Show的客人；二是Go-Show（有资格登机但事先没有通知订座系统）的客人。构成No-Show的最重要的成分是团体旅客，他们有时会给航空公司造成很大的损失。因为他们通常较早地占据大量座位，而且还享受一定的折扣优惠，其使用率又较难预测，如果他们突然不来登机，对航空公司的影响将是可想而知的。其实，现在不少航空公司都在用电脑系统跟踪和分析团体，把他们划分为不同的类型，从而找出其内在规律，这样就可以为航空公司制定出一个较为合理的超售额。

影响团队No-Show的三个主要因素：一是团体类型。如果是赶比赛的体育团，其No-Show率会很低，除非比赛取消，学生旅游团的No-Show率一般会比老人旅游团低许多。二是申请日期。一般来说，申请越早，No-Show率越高。三是团体以往表现。如果该团体以往的表现很好，则其申请座位的No-Show率一般就比较低。

而 Go-Show 的旅客大致分为三类：一是有票且来登机但订座系统却没有记录的旅客；二是没有及时通知承运公司的联程旅客；三是持 OPEN 票的旅客。一般来说，Go-Show 对超售的影响远小于 No-Show，因为 Go-Show 的人数本来就很少。

1. 理想超售模型

所谓理想超售模型就是不考虑超售可能带来的 DB 成本而建立的模型。在不考虑 DB 成本的情况下，影响超售的因素主要包括以下 3 个方面。

（1）No-Show 率预测。从时间的动态发展过程考虑，市场是一个连续发展的过程，也就是说，将来的市场是在过去和现在的基础上演变而来的，是过去和现在的继续。市场发展的这种连续性，表明事物的发展有它自己固有的规律。只要规律赖以发生作用的条件不变，合乎规律的现象就会重复出现。No-Show 率预测就是试图从过去和现在的规律中捕捉到将来的规律，从而给超售决策提供及时而可靠的市场信息。

（2）减载座位数。所谓的减载指的是从航班上卸下若干座位。飞机不能满载的原因有很多，可能是设备问题，也可能是天气的影响，还可能是机场方面的要求或是政府法令的限制等等。还有一种情况，就是由于客观原因，航空公司要临时更换机型（座位数小于原机型），完成飞行任务。在进行超售决策时，一定要考虑减载座位数。

（3）潜在的升舱能力。假设某航班 F，头等舱有 24 个座位，经济舱有 100 个座位。但是头等舱的市场需求始终小于 10，即头等舱始终有 14 个座位是空的。那么在进行超售决策的时候，就可以假定经济舱的总座位数是 100+14 =114。增加的 14 个就是所谓的潜在升舱能力。这种升舱使得我们可以通过销售较多的座位提高载运率，从而相对地增加航空公司的收入并且为航空公司创造良好的声誉。

根据超售的原理可以得到：

超售水平 =（总运力 - 减载座位数 + 潜在的升舱能力）/（1-No-Show 率）

潜在升舱能力 = 头等舱运力 - 头等舱需求

上式中，超售水平是指在超售情况下，某舱位一共可以订出去的座位数；总运力是航班上该舱实际拥有的座位数。

例 8-5

航空公司各航班对应的总运力、No-Show 率、减载座位数、头等舱运力、头等舱需求见表 8-11，请计算各航班对应的超售水平。

表 8-11 航班运力信息

航班总运力 / 座	No-Show 率	减载座位数	头等舱运力	头等舱需求
100	5%	5	8	4
150	8%	6	10	6
200	10%	7	12	8

分析：根据公式，当航班总运力为 100 座时，超售水平 =［100-5+（8-4）]/（1-5%）≈ 104。

同理，当航班总运力为 150 座时，超售水平为 160 座；当航班总运力为 200 座时，超售水平为 218 座。

2. 考虑成本的超售模型

航空公司航班座位需求预测的准确性有时不高，这是由 No-Show 率的随机性所导致的，而这种预测误差会给航空公司带来损失。如果实际 No-Show 率大于预测 No-Show 率，会造成座位虚耗损失；反过来，如果实际 No-Show 率小于预测 No-Show 率，航空公司就不得不拒绝某些旅客登机，这时会带来 DB 损失。

这里需引入一个 AU 值的概念，即航班的可售座位数，其值大于或等于航班实际座位数。也就是说，超售的数量 =AU- 航班实际座位数。那么，究竟把 AU 值定在什么水平上才能达到最优的结果呢？这必须进行预测才能决定。所谓预测，就是通过电脑系统，把所有相关的数据资料收集起来，进行统计处理，算出将来某一航班、某一等级的旅客需求。根据预测，航空公司可以在航班开放时就定出每个子等级的 AU 值，这个数额包括超售和可能临时取消订座的人数。其实，旅客订票有一定的规律性。比如，在同一季节的相同时段里，每个等级的订座人数具有一定的恒常性，除非市场出现变化或有意外事情发生。这就为电脑收益系统预测超售额提供了方便。当然，航班开放后，电脑系统会根据实际订座情况，对 AU 值进行不断的调整，直至航班起飞为止。另外，航空公司的多舱位管理也为超售提供了便利。一般来说，高舱位的旅客需求量较低，经济舱的需求量较高。这样，就可以将经济舱中原本可能被 DB 的旅客在登机时免费升入高舱位，从而化解掉了一部分 DB 现象。

超售的目的是为航班的各个子舱位设定一个最佳的 AU 值，而 AU 值的确定只需考虑两个因素：空位损失和 DB 损失。AU 值越大，空位损失越小，但 DB 损失将越大。随着 DB 损失增加到一定程度后，净收益将会减少。为了算出每个 AU 值所能带来的收益，先要算出该 AU 值所产生的总收益，公式为：

总收益 = Σ舱位中每个子等级的 AU 值 × 平均票价

再算出该 AU 值可能带来的损失，两者之差为净收益。然后将各个 AU 值的净收益相比较，就能得出最佳的 AU 值。根据这个计算方法，可以建立考虑成本的超售模型。

（1）超售模型符号说明。

航班订票旅客总是面临着两种情况：到机场乘坐飞机或不到机场成为 No-Show 旅客。因此，可认为订票旅客到达机场的概率服从二项分布。规定相应模型符号如下：

c：表示飞机实际拥有的座位数，即飞机的总容量。

R：表示航班全部所得，即总收益。

r：表示一张机票出售后所能得到的净收入。

f：表示航班飞行的总成本。

p：表示购买机票的旅客的到达概率。

$p(k)$：表示航班到达 k 个旅客的概率。

x：表示航班可出售的座位数量。

b：表示赔偿每一名 DB 旅客所需要的费用。

对于所有的航班，飞行的总成本 f 都是固定不变的，不会随着其他因素的变化而改变，一般将其设置为常数；考虑超售情况下的机票销售，因此 $x > c$。

（2）超售模型建立。

首先从航班收益的角度来建立模型，以求收益最大。可以计算出某航班到达的人数为 k 时，航班的总收益为

$$R=\begin{cases} Rk-f & 0\leqslant k\leqslant c \\ Rc-f-b(k-c) & c\leqslant k\leqslant x \end{cases}$$

根据假设条件，航班到达 k 位旅客的概率为：

$$p(k)=C_x^k p^k(1-p)^{x-k}$$

则航班的期望收益可表示为：

$$ER=\sum_{k=0}^{c}p(k)(rk-f)+\sum_{k=x+1}^{x}p(k)[rc-f-b(k-c)]$$

从而超售的模型为：

$$\max ER=\sum_{k=0}^{c}p(k)(rk-f)+\sum_{k=x+1}^{x}p(k)[rc-f-b(k-c)]$$

（3）超售模型计算。

从模型的分析中可知，座位销售的数值必须是整数，故目标函数是不连续的；考虑到航空公司实际运作时 x 的取值也并不大，因此可以采用枚举法进行求解。为了求出航班的最优销售量，设 x 的最初值为飞机容量 c，然后增加 x 的值，并计算相应的期望收益 ER，直到 $ER(x)>ER(x-1)$ 且 $ER(x)>ER(x+1)$，则此时的 x 就是最优销售量（AU）。

航班最优座位销售量随着赔偿费用的增加而减少，与其对应的航班收益也随之减少。这种情况与航空公司实际的操作是比较吻合的，即赔偿的费用越高，航空公司的销售策略就会越保守，航班超售的数量也就越小；通常在面临较高的赔偿费用的情况下，航空公司的收益也会相对较低。

案例分析

机票超售：从“惯例”到透明化有多远

由超售引起的纠纷并非个例。尽管超售是航司提高座位利用率的行业“潜规则”，但低额赔偿和高维权成本让消费者倍感无奈。在缺乏透明度与统一标准的前提下，机票超售从一句“惯例”到制度化、透明化、人性化还有多远？

近年来，民航消费投诉案例逐渐增多。与选座付费、机票退改难等大多数旅客会遇到的情况不同，超售属于小概率事件，因此遭遇超售的消费者数量较少。根据中国民用航空局此前公布的数据，2023 年 1 月，在国内航空公司投诉类型及比例中，超售投诉仅有 122 件，占比 0.85%；同年 2 月，超售投诉仅有 85 件，占比 0.83%。

有民航业内人士从超售的征集自愿者程序给出建议：航司需要进一步做好优先征集自愿旅客的工作，为其主动改签后续航班，提供相应延误补偿。如果没有旅客愿意改签，航司应适当提高补偿标准，并优化超售的后续服务质量，以圆满解决实际超售问题。

在行业法规方面，关于超售的旅客权益保护内容也有重大进展。2025 年 2 月 24 日，十四届全国人大常委会第十四次会议审议了民用航空法修订草案。专设“旅客权益保护”一节，规定公共航空运输企业制定的运输总条件等格式条款，应当包括超售、不正常航班处置、旅客服务和旅客投诉等旅客权益保护内容，并在售票等环节中明确告知旅客。

分析：你认为从民航企业管理的角度应该如何对待超售问题？

课后思考

1. No-Show 和 DB 是什么意思？
2. 超售的原理是什么？
3. 航班超售的收益和风险是什么？
4. 不考虑 DB 成本的超售模型主要考虑哪些变量？

复习题

模块八复习题

模块九

国际航空运价管理

课题一 国际航空运价基础知识

学习目标

理解国际航程的概念，掌握常见术语的内涵；
掌握国际航程的分类，能够判断国际航程类型；
理解国际销售代号含义，能够准确判断国际销售代号。

素养目标

培养民航全球视野，厚植中国民航话语权意识。

思政小课堂

中国 C909 飞机圆满完成老挝首次商业飞行

2025 年 4 月 12 日，由老挝航空 C909 飞机执飞的 QV331 航班，从老挝万象瓦岱国际机场起飞，顺利抵达老挝巴色国际机场，圆满完成首次商业飞行。这架 C909 飞机于 2025 年 3 月 30 日由中国商飞以租赁的方式交付老挝航空。未来，老挝航空计划使用 C909 飞机运营老挝国内航线，并逐渐拓展至国际航线。

中国商飞表示，将持续做好客户服务和运行支持等工作，全力保障 C909 飞机在老挝安全高效运行，推动中国国产飞机在东南亚航空市场扎根发展。

据了解，C909 飞机是中国自行研制的涡扇支线客机，航程 2225 至 3700 公里，可执飞大部分老挝国内及周边区域国际航线。同时，C909 飞机具有良好的高温性能和短窄跑道起降能力，对东南亚区域的运营环境具有较强的适应性。

2025 年 9 月，C909 飞机已交付 166 架，累计运营 700 条航线，安全运送旅客超 2400 万人次。

一、国际航程概念

国际航程指旅客客票上所标明的全部航程，它由客票上的始发点经若干中间点到终点的若干航段共同组成。一个航程由始发地、目的地、中间停留点、航段、运价计算区、票价计算点等要素组成。

（1）始发地

客票上标出的航程最初开始的点，是第一个开票点，同时也是票价计算点。

（2）目的地

客票上所标出的最终停止点。它既是开票点，同时也是票价计算点。

（3）中间停留点

中间停留点是票价计算点之间的开票点，包括中途分程点（stopover point）和中间经停点（即非中途分程点，no stopover point）。

如果在航程中的某一点发生了超过 24 小时的航班转换，该点被认为是中途分程点。在客票上，一个特别的代号“O”标在作为中途分程点的城市名称或代号的前面。但这个代号是非强制性的，也可以不标。

如果旅客在旅途中非自愿地打断航程，并在 24 小时以内换乘航班继续旅行，该点就叫非中途分程点。它可以是本航空公司间中转（online connection）或航空公司间中转（interline connection）。为了表明这种联程中转，用代号“X/”标注在城市名称或代号之前。如果是在客票航程栏（good for passage）前的 X/O 栏中填写，则仅需填写 X，而不必再填写斜线“/”。这是一个必须要填写的代号，因为它不仅影响到所使用的运价检查，还涉及运价的分摊。

（4）航段

航段是指航程中任意两个地点组成的线路。

（5）运价计算区

运价计算区也称票价计算组，是指在来回程或环程中为了运价计算方便而人为确定的行程，是在两个连续的票价计算点之间的航程。如果航程仅有一个票价计算组，那么始发点和到达点是仅有的一组票价计算点。所以在单程中，全航程就是一个运价计算区。

（6）票价计算点

票价计算点是指运价计算区的端点，标志着运价计算区的开始和结束，也称为票价组合点。如果航程仅有一个运价计算区，那么始发地和到达地是仅有的一组票价计算点。

二、国际航程分类

1. 单程 OW（one way journey）

单程是指一个航程的始发地和目的地在不同的国家，行程为单向，即只去不回。从运价计算的角度出发，单程是指非来回程亦非环程的航程，且全程不一定全部为航空运输。

例 9-1

航程如下：

FROM/TO		
CAS	CARR	FARE CALC
NYC	YY	M
SJU	YY	1155.61
——		
	ROE	
NUC1155.61		

这个航程有一个票价计算组，CAS 到 SJU，票价按照旅行方向计算，1155.61 为 CAS 到

SJU 的单程运价。

知识链接

中性运价单位（neutral unit of construction），简称 NUC，它是国际运价计算过程中的一个过渡单位。在国际航空运输业务中，两个城市的运价一般都是以始发国的货币表示。但如果旅客的航程是一个非直达的航程时，运价就涉及了不同货币，如 SIN—BOM—BKK，SIN—BOM 的运价是 SGD1234，而 BOM—BKK 的运价是 INR5990，整个航程不可能用 SGD1234+ INR5990 表示，因此需用 NUC 来计算。1NUC 相当于 1 美元。

2. 来回程 RT（round trip）

来回程是指由始发地出发前往目的地，然后再返回原始发地且全程为航空运输的航程。来回程具有以下特征：一是具有两个运价计算区，即去程运价计算区和回程运价计算区。两个运价计算区运价相等，每一个运价计算区均使用相同的 1/2 来回程票价。二是始发地和目的地是同一个城市。

来回程包括下列两种类型。

（1）去程和回程路线不同、运价相同。

例 9-2

航程如下：

FROM/TO		
BNE	CARR	FARE CALC
SIN	YY	
BOM	YY	M
SHJ	YY	BNESHJ
DHA	YY	1795.10
X/MCT	YY	M
BKK	YY	BNEMCT
——		
	ROE	
NUC3590.20		

当去程和回程路线不一致时，全程由两组运价组成，且经过计算的去程和回程的票价相同，依然属于来回程，其表达式如下：

票价计算组（BNE — SIN — BOM — SHJ — DHA）1：也就是去程，票价 1795.10，为 BNE — SHJ 航段的 1/2RT，该数值为 BNE 到 SHJ 航段的中间较高点票价，票价方向选用与旅行实际方向一致。

票价计算组（BNE — BKK— X/MCT—DHA）2：也就是回程，票价为 1795.10，为 BNE—MCT 航段的 1/2RT，该数值与去程票价相等，但对应的航段不同。回程为 BNE 到 MCT 的中间较高点票价，票价方向选用从始发地出来方向，与实际旅行方向相反。

结论：该航程为来回程。尽管来回程路线不一致，全程由两组运价组成，但经过计算的去程的票价与回程的票价相同，所以依然属于来回程航程。

（2）去程和回程路线相同、运价相同。

当去程航程和回程航程完全一致，而去程和回程运价不相等，且运价不相等是由承运人、淡旺季、服务等级、周末 / 周中不同等原因造成，该航程视为来回程。

3. 环程 CT（circle trip）

环程是指旅客从始发地出发，连续经过若干中间点，最终回到原始发地的航空旅行。环程至少包括两个运价计算区，虽然与来回程有些类似，但实质不同。它具有以下特征：

（1）来回程的运价计算区只有两个，环程的运价计算区可以不止两个；但使用特殊运价的环程仅允许有两个国际运价计算区。

（2）环程的去程和回程线路不同，运价也不同。

（3）每一个运价计算区均适用于 1/2RT 运价。

（4）对于运输目的地是运输始发地的运价计算区，回程运价使用与实际旅行相反的运价。

例 9-3

航程如下：

FROM/TO		
GBE	CARR	FARE CALC
HRE	YY	
DAR	YY	M
NBO	YY	403.12
LUN	YY	M
JNB	YY	JNBNBO
GBE	YY	407.80
———		
	ROE	
NUC810.92		

在表达式中，去程运价计算区（GBE—HRE—DAR—NBO）票价为 403.12，该值为 GBE—NBO 的 1/2RT 运价，运价方向选用与实际旅行方向一致；回程运价计算区（GBE—JNB—LUN—NBO）运价为 407.80，该值为 JNB—NBO 的中间较高点运价，运价方向选用与实际旅行方向相反。

票价计算组（GBE—HRE—DAR—NBO）：去程票价为 403.12，该数值为 GBE 到 NBO 的 1/2RT 票价，票价方向选用与旅行实际方向一致。

票价按 GBE 到 NBO 方向计算（按实际旅行方向计算）。

票价计算组（GBE—JNB—LUN—NBO）：回程票价为 407.80，该数值为 JNB 到 NBO 的中间较高点票价，票价方向选用从始发地出来方向，与实际旅行方向相反。

环程最低限额检查（CTM）适用于环程旅行。

4. 环球程 RTW（round the world trip）

环球程属于环程的一种特殊类型，是指从始发地出发后向东或向西环绕地球旅行，最后回到原始发地。

环球程需同时具备以下特征：

（1）向东（西）连续飞行。

（2）航程中既经过太平洋，又经过大西洋。

（3）始发地和目的地是同一地点。

（4）全航程须经过 1、2、3 区。

例 9-4

航程 BJS—TYO—SFO—NYC—LON—BJS。

5. 缺口程 OJ（open jaw trip）

缺口程是指旅行从一国始发，最后又回到该始发国的使用普通运价的航程。航程中有一个或两个地面运输段，称为缺口，缺口的两端地点必须在一个国家内。缺口程可分为：

（1）单缺口 SOJ（single open jaw），指航程中有一个地面运输段。

① 始发站缺口 OOJ（origin open jaw），指去程的出发点和回程的到达点不同，但都在始发国内的航程，即缺口两端都在始发国内。

例 9-5

航程 SHA—TYO—BJS 和 BJS—TYO—DLC。

② 折返点缺口 TOJ（turnaround open jaw），指去程的到达点和回程的出发点不同，但都在同一国内的航程，即缺口两端都在折返国内。

例 9-6

航程 SHA—TYO 和 OSA—SHA。

（2）双缺口 DOJ（double open jaw），指航程中有两个地面运输段，而且去程的出发点和回程的到达点不同，但都在始发国内；并且去程的到达点和回程的出发点也不同，但都在折返国内的航程。

例 9-7

航程 SHA—TYO 和 OSA—DLC。

三、国际销售代号

国际销售代号 ISI（international sale indicator）是由 4 个字母组成的代码，每个字母都有一个具体的含义。4 个字母及其含义分别是：

S：sale，销售或付款地点。

T：ticketing，出票地点。

I：inside，国内。

O：outside，国外。

这里所说的国内和国外是相对于始发国而言，即旅行中第一个航班始发地的所属国家。这 4 个字母组成了 4 个代码：SITI（销售和出票均在始发国内）、SITO（销售在始发国内，出票在始发国外）、SOTI（销售在始发国外，出票在始发国内）、SOTO（销售和出票均在始发国外）。

例 9-8

表 9-1 是国际销售代号的表示方法。

表 9-1　国际销售代号表示方法

航程	销售地点	出票地点	国际销售代号
FRA—BJS	FRA	FRA	SITI
	MUC	FRA	SITI
	BJS	FRA	SOTI
	PAR	BER	SOTI
	PAR	PAR	SOTO
STO—BJS	STO	CPH	SITI
YVR—BJS	YVR	NYC	SITI

在判断国际销售代号时，需要注意北欧斯堪的纳维亚半岛地区的三个国家（丹麦、挪

威、瑞典）等同于一国看待；中国内地（大陆）和中国香港、澳门、台湾地区按照不同地区看待。

知识链接

在计算票价时，确定计算方式首先要确定客票的填开和销售与运输始发国的关系，因此国际航协将一些地区和国家视为一国，制定了一国原则：

美国和加拿大视为一国；

日本和韩国视为一国；

欧盟成员国视为一国；

澳大利亚和新西兰视为一国；

东盟视为一国。

课堂练习 9-1

写出表 9-2 中航程 FRA—PEK 的国际销售代号。

表 9-2 航程 FRA—PEK 的销售和出票地点

销售地点	出票地点	国际销售代号
PEK	PEK	?
PEK	FRA	?
FRA	PEK	?
FRA	FRA	?
BER	BER	?
PAR	PAR	?

案例分析

国际航线恢复至 85%，华夏、春秋、国航份额提升显著

2025 年夏航季航班换季计划显示，航空运输市场呈现结构性分化：国际航线持续恢复，国内干线供给缩量，支线基建与机型升级推动支线航班增长。客运周转量 13.0 万班，较 2019 年增长 15%，但较 2024 年夏航季下降 3.3%。国际航线恢复率已达 2019 年同期的 85%，而国内干线互联航班同比缩减，支线互联航班显著扩容。航司竞争格局同步调整，华夏、春秋、国航市场份额提升，头部机场改扩建带动资源释放。

国际客运航班量恢复至 2019 年的 85%，境外航司市场份额回升至 42%，但仍低于境内航司的恢复水平（85%）。分区域看，东南亚、东亚恢复率分别为 84%、90%，北美市场同比增幅最高但恢复率仅 27%，西欧恢复率 81%，大洋洲因季节性因素环比缩量。国际航线供给结构差异导致总量变化，北美、西欧同比改善显著，但整体仍处于低位。

国际货运航班量同比 2024 年增长，但客运货运总航班量同、环比均减少。货运周转量 7561 班，同比 2024 年下降 4.8%，环比减少 0.4%。尽管货运需求承压，但国际货运航班同比扩张，反映跨境物流需求的结构性支撑。国际航线恢复带动航司运力调配，国内干线供给缩量则可能推高票价。航司通过优化国际航线网提升收益，而国内支线基建与国产支线飞机投用，为支线市场提供增量空间。

市场格局调整反映航司对高收益航线的争夺，以及基建投资对区域运力的重塑。国际航线恢复与支线市场扩容，共同驱动行业向效率与结构性增长转型。

分析：国际航线的恢复受到哪些因素影响？

课后思考

1. 中间停留点的类别及区别是什么？
2. 来回程和环程有何异同？
3. 举例说明来回程的特征和分类。
4. 简析国际销售代号 4 个字母的不同组合所代表的含义。

课题二　国际航空运价的选择

学习目标

理解国际航空运价制定的依据，掌握国际航空旅客运价的种类；
理解单程运价（OW）和来回程一半运价（1/2RT）的使用条件；
能够准确判断环球指示代号；
能够查阅旅客国际航空旅行价目表；
能够根据航程选择正确的运价，并掌握货币进位的方法。

素养目标

培养民航全球视野，厚植中国民航话语权意识。

思政小课堂

2025 年我国航空货运市场展望：多元需求下的突破与创新

经过近几年的持续推动，我国航空货运市场逐步展现出坚强韧性，且日益充满活力。2025 年，即使面临地缘局势紧张、全球关税增加、金融市场不确定性增多、供需不平衡等多重压力，我国航空货运业仍将积极抢抓机遇，持续提高能力，保持竞争优势。

不同交通运输方式的顺畅联运是我国降低物流总成本、构建现代综合交通运输体系的突破口。航空货运与陆路运输、海洋运输、铁路运输之间的合作越来越多，竞争也越来越激烈。

由于受政治局势动荡、红海和苏伊士运河危机、美国东海岸和墨西哥湾沿岸港口工人罢工等因素影响，2024 年全球海上集装箱运力紧张，运价上涨，港口拥堵，这也直接促使大量货物由海洋运输改为航空运输。

近几年，随着国内客运航线航班的不断恢复和增加，航空运价持续降低，航空运输依靠航点密、频次多、正点率高的优势，在“航空运价 + 两端库房”操作费基本与陆路运输持平的情况下，吸引了大量快递类货物由陆运转为空运。

在购买机票时，机票价格旁有的会标注“含税费总价”，有的则是“不含税”。在国内，坐飞机除要支付国内航线票价外，还要支付民航发展基金和燃油附加费。不过，目前国内航企暂停收取国内航线旅客运输燃油附加费。相比之下，国际机票的收费稍微复杂一些。

一般来说，国际机票税费可以分为两类：燃油附加费和国家税。为何要征收燃油附加费？主要是为了适当减轻油价大幅上涨给航空公司带来的成本压力。当然，燃油附加费会随着燃油价格的变化而变化。国外航空公司的燃油附加费则由各航企根据自己的需求报请国际航协批准。

国家税是由航空公司代国家收的税，根据旅客的类型、航程、途经国家、机场来决定。只有确定了以上这些信息，才能准确判断一段国际行程要收取哪些国家税，以及判断是否符合豁免条件。在这些因素中，最重要的是途经国家。每个国家政策规定不同，导致存在税项差异、税费差异。具体而言，国家税大致分为三种：离境税（指在离开某个国家时需要缴纳的税金）、过境税（指一国海关对通过其关境再转到其他国家的人或物收的税）、入境税（指你在进入某个国家时需要缴纳的税金）。这些都是航空公司代国家收的税。

虽然国家税看起来名目较多，但少则折合几十元人民币、多则折合几百元人民币，在国际机票税费中比重并不大。相比之下，燃油附加费才是大头。离境税、过境税、入境税是较为普遍的税种，个别国家还有其他名目的税费。资料显示，有些国家收的税比较多，有些国家收的税比较少，还有些国家不同城市收取的税费也不同。例如，美国就属于收取税费较多的国家，除常见的入境税外，还征收联邦运输税、旅客设施费、动植物检疫检查费、海关使用费、移民局使用费等，并且不同州及不同机场的收费标准也不相同。与美国毗邻的加拿大，除机场费、入境税外，还收取导航费、安保费、消费税等。

不过，税种多并不意味着税费高。有的国家税种不多，但标准相对较高。例如，英国的税种并不多，但其高额的离境税常被国际旅客吐槽。英国政府规定，飞离英国的旅客，将根据飞行距离缴纳离境税，合人民币几百元不等。因此，飞一趟英国动辄缴纳千元的国际机票税费并不稀奇。相比之下，日本的离境税为每人每次 1000 日元（约合人民币 63 元），这笔费用自 2019 年 1 月 7 日起开始征收。中国内地不收离境税和入境税。而从中国香港始发的航班则会收取中国香港离境税和燃油附加费。按照要求，每位年满 12 岁的旅客搭乘飞机离开中国香港，通常需要缴纳 120 港元（约合人民币 105 元）的离境税。

一、国际航空运价制定的依据

影响国际航空运价高低的因素主要有：

（1）国家政治、经济政策。对某类特殊旅客、货物给予扶持或限制，如特殊运价和制定商品运价。

（2）区域经济发达程度。地区经济越发达，票价越高，运价的方向性会影响运价的高低。例如北京—东京普通经济舱单程运价时为 NUC808.13，来回程运价时为 NUC1526.07；而东京—北京的普通经济舱运价为单程 NUC1082.23，来回程 NUC1925.48。二者路线相同，但旅行方向相反，票价水平差别较大。

（3）国家外汇汇率的变动，对以始发国货币表示的票价有影响。

（4）里程、航程距离的远近。这是最直接的影响因素，距离越长，票价越高。

（5）服务等级。不同的客舱服务等级享受的待遇、占用的空间不同，票价也不同。

（6）承运人机型的成本。机型不同，耗油率也不同，折旧、维修费用不同，旅客享受的舒适程度也有差异。

（7）所在国家的税费水平。

（8）供求状况。从时间上看，淡、平、旺季，票价不同；方向上的不平衡导致运价也不相同。

知识链接

购买国际机票要想避开高昂的税费，一般主要关注两个方面。

一是航空公司。国际机票的税费虽高，但经营同一航线的不同航空公司的税费可能相差较大。此前就有媒体调查发现，上海往返阿联酋迪拜航线，阿联酋航空收的税费为618元人民币，新加坡航空却要收取2000多元人民币；上海往返法国巴黎航线，国航的税费为2664元人民币，汉莎航空的价格则是3570元人民币。由于国家税是不变的，最大的差异在于燃油附加费。对于哪家航空公司收取的税费少，尤其是燃油附加费少，心里要门儿清。但是，即便同一条航线、同一家航企、同一天的航班机票定价可能也有差异。这与国际机票的国际性挂钩。因为随着国际燃油价格浮动，燃油附加费会上涨或者下调。另外，国家税也会根据汇率有一定的变化。

二是航段。由于国际机票的各税种是分段计算的，直飞航班与经停或中转航班的税费自然不同，可以将国际机票价格与税费相加后进行比较，选择最便宜的航班。一般来说，直飞航班与国内航空公司承运的航班税费会低一些；而中转航班虽然机票价格低，但税费较高。因此，选择哪座城市经停或中转非常重要。一般枢纽机场收取的机场费较高，离境税也较高。如英国伦敦、法国巴黎、美国旧金山、德国法兰克福等都是公认的高离境税地区，选择在英国伦敦转机还不如在税费较低的爱尔兰都柏林转机。

二、国际航空旅客运价的种类

国际航空旅客运价分为普通运价和特殊运价两种。

1. 普通运价

普通运价一般是指无任何限制的全额票价，包括F、C、Y舱的全额价格以及按一定比例付费的儿童和婴儿票价。

（1）不受限制的普通运价。所谓不受限制，是指对中途分程的次数、使用时间（一年内）以及订座、签转、更改航程等不加限制。

（2）受限制的普通运价。附有相应限制条件的较低水平，如F2、C2、Y2舱，也属于普通运价。

限制条件一般有：

① 航程中的中途分程和转机的限制；

② 季节和周末或周中的限制；

③ 航班和承运人的选用限制。

2. 特殊运价

特殊运价是指除普通运价外的附有特殊限制条件的运价。特殊限制条件有：

（1）最短和最长停留时间。

（2）停留点的停留时间长短。

（3）订座、付款和出票限制。

（4）一天中某一个时段的旅行要求。

（5）资格限制。

（6）退票和变更的限制。

三、单程运价（OW）和来回程一半运价（1/2RT）的使用

旅客航程类型为单程时，必须使用单程运价，而不能使用1/2RT运价代替，一般单程运价高于1/2RT运价。在没有公布直达单程票价时，不能采用1/2RT运价代替单程运价，而应采用组合运价。

航程类型为来回程时，使用来回程（RT）运价，没有公布直达来回程票价时，可以采用2倍OW运价代替。在分两个运价计算区的来回程计算中，每个运价计算区均使用1/2RT运价，去程按实际方向选取运价，回程按与实际相反的方向选取运价。

四、确定环球指示代号

旅客从始发地出发，沿不同的方向进行旅行，虽然最终的目的地是一样的，但由于其旅行路线不同，运价也是不同的。所以计算直达航班的运价，要确定其环球指示代号才能正确选取运价。

国际航程的环球指示代号（global indicator，GI）是准确计算国际客运运价的重要依据。因为从一个城市到另一个城市，在不同的方向上旅行会有不同的运价，例如旅客从加拿大的蒙特利尔至中国上海，旅客可以选择太平洋航线，也可以选择大西洋航线，如果旅客选择大西洋航线，则运价要比太平洋航线高出许多，所以在计算运价时，首先要确定旅客选择的路线是属于哪一种旅行方向。

1. WH（Western Hemisphere）

西半球航线，是指全部航程在西半球，即1区范围内的航线。如：航程NYC—PIO和LIM—BUE。

2. AT（via Atlantic）

经大西洋航线，主要是1区至2区的航线；从3区经2区至1区的航线也认为是AT航线。如：航程SFO—PAR和BJS—KHI—PAR—NYC。

3. PA（via Pacific）

经太平洋航线（主要指北/中太平洋），主要是1区至3区并飞越太平洋的航线。如：航程TYO—HKG—SFO和SHA—ANC—NYC。

4. AP（via Atlantic and Pacific）

既经大西洋又经太平洋的环球航线，主要是2区至3区并经过1区的航线。如：航程HKG—SFO—NYC—LON和ROM—MIA—BKK。

5. PN（via Pacific and North America）

从南美经北美至西南太平洋的航线（经过太平洋和北美），反向亦然。如：航程SYD—LAX—MEX—SCL和SYD—LAX—SAO。

6. SA[via the Atlantic and via point（s）in Central Africa，South Africa，Indian Ocean Islands]

从南大西洋地区至东南亚的航线，经过大西洋、中部非洲、南部非洲、印度洋岛屿，反向亦然。南大西洋次区即ABCPU，包括阿根廷、巴西、智利、巴拉圭和乌拉圭。如：航程RIO—JNB—HKG和SCL—CPT—TYO。

7. EH（Eastern Hemisphere）

东半球航线，是指全部航程在2区至3区之内的航线。如：航程MAD—ATH—SIN和BJS—BKK—LON。

8. TS（via Siberia and nonstop Europe—Japan/Korean）

经西伯利亚航线，是指在2区至3区之间的航线，有一个直达的航班在欧洲和日本/韩国、朝鲜之间（不包括RU/FE航线）。如：航程TYO—STO、BKK—TYO—PAR和JED—IST—TYO。

此处的欧洲是指航空地理上 2 区中的欧洲次区域，而非自然地理上的欧洲。

9. FE（Far East）

远东航线，在俄罗斯（乌拉尔山以西）、乌克兰和 3 区之间的直达航程。如：航程 MOW—HKG—POM 和 HRB—IEV。

10. RU[between Russia（in Europe）and TC3 with nonstop service between Russia（in Europe）and Japan/Korea（N/S），not via another country in Europe]

俄罗斯的欧洲部分和 3 区之间的航线，有一个直达航班在俄罗斯和日、韩、朝之间，不经过欧洲其他国家。如：航程 MOW—TYO 和 HKG—SEL—MOW—LED。

总之，在判断一个航程的环球指示代号时，首先看航程中是否有越洋航段（大西洋或太平洋），如有越洋航段，以越洋航段作为判断环球指示代号的依据。

在东半球范围内，有 EH、TS、FE、RU4 个方向，判断时，首先要判断一个航程是否是 RU 方向；如不是，再判断是否是 TS 方向；如不是，再判断是否是 FE 方向；如仍不是，则一定是 EH 方向。

在判断环球指示代号时，一切地点都是指 IATA 确定的航空地理上的地点，注意与自然地理地点的区别。

课堂练习 9-2

写出下列航程的环球指示代号：

（1）JKT—SYD—SAO
（2）LAX—TYO—DEL
（3）ASU—JNB—KHI—HKG
（4）PEK—CPH—YMQ—GUM
（5）LON—BKK—SEL
（6）FRA—SEL
（7）LED—BKK
（8）MOW—BOM—BKK
（9）MOW—SYD—JKT
（10）LED—POM

五、承运人选择与票价确定

一般查阅运价时，承运人不做特别规定，但是下列两类特殊情况在选择运价时需遵循：

（1）从美国 / 加拿大出发或到达的航程，且环球指示代号为 PA/AT 时，优先考虑使用以下两类承运人的适用运价。首先，跨大西洋航段承运人；其次，跨区域航段承运人。

（2）欧洲境内的运价选择。在以下两种运价中选择最低的作为实际采用的运价。承运旅客航程的第一个国际航段的承运人；承运的实际里程数最大的承运人。

当旅客旅行全部都在斯堪的纳维亚半岛内时，视为欧洲境内国际旅行，不再视为一国，适用本条规定。

六、查阅旅客国际航空旅行价目表（PAT）

PAT（passenger air tariff）是由 IATA 和 SITA 联合出版发行的，是世界上应用最广的一本航空运价查询手册。这本资料共分为四册：《一般规则手册》《运价手册》《运价规则手册》《最大允许里程手册》。

1.《一般规则手册》（*General Rules*）

《一般规则手册》每季度出版一本，主要内容包括：

（1）按字母顺序排列的使用指南（Alphabetical Index）。

（2）国家的代号（Country Codes）。

（3）城市的全称和代号（City Names，Codes）。

（4）运价规则部分（Rules Section），此部分为该手册的主要内容，以基础运价计算规则为主，同时还包括：定义及缩写、行李运输规则、税费和其他收费、旅客客票、签转手续、航空公司的特别声明、客票点里程 / 实际里程。

2.《运价手册》（Worldwide Fares）

《运价手册》在每年 2 月、3 月、5 月、6 月、8 月、9 月、11 月、12 月出版，一年共出版 8 次。包括 IATA 在东西半球内使用的运价，主要内容包括：

（1）货币兑换率（Currency Conversion Rates）：中性运价单位 NUC 和各个国家货币之间的兑换比率，也介绍各个国家的货币知识，如进位单位和进位方法。

（2）查阅运价的方法（How to Use Fares）：包括单程运价和来回程运价的查阅。

（3）运价等级代码（Fares Class/Type Codes）：包括等级代码、季节代码、星期代码、运价和旅客类型代码、航班提供的运价等级代码、环球指示代号。

（4）运价部分（Fare）：包括普通运价和特殊运价，这些运价用 NUC 和当地货币两种方法表示。

（5）比率运价（Add-on）：在无公布直达运价的情况下，Add-on 组合新的运价。

3.《运价规则手册》（Worldwide Rules）

《运价规则手册》每季度出版一本，主要内容包括：

（1）东半球运价规则（Eastern Hemisphere Fares and Rules）：在运用东半球运价时需要了解的特别注解。

（2）西半球运价规则（Western Hemisphere Fares and Rules）：在运用西半球运价时需要了解的特别注解。

（3）标准运输条款（Standard Conditions SC100 and SC101）。

（4）指定航程（Routings）：承运人指定航程列表。

该手册每年 1 月、4 月、7 月、11 月出版，一年共出版 4 次。

4.《最大允许里程手册》（MPM）

《最大允许里程手册》每年 4 月份出版一本，主要内容包括最大允许里程（MPM）的使用方法和 MPM 列表两部分。

5. 运价手册的实例查阅说明

根据复杂的 PAT 运价表，查阅运价。

（1）FARE TYPE（运价类型）栏：运价类型栏中的运价类型为从该城市出发所包括的各类相关的运价类型，包括普通运价和特殊运价。

（2）LOCAL CURRENCY（当地货币运价）栏：用中性运价单位 NUC 表示的运价。

（3）NUC（NUC 运价）栏：在某些运价后出现了承运人的两字代码，表示该运价只适合于该承运人运营。运价后未出现任何承运人的代码，表示该运价适合所有的承运人运营。

（4）RULE（规则）栏：规则栏的代码表示在使用该运价时需要参考运价后的规则的适用条件，只有符合该适用条件，该运价才能使用。该规则需到规则手册中查询。

（5）GI MPM&ROUTING（环球指示代号、最大允许里程和指定航程）栏：此栏有 3 个信息，即运价的环球指示代号 GI、不同方向条件下的最大允许里程 MPM、与运价相对应的适用的指定航程代码。

另外，运价包括单程运价（OW）和来回程运价（RT），用正常字体表示的运价是单程运价，用粗体字表示的运价是来回程运价。

七、货币规则

国际航空运价是以当地货币的形式公布的，但是在计算联程运输的票价时，联程经过几个国家，仅用当地货币难以完成复杂的计算过程。为了解决这个问题，国际航协制定了中性运价单位 NUC。

1. NUC 与当地货币的兑换率 ROE

NUC 是国际航协为了简化国际航空旅客票价计算而采用的一种以美元为基础的计算单位。NUC 和各个国家货币之间都有一个比率，这就是 IATA 兑换率，即 ROE（IATA rate of exchange），它是由国际航协清算所（IATA Clearing House）根据到每个月 15 日为止的美元与所涉及货币的 5 天平均比较得出的平均汇率作为 ROE 来公布的，每 3 个月公布 1 次，每年 4 次。如果在此期间某种货币的汇率变动超过 6%，国际航协清算所会公布最新的兑换率。

从每个国家出发的航线的票价都分别与 NUC 和当地货币同时公布。有些国家的运价不是用本国货币而是用其他国家货币表示的，由于这些国家的货币非常容易出现波动而不够稳定，通常称这类货币为软货币，国际航协在公布运价时使用相对稳定的硬货币，如以美元、欧元为计算单位，以保持运价的相对稳定性。

2. NUC 与当地货币的转换

在国际运价计算过程中及旅客付款时，均会涉及 NUC 与当地货币（LCF）的转换问题。

（1）NUC 转换成当地货币。

国际运价计算结束后，得到的数值是用 NUC 表示的，需要将 NUC 转化为当地货币后旅客才能付款。转换公式为：NUC × ROE=LCF。

（2）当地货币转换成 NUC。

一般国际旅客在需要支付一些加在机票价格上的税时，需要将用当地货币公布的税款总额换算成 NUC，与国际运价一起进行计算，得到旅客最终需要为旅行支付的费用总额。转换公式为：LCF ÷ ROE=NUC。

3. 票价计算尾数进位规则

（1）NUC 尾数的取舍规则。

计算 NUC 时，尾数只保留到小数点后两位，其余全部舍去不计，不涉及进位问题。如：NUC1230.4567 进位后为 NUC1230.45，NUC1230.0090 进位后为 NUC1230.00。

（2）当地货币的尾数进位规则。

NUC 转换为 LCF 后得到的数值会有多位小数，而 IATA 规定了各种货币的进位规则，编制成国际航协货币转换比价表，此表从主要的运价资料中均可查找到。

① 进位方法。国际航协规定的货币进位方法有两种：一是有数就进 H（higher），只要进位位数后面的一位不是 0，就要进位上去；二是四舍五入 N（nearest），进位位数后面的一位大于 5 则进上去，小于 5 则省略掉。

② 进位单位。在对某种货币进行尾数进位时，需遵循下列步骤：

a. 进位单位如果大于或等于 1，如 1、5、10、100、1000、10000 等，将 NUC 转换为 LCF 后得到的数值只保留一位小数，其余的全部舍去。

如果进位单位是 1，看小数点后面的第一位数，按进位方法计算，即四舍五入或有数就进；如果进位单位是 1 的 10 倍数（如 10、100、1000 等），看进位位数后面的所有数字，按进位方法来计算；如果进位单位是 5 或 5 的 10 倍数（如 50、500 等），看进位位数及其后面的数字，按进位方法进行进位。

b. 进位单位如果小于 1，如 0.1、0.01 等，则将当地货币的位数保留到比进位单位多一位数，其余的小数全部舍去。进位时看进位单位的后一位，按进位方法进行进位。

八、国际航空旅客运价的使用规定

1. 国际运价的使用期限

从旅客开始旅行之日起生效，有效期为一年；若客票全部未使用，有效期自开票之日起为一年。

2. 国际运价变更

运价变更日期在旅行日期之前，则票价差额多退少补；若发生在旅行日期之后，则票价不变。

案例分析

汉莎涨价应对环保新规

2024 年 7 月，欧洲最大航空集团汉莎航空宣布，自 2025 年 1 月 1 日起，该公司运营的所有欧洲航班的票价将上调，以覆盖欧盟委员会要求使用可持续燃料等环保措施的成本。综合意大利今日网、《晚邮报》报道，为减少航空运输中的温室气体排放，欧盟委员会强制要求在飞机油箱内加入可持续燃料（SAF）。该燃料包括合成燃料、可再生氢气、基于废气和塑料废弃物的喷气燃料，以及从农业残留物、藻类、生物质或用过的烹饪油中提取的生物燃料。据估算，其可减少 60% ~ 80% 的有害气体排放。

因此，汉莎航空率先宣布将对 2025 年 1 月 1 日起从欧盟 27 个国家以及英国、挪威、瑞士出发的所有航班涨价，增收“环境附加费”。根据航线和航班票价的不同，涨幅金额从 1 欧元至 72 欧元不等。预计其他航空公司也将跟进采取同样的措施。

调研显示，2025 年 1 月 13 日，汉莎航空由米兰飞往法兰克福的经济舱票价为 140.23 欧元，其中包括 2 欧元的“环境附加费”，商务舱的附加费则为 3 欧元。环境附加费在总票价的 0.3% 至 1.4% 之间浮动，平均值略低于 1%。然而，若可持续燃料成本不变，随着使用占比的增加，附加费也将继续上涨。

根据汉莎航空公司推算，到 2035 年，从德国飞往中国的票价将增加 220 欧元。但经停土耳其的非欧盟航班可避开欧盟规定，价格涨幅仅 40 欧元。

分析：汉莎航空公司宣布涨价，体现了国际机票价格受哪些因素影响？

课后思考

1. 影响国际航空运价水平高低的因素主要有哪些？
2. 国际航空旅客运价有哪些种类？
3. NUC 与当地货币的转换要注意哪些事项？
4. 货币进位要注意什么？

课题三　国际票价计算

学习目标

掌握公布直达运价和指定航程的计算方法；
理解里程制的相关概念和原则；
了解中间较高点规则，掌握中间较高点检查与单程回拽检查的关系；
掌握来回程 RT 和环程 CT 的计算步骤；
了解五个类别的特殊运价类型、有效期及选择的顺序。

素养目标

培养民航全球视野，厚植中国民航话语权意识。

思政小课堂

全球航空货运市场在 2025 年迎来结构性调整

2025 年 4 月，美国对华关税新政实施后，中美航空运价应声下跌，释放出的运力资源转向其他区域航线，引发全球空运价格体系整体重构。与之形成对比的是，跨境电商行业在“海运＋海外仓”半托管模式持续渗透的背景下，正在重塑航空货运市场的竞争格局。

市场监测数据显示，欧美航线空运价格从 2024 年全年均价 40 元 /kg 的平台期，骤降至 2025 年初的 20 元 /kg 基准线，部分新兴航线更出现个位数报价的激进定价策略。行业分析预测，2025 年空运价格体系将逐步向疫情前水平收敛：欧美干线淡季报价预计稳定在 10 ～ 20 元 /kg 区间，旺季峰值可突破 30 元 /kg，全年中枢价格维持在 20 元 /kg 上下波动。

市场调研显示，“高频次、小单元、快周转”正演变为中小卖家的主流运营策略。在履约时效要求持续提升的市场环境下，空运渠道凭借当前亲民的价格体系，重新获得跨境卖家的战略重视。物流服务商的产品清单中，FBA 空派渠道正以全新定价策略重返市场，推动航空货运产品结构向标准化单元（卡板 / 整箱）倾斜。

值得注意的是，虽然价格优势推动空运渠道复苏，但海运与海外仓的协同效应仍在持续强化。对于大件商品和长周期补货需求，“海运＋仓配”模式依然保持显著的成本优势。行业专家指出，2025 年跨境物流将呈现“空海联运”的多元化格局，卖家可根据商品特性、库存策略和市场波动灵活组合物流方案，构建更具韧性的供应链体系。

国际航协票价计算经过多年的发展，在理论方面已经构建了一套较为完备的体系。当旅客的航程确定以后，首先必须确定航程种类和方向性代号；接着需要知道是否属于指定航程，如果不是指定航程，需要确认能不能直接使用特殊运价或者公布直达运价；如果上面的条件都不能满足，就要采用里程制、中间较高点检查以及单程最低限额检查，对于环程则是来回程最低限额检查等确认全航程票价。

一、公布直达运价

1. 公布直达运价的使用条件

旅客的非直达航程必须满足以下条件，才能考虑直接使用始发地至目的地的公布直达运价：

（1）TPM ≤ MPM。

（2）旅行的路线和方向须与 ROUTING 栏中所规定的内容相一致：

① 方向性两字代号；

② 4 位阿拉伯数字；

③ 城市 3 字代码。

（3）航程中不得出现中间较高运价及单程回拽程。

（4）在航程中任意一点的中途分程不能超过一次。

（5）旅行条件必须符合公布直达运价中相应规则的规定。

（6）航程中在任意两点间有公布直达运价。但存在例外：当两点间无公布直达运价，且航程相对较短时，不予考虑。

2. 计算直达航程运价

两点之间运价的计算方法有：

（1）从运价手册中直接查询出发地与目的地之间的用当地货币表示的运价；

（2）从运价手册中先查出公布的用 NUC 表示的运价，再利用公式计算得出价格：

$$LCF=NUC\times ROE$$

（3）运用 IATA—UFTAA 运价公式进行计算：

IATA—UFTAA FARE FORMULA（point to point）

FCP：确定运价计算区的始发地和目的地。

NUC：在明确环球指示代号、运价类型和承运人的情况下，选取 NUC 运价。

RULE：确定所选取运价的运价规则代码，并查阅规则中的内容；无运价规则在此处写 NIL。

AF：确定最合适的 NUC 运价。

IROE：用 NUC 运价乘以始发国货币的 ROE。

LCF：得到旅客可以付款的当地货币价格。

运用各种方法进行计算后，需要填写竖式表达式和横式表达式，如图 9-1 所示。

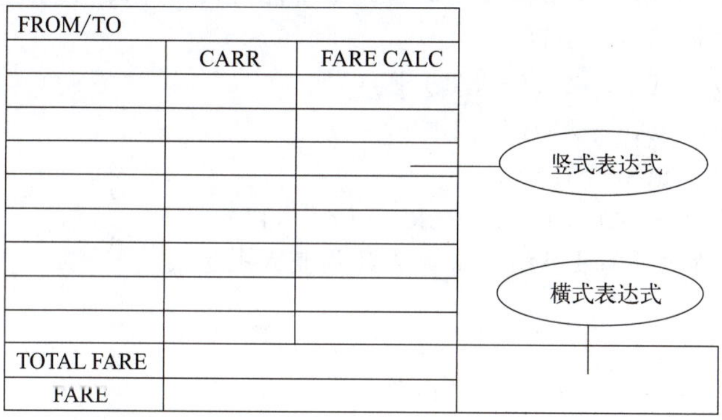

图 9-1 竖式表达式和横式表达式

例 9-9

计算运价：

SHA—PAR EH Y CLASS

方法一：直接查运价手册，SHA—PAR 的 LCF = CNY9270.00。

方法二：查运价手册，SHA—PAR 运价为 NUC1600.57，ROE 为 5.790600。

计算 LCF = NUC1600.57 × 5.790600 = CNY9268.2606 ～（H10）CNY9270.00。

方法三：运用 IATA—UFTAA 运价公式进行计算：

FCP	SHA PAR
NUC	Y EH OW NUC1600.57
RULE	NIL
AF	NUC1600.57
IROE	× 5.790600
LCF	CNY9268.2606 ～（H10）CNY9270.00

填写表达式：

FROM/TO			
SHA	CARR	FARE CALC	
PAR	YY	1600.57	

	ROE	5.790600	
TOTAL FARE	NUC1600.57		SHA YY PAR 1600.57 NUC1600.57
FARE	CNY9270.00		END ROE 5.790600

课堂练习 9-3

（1）请查出下列城市间的经济舱运价及最大允许里程：

① SHA—PAR ② CAN—LON ③ BJS—NYC ④ PAR—LAX

（2）查出下列城市间的实际里程：

① HKG—SHA ② TYO—MNL ③ BJS—ADD

（3）判断下列航程能否使用公布直达运价，如不能请说明原因：

HKG—SHA—PAR—LAX SITI

BJS—ADD—LON—PAR—FRA—STO SITI

BJS—HKG—KHI—PAR—ZRH SITI

PAR—ZEH—BJS—SIA—SHA SITI

SHA—HKG—MNL—PAR—FRA—PAR—LON SITI

（4）确认航程票价，并写出票价计算结果的横竖式表达式。

BKK—FRA　　Y Class

二、指定航程（specified routings）

1. 点到点的票价计算组

点到点的航程由两个开票点构成，这类航程直接使用直达票价。例如，航程从 MIA 到 MOW。

2. 指定航程

指定航程是一种特定的非直达航程，当旅客的旅行线路符合 PAT 资料中公布的指定航程的相关规定时，可以直接使用始发地至目的地公布直达运价，无需考虑其他限制条件。

3. 指定航程的表达形式

在运价手册中，指定航程的表达形式如表 9-3 所示。

表 9-3　指定航程示例（选取自 PAT）

Between	And	Via
Tehran	Peshawar	Karachi
Tehran	Guangzhou，Taipei，Bangkok，Hong Kong SAR	Karachi
Japan/Korea/China（excluding Hong Kong SAR，Macao SAR），Hong Kong SAR，Macao SAR	Mashad	Tehran（EH）
Cairo	Tokyo	Bangkok
Cairo/Sanaa	Beijing	Bangkok
Kuwait	Tokyo	Bangkok/Manila

指定航程使用说明：

①“-”为“和”或者“或”;“/”为“或”;

②“Between/And”意为航路适用于正反两个方向的旅行;

③指定航程不分方向，但必须按照顺序使用，即旅行线路必须与指定航程中的地点的顺序一致。

例 9-10

在 KHI 和 SEL 之间经 BKK/MNL—TYO 可以表达为下列指定航程（见表 9-4）。所以，以下航程均满足指定航程的规定，可以直接选用 KHI—SEL 的直达票价作为全程票价，不用再进行任何计算。

表 9-4　KHI 和 SEL 的指定航程

KHI	KHI	KHI	KHI	KHI	KHI
BKK	BKK	TYO	MNL	MNL	SEL
TYO	SEL	SEL	TYO	SEL	
SEL			SEL		

以上航线的反方向航程同样满足指定航程的要求。

例 9-11

Fare type：Y

TPMs	Journey	
	KTM	
1377	BKK	YY
1048	HKG	YY

Fare construction

FCP	KTM HKG
NUC	Y EH OW 510.00
RULE	Y277 S.R
MPM	NA
TPM	NA
EMA	NA
EMS	NA
HIP	NA
RULE	NA
AF	510.00
CHECK	NA
TOTAL	510.00
IROE	1.00000
LCF	USD510.00

客票填开的竖式表达式：

FROM/TO		
KTM	CARR	FARE CALC
BKK	YY	
HKG	YY	510.00
——		
	ROE	1.000000

NUC510.00
USD510.00

客票填开的横式表达式：

KTM YY BKK YY HKG510.00NUC510.00END ROE1.000000

课堂练习 9-4

判定以下航程是否属于指定航程：

1. BJS—SHA—TYO
2. SIN—MNL—HKG
3. TYO—NGS—BJS
4. OSA—X/NGS—X/SHA—BJS
5. TYO—OSA—BJS
6. KHI—MNL—BKK—TYO
7. BSS—DLC—TYO
8. TYO—DLC—BJS

三、里程制

国际旅客航程往往由多航段组成，在进行票价确定的时候，始发地至目的地的公布直达运价可能受限或不可直接使用，计算时一定要遵循里程制的原则，它涉及一些基本概念。

1. 里程制相关概念

（1）最大允许里程（MPM）。

英文全称 maximum permitted mileage，最大允许里程随票价一起公布，并且附有环球指示代号。它是在票价计算组旅客航程的始发地和目的地之间所允许的最大距离。

（2）客票点里程（TPM）。

英文全称 ticketed point mileage，也称开票点里程、实际里程。与最大允许里程不同，客票点里程是旅客实际航程客票点之间的里程。

（3）超里程附加（EMS）。

英文全称 excess mileage surcharge，当非直达航程的各客票点里程（TPM）之和超过该票价计算组两个计算点间的最大允许里程（MPM）时，可根据超额的比例计算超里程附加，允许超出的最大限度为 25%。如果超出限度 25%，则采用分段相加来计算票价。

2. 计算方法

IATA—UFTAA 的运价计算公式（单程）。

FCP：确定运价计算区的票价组合点。

NUC：在环球指示代号、运价类型、航程类型、承运人的基础上选取 NUC 运价。

RULE：所选取运价适用的规则。

MPM：运价计算区的票价组合点之间的最大允许里程。

TPM：实际里程。

EMA：额外里程优惠。

EMS：超里程附加。

HIP：中间较高点检查。检查在航程中下列航段的运价是否高于始发地到目的地的运价，如果高于，则选用高的运价。

RULE：从上一项中选取的较高运价的运价规则代码。

AF：根据上述计算，最终确定的此航程应选取的运价。

CHECK：BHC 单程回拽检查。检查在航程中是否有从始发地到中途分程点的运价高于始发地到目的地的运价，如果有，则选用高的运价。

TOTAL：从以上计算中最终确定此航程的 NUC 运价。

IROE：乘以始发地货币的 IATA 兑换率 ROE。

LCF：计算后得出当地货币。

例 9-12

TPMs	Journey	
	BJS	YY
3024	KHI	YY
3807	PAR	YY
647	VIE	YY
385	FRA	YY

BJS—FRA 航段间最大允许里程为 7797，则 EMS = TPM/MPM = 7863/7797 = 1.0084 大于 1，说明该旅客实际航程超过始发地 BJS 至目的地 FRA 允许的最大里程，不能直接使用始发地至目的地公布直达运价。BJS—FRA 公布直达运价为 2655.48。

查询 EMS 附加表格，附加 5%，即 5M。

这段航程票价计算的竖式表达式为：

FROM/TO		
BJS	CARR	FARE CALC
KHI	YY	
PAR	YY	
VIE	YY	5M
FRA	YY	2788.25
————		
	ROE	7.743120
NUC2788.25		
CNY21590		

横式表达式如下：

BJS YY KHI YY PAR YY VIE YY FRA5M2788.25NUC2788.25END ROE7.743120

课堂练习 9-5

确认航程票价，并写出票价计算结果的横、竖式表达式。

Fare type: Y

TPMs	Journey	
	TPE	
2018	X/KU	YY
2750	KHI	YY
701	X/ISB	YY
1213	DXB	YY
2127	BUH	YY

3. 额外里程优惠 EMA

英文全称 extra mileage allowance，额外里程优惠也称客票点里程附减，是指航程经过某些特定的路线或地点，出现TPM总和大于MPM时，可按照规定给予里程优惠，即在TPM中减去可优惠的里程，然后再进行超里程附加计算。

例 9-13

判定下列航程是否符合EMA规定：

（1）KWI—DXB—ISB—KHI—BKK—KUL—HAN—HKG；

（2）YTO—YVR—SFO—HNL—TPE；

（3）SHA—HKG—BOM—DEL—CAI—LON。

判定过程如下：

（1）该航程为中东与3区之间的旅行，并同时经过ISB和KHI，所以符合，TPM递减额度为700；

（2）该航程为加拿大与3区之间跨越大西洋的旅行，并经过夏威夷，所以符合，TPM递减额度为800；

（3）该航程为3区与欧洲之间的旅行，不符合，如果航程变更为SHA—HKG—BOM—DEL —CAI或者BOM—DEL—CAI—LON，则符合，TPM可分别递减700。

例 9-14

确认航程票价，并写出票价计算结果的横、竖式表达式。

Fare type：Y

TPMs	Journey	
	CAI	
1147	DXB	BA
1475	ISB	GF
701	KHI	PK
2302	BKK	GF
762	KUL	MH

Fare construction

FCP	CAI KUL
NUC	Y EH OW 1061.11
RULE	NIL
MPM	EH5934
TPM	6387—700
EMA	-700 E/ISBKHI
EMS	M
HIP	NIL
RULE	NIL
AF	1061.11
CHECK	BHC NIL
TOTAL	1061.11
IROE	3.45768
LCF	3668.97 — HI，2—EGP3669.00

客票填开的竖式表达式如下：

FROM/TO		
CAI	CARR	FARE CALC
DXB	BA	

ISB	GF	
KHI	PK	E/ISBKHI
BKK	GF	M
KUL	MH	1061.11

	ROE	3.45678
NUC1061.11		
EGP3669.00		

客票填开的横式表达式如下：

CAI BA DXB GF E/ISB PK E/KHI GF BKK MH KUL M1061.11NUC1061.11END ROE3.45768

例 9-15

确认航程票价，并写出票价计算结果的横、竖式表达式。

Fare type：Y

TPMs	Journey	
	DEL	
708	X/BOM	AI
1871	BKK	TG
748	KUL	MH
1542	MNL	PR

Fare construction

FCP	DLE　MUL
NUC	Y　EH　OW 490.90
RULE	NIL
MPM	EH3656
TPM	4869—700
EMA	-700　E/BOM
EMS	4169/3656 = 1.14　15M
HIP	NIL
RULE	NIL
AF	490.90B * 1.15 = 564.53
CHECK	BHC NIL
TOTAL	564.53
IROE	14.09245
LCF	7955.61—H5，0—INR7960

客票填开的竖式表达式如下：

FROM/TO		
DEL	CARR	FARE CALC
X/BOM	AI	
BKK	TG	E/BOM
KUL	MH	15M

MNL	PR	564.53

	ROE	14.09245
NUC564.53		
INR7960		

客票填开的横式表达式如下：

DEL AI X/E/BOM TG BKK MH KUL PR MNL15M564.53END ROE14.09245

课堂练习 9-6

确认航程票价，并写出票价计算结果的横竖式表达式。

Fare type: Y

TPMs	Journey	
	CAI	
3321	X/HRE	UM
596	JNB	SA
7189	SYD	QF

四、中间较高点规则 HIP

1. 定义

HIP 英文全称 higher intermediate point check，是指旅客的航程中，如果出现中间任意两点之间的票价高于始发地至目的地的 FCP 票价，即运价区的价格，则该价格称为中间较高点票价。

在选择中间较高点时，只需要考虑中途分程点的较高票价，非中途分程点出现的较高票价不予考虑。

2. 中间较高点的类别

分为三类，也称作三种中间较高点，即：

（1）始发站（origin）至中途分程点（stopover），即 O—S；

（2）中途分程点（stopover）至中途分程点（stopover），即 S—S；

（3）中途分程点（stopover）至目的地点（destination），即 S—D。

3. 中间较高点计算规则

（1）计算中间较高点票价时，不考虑中间较高点对应的最大允许里程，最大允许里程针对全航程而言，也就是航程的始发地和目的地之间。

（2）有多组中间较高点票价高于始发地至目的地票价时，选用满足条件的最高票价作为全程中间较高点票价。

（3）运价计算中，出现超里程时，中间较高点票价附加应该在超里程的基础上进行，即在中间较高点票价基础上进行超里程附加。

例 9-16

确认航程票价，并写出票价计算结果的横竖式表达式。

Fare type：Y

TPMs	Journey			FARES：TS		
	MAD			MADHKG	3014.17	TS 10340
909	AMS	IB		AMSHKG	3375.43	
6007	X/TYO	KL		MADTYO	3858.44	
1822	HKG	JL		AMSTYO	3955.42	

Fare construction

FCP	MAD HKG
NUC	Y TS OW 3014.17
RULE	Y146
MPM	TS10340
TPM	8738
EMA	NA
EMS	M
HIP	Y OW TS AMSHKG3375.43
RULE	Y146
AF	3375.43
CHECK	BHC NIL
TOTAL	3375.43
IROE	1.08786
LCF	3671.9-H1，2-EUR3672.00

客票填开的竖式表达式如下：

FROM/TO		
MAD	CARR	FARE/ CALC
AMS	I.B	M
X/TYO	KL	AMSHKG
HKG	JL	3375.43

	ROE	1.08786
NUC3375.43		
EUR3672.00		

客票填开的横式表达式如下：

MAD IB AMS KL X/TYO JL HKG M AMSH KG3375.43NUC3375.43END ROE1.08786

在计算过程中，票价最高的航段是 AMSTYO3955.42，实际计算并没有使用这个最高的票价，原因在于 TYO 是非中途分程点，与其关联出现的任何较高票价均不予考虑。

4. 中间较高点对应 Y2 票价的选用

根据国际航协票价规则规定，如果在某个运价计算区内出现多个类别的 HIP 价格时，则可以考虑依据航程的实际情况选择满足条件的较低票价。具体说明如下：

When there are two or more fares published for the same type of normal fare, you may use the lower level for the HIP check. However, such lower/lowest level may only be quoted after complying with the number of stopover/transfers, seasonality and day of week limitations of such fare.

例 9-17

确认航程票价，并写出票价计算结果的横竖式表达式。

Fare type：Y

TPMs　　Journey　　　　　　　　FARES：EH

	SEL		SELSYD	1107.93	EH	6212
529	OSA	OZ	OSASYD	Y2 1965.34		
3141	X/POM	PX		Y 2368.23		
1745	SYD	QF				

Fare construction

FCP	SEL SYD
NUC	Y EH OW 1107.93
RULE	Y277
MPM	EH6212
TPM	5415
EMA	NIL
EMS	M
HIP	Y2 OW EH OSASYD 1965..34 Y 2368.23
RULE	Y365 No stopover between OSA and SYD
AF	1965.34
CHECK	BHC NIL
TOTAL	1965.34
IROE	1278.77
LCF	2513217.8-H100，0-KRW2513300

客票填开的竖式表达式如下：

FROM/TO		
SEL	CARR	FARE/ CALC
OSA	OZ	M
X/POM	PX	OSASYD
SYD	QF	1965.34

	ROE	1278.77
NUC1965.34		
EUR2513300		

客票填开的横式表达式如下：

SEL OZ OSA PX X/POM QF SYD M OSASYD1965.34NUC1965.34END ROE1278.77

5. HIP 检查的例外（exceptions）

Africa

For journeys wholly between Kilimanjaro and Nairobi, HIP check will be for all ticketed points.

India

For traffic originating in India and destined to Canada/USA, when stopovers are taken in Europe or UK, higher intermediate fares shall not be applicable from points in Europe/UK to Canada/USA.

Israel

For travel originating in Israel, HIPs will be checked for all ticketed points from Israel. This does not apply to the HIP check from an intermediate point to another intermediate point or the fare construction point, or to fares with specified routings.

例如，航程 TLV—FRA—X/LON—NYC，中间较高点检查航段为 TLV—FRA、TLV—

LON 和 FRA—NYC，其中 LON—NYC 段不考虑是否出现中间较高点。

Malawi

For journeys originating in Malawi, the HIP check in each fare component shall be applied on all ticketed points in Malawi.

Turkey

For travel between the Middle East and Turkey involving more than one point in Turkey, any higher intermediate point in Turkey must be charged whether or not a stopover is taken.

Western Africa

For journeys originating in Western Africa, the HIP check in each fare component shall be applied on all ticketed points in Western Africa.

五、单程回拽检查 BHC

1. 单程回拽检查的定义

英文全称 one way back haul check。针对单程的航程而言，如果在某一个运价计算区中的始发地至中途分程点的票价高于始发地至目的地的全程 FCP 票价，则表明该运价计算区出现了 OW BACK HAUL（BHC），即单程回拽，票价确认需要进行单程回拽检查。

2. 单程回拽检查的适用条件

当以下情况同时满足时，该航程需要进行单程回拽检查：

（1）该航程仅适合于单程；

（2）航程中，出现始发地至中途分程点高于始发地至目的地的较高票价；

（3）单程回拽检查不考虑超里程附加；

（4）在每个单程的运价计算区内都要进行单程回拽检查。

3. 单程回拽检查限额的计算

单程回拽检查限额的计算步骤如下：

	HIGHER（O—S）	Origin to intermediate stopover point
减	LOWER（O—D）	Lower fare from origin to destination
=	BHD	Backhaul difference
加	HIGHER（O—S）	Origin to intermediate stopover point
=	OWM	One way minimum fare in NUC

4. 单程回拽检查与中间较高点检查的关系

（1）适用范围不同。单程回拽检查仅适用于单程 OW，而中间较高点检查适用于所有的航程。

（2）当运价计算区同时出现单程回拽检查和中间较高点检查的时候，最后结果的确认应遵循以下规定：

① 如果单程最低限额 OWM 高于适用票价 AF，则 OWM 为所求，使用 OWM 减去 AF 所得差额，加 AF，差额采用字母 P 表示；

② 如果单程最低限额 OWM 低于适用票价 AF，则 AF 票价为全程适用的票价。

例 9-18

确认航程票价，并写出票价计算结果的横竖式表达式。

Fare type：Y

TPMs	Journey		FARES：EH	
	MRU	MRUBKK	1086.37	EH 5247

1104	X/SEZ	MK	MRUSIN	1230.87
3378	SIN	HM		
897	BKK	TG		

Fare construction

FCP	MRU BKK
NUC	F EH OW 1086.37
RULE	Y010A
MPM	EH5247
TPM	5379
EMA	NIL
EMS	5379/5247=1.0251 5M
HIP	F OW EH MRUSIN1230.87
RULE	Y101 A
AF	1292.41
CHECK	BHC
	HI1230.87
	− LO1086.37
	= BHD144.50
	+ HI1230.87
	= OWM1375.37
P82.96	
TOTAL	1375.37
IROE	27.9923
LCF	38499.7-H5，0-MRU38500

客票填开的竖式表达式如下：

FROM/TO		
MIRU	CARR	FARE/ CALC
X/SEZ	MK	5M
SIN	HM	MRUSIN
BKK	TG	1292.41
		MRUSIN
		MRUBKK
	P	82.96
	ROE	27.9923
NUC1375.37		
MRU38500		

客票填开的横式表达式如下：

MRU MK X/SEZ HM SIN TG BKK5M MRUSIN12190.41P MRUSIN MRUBKK82.96NUC1375.37END ROE27.9923

六、来回程和环程运价

1. 来回程 RT 和环程 CT 的联系

以上介绍不同航程时，分别说到了来回程和环程，在这里从票价计算方面讲述二者之间的共同点和不同点。二者共同点在于都采用 1/2RT 票价。不同点如下：

（1）来回程的去程和回程票价计算组的数额相同，而环程不同。

（2）来回程有两个票价计算组，但环程可以有两个以上的票价计算组。

（3）来回程不做 CTM 检查。

2. 票价组合点的选择原则

（1）一般情况下，选择最大允许里程数值最大的点作为该航程的票价组合点。

（2）如果选择其他的中途分程点作为该航程的票价组合点，考虑该点可以组合出较低的票价结果。虽然 MPM 值不是最高，但是组合后的票价结果最低。

3. 来回程和环程票价计算指南

（1）在每一个运价计算区 FC 都必须考虑里程制（含 EMA 和 EMS）和中间较高点检查（HIP）。

（2）当某航段票价查询没有 1/2RT 票价时，可以以该航段对应的 OW 票价代替，反之允许。

（3）对于航程回到始发国的票价计算组，票价的选用方向都是沿着始发国出来方向的价格，与实际旅行方向相反；对于其他的运价计算区则使用和旅行方向一致的票价。

（4）中间较高点检查 HIP 使用对应运价计算区票价方向相同的票价。

（5）环程可以有多个运价计算区，在每一个运价计算区内都应该使用 1/2RT 票价。

（6）如果在某个运价计算区内某航段同等级对应有两个以上的价格，例如 Y1 和 Y2 时，则可以使用较便宜的票价即 Y2，无论是票价的选用还是中间较高点检查 HIP，使用该较低等级票价的条件都必须满足该票价的限制条件，例如 stopovers、transfers、midweek/week end 和 seasonality 等。

（7）对于环程，确认最低限额检查 CTM 的数值时必须是从始发地至中途分程点最高的来回程票价。

4. 环程最低限额检查 CTM

环程最低限额检查的英文全称为 circle trip minimum check，是指环程的票价不得低于自运输始发地到航程中任意一个中途分程点的最高的直达来回程票价。

在进行环程最低限额检查时，可以直接使用最高的直达来回程航段对应的较低等级票价，而无需考虑该票价的限制条件中的 stopovers 和 transfers 是否满足，仅考虑 days of service 和 seasonality 是否满足即可。

5. RT/CT 航程票价计算步骤

FCP：确定运价计算区的票价组合点。

NUC：在环球指示代号、运价类型、航程类型、承运人的基础上选取 NUC 运价。

RULE：所选取运价适用的规则。

MPM：运价计算区的票价组合点之间的最大允许里程。

TPM：实际里程。

EMA：额外里程优惠。

EMS：超里程附加。

HIP：中间较高点检查。检查在航程中航段的运价是否高于始发地到目的地的运价，如果高于，则选用高的运价。

RULE：从上一项中选取的较高运价的运价规则代码。

AF：根据上述计算，最终确定的此航程应选取的运价。

CHECK：CTM 环程最低限额检查。检查在航程中是否有从始发地到中途分程点的往返运价高于全航程的运价，如果有，则选用高的运价。

TOTAL：从以上计算中最终确定此航程的 NUC 运价。

IROE：乘以始发地货币的 IATA 兑换率 ROE。

LCF：计算后得出当地货币。

6. 不同票价计算折返点的选择对票价组合结果的影响（changing fare break points）

一般而言，通常选择最大允许里程点作为票价计算的折返点。在实际票价计算过程中，会出现选择另外的中途分程点组合的票价结果更低的情况，这时需要比较多种票价组合结果，取最低的作为旅客全航程的票价。

七、特殊运价

1. 特殊运价定义

特殊运价指所有除了普通运价外的附有特殊限制条件的运价。此类价格的限制条件包括：

（1）最短和最长停留时间（length of stay such as minimum and maximum stay requirements）；

（2）停留点的时间长短（stopover or no stopover point）；

（3）订座、付款和出票的限制（advance purchase requirements）；

（4）一天中某个时段的旅行要求（day/time of travel）；

（5）资格限制（eligibility restrictions）；

（6）退票和变更的限制（refundability and changeability）。

2. 五个类别的特殊运价

（1）适合于公众的特殊运价（public special fares）：

迟订座的票价（late booking fares）；

APEX 票价（APEX fares）；

PEX 票价（PEX fares）；

游览票价（excursion fares）。

（2）适合于个人综合旅行的票价（inclusive tour fares）：

团体综合旅行票价（group inclusive tour fares）；

散客综合旅行票价（individual inclusive tour fares）。

（3）适合于公众的团体旅行票价（public group fares）：

共同爱好兴趣的团体票价（common interest group fares）；

奖励旅行计划（individual group fares）。

（4）适合于特殊类别旅客的折扣票价：

学生折扣（student fares）；

军人折扣（military fares）；

家庭折扣（spouse fares）。

（5）其他类别的特殊运价（miscellaneous fares）：

特殊活动的票（special event tour fares）。

大多数的特殊运价均在公布的PAT运价表中列出，并且在RULE的栏目中附上相关的代号。

3. 标准运输条件的阅读

（1）阅读顺序。

Special fare rule → SC100Stabdard condition for Special fares → general rules.

Normal fare rule → SC101 Standard condition for Normal fares → general rules.

（2）标准运输条件。

① STANDARD CONDITION 指在该条件下的说明，一般为 A）；

② SUPPLEMENTARY INFORMATION 指的是 GENERAL RULES 的补充说明，一般为 B）。

在大多数的情况下，只需要阅读 PART A 部分即可。在特殊的情况下，需要查阅 GENERAL RULES，PART B。

4. 有效期

（1）有效期条件的阅读及理解。

① MONTH VALIDITY：01JAN 至 01FEB。

② MONTH VALIDITY：14JAN 至 14MAR。

如果下个月为小月时，只能计算到那个月的最后一天。

例如：1 MONTH VALIDITY ：30JAN 至 28FEB。

当给出的日期为该月的最后一天时，则有效期只能计算到那个月的最后一天。

例如：MONTH VALIDITY：31JAN 至 28FEB。

MONTH VALIDITY：28FEB 至 30APR。

MONTH VALIDITY：30APR 至 31JUL。

（2）最短停留时间（minimum stay requirements）。

最短停留日期决定：

① 需要加的天数（number of days to add）。

② 决定从何时开始计算：始发后、到达后或者星期日规则（counting from when day after departure or after arrival or Sunday return）。

③ 计算至点或者地区：在折返区或从始发站开始，或者在折返点计算（point/area concerned：in area of turnaround or from point of origin or in point of turnaround）。

（3）最长停留时间（maximum stay requirements）。

最长停留时间是指客票的有效期，一般正常票价的客票的有效期为一年，对一年有效期的客票，则无需在客票的有效期栏（not valid after）内显示该客票的有效期。如果是短于一年有效期的特殊客票，则需要根据特殊运价的条件计算并显示最长有效期。该有效期限将显示在客票的有效期栏内。

① 以天计算。以出发日期加最长有效期的限制天数（BY DAYS：add the number of days of MAX stay to the departure date from the point of origin）。

Departure date is	16MAY
If MAX stay is	30DAYS
Equals	46MAY
Less days of MAY	31MAY
The MAX stay date is	15JUN

例 9-19

Example：excursion fare valid for 30 days（YEE 30）　　ticketing entry

Journey　　travel dates　　NOT VAILD BEFORE

STO	AMS 16 MAY	15 JUN
RIO—	18 MAY	15 JUN
AMS	open-dated	15 JUN
STO	open-dated	15 JUN

该例表示：旅客在回程航段的最后旅行日期不得晚于15JUN，即该客票的有效日期为15JUN，否则该客票即失效。

② 以月计算。计算出发日开始后的月份限制数（BY MONTH：count the number of months from the day of departure from the point of origin）。

If departure date is 16MAY

If MAX stay is 1 Month

Then MAX stay date is 16JUN

应在客票“失效日期”栏内填入最长有效期，以防止该栏被填入其他日期（Show this date in the“NOT VALID AFTER”BOX of all the coupons to preclude the fraudulent entry of other dates.）。

说明：关于PEX和APEX运价的关键点及罚款规则（key points to the penalty fees about PEX and APEX TKT）。

根据某些特殊运价如PEX和APEX的要求，旅客航程的日期不得改变，所以针对该类别的运价的客票，在客票的有效期栏内均应填写与旅客实际旅行对应的日期，并在签注栏内注明“不得更改，否则需要缴纳罚款”的字样（After complying with the MIN and MAX stay requirements, special fares such as PEX or APEX that have penalty fees for change of booking must show the actual travel dates in the NVB and NVA boxes.）。

（4）季节确定。

有很多运价属于同一类别，但是也有季节、星期的差别，这些运价被称为series fares。为了确定正确的季节，应该检查特殊运价规则3（paragraph 3 of the special fare rule）。

① 季节一般从低至高排列：

H：旺季 for peak of high season。

K：平季 for middle of shoulder season。

L：淡季 for low or basic or off-peak season。

② 关于季节的选择应查阅SC100，paragraph 3）B）的说明，即运价计算单元中的第一国际区段决定了整个航程的季节选择（The date of departure on the first international sector of the pricing unit determines the fare for the entire pricing unit. The seasonality applies to the entire journey.）。

5. 转机点和中途分程点的计算与确认

（1）转机点和中途分程点的定义。

关于转机点和中途分程点的概念已经介绍过，因此不再过多解释。但是需要强调的是：在计算转机点和中途分程点的个数时，需要考虑它们之间的共性，即每个中途分程点同时也是转机点。

在计算转机点和中途分程点的个数时需要注意：不考虑FCP点、目的地点和始发站折返点。

（2）计算中转经停站（counting transfers）。

在计算中转经停站时，应包含所有中途分程点。

（3）计算中途分程点（counting stopovers）。

比如，根据中途分程点的要求，每个方向上允许有两个中途分程点。检查发现，在去程中有一个，即 LON；在回程中有一个，即 PAR。符合运价的规定。

（4）中途分程费的收取。

中途分程费的收取有两种情况：

① 指定中途分程费的收取，即 Stopover charge for a special point；

② 收取额外的中途分程费，即 Stopover charge for additional stopover in excess of those allowed by the fare。

例 9-20

指定中途分程费的收取，即 Stopover charge for a special point。

X0765 APEX FARES FROM MEXICO TO EUROPE	=>SC100
8）ST OPOVERS A）One permitted in USA per pricing unit at a charge of USD 75.	

旅客航程：MEX—ATL—AMS—MEX，break at AMS。

因为本例题的计算点为 AMS，则在去程中有一个额外的中途分程点 ATL。因此，根据 RULE 的规定，该航程应收取中途分程费 75.00 美元，符合 RULE 的收费规定。

FARE CALCULATION

MEX DL ATL S75.00M664.50AM MEX664.50NUC1404.00END ROE1.00

例 9-21

收取额外的中途分程费，即 Stopover charge for additional stopover in excess of those allowed by the fare。

X1111 PEX FARES JAPAN TO CENTRAL AMERICA，SOUTH AMERICA	=>SC100
8）ST OPOVERS A）1）One permitted per pricing unit 2）2 additional permitted per pricing unit，each at a charge of IPY17500	

X1111 PEX FARES FROM JAPAN TO CENTRAL AMERICA，SOUTH AMERICA，SC100

旅客航程为 TYO—LAX—BUE—LAX—SEA—TYO，break at BUE。

根据 RULE 的规定，该旅客航程中共有 3 个中途分程点，其中一个为免费，另外两个需要收费，每个收费标准为 JPY17500，即 JPY35000，通过始发国的 ROE 转换为 NUC300.25。

FARE CALCULATION

TYO JL LAX AA BUE M 1428.35 UA LAX AA SEA JL TYO M1428.35 2S300.25NUC3156.95END ROE116.56800

6. 选择合适的特殊运价

特殊运价的最终确认，需要依次考虑以下因素：旅行日期、舱位等级、航程种类、中途分程点和转机点的数目、喜欢的承运人、票价适用、客票变更的有关费用和其他限制。

考虑特殊运价选择的顺序为：

（1）确定票价组合点；

（2）在运价计算区中检查合适的特殊运价；

（3）根据 RULE，查询具体的规定；

（4）选择符合条件的规定；

（5）特殊运价选择案例。

八、婴儿与儿童票价的计算与表达

1. 婴儿客票折扣

婴儿客票折扣（INFANT DISCOUNT），是指旅客在第一国际航段航程始发地开始旅行时，旅客的年龄在 2 岁以内。因此，该旅客的票价应为正常成人票价的 10%，并且该旅客不得占座。每个成人只能带领一名 2 岁以内的婴儿旅客，超过规定人数的婴儿应支付儿童票价，并且单独占用座位。

2. 儿童客票折扣

儿童客票折扣（CHILDREN DISCOUNT），是指旅客在第一国际航段乘机时年龄在 2 岁至 12 岁之间。此时，旅客的折扣为成人价格的 50%。但是在某些航线上，儿童的折扣为成人价格的 75%。这个百分比根据客票的价格以及所乘坐的航班的变化而变化。在普通运价的基础上，一般为公布价格的相应折扣。但在特殊运价时，某些价格规则规定婴儿的票价为公布票价的 10%，儿童票价为折扣票价的 75% 等。国际航协的原则为：

As the child’s fare may have different percentages depending on the sector being assessed, the following rule applies.

（1）根据基础票价的百分比决定儿童票价的水平，并且以 NUC 表示（Apply the percentage to the base fare to establish the child’s fare level as an amount in NUC.）

（2）依据此运价的规则进行以后的各类检查，如 HIP 的检查（Use such fare level for the application of all fare construction rules/checks. Apply HIP and other checks using the resultant 1 evels, consequently, the HIP check may suddenly result in an unexpected HIP.）。

课后思考

1. MPM、TPM 、EMS 分别指的是什么？
2. 中间较高点计算规则是什么？
3. 确认航程票价，并写出票价计算结果的横竖式表达式：

KHI - BKK - TYO - SEL　　Y Class

4. 确认航程票价，并写出票价计算结果的横竖式表达式：

Fare type：Y

TPMS	Journey	
	AKL	
2039	X/ADL	NZ
3359	X/SIN	QF
5234	MOW	SU

5. 确认航程票价，并写出票价计算结果的横竖式表达式：

（1）Fare type：Y

TPMs	Journey	
	CAI	
3321	X/HRE	UM
596	JNB	SA
7189	SYD	QF

（2）Fare type：Y

TPMs	Journey	
	SYD	
7492	X/AUH	EY
3909	JNB	EY
5640	LON	BA

（3）Fare type：Y

TPMs	Journey	
	NAN	
1341	AKL	FJ
5231	SIN	NZ
2579	DEL	AI
708	BOM	IC
948	CMB	UL

（4）Fare type：Y

TPMs	Journey	
	AMM	
295	CAI	RJ
2699	X/BOM	MS
708	DEL	IC
2584	SIN	SQ

复习题

模块九复习题

参考文献

[1] 卢竹 . 民航旅客运输 [M]. 上海：上海交通大学出版社，2017.

[2] 卢竹 . 地勤服务 [M]. 上海：上海交通大学出版社，2019.

[3] 孙艳芬，王迎 . 民航旅客运输 [M]. 北京：高等教育出版社，2021.

[4] 马广岭，王春 . 民航旅客运输 [M]. 北京：国防工业出版社，2011.

[5] 张晓明 . 民航旅客运输 [M]. 北京：旅游教育出版社，2013.

[6] 赵影 . 民航旅客运输 [M]. 北京：人民交通出版社，2014.

[7] 魏全斌 . 民航旅客运输 [M]. 北京：北京师范大学出版社，2013.

[8] 黄建伟，林彦 . 民航客运销售 [M]. 北京：国防工业出版社，2013.

[9] 何蕾 . 民航机场地面服务 [M]. 北京：化学工业出版社，2014.

[10] 綦琦 . 值机业务与行李运输事务 [M]. 北京：国防工业出版社，2013.

[11] 原中国民用航空总局 . 民用航空公共信息图形标志设置原则与要求（MH/T 0012—1997）.

[12] 原中国民用航空总局 . 民用航空公共信息标志用图形符号（MH 0005—1997）.

[13] 原中国民用航空总局 . 民用机场候机楼广播用语规范（MH/T 1001—1995）.

[14] 中国民用航空局 . 民用运输机场服务质量（MH/T 5104—2013）.

[15] 郭才森 . 近十年国内机票价格市场化改革进程分析与展望 [J]. 民航管理，2021（04）: 57-62.

[16] 郭捷 . 我国民航旅客运输服务优化路径研究 [D]. 重庆：重庆交通大学，2014.

[17] 刘玮 . 航空客运收益管理中超售问题的研究 [D]. 南京：南京航空航天大学，2005.

[18] 刘军 . 航空客运收益管理与风险决策理论及其应用研究 [D]. 北京：北京航空航天大学，2000.